natürlich oekom!

Mit diesem Buch halten Sie ein echtes Stück Nachhaltigkeit in den Händen. Durch Ihren Kauf unterstützen Sie eine Produktion mit hohen ökologischen Ansprüchen:

- 100 % Recyclingpapier
- mineralölfreie Druckfarben
- Verzicht auf Plastikfolie
- Kompensation aller CO_2-Emissionen
- kurze Transportwege – in Deutschland gedruckt

Weitere Informationen unter www.natürlich-oekom.de und #natürlichoekom

Bibliografische Information der Deutschen Nationalbibliothek:
Die Deutsche Nationalbibliothek verzeichnet diese Publikation in der Deutschen Nationalbibliografie; detaillierte bibliografische Daten sind im Internet über www.dnb.de abrufbar.

4. Auflage 2025

oekom – Gesellschaft für ökologische Kommunikation mbH
Goethestraße 28, 80336 München
+49 89 544184 - 200
info@oekom.de

Autorenkontakt:
feldmann@lebens-wandler.com
leben-in-gemeinschaft.com

Lektorat: Robert Temel (temel.at)
Layout und Satz: Markus Miller
Korrektur: Elena Bruns
Autorenfoto Klappe: © rupertpessl.com
Foto Klappeninnenseite vorne: © rupertpessl.com
Foto Klappeninnenseite hinten: © ditzfejer.at
Druck: CPI books GmbH, Leck

ISBN 978-3-96238-361-9
https://doi.org/10.14512/9783962389154

Heinz Feldmann

Praxishandbuch Leben in Gemeinschaft

partizipativ planen, bauen und wohnen

Mit vielen Checklisten und einem Vorwort von Diana Leafe Christian

Inhaltsverzeichnis

Vorwort von Diana Leafe Christian

Ich glaube, in einer gesunden, gedeihenden Gemeinschaft zu leben, ist nicht nur eine wunderbare Lebensform, sondern zählt zum Besten, was wir zum Wohl unserer gesamten Kultur beitragen können: eine Form von sozialem und ökologischem Engagement, die die Menschen aus Medienberichten oder bei Besuchen in unseren Gemeinschaften kennenlernen können. Ich glaube, je mehr die Menschen über blühende Gemeinschaften erfahren, desto eher werden sie selbst einen zufriedeneren Lebensstil mit weniger Konsum in Betracht ziehen. Sie werden Nachbarn sehen, die sich gegenseitig helfen und Ressourcen wie Waschmaschinen, Gartengeräte, Schneepflüge und Traktoren teilen. Sie werden sichere, gesunde Orte sehen, um Kinder großzuziehen, und eine befriedigende Umgebung, um den Lebensabend in der guten Gesellschaft von Freunden zu verbringen. Als kulturelle Innovator:innen können wir, die wir selbst in Gemeinschaften leben und neue Gemeinschaften gründen, andere informieren und inspirieren, während wir selbst ein reiches und erfülltes Leben führen.

Damit diese Gemeinschaften mehr Einfluss in unseren Gesellschaften bekommen, müssen wir wissen, *wie* man sie kreiert: wie man die Gemeinschaft, in der wir leben wollen, visualisiert, Mitgründer anzieht und inspiriert und unseren Traum physisch manifestiert. Aber es ist nicht einfach. Solch ein Projekt zu entwickeln ist herausfordernd, zeitaufwändig und teuer! Da brauchen wir guten Rat. Als ich in den späten 1990er-Jahren in den USA für mein Buch *Creating a Life Together* (Christian, 2003) über Gemeinschaften recherchierte, und als ich später weitere Gemeinschaften in anderen Ländern besuchte, schien es, als würden nur etwa 10 % der neuen Gemeinschaftsprojekte umgesetzt – und satte 90 % scheitern! Viele scheiterten spektakulär – in Konflikten, Herzschmerz und Gerichtsverfahren. Menschen, die als Freunde und motivierte Verbündete begannen, zankten am Ende mit hochbezahlten Anwält:innen vor Gericht. Die Gründer:innen dieser Projekte konnten am Ende ihre Freunde, ihre Lebensersparnisse und ihr Herz für die Idee des Zusammenlebens verlieren – und das »G«-Wort nie wieder hören wollen.

Glücklicherweise sagt Ihnen dieses erprobte Praxishandbuch, was Sie wissen müssen. Leben in Gemeinschaft basiert nicht nur auf dem Hintergrund des Autors als Unternehmer und Geschäftsführer und seiner gründlichen Recherche von Gemeinschaften auf internationaler Ebene, sondern auch auf seinen eigenen Erfahrungen bei der Mitgründung des Wohnprojekts Wien und der Mitentwicklung von KooWo, einer anderen erfolgreichen Gemeinschaft in Österreich. *Leben in Gemeinschaft* deckt genau die Themen ab, von denen ich auch gelernt habe, dass sie für die Schaffung erfolgreicher selbstgewählter Gemeinschaften von Bedeutung sind. Der Autor beginnt mit den verschiedenen Arten von intentionalen Gemeinschaften, die wir schaffen können, und den Vorteilen des Lebens in Gemeinschaft. Er schreibt über die Bedeutung der gemeinsamen Vision, das Gewinnen von Mitgründer:innen, das Schaffen eines effektiven Mitgliedschaftsprozesses; über die Erzeugung von Gruppenzusammenhalt, darüber, klare Vereinbarungen zu finden und einen effektiven Selbstverwaltungsprozess zu nutzen; über die Auswahl der passenden Rechtsform für Gemeinschaftseigentum, Grundstückssuche und Finanzierungsmöglichkeiten: über Standortplanung, Gebäudeplanung und -bau und darüber, den Gemeinschaftsgeist nach dem Einzug am Leben zu erhalten. Er berichtet über den innovativen *Gemeinschaftskompass* von Eva Stützel aus Sieben Linden in Deutschland. Er interviewte Gemeinschaftsgründer:innen sowie Experten:innen für Projektmanagement, Organisation, Finanzen und Architektur. Und er interviewte sogar mich.

Wir haben ausführlich über unsere Gemeinschaften gesprochen (meine ist Earthaven Ecovillage in den USA), über das Leben in Gemeinschaften im Allgemeinen und insbesondere darüber, was Menschen wissen müssen, um erfolgreich neue Gemeinschaftsprojekte zu gründen. Und glauben Sie mir, Heinz kennt sich wirklich aus! Ich denke, jede:r, die oder der erwägt, eine intentionale Gemeinschaft zu gründen, wird *Leben in Gemeinschaft* als reichhaltige und wertvolle Ressource erfahren.

1 Einleitung

Um ein Kind großzuziehen braucht es ein ganzes Dorf.
(afrikanisches Sprichwort)

»Es gibt doch sicher auch Konflikte – wie geht ihr damit um?«

»Wie ist das, wenn sich jemand einfach nicht an die Spielregeln hält? Es gibt doch meistens mindestens einen, der sich querlegt oder?«

»Wie kann bei der Auswahl neuer Mitmacher:innen sichergestellt werden, dass das auch die richtigen sind?«

»Bei so komplexen Bauprojekten gibt es ja Zigtausende Entscheidungen zu treffen. Wie soll eine Gruppe von 20, 40, 60 oder mehr Erwachsenen das überhaupt organisieren?«

»Wie kann die Arbeit aufgeteilt werden und wer behält dann den Überblick?«

»Und was macht ihr, wenn ein:e Bewohner:in die übernommene Aufgabe nicht oder nur mangelhaft erledigt – oder wenn eine:r viel mehr macht und ein:e andere:r bei den Terminen durch Abwesenheit glänzt?«

»Und die Finanzierung, da geht es ja gleich um Millionenbeträge, wie sollen Normalverdiener:innen sich so etwas leisten können?«

»Ja, und wie ist das, wenn dann in der Gemeinschaftsküche nicht aufgeräumt ist, oder in der Werkstatt die Akkuschlagbohrmaschine fehlt?«

So oder so ähnlich lauten die häufigsten der an mich gestellten Fragen, wenn ich eine Führung durch das Wohnprojekt Wien mache. Diese Fragen halte ich für absolut berechtigt, handelt es sich doch beim Wohnen um ein Thema, das uns Menschen nahegeht wie wenige andere. Die eigenen vier Wände sollen unser Rückzugsraum, unsere Erhol- und Regenerations-Oase sein. Für uns und unsere Liebsten. Und das dann mit anderen Menschen teilen – was soll das bringen?

1.1 Wie kann dieses Buch Sie bestmöglich unterstützen?

In einem eineinhalbjährigen Arbeitsprozess ist dieses Buch für Sie entstanden. Darin berichte ich einerseits aus meinen ganz persönlichen fünfzehnjährigen Erfahrungen des gemeinschaftlichen Bauens und Wohnens und bringe andererseits viele Beispiele aus unterschiedlichen Gemeinschaftsprojekten in Deutschland, der Schweiz und Österreich.

In der Hauptsache handelt es sich hier um eine Art »Kochbuch« für Menschen und Organisationen, die selbst ein Gemeinschaftswohnprojekt starten wollen oder bereits gestartet haben. Dabei schöpfte ich aus der Fülle an Wissen vieler Praktiker:innen ganz unterschiedlicher Projekte, die ich in den letzten fünfzehn Jahren kennenlernen, interviewen und teilweise auch beraten durfte. Dabei berichte ich hier nicht nur von den wunderbar gelungenen Aspekten, sondern auch von Misserfolgen, darüber, was nicht geklappt oder sich mit der Zeit nicht bewährt hat. Sie halten mit diesen etwas über 350 Seiten den konzentrierten Wissensschatz von mehreren Dutzend Wohnprojekten in Ihren Händen. Sie können sich also liebe Leserin, lieber Leser, von den Erfolgsgeschichten inspirieren lassen und bereits gemachte Fehler vermeiden. Zusätzlich habe ich einige der besten Fachexpert:innen aus Deuchtschland, der Schweiz und Österreich für Sie interviewt. Diese Interviews sind aus Platzgründen nur zu einem bestimmten Teil im Buch abgedruckt und für das komplette Interview finden Sie jeweils einen Weblink im Buch.

An dieser Stelle möchte ich Sie gleich vorweg um Nachsicht bitten, wenn ich mitunter sehr klar schreibe: Machen Sie das und das und machen Sie das so und nicht anders. Oder Formulierungen wie: Einigen Autoren empfehlen Vorgehensweise XY, ich nicht, ich empfehle ABC und zwar aus diesem und jenem Grund. Das kommt nicht daher, dass ich glaube, die einzige Wahrheit zu kennen. So vermessen bin ich nicht, auch wenn ich vielleicht manchmal so klingen mag. Natürlich ist mir bewusst, dass es auch anders gehen könnte und es immer mehrere Wege zum Ziel gibt. Würde ich auch nur ansatzweise versuchen, diese (nach meiner Erfahrung schwierigeren und gefährlicheren) Wege alle auch detailliert zu beschreiben, wäre dieses Buch viel zu dick geworden.

Meine Motivation für dieses Buch ist nicht, Ihnen dieses Thema und diese Lebensweise einzureden oder zu »verkaufen«, weil das meiner Meinung nicht für jedermensch in jeder Lebensphase passend ist. Denjenigen aber, die ernsthaft mit der Idee liebäugeln, in einem Gemeinschaftswohnprojekt einen enkeltauglichen Lebensstil zu verwirklichen, will ich im vorliegenden Buch mit vielen Beispielen, Anekdoten und handfesten Tipps und Checklisten echte Hilfe und Unterstützung bieten. Meine Wohnprojektmitgründer:innen und auch die Genossenschaftsmitgründer:innen und ich haben jeweils sehr von den Erfahrungen bestehender Projekte profitiert. Diese Erfahrungen versuche ich in diesem Buch nachvollziehbar, strukturiert und gut verständlich weiterzugeben. Wenn das gelingt, habe ich meine diesbezügliche Mission erfüllt.

1.1.1 Als Einzelperson

In meinen Beratungen treffe ich immer wieder auf Menschen, die sich dem Thema »Leben in Gemeinschaft« mit zu hohen Ansprüchen, übertrieben idealisierten Vorstellungen und einem romantisch verklebten Blick annähern. Das Buch soll Sie, geneigte Leserin, geneigter Leser auch dabei unterstützen, für sich selbst und Ihre persönliche Lebensperspektive entscheiden zu können, ob sie wirklich (trotz oder wegen der ganzen Mühsal) in ein Gemeinschaftswohnprojekt einziehen wollen, selbst vielleicht eines gründen oder aus gutem Grund die Finger davon lassen werden.

1.1.2 Als Gruppe

Offen gestanden bin ich der Meinung, dass jedes Gruppenmitglied ein eigenes Exemplar dieses Buches braucht, nicht nur um es zu lesen, sondern um intensiv damit zu arbeiten, wichtige Passagen anzustreichen, Anmerkungen hineinzuschreiben, sich dann auch mit den anderen in der

Gruppe darüber auszutauschen und, last but not least, um es als Nachschlagwerk für schwierige Situationen und Entscheidungen zur Hand zu haben. Das schreibe ich nicht nur wegen meiner Tantiemen. Jede:r im Verlagsgeschäft weiß ohnedies, dass man Fachbücher, noch dazu, wenn es sich um ein eindeutiges Nischenthema handelt, nicht des Geldes wegen schreibt, sondern um sich wichtig zu machen. Wenn das Buch gut aufgenommen wird, werden in ein paar Jahren ein paar Tausend Stück verkauft, was mir nachträglich den rechnerischen Stundenlohn einer Reinigungskraft einbringt und das ist völlig okay.

1.1.3 Als Trainer:in und Berater:in

Wenn Sie als Trainer:in, Wohnprojekteberater:in, Architekt:in, Fachplaner:in oder Fazilitator:in mit Gruppen arbeiten, können Sie das Buch als Lehrmittel und Referenz einsetzen. Checken Sie einfach auf der Website zum Buch (leben-in-gemeinschaft.com) welche zusätzlichen Lehrmedien, Präsentationen und Unterstützungen es dazu noch gibt.

1.1.4 QR-Codes und Links

Damit das Buch keine 600 Seiten stark wird und trotzdem alle für Gemeinschaftswohnprojekte wichtigen Bereiche gut abgedeckt sind, haben der Verlag und ich beschlossen, es als hybrides Medium zu gestalten. Das Buch besteht aus dem physisch gedruckten Teil und einer eigenen Website. Die Verbindung funktioniert über nummerierte Links und QR-Codes. So konnten wir das Buch trotz der Fülle an Informationen, Praxisbeispielen und weiterführenden Verweisen günstig und (relativ) kompakt halten, ohne auf wichtige Aspekte verzichten zu müssen. Im Gegenteil, die Fotos im Internet sind teilweise größer und farbenprächtiger, als wir es im Buchdruck in diesem Format jemals hätten verwirklichen können.

Um zu den angegebenen Links, Downloads, Fotos und so weiter zu gelangen, können Sie entweder mit Ihrem Smartphone den jeweiligen QR-Code scannen und kommen direkt zu den entsprechenden Auswahlmenüs oder Inhalten. Falls Sie lieber mit Ihrem Computer darauf zugreifen, geben Sie im Adressfeld Ihres Internetbrowsers einfach folgende Adresse ein: leben-in-gemeinschaft.com – gefolgt von einem Schrägstrich und der zweistelligen Nummer, die beim entsprechenden QR-Code seht. Für das Kästchen 03 ergibt das beispielsweise den Link: leben-in-gemeinschaft.com/03

(QR-03) Immer, wenn Sie beim Lesen auf so einen (im Fließtext oder in Klammer gesetzten) Hinweis stoßen, können Sie die zusätzlichen Informationen direkt mit dem Smartphone oder dem Internetbrowser erreichen, indem sie zu dem QR-Code mit der angegebenen Nummer blättern. Falls Sie den angegebenen Code nicht gleich auf einer der Folgeseiten finden (auf manche Links finden sich mehrere Verweise im Buch), schlagen Sie die letzten Buchseiten auf, dort finden Sie noch einmal alle QR-Codes abgedruckt.

1.1.5 Index

Falls Sie beim Lesen auf einen (Fach-)Begriff stoßen, der Ihnen nicht geläufig ist und der im Inhaltsverzeichnis nicht vorkommt, können Sie zuerst im Index am Ende des Buches nachsehen, bevor Sie im Internet auf die Suche gehen. Im Index finden Sie zu einigen Fachbegriffen eine oder mehrere Buchseite/n aufgelistet. Aus den jeweiligen Texten erschließt sich hoffentlich auch die Bedeutung beziehungsweise Bedeutungsgebung in diesem Buch. Sie können den Index auch als Ergänzung zum Inhaltsverzeichnis konsultieren, wenn Sie nachsehen wollen, ob ein für Sie interessanter Begriff im Buch überhaupt vorkommt.

1.1.6 Persönliche Anrede

Im Text wende ich mich des Öfteren in direkter Rede an Sie, meine Leser:innen und spreche, besser schreibe auch per Sie. Obwohl ich mit Menschen sehr schnell per Du bin, übrigens auch in meinen einschlägigen Videos, erschien mir das für dieses Buch unpassend. Ein YouTube-Video kostet keinen Eintritt und kann schnell verlassen werden. Aber ein gekauftes Buch, das Lesestoff, Informationen und Beschäftigung für einen längeren Zeitraum bietet, ist doch etwas anderes und ich weiß, wie es mir geht, wenn ich von wildfremden Autor:innen geduzt werde.

Es kann beim Querlesen passieren, dass Sie in eine Passage eintauchen, in der ich plötzlich das Wort »Du« verwende. Dann ist das aber entweder im Rahmen einer Anekdote oder ich lege Ihnen für ein Moderationsbeispiel die Worte in den Mund.

1.2 Was ist Leben in Gemeinschaft?

Es gibt eine riesige Fülle von gemeinschaftlichem Leben. In diesem Buch konzentriere ich mich auf selbstorganisierte »intentionale Gemeinschaften«, also Gemeinschaftswohnprojekte, denen die Menschen sich freiwillig und absichtsvoll anschließen. Unfreiwillige und/oder nicht selbstgewählte wie Gefängnisse, Krankenhäuser, Heime, Militärkasernen et ceterea lasse ich dabei bewusst aus. An der Stelle möchte ich auf ein sehr schön gemachtes Buch über die geschichtliche Entwicklung von Gemeinschaften hinweisen. Die schweizer Autorin Susanne Schmid gibt in *Eine Geschichte des gemeinschaftlichen Wohnens* (Schmid, 2019) einen wunderbaren Überblick mit vielen Abbildungen, Skizzen und Plänen.

1.2.1 Formen gemeinschaftlicher Wohnprojekte

In der Initiative Gemeinsam Bauen & Wohnen haben wir auf der Homepage folgende generelle Beschreibung:

> »Ein gemeinschaftliches Wohnprojekt ist eine Organisation, die von Personen getragen wird, die ihre Wohnsituation selbst bestimmen, gemeinschaftlich leben und in die Gesellschaft wirken. Wohnprojekte weisen eine bestimmte Größe auf, die deutlich über Familienstrukturen, kleine Mehrfamilienhäuser und Wohngemeinschaften hinausgeht. Die Initiative Gemeinsam Bauen & Wohnen empfiehlt als Untergrenze zwölf Wohneinheiten …«

Es gibt noch eine längere Beschreibung, die wir in der Initiative extra auf vier A4-Seiten ausformuliert hatten, damit Politiker:innen und Förderstellen eine Vorlage für spezielle Wohnbauförderungen entwickeln können. Das Dokument zum Download und den Link zur Homepage der Initiative finden Sie in QR-01. Nachdem wir auf der Homepage der Initiative auch (fast) alle anderen Formen gemeinschaftlicher Wohnprojekte sehr gut beschrieben haben, werde ich daraus im Folgenden gleich mehrfach zitieren und verwende dazu ab jetzt das Kürzel »IniGBW«.

1.2.1.1 Wohnprojekt im Gemeinschaftseigentum

Die Bewohner:innen besitzen die Immobilie gemeinsam als Gruppe (Verein, Genossenschaft, GmbH o. Ä.) und die oder der einzelne Bewohner:in hat keinen Eigentumstitel für die jeweilige Wohneinheit. Damit wird unter anderem sichergestellt, dass die Gemeinschaft darüber entscheiden kann, wer eine freiwerdende Wohnung bekommt und nicht das ausziehende Mitglied. Dadurch kann die Gemeinschaftsvision der Gründer:innen mit einer höheren Wahrscheinlichkeit auch in Zukunft weiter bestehen.

1.2.1.2 Baugemeinschaft, Baugruppe

IniGBW: »Zusammenschluss von Menschen mit dem gemeinsamen Ziel, Wohnraum zu errichten (oder zu sanieren), um ihn selbst und auch gemeinschaftlich zu nutzen. Die Gruppe zeichnet ein hoher Grad an Selbst-/Mitbestimmung bereits bei der Projektierung und Planung aus, der bis in die Nutzungsphase erhalten bleibt. Der Begriff alleine sagt noch nichts über die Rechts- oder Eigentumsform aus oder wie weit die Beteiligten infolge gemeinschaftlich leben oder nicht …«

Sehr oft errichten Baugruppen individuelles Wohnungseigentum und betreiben nach der Fertigstellung ein Cohousing-Projekt.

1.2.1.3 Cohousing

IniGBW: »Form eines selbstverwalteten gemeinschaftlichen Wohnprojektes, bei dem die Nutzer:innen zur gegenseitigen Unterstützung im Lebensalltag verschiedene Aufgaben für die Gemeinschaft übernehmen (z. B. gemeinsames Kochen, Kinderbetreuung etc.) und bei dem umfangreiche Gemeinschaftsräume/-einrichtungen die Interaktion mit den Nachbar:innen fördern …«

In diesem Buch verwende ich den Begriff Cohousing für Gemeinschaftswohnprojekte im Einzel- oder Wohnungseigentum.

1.2.1.4 Ökodorf

Der Name verleitet dazu, ausschließlich an Gemeinschaftsprojekte auf dem Land zu denken. Das war auch lange Jahre mein Irrtum, bis ich bei der Recherche zum vorliegenden Buch erkannte, dass es sowohl ländliche als auch städtische Ökodörfer gibt. Diana Leafe Christian spricht auch von ländlichen und städtischen Ökodörfern. Für sie besteht der Hauptunterschied zwischen einem »normalen« Wohnprojekt (städtisch oder ländlich) und einem Ökodorf darin, dass letzteres auch eine Art Bildungsauftrag in der Vision hat und diesen verfolgt. Nach Diana wirken Ökodörfer durch Führungen oder Seminare oder sonstige (Bildungs-)Angebote in die Welt (siehe auch das Interview am Ende des Buches »10«).

Auf der Homepage des GEN (Global Ecovillage Network) für Europa findet sich folgende Definition für den Begriff (den Link zu GEN Europa finden Sie in QR-01):

> »Ein Ökodorf ist eine beabsichtigte, traditionelle oder städtische Gemeinschaft, die bewusst durch lokale, partizipative Prozesse in allen vier Bereichen der Regeneration (Soziales, Kultur, Ökologie und Ökonomie) gestaltet wird, um ihre soziale und natürliche Umgebung zu regenerieren.«

Nach diesen Definitionen ist auch das Wohnprojekt Wien ein Ökodorf. Über die jeweiligen Vor- und Nachteile von städtischen oder ländlichen Projekten lesen Sie mehr unter »2.6 Stadt oder Land – wo lässt es sich besser in Gemeinschaft leben?«

1.2.1.5 Wohngruppe (Mietmodell)

Eine Gruppe, die mehrere Wohnungen und eventuell auch Gemeinschaftsräume mietet. Der Grad der Partizipation ist abhängig von der:dem Vermieter:in und üblicherweise geringer als in Modellen mit finanzieller Beteiligung der Nutzer:innen. Durch die Möglichkeit, Wohngruppen in eine größere Wohnanlage einzubetten, eignet sich diese Wohnform sowohl für den Neubau als auch für eine Integration im Bestand.

1.2.1.6 Wohngemeinschaft (WG)

IniGBW: »Teilen von Wohnraum hinter einer gemeinsamen Eingangstür außerhalb klassischer Familienstrukturen. Zumeist wird in gemeinschaftlich genutzte und individuelle Räumen unterteilt, sodass mehrere separate Wohnbereiche für unterschiedliche Bewohner:innen innerhalb eines gemeinsamen Wohnungsverbandes entstehen« …

»WGs bilden oft Wohnangebote für Studierende oder andere Menschen, die dadurch zu leistbarem Wohnraum kommen oder sich evtl. auch gegenseitig unterstützen.«

1.2.1.7 Betreutes/Betreubares Wohnen

IniGBW: »Sonderform der WG: Teilweise werden auch betreute WGs für besondere Zielgruppen angeboten: Menschen mit besonderen Bedürfnissen/Betreuungsbedarf, ältere Menschen (sogenannte «Alten-WGs»), unbegleitete minderjährige Flüchtlinge etc., bei denen ein Betreuungsangebot im Haus oder durch externe Anbieter bezogen werden kann. Durch das räumliche Naheverhältnis betreuungs-/pflegebedürftiger Menschen kann die jeweils entsprechende Versorgung ökonomischer gestaltet werden.«

1.2.1.8 Clusterwohnungen

IniGBW: »Sonderform der WG: Mehrere Wohnungen (meist Kleinwohnungen) sind zu einem Wohnungsverband mit gemeinsamem Eingang zusammengefasst. Jede Wohnung besitzt ein eigenes Bad, Kleinküche, oft auch WC und Vorraum. Die BewohnerInnen teilen sich Wohn- bzw. Aufenthaltsbereiche, oftmals auch Küche, Garten oder Terrasse.«

Werner Brühwiler erzählt im Interview am Ende des Kapitels Finanzen über die Erfahrungen mit Clusterwohnungen in der Schweiz.

1.2.1.9 Hallenwohnen

Dabei handelt es sich um eine neuartige Kombination von WG-artigem Zusammenleben mit erhöhtem Selbstbauanteil in einer Halle. In diesen kleinen oder großen Hallen errichten sich die Bewohner:innen individuelle (kleine, mobile oder fix eingebaute) Wohneinheiten. Das zurzeit spannendste Projekt dieser Art im deutschsprachigen Europa befindet sich im neu errichteten Zollhaus in Zürich. Dabei handelt es sich um das zweite Projekt der Genossenschaft Kalkbreite. Ich durfte das unweit des Zürcher Hauptbahnhofs gelegene Zollhaus bereits besichtigen, wurde vom Projektleiter Andreas Billeter durch das ganze Haus (eigentlich drei Häuser) geführt und bin sehr begeistert davon. Obendrein hat mich Gian Trachsler, ein Bewohner einer der drei Hallen, ebendort empfangen und mir auch die ganzen selbst ausgebauten privaten Wohnbereiche gezeigt (Link und Fotos in QR-01).

1.2.1.10 Generationenwohnen

IniGBW: »Dieser Begriff bezieht sich auf die Altersdurchmischung der Bewohner:innen und kann in jeder Art von Wohnform gelebt werden. Beim Mehrgenerationenwohnen bildet eine starke Altersdurchmischung der Bewohner:innen den Rahmen des gemeinschaftsorientierten Zusammenwohnens. Dabei werden einige Elemente der Großfamilie aufgegriffen und im Bedarfsfall oft auch freiwillig gegenseitige Unterstützung und auch Hilfsleistungen angeboten. Für Alleinerziehende oder auch ältere Menschen ist gerade diese erhoffte gegenseitige Unterstützung im Alltag und ein aktivierendes soziales Gefüge die Motivation für generationenübergreifendes Wohnen.«

QR 01

Viele der in diesem Buch vorgestellten Gemeinschaftswohnprojekte sind »auch« Mehrgenerationsprojekte, wie die wiener Sargfabrik, das Wohnprojekt Wien, die Kalkbreite, das Zollhaus und mehr als wohnen in Zürich, sowie das Ökodorf Sieben Linden, um nur ein paar zu nennen.

1.2.2 Sieben Vorteile nach Diana Leafe Christian

Diana erzählt in ihrem Interview detaillierter über die, wie sie sagt, sieben Vorteile vom Leben in Gemeinschaft. Daher belasse ich es hier bei einer einfachen Aufzählung:

Bewohner:innen einer Gemeinschaft sind laut Diana: glücklicher, gesünder, sie lernen neue Fähigkeiten, haben mehr Zugang zu nützlicheren Werkzeugen und Geräten und gemeinsam genutzten Ressourcen. Das Leben ist obendrein günstiger und sicherer und führt zu persönlichem Wachstum. Allerdings ist das nicht automatisch und garantiert in jedem Gemeinschaftswohnprojekt so. Die wesentlichen Grundvoraussetzungen für ein gutes Leben in Gemeinschaft müssen erfüllt sein.

Dazu Diana im Interview (ein kleiner Vorgeschmack): »Ich denke, es ist das, was ich die «drei Aspekte einer gesunden, blühenden Gemeinschaft» nenne. Diese sind (1) genügend gemeinsame, unterhaltsame Aktivitäten zu haben, um Vertrauen und Verbindungen zwischen den Mitgliedern zu schaffen; Schaffung von «Gemeinschaftskitt», (2) das Erlernen und Üben guter Kommunikationsfähigkeiten wie beispielsweise Gewaltfreie Kommunikation und (3) effektives Projektmanagement, da jede Gemeinschaft ein fortwährendes Projekt ist, das gute Organisation benötigt. Und allen dreien liegt der Selbstverwaltungsprozess der Gruppe zugrunde.«

Meine Vorstandskollegin in der Initiative Gemeinsam Bauen & Wohnen, Johanna Leutgöb, hat eine Masterarbeit zum Thema »Organisationsmodelle in gemeinschaftlichen Wohnprojekten« verfasst. Darin berichtet sie unter anderem von ihren Untersuchungen zur Frage des Wohlbefindens in Gemeinschaften und berichtet über ein interessantes Ergebnis:

> »Individualität in Gemeinschaft zu leben ist trotz oder wegen dem Commitment gegenüber der Gemeinschaft und der damit verbundenen (teilweisen) Selbstverwaltung ein wesentlicher und der am höchsten bewertete Wohlbefindensfaktor.« (Leutgöb, 2020, S. 152)

Den Link zur Masterarbeit auf Johanna Leutgöbs Homepage finden Sie in QR-02.

Die Vorteile vom Leben in Gemeinschaft aus meiner persönlichen Erfahrung finden Sie unter der Überschrift: »1.4 Meine Motivation: Das Spiel mit den Möglichkeiten«.

1.2.3 Gemeinschaft als Konsumprodukt

Es gibt auch »top down« Gemeinschaftswohnprojekte, die eine Form von schlüsselfertiger Gemeinschaft als Dienstleistung und Konsumprodukt anbieten. Dazu gehören in gewisser Weise auch Studentenheime und Altersheime. Zwei neuere Varianten möchte ich hier kurz anführen:

1.2.3.1 Coliving

Der Begriff Coliving passt nicht zufällig zu Coworking. Vorwiegend junge Hipster und digitale Nomaden sind (derzeit) das Zielpublikum für diese Geschäftsidee. Die drei Gründer des israelischen Startups Venn beschreiben ihren Markenkern mit »Urban Wellbeing« (urbanes Wohlbefinden). Das Hamburger Magazin *brandeins* hat im August 2019 in einer Geschichte darüber berichtet (Hippie-Business, 2019). Mittlerweile gibt es Niederlassungen in Berlin und New York. Ebendort, in den USA, hat der Coworkinganbieter WeWork mit WeLive ein ähnliches Angebot kreiert und bietet hippe Standorte in amerikanischen Großstädten wie New York, San Francisco und Los Angeles an. Außerhalb der USA können sich Interessierte direkt auf der Homepage in angesagten Städte wie Singapur, London, Paris und Mailand in eine schlüsselfertige Community einmieten. (Links zu den Homepages in QR-02). Grundsätzlich ist nichts dagegen einzuwenden, wenn (junge) Menschen arbeitsbedingt in eine (fremde) Stadt übersiedeln und dort nicht einsam in einer Singlewohnung leben wollen und gleichzeitig oft gar nicht so lange bleiben, um selbst eine Gemeinschaft mitzugründen. Gleichzeitig suggeriert das Angebot, die sofortige Verfügbarkeit von Gemeinschaft und somit Beziehungen per Mausklick als Konsumprodukt.

1.2.3.2 Altensiedlungen

Auch am anderen Ende des Altersspektrums gibt es große kommerzielle Anbieter. Die wahrscheinlich größte »Altencommunity« dieser Art befindet sich im Süden der USA und nennt sich »The Villages«. Die in Florida eigens angelegte Stadt beherbergt rund 150.000 Seniorinnen und Senioren. Die österreichische Filmemacherin Valerie Blankenbyl hat darüber einen grandios guten und schön gemachten Dokumentarfilm mit dem Titel *The Bubble* gemacht (Blankenbyl, 2021), bitte unbeding anschauen. Sie war so nett und hat mir extra für dieses Buch ein Interview gegeben. Das finden Sie gemeinsam mit den Weblinks zum Film ebenso in QR-02.

QR 02

Abgesehen davon, dass fast alle Bewohner:innen dort bekennende Trump-Fans sind, hat alleine schon diese gnadenlose Kommodifizierung (Prozess der Kommerzialisierung bzw. des »Zur-Ware-Werdens«) etwas durch und durch Gruseliges. Im vorliegenden Buch werde ich mich – wie gesagt – auf selbstinitiierte und selbstorganisierte (bottom up) Gemeinschaften konzentrieren.

1.3 Meine persönliche Geschichte: Bewegung und Wandel

Bis zu meiner Lebensmitte, die ich vorsichtig optimistisch mit Anfang 40 definiere, hielt ich mich für einen unverbesserlichen Einzelgänger. Allein schon der Vorschlag meiner Frau, zur Abwechslung mit einer Gruppe von Freunden in den Urlaub zu fahren, bereitete mir großes Unbehagen. Abwechslung wovon? Sind wir uns als Paar nicht mehr genug? Und dann womöglich ständig Rücksicht auf andere nehmen? Immerzu im Rudel unterwegs sein? Wenn wir zum Beispiel in einem landestypischen kleinen Lokal zu Mittag essen wollten, wäre es dann im Moment des Eintretens als Touristengruppe auch schon wieder vorbei mit der Aussicht auf eine authentische Begegnung, derentwegen uns das Lokal ursprünglich angezogen hatte? So jedenfalls meine Gedankenwelt von damals – die Gedankenwelt des urban geprägten Individualisten, der ich früher einmal war.

Kaum verwunderlich also, dass ich zeitweise, wenn nicht gerade in fester Beziehung, durchaus auch gerne alleine lebte und auch keinen allzu großen Freundeskreis pflegte. Jedenfalls erschien es mir in besagter Lebensmitte völlig in Ordnung, meinen langegehegten Wunsch nach einem Ruhejahr, einem Sabbatical, solo zu verwirklichen. Ein ganzes Jahr nicht arbeiten, weg vom Alltag, von der Routine. Das schien mir auch als Vorbeugung gegen ein potenzielles Burn-out äußerst stimmig und sinnvoll. Obendrein war mein Sohn gerade achtzehn geworden und von meiner Alleinerzieherschaft so traumatisiert, dass er freiwillig und gerne zum Militärdienst einrückte. Das war meine Gelegenheit, dann endlich auch wieder mal weg zu sein. Und so machte ich mich ab Sommer 2005 auf eine Reise um die Welt. Mit dabei: ein Rucksack mit der wichtigsten Ausrüstung sowie ein Round-The-World-Ticket mit sieben vorfixierten Zwischenstopps. Die Reiseroute hatte ich nur ungefähr geplant, um mir – eh klar – unterwegs viele Optionen für spontane, individuelle Entscheidungen offenzuhalten. Woraufhin mich das Leben mit einer Lektion nach der anderen beschenkte …

Im Buch *Ruhejahr* (Feldmann, 2007) erzähle ich von meinen intensiven Reiseerlebnissen – vor allem auch davon, wie sich mein individualistisch geprägtes Vorhaben nach und nach ganz neuen Gemeinschaftserlebnissen unterzuordnen wusste. Ebenso ist das vorliegende (besser: in Ihrer Hand liegende) Buch von diesem, meinem ganz persönlichen Wandel inspiriert, dem Wandel vom neoliberalen Yuppie zum Öko- und Gemeinwohlunternehmer. Hat doch diese Wende bewirkt, dass ich mich die letzten fünfzehn Jahre leidenschaftlich dem Thema »Leben in Gemeinschaft« verschrieb, berufliche wie privat, und meine Expertise daraus hiermit gerne teile.

Die wohl wichtigste Lektion, die ich auf meiner Weltreise lernen durfte, ist tief mit der Erkenntnis verbunden, welchen Wert es ins Leben bringen kann, sich einer Gemeinschaft anzuschließen. Sie werden jetzt vielleicht denken, »no na ned« (Wienerisch für »eh klar«), doch wie eingangs beschrieben, hatte ich es mir in meinem Einzelgängertum ganz gut eingerichtet.

Dazu nur ein kleines aber für mich wichtiges Beispiel: In einem umgebauten alten Greyhound-Bus, in dem ich mit 20 mir anfangs völlig fremden Menschen aus aller Herrinnen Länder zwei Wochen lang durch Alaska tourte, ist es passiert. Dort habe ich am eigenen Leib erfahren, wie angenehm es sein kann, wenn die Mühen so einer Reise geteilt erledigt werden. Einmal pro Woche hatte ich mit zwei Mitreisenden Küchendienst. Dabei bereiteten wir auf der am Busdach mittransportierten Outdoorküche drei Mahlzeiten für die Mitreisenden zu. Jeder wusch sein persönliches Geschirr selbst ab und half beim Auf- und Abbauen der Küche und der mobilen Geschirrwaschstraße (Link zu Fotos in QR-03). Dafür konnte ich mich an sechs Wochentagen von den anderen bekochen lassen. Und nicht nur das Kochen, auch die sonstigen Herausforderungen und die Reiselogistik ist arbeitsteilig viel leichter zu bewältigen.

Später führte mich die Reise unter anderem noch durch Südamerika, Australien und Südostasien. Die Summe aller Eindrücke, Erlebnisse und Erkenntnisse hat mich so sehr geprägt, dass ich nach dem Ruhejahr beschloss, einen enkeltauglicheren und CO_2-reduzierten Lebenswandel zu versuchen. Und mir war bald klar: Das mache ich nicht als zurückgezogener Eremit in einer Höhle oder Hütte im Wald. Nein, ich beschloss, diesen neuen Lebenswandel in einer Gemeinschaft von Gleichgesinnten zu versuchen.

Das sollte aber erst der Beginn einer mehrjährigen Suchbewegung sein, während der ich mir viele Gemeinschaftsentwürfe, Gruppen und Projekte anschaute. Zu Anfang wusste ich noch nicht wirklich, wem ich mich anschließen sollte. Einer Kommune nach Kassel folgen, wo alle ihre Einkünfte in einen Topf legen und je nach Bedarf und Bedürftigkeit ihren Anteil entnehmen? Oder eher einer kleinen sympathischen Berliner Anarcho-Gruppe beitreten, die sich auf einer Versteigerung 100 km von Berlin entfernt ein verfallenes Feriendorf samt Fischteichen für zwei Handvoll Euros gekauft hatten? Oder doch in jene Gruppe einsteigen, die bereits seit Jahren nördlich von St. Pölten ein Gemeinschaftsprojekt plant?

Am Ende meiner Überlegungen bzw. nach zwei Jahren Recherche wusste ich: Ich will mitten in Wien, in der Stadt meiner Wahl, mein gemeinschaftliches und nachhaltiges Leben starten. Damals (2009) gab es allerdings noch keine große Auswahl an Gemeinschaftsprojekten in Wien und daher beschloss ich, Gleichgesinnte zu finden, um mit ihnen ein neues Projekt zu starten. Daraus entstand das wunderbare, vielfach preisgekrönte »Wohnprojekt Wien«, in dem ich seit 2014 lebe und an dem ich mich jeden Tag erfreue (Fotos und Weblink in QR-03). Wie dieser ursprüngliche Traum von mir, der Traum eines Einzelnen, in die gemeinsame Vision einer ganzen Gruppe münden konnte, davon mehr im Kapitel »2.7 Dragon Dreaming oder von Visionsfindung und Projektplanung«.

Aus dieser Erfahrung heraus hat sich später die Idee entwickelt, eine genossenschaftliche Bauträgerin zu gründen, um mit und für Menschen, die in Gemeinschaft leben möchten, entsprechende Projekte zu verwirklichen. So hoben meine Mitgründer:innen und ich 2015 die Genossenschaft »Die WoGen« aus der Taufe (QR-03), wo

QR 03

ich bis 2021 als geschäftsführender Vorstand tätig war. In dieser Zeit entstand das Projekt »KooWo« (Fotos und Weblink in QR-03) in der Nähe von Graz. Nachdem ich mein Vorstandsmandat und die Geschäftsführung 2021 zurücklegte, fand ich endlich Zeit und die Muße, dieses Buch zu schreiben.

1.4 Meine Motivation: Das Spiel mit den Möglichkeiten

Vier Bücher habe ich in meinem Leben schon geschrieben. Drei davon über Verkaufsthemen, das vierte über mein Ruhejahr. Nach meinem Wandel zum Öko- und Gemeinwohlunternehmer reifte in mir das Bewusstsein, nur noch dann Papier und andere Ressourcen für ein weiteres Buch zu binden, wenn ich etwas Wichtiges zu sagen habe. Heute bin ich überzeugt, dass gemeinschaftliche Wohnprojekte durchaus wesentliche Beiträge zur Überwindung der Herausforderungen, denen wir als Weltgemeinschaft gegenüberstehen, leisten »können«. Beiträge, die ganz konkret und für jedermensch erlebbar zum guten und enkeltauglichen Leben führen »können«.

Das Wörtchen »können« setze ich dabei ganz bewusst in Anführungszeichen. Weil die Teilhabe und der Einzug in ein Gemeinschaftswohnprojekt noch nicht automatisch zu einem geringeren CO_2-Fußabdruck und enkeltauglicheren Leben führen. Vielmehr tun sich jedoch vielversprechende Möglichkeitsräume auf. »Können« also im Sinne des Potenzials und der Chancen von gemeinschaftlichem Wohnen. Das Projekt als solches garantiert noch nicht den ökotauglichen Fußabdruck. Es sind immer die Menschen, die Individuen, die sich – jede:r für sich – entscheiden, etwas ganz konkret zu tun oder zu lassen. Ein gut geplantes Gemeinschaftswohnprojekt kann es den Bewohner:innen aber in vielerlei Hinsicht erleichtern bzw. den Rahmen setzen, die eigenen Ideen für ein enkeltauglicheres Lebens umzusetzen.

Am Beispiel des Wohnprojekts Wien, wo ich zum Zeitpunkt der Drucklegung dieses Buches schon seit acht Jahren lebe und arbeite, möchte ich zeigen, wie sich in vielen Bereichen ein Leben in Gemeinschaft positiv auf unsere CO_2 Bilanz und andere Herausforderungen, denen wir aktuell ausgesetzt sind, auswirken kann.

1.4.1 Re-Demokratisierung

Kinder in gemeinschaftlichen und partizipativen Wohnprojekten saugen sozusagen schon mit der Muttermilch auf, wie gelebte Demokratie funktioniert. Bei Großgruppentreffen bekommen die Kinder der Bewohner:innen quasi von Geburt an mit, wie ihre Eltern mit den anderen Nachbar:innen im Kreis sitzen, diskutieren und gemeinsam Entscheidungen treffen. Die Kinder lernen sehr früh, wie sich Erwachsene auch mit kontroversen Themen auseinander- und wieder zusammensetzen, neue Vorschläge ausprobieren und letztlich zu einem Konsens oder Konsent (näheres dazu im Kapitel »Soziokratie«) finden. Das alleine halte ich persönlich schon für einen ausreichenden Grund, in ein Gemeinschaftswohnprojekt zu ziehen. Kinder, die so aufwachsen, sind als Erwachsene weitaus weniger anfällig für Demagog:innen und Populist:innen jedweder Couleur. Diese Kinder haben gelernt, dass es nicht reicht, alle vier Jahre ein Kreuzchen auf einem Wahlzettel zu machen. Diese Kinder sind unsere Zukunftshoffnung in einer Welt, in der Charaktere wie Trump, Putin, Erdogan, Le Pen, Orban und Co gern postfaktisch argumentieren.

Aber nicht nur Kinder, auch die Erwachsenen profitieren von gemeinsamen Visions- und Entscheidungsfindungen. So lernen sie neue Werkzeuge der Kommunikation und des partizipativen Miteinandergestaltens und -verwaltens kennen und bekommen mehr und mehr Übung und Sicherheit im Umgang damit.

1.4.2 Reduktion des persönlichen Flächenbedarfs durch intelligentes Teilen

Eines der Hauptargumente für ökologisch bewusst lebende Menschen sind die Gemeinschaftsräume. Im Wohnprojekt Wien stehen diese allen nach genau definierten (Nutzungs-)Regeln zur Verfügung. So kann ich als Bewohner:in einige Funktionen meines Wohn- und Lebensalltags in die Gemeinschaftsräume »outsourcen«, also aus meinen individuellen Wohnquadratmetern hinausverlagern. Das spart individuellen Wohnraum ein.

Obwohl das vielen Menschen bekannt ist, sei hier daran erinnert: Jeder nicht gebaute, nicht bewohnte, nicht geheizte Quadratmeter spart große

Mengen an CO_2-Emissionen, ganz ohne große Energiesparanstrengungen, bei gleichzeitig luxuriöser Fülle an Möglichkeiten in den Gemeinschaftsräumen:

- Gemeinschaftsküche: In der privaten Wohnung reicht eine vergleichsweise kleine Küche für den Alltag. Wer eine Gruppe von Freund:innen einladen und bekochen will, reserviert dafür ganz einfach die große Gemeinschaftsküche.
- Kinderspielraum: Die Kids haben ausreichend Platz im ansprechend ausgestatteten Spielraum im Erdgeschoß neben der Gemeinschaftsküche. Klugerweise ist dieser im Wohnprojekt Wien durch eine Glaswand akustisch etwas entkoppelt. Ebendort – oder im ganzen Haus verteilt – verbringen die Kinder gemeinsam ihre Freizeit. Somit brauchen Familien keine großen Kinderzimmer in ihren Wohnungen.
- Mehrzweckräume für Veranstaltungen, Feste und Großgruppentreffen: Diese im Wohnprojekt Wien »Flex-Raum A + B« genannten großen Räume (150 + 65 m^2) sind sowohl getrennt als auch gemeinsam nutz- und bespielbar. Dort finden die Großgruppentreffen statt, aber auch Feste, Hochzeiten, Konzerte et cetera.
- Werkstätten im Untergeschoss: Hier findet jede:r Bewohner:in Platz und Profiwerkzeug für eigene Projekte – von der kleinen Reparatur bis zum größeren Möbelprojekt. Bei 40 Wohnungen bedeutet das im Idealfall, dass eben nicht 40 Stück billige Akkuschrauber, etliche Bohrmaschinen und sonstiges Werkzeug in zigfacher Ausführung in den Schränken oder Kellerabteilen der Bewohner:innen landen, was wiederum Platz und (persönliche) Ressourcen spart.
- Waschsalon: Im Untergeschoss gleich neben den Werkstätten befindet sich im Wohnprojekt Wien der Waschsalon mit zwei Profiwaschmaschinen und einem Trockner. Es ist dadurch nicht mehr notwendig, dass in 40 Wohnungen je eine Waschmaschine – plus Trockner – steht. Auch das spart Platz und Geld.
- Gemeinschaftsbibliothek auf der Dachterrasse: Statt zig Laufmeter Bücherregale in der eigenen Wohnung unterbringen zu müssen, gibt jede:r einfach die Mehrzahl der eigenen Bücher in die Gemeinschaftsbibliothek und behält nur jene Lektüren bei sich, die besonders ans

Herz gewachsen sind. Das spart nicht nur Platz in der eigenen Wohnung, sondern bringt auch eine viel größere Auswahl an Lesestoff für jede:n Einzelne:n. Wenn die Bibliothek obendrein so schön gelungen und gelegen ist wie im Wohnprojekt Wien, kann der Raum zusätzlich für Arbeitsgruppenbesprechungen, (Kinderbuch-)Lesungen und so weiter verwendet werden.

- Sauna, Jacuzzi und Ruheraum auf der Dachterrasse: Das Badezimmer in den individuellen vier Wänden kann etwas schlanker und funktionaler ausfallen, weil es für die persönliche Wellness eine schöne Sauna gibt. Bei einer der Planungsbesprechungen sagte unsere älteste Nachbarin: »Ich werde in meiner Wohnung aus Kosten- und Platzgründen nur eine Dusche haben, aber es wäre schön, wenn es im Haus irgendwo eine Badewanne gäbe, die ich hin und wieder verwenden könnte.« Die Idee kam allgemein so gut an, dass unsere Architekt:innen im Saunabereich eine große Badewanne mit Whirlpool und einer Schiebetüre einplanten, die bei Bedarf zusätzlich Rückzug und Intimität gestattet. Die Krönung ist ein gläserner Dachdurchlass. So genießen wir an kalten Wintertagen ein heißes Sprudelbad mit Sternenpanorama.
- Ruheraum zum Auftanken: Dieser großzügige Raum mit Glastüren und Fenster Richtung Osten auf die begrünte Dachterrasse wird gerne für (Morgen-)Yoga, Meditation und Massage verwendet.
- Gästeunterbringung: Zwei kleinere und ein größeres Gästeappartement, angesiedelt auf der Dachterrasse, haben den Vorteil, dass im Wohnprojekt Wien in den Privatwohnungen weder Gästezimmer noch Gästesofas eingeplant werden mussten, was wiederum hilft, individuelle Wohnquadratmeter einzusparen und gleichzeitig ermöglicht, Freunde und Verwandte beherbergen zu können. Noch dazu am schönsten Ort des ganzen Gebäudes – sozusagen im Penthouse auf dem Dach.

1.4.3 Zukunftstaugliche Mobilität mit weniger PKWs

- Großzügige Fahrradgarage: Ebenerdig gelegen, lichtdurchflutet, mit Stellplätzen für 100 Fahrräder, zwei Lastenräder, diverse Kinderbobbys und Scooter, sowie einer kleinen Fahrradwerkstätte ist dieser Raum der zentrale Hub für eine nachhaltige und klimaneutrale Mobilität.

- Mobilitätspool mit Carsharing-Autos und zwei Lastenrädern. Beim Einzug mit einem Carsharing-Pool von sieben Autos gestartet, kauften wir 2021 unser erstes Elektroauto, das den Bewohner:innen unseres und auch des Nachbarhauses zu kostendeckenden und somit sehr günstigen Bedingungen zur Verfügung steht, und welches wir mit Solarstrom vom eigenen Dach aufladen können.

In einer Gruppe lassen sich solche Themen generell leichter und günstiger organisieren. Als Einzelperson in einer »normalen« Nachbarschaft ist das ungleich schwieriger, egal ob in der Stadt oder auf dem Land. Die organisierte Gruppe erreicht bei diesen Themen eine weitaus größere Wirksamkeit.

Eine kleine Sammlung von Fotos der beschriebenen Gemeinschaftsräume finden sie in QR-04.

1.4.4 Gemeinschaft als Gegenmodell zu Vereinzelung und Vereinsamung

In Deutschland, Österreich und der Schweiz steigt die Anzahl der Singlehaushalte stetig an (tagesschau.de, 2020). Nicht erst seit Corona, aber dadurch verschärft, leiden viele Menschen unter Einsamkeit, Angststörungen nehmen zu. Der erhöhte Konsum von Antidepressiva spült den Pharmakonzernen viel Geld in die Kasse. Das alles sind beängstigende Entwicklungen in unserer gegenwärtigen Welt. Ein Gemeinschaftswohnprojekt, bei dem jede:r Bewohner:in von Anfang an zur Teilhabe und Mitarbeit aufgefordert und im Fall des Wohnprojekts Wien sogar dazu verpflichtet ist, lässt der Vereinsamung wenig Chance.

Der gemeinsame Mittagstisch wochentags und das gemeinsame Abendessen zweimal die Woche – beides freiwillig – bringt die Menschen zusammen. Zudem reduziert es für die Einzelnen Kochzeit und Kosten. Im Wohnprojekt Wien gibt es darüber hinaus noch einen ganz speziellen Service: Wer krank im Bett liegt oder quarantänebedingt die Wohnung nicht verlassen kann, bekommt auf Wunsch ein Essen an die Tür geliefert.

1.4.5 Stärkung der Solidarität

Die letzten Jahrzehnte neoliberaler Gehirnwäsche wollen uns alle zu Einzelkämpfer:innen und nutzenoptimierenden Egoist:innen machen. Ich habe es bereits anklingen lassen, bei mir hatte das schon sehr gut gegriffen. Umso besser, dass sich ein Gemeinschaftswohnprojekt wunderbar dazu eignet, niederschwellig mit verschieden Formen der Solidarität zu experimentieren. So beschlossen wir nach ausgiebigen Diskussionen, im Wohnprojekt Wien einen projekteigenen Solidaritätsfonds zu installieren, in den die Bewohner:innen anonym und nach Selbsteinschätzung regelmäßig einzahlen (siehe auch »7.7 Solidaritätsfonds«).

1.4.6 Sinnstiftung und Selbstwirksamkeit durch Teilhabe

Durch die aktive Mitgestaltung im und am gemeinschaftlichen Wohnprojekt kann auch dem drohenden Sinnverlust unserer postmodernen Zeit und den bereits erwähnten postfaktischen Tendenzen entgegengewirkt werden.

Eine wesentliche Motivation für viele, an einem solchen Projekt teilzunehmen, ist Selbstbestimmung: Mensch muss nicht einfach nehmen, was der Markt (oder die Gemeinde) hergibt, sondern kann das Wohnen, das Wohnumfeld, die Stadt selbst mitgestalten, auch Innovatives umsetzen, nachhaltige Lebensweisen ausprobieren, Dinge tun, die nicht marktkompatibel sind, einfach weil im Gemeinschaftswohnprojekt nicht alles nur nach Marktkriterien entschieden wird. Das wiederum bringt die Teilnehmenden in ihre Selbstwirksamkeit.

1.4.7 Biologische und regionale Lebensmittel aus der Foodcoop

Foodcoop im Wohnprojekt Wien bedeutet: Eine Gruppe im Haus organisiert den Einkauf biologischer und/oder regionaler Lebensmittel von Bäuerinnen und Bauern aus dem Umland, sowie nichtregionaler Produkte (Olivenöl von einem griechischen Kleinbetrieb oder Kaffee aus einer solidarischen Kooperative in Südamerika) aus vertrauenswürdigen Quellen. Die Bewohner:innen können sich dann ihre Bestellung im Foodcoop-Raum im Untergeschoss selbst abholen, sprich selbst abzählen oder abwiegen und ohne Plastikverpackung direkt in die Wohnung mitnehmen.

Darüber hinaus gibt es noch den Bio-Greisler im Haus (wienerisch für Tante Emma Laden). Eine Gruppe von rund zehn Bewohner:innen hat eine eigene Firma gegründet und betreibt im Erdgeschoss den »Salon am Park«. Das ist eine Mischung aus kleinem Bioladen, Bäckerei, sommerlicher Eisdiele und Café. Angeboten wird allmorgendlich frisches Biogebäck vom Feinsten, Milchprodukte et cetera. Der Salon wurde zum angesagten Treff in unserem Quartier und hat neben viel ehrenamtlicher Arbeit auch bezahlte Jobs generiert: Teilzeitjobs sowie auch Ferienjobs für unsere heranwachsenden Jugendlichen im Haus.

1.4.8 Versuchslabor für neue Ideen

In einem Umfeld wie dem beschriebenen kann auch mit Vielem experimentiert werden, was sonst nur schwer oder gar nicht möglich ist. Gerne erläutere ich das anhand zweier Anekdoten: So haben die Nachbar:innen zu meiner linken Seite für ein Jahr ihren 15-jährigen Sohn aus Platzgründen bei den Nachbarn zu meiner rechten untergebracht. Letztere brauchten das Kinderzimmer aktuell nicht, weil der eigene Sohn noch im Babyalter war. Mittlerweile konnte der Jugendliche in eine WG im Haus übersiedeln. Im obersten Stockwerk haben zwei Nachbarn für eine Zeit ein Zimmer getauscht. Bei den einen hatte sich der gewünschte Kindersegen noch nicht eingestellt, während die anderen dringend zusätzlichen Raum brauchten. Das sind nur zwei Beispiele von vielen, die zeigen, was alles geht, wenn eine Gemeinschaft von Gleichgesinnten am Werk ist.

Meine Nachbarin Barbara Nothegger ist Journalistin und hat ein wunderbares Buch über das Wohnprojekt Wien geschrieben. Aus der Sicht einer später dazugestoßenen Bewohnerin, die mit manchen esoterisch anmutenden Ritualen ihre Mühe hat, beschreibt Barbara auf sehr persönliche und eindrückliche Weise die Höhen und Tiefen, die Freuden und auch die Zweifel, die mit der Entscheidung für so eine Lebensform verbunden sind (Nothegger, 2017). Interessierten Menschen empfehle ich oft, zuerst dieses Buch zu lesen und erst danach zu entscheiden, ob sie sich auf so ein Abenteuer einlassen wollen.

Die Aufzählungen bisher handeln nur vom Wohnprojekt Wien. Darüber hinaus gibt es, je nach Ausrichtung und vorhandener sowie geschaffener Ressourcen, noch unzählige andere Einrichtungen in unterschiedlichsten Gemeinschaftswohnprojekten. Einige davon – wieder ohne Anspruch auf Vollzähligkeit – finden Sie im Folgenden:

1.4.9 Gemeinsames Gärtnern und Landwirtschaften

Im Wohnprojekt Wien haben wir uns gemeinsam mit den Bewohner:innen des Nachbarhauses Hochbeete gebaut, in denen wir etwas Gemüse und Salat anbauen. Daneben befinden sich noch Beerensträucher zum Naschen und ein paar Obstbäume. Küchenkräuter gibt es auf der Dachterrasse und in Töpfen neben der Gemeinschaftsküche. Das ist so ziemlich das Maximum, was uns in unserer dicht bebauten Großstadt gut möglich und leistbar schien.

Aber in ländlichen Projekten sind die Möglichkeiten diesbezüglich viel größer. Projekte wie z. B. Sieben Linden in Deutschland haben einen richtigen Landwirtschaftsbetrieb, der entweder zur reinen Selbstversorgung dient oder darüber hinaus seine Produkte auch verkauft. Damit können wiederum Arbeitsplätze und Erwerbseinkommen generiert werden. Links zu Sieben Linden und der Ökodorfdefinition von GEN finden Sie in QR-04.

Hofkollektive sind Gemeinschaftsprojekte, die von vorneherein das gemeinsame Landwirtschaften in den Mittelpunkt stellen und die meist auch im Zuge der Übernahme eines bestimmten Bauernhofes gegründet wurden.

1.4.10 Individuelle Zukunftsabsicherung durch gemeinsame Ökonomie

In manchen Gemeinschaften, wie der bereits erwähnten Kommune Niederkaufungen (QR-04) bei Kassel, wird die sogenannte gemeinsame Ökonomie gelebt. Dabei werden sämtliche Erwerbseinkommen in einen gemeinsamen Topf gelegt und daraus kann jede:r Bewohner:in sich je nach Bedarf und den jeweiligen Spielregeln bedienen. Auch kleinere Gemeinschaften, wie das Projekt »PAN« im Waldviertel in Niederösterreich, machen das seit Jahrzehnten (QR-04). Einen Vorteil sehen die Bewohner:innen darin, dass nur ein Teil der Menschen einen externen Erwerbsarbeitsplatz braucht. Der andere Teil kann dafür im Projekt arbeiten und durch das Teilen einerseits und die hohe Selbstversorgung im Projekt andererseits haben alle ein gutes Auskommen.

Bei der gemeinsamen Ökonomie wird unterschieden zwischen reiner »Erwerbsgemeinschaft« – wie oben kurz beschrieben oder zusätzlicher Vermögensteilung. Bei Letzterem bringen die Bewohner:innen auch ihre Ersparnisse, Erbschaften et cetera in die Gemeinschaft ein. Üblicherweise werden bestimmte Probezeiten und Fristen für den Einstieg und idealerweise auch klare Regeln für einen etwaigen späteren Ausstieg vereinbart.

1.4.11 Gewerbebetriebe

Durch die Gründung von projekteigenen oder von einzelnen Bewohner:innen betriebenen Unternehmen werden in vielen Projekten auch Arbeitsplätze und Einkommensmöglichkeiten geschaffen. Im Wohnprojekt Wien ist das zwar nur der beschriebene kleine Bioladen, aber in anderen Projekten gibt es durchaus auch größere Betriebe. Die Bandbreite ist groß und der Bogen spannt sich vom gewerblichen Biolandbau über Schulen und Seminarbetriebe, Baufirmen, Handwerksbetriebe wie Tischlereien und Lehmbauspezialisten, Stoffmanufakturen, Solaranlagenbau bis zu IT-Dienstleistungen, Forschung und Entwicklung sowie unterschiedlichsten Beratungsangeboten.

1.4.12 Andere Nichtwohnnutzungen

Manche Gemeinschaftprojekte betreiben selbst (alternative) Schulen oder Kitas, andere wie das ZEGG in Belzig in Deutschland haben einen eigenen Seminarbetrieb (QR-04). Wieder andere vermieten Räumlichkeiten an bewusst und nach eigenen Kriterien ausgesuchte Gewerbe- und Dienstleistungsbetriebe, wie beispielsweise die Kalkbreite in Zürich (QR-04).

In letzter Zeit gibt es auch vermehrt gemischte (gewerblich und wohnen) Projekte wie etwa Die Hauswirtschaft in Wien (QR-04), sowie dezidierte Nichtwohnprojekte, bei denen es ausschließlich um gemeinschaftlich organisierte Büro- und/oder Gewerberäume geht wie das Neue Amt in Hamburg Altona (QR-04). Das Projekt »Quartiershaus« der bereits erwähnten WoGen in Wien bietet

QR 04

auch eine Mischung aus gemeinschaftlichem Wohnen und Flächen für kooperative Gewerbe-, Geschäfts- und Büronutzung.

Im vorliegenden Buch konzentriere ich mich auf Projekte, die um das gemeinschaftliche Wohnen herum kreiert werden.

1.4.13 Echter Wohlstand und persönliches Wachstum

Die deutsche Autorin Vivian Dittmar hat ein sehr schönes Buch mit dem Titel *Echter Wohlstand* geschrieben (Dittmar, 2021). Darin beschreibt sie in sehr gut nachvollziehbarer Weise, dass nicht das Anhäufen von materiellen Gütern, Status und Geld uns glücklich machen, sondern plädiert für einen anderen Wohlstandsbegriff. Sie unterteilt diesen in fünf Bereiche: Zeitwohlstand, kreativer Wohlstand, Beziehungswohlstand, spiritueller Wohlstand und ökologischer Wohlstand. Nachdem ich das Buch von einer Nachbarin empfohlen bekam und es gelesen hatte, dachte ich mir: »Wow, so gut hätte ich das, was mich antreibt, selbst nie in Worte fassen können!« Daher versuche ich es erst gar nicht, sondern empfehle Ihnen das Buch aufs wärmste.

2 Vision: Was wollen wir mit unserem Projekt erreichen?

Und als sie das Ziel aus den Augen verloren hatten,
verdoppelten sie ihre Anstrengungen.
(Mark Twain)

Einer der vielen mittelmäßigen Politiker, die in meinem Heimatland ein paar Jahre mitregieren durften, meinte einmal: »Wenn ich Visionen habe, gehe ich zum Arzt«. Entsprechend unambitioniert war übrigens sein politisches Vermächtnis oder mit einem geflügelten Wort aus der Wirtschaft ausgedrückt: Die Lücke, die er hinterließ hat ihn völlig ersetzt.

Die Menschen, die ein Gemeinschaftswohnprojekt gründen und diejenigen, die später dazukommen, brauchen etwas Verbindendes, über die gebauten Räumlichkeiten Hinausgehendes, etwas auf das sich alle einigen können. Sie brauchen eine gemeinsame Vision, einen eindeutigen Kern von Zielen und Werten, in gut verständlichen Sätzen schriftlich festgehalten. Diese Vision wird zur Messlatte, zum Orientierungspunkt für alle zukünftigen Entscheidungen. Gibt es keine oder ist die Vision schlecht formuliert, wird es fast zwangsläufig und öfter als nötig zu lähmenden und ergebnislosen Diskussionen kommen. Ist hingegen eine nachvollziehbare Vision vorhanden, können bei schwierigen Richtungsentscheidungen die zur Auswahl stehenden Optionen mit der Vision abgeglichen werden. Die Vision wird so zum Leitstern für das zukünftige Handeln. Alle weiteren Vereinbarungen und Richtlinien müssen sich danach ausrichten, müssen mit der Vision in Einklang stehen. Die Satzung beziehungsweise Statuten der zu einem späteren Zeitpunkt zu gründenden Rechtsperson (Verein, Genossenschaft, GmbH, Stiftung, Wohnungseigentümergemeinschaft etc.) genauso wie etwaige Beitrittserklärungen, Mietverträge, Hausordnungen oder Ähnliches. Das alles wird zur Vision passen müssen.

Eine gut formulierte Vision in der eindeutig nachzulesen ist, wofür das Projekt steht und wofür nicht, hilft auch bei der Gruppenerweiterung oder späteren Nachbesetzungen. Zukünftige Interessent:innen wissen dadurch von vorneherein, worauf sie sich einlassen, was sie von dem Projekt erwarten können, was von ihnen erwartet wird und was nicht. Das erspart viel Frust, Leerlauf und Enttäuschungen, weil die Täuschung erst gar nicht entsteht. Manche propagieren eine Unterscheidung zwischen Vision, Mission und Leitbild. In dieser Aufspaltung wird in der Vision lediglich das Ziel beschrieben, als Bild einer angestrebten idealen Zukunft. Dieses Bild soll Orientierung und Motivation bieten. In der Mission wird der Weg zur Erreichung der Vision beschrieben, also wie eine Organisation die Vision umsetzen will. Das Leitbild fasst beides zusammen und beschreibt das Ganze detaillierter auf der Handlungsebene. Wählen Sie die für Ihre Gruppe stimmige Variante und achten Sie darauf, dass die dahinterstehenden Werte auch verschriftlicht werden. Kommunizieren Sie zusätzlich möglichst unzweideutig welche Punkte fix und daher nicht mehr verhandelbar sind und welche noch diskutiert werden können. Eva Stützel nennt das in ihrem Buch *Der Gemeinschaftskompass* die nicht verhandelbaren Eckpunkte (Stützel, S. 67).

Dass ist deshalb so wichtig, weil sich die Gruppe damit unnötige und nervenzermürbende Diskussionen ersparen und dadurch ihr Projekt besser vorantreiben kann. Wenn die Gründer:innen beispielsweise fix beschlossen haben, ihr Projekt im Rahmen des Mietshäuser Syndikats umzusetzen, braucht es keinerlei Diskussionen mehr über die Vorteile von individuellem Wohnungseigentum. Das ist dann gegessen und die Karawane zieht weiter.

QR 05

Eine Checkliste der wichtigsten Entscheidungen für Gründer:innen finden Sie zum Download in QR-05.

2.1 Wer entscheidet wann über die Vision?

Es gibt die weit verbreitete Meinung, dass jedes Projekt, egal wie groß oder klein, auf die Idee einer einzelnen Person zurückgeht. Ob private Kita, neue Firma, revolutionäres Produkt, politische Partei, Umweltschutzorganisation oder neue Religion. Immer stand am Anfang die Inspiration eines einzelnen Menschen. Eine Person, der es danach gelang, andere Menschen für die Idee zu gewinnen und sozusagen mit ins Boot zu holen. Als Autor dieses Buches liebäugle ich mit dieser These. Jedoch gehe ich nicht so weit wie Peter König, der Schweizer Geldforscher. Dieser sagt in einem Videointerview mit Martin Kirchner von den Pioneers of Change sinngemäß, dass die jeweilige Quellperson auch fortan die richtigen Grundsatzentscheidungen fällt, weil nur sie oder er den ganzen Ein- und Überblick hat (König, 2021). Vielmehr habe ich sozusagen als Quellperson sowohl des Wohnprojekt Wien als auch der WoGen Wohnprojekte-Genossenschaft die Erfahrung gemacht, wie wichtig ein gut organisierter Visionsfindungs-Workshop ist. Bei diesem Workshop definiert die gesamte Gründer:innengruppe gemeinsam die Vision. Zu diesem Zweck habe ich sehr gute Erfahrungen mit dem Instrument des »Dragon Dreaming« gemacht. Mehr zu dieser Methode in Kürze im gleichnamigen Kapitel. Ich bin überzeugt von der Wichtigkeit, einen gemeinsamen attraktiven, inspirierenden Traum, eine starke gemeinsame Vision zu kreieren, die von einer ganzen Gruppe von Menschen weitergetragen wird.

Natürlich kann es auch anders funktionieren. Liebe Leserin, lieber Leser, nehmen wir einmal an, eine gut vernetze Person mit einer gewissen Überzeugungskraft hat die Idee zu einem Gemeinschaftswohnprojekt, sie spürt sozusagen den Gründungsimpuls. Nennen wir die Person in diesem Beispiel Andrea. Andrea könnte sich natürlich einfach alleine hinsetzen und eine fertige Vision für ihr Gemeinschaftswohnprojekt kreieren, diese verschriftlichen und dann auf die Suche nach Mitmacher:innen gehen. Solche Gründer:innen treffe ich immer wieder auf einschlägigen Veranstaltungen, aber ihre langfristige Erfolgsbilanz sieht eher mager aus. Entweder kommen sie nie wirklich in die Gänge oder es gibt doch irgendwann eine Liegenschaft samt Bewohner:innen. Dafür ist dann oft die Fluktuation hoch und/oder Andrea klebt jahrelang auf dem offiziellen oder inoffiziellen Führungssessel, sie kann nicht loslassen von der Verantwortung und schrammt mehrfach an der Grenze zum Burn-out oder stolpert darüber hinaus.

Andrea könnte aber auch anders vorgehen. Andrea könnte mit den schriftlich formulierten Eckpunkten ihrer Idee andere Menschen ansprechen, um diese bei Interesse zur gemeinsamen Erarbeitung der Vision einzuladen. Dabei stößt sie sowohl auf Personen, die sich noch nicht genau mit dem Thema befasst haben, als auch auf andere, die sich selbst als Quellperson sehen und mit einer ähnlichen Idee schwanger gehen. Wenn ihre Vorstellungen nicht zu weit auseinanderliegen und Andrea sowie alle Beteiligten sich ehrlich auf einen ergebnisoffenen Visionsfindungsprozess einlassen, ist meiner Erfahrung nach die Erfolgswahrscheinlichkeit wesentlich höher. Ganz besonders, wenn Andrea und die weiteren Beteiligten auch bereit sind, den einen oder anderen Aspekt ihrer ursprünglichen Idee zu hinterfragen oder zugunsten eines anderen Aspekts notfalls auch aufzugeben. Mehr über das bewusste aufgeben oder sterben lassen einzelner Aspekte des individuellen Traums zugunsten des Gruppentraums, der gemeinsamen Vision, folgt im schon erwähnten Kapitel »Dragon Dreaming«.

2.2 Wie groß soll die Gründer:innengruppe sein?

Die Personenanzahl einer Gründer:innen- oder Kerngruppe sollte sich zwischen sechs und sechzehn bewegen (plus/minus zwei). Dazu gibt es teilweise divergierende Erkenntnisse und Aussagen aus der Soziologie und der Gruppendynamik. Ilona Koglin, die Dragon Dreaming-Expertin aus Deutschland, die am Ende des gleichnamigen Kapitels noch via Interview zu Wort kommt, empfiehlt übrigens eine Gruppengröße von vier bis acht Personen. Eva Stützel, Mitgründerin des bereits erwähnten Ökodorfs Sieben Linden und Autorin des hiermit wärmstens empfohlenen Buches *Der Gemeinschaftskompass* (Stützel, 2021), empfiehlt eine Größe von drei bis acht Personen. Einige sehr hilfreiche Praxistipps von ihr lesen Sie im Interview am Ende des Kapitels »4. Gemeinschaftsbildung«. Jedenfalls hat es sich in der Praxis bewährt, weder zu wenige noch zu viele Mitgründer:innen einzuladen. Bei weniger als sechs Personen entsteht meiner Meinung zu wenig Vielfalt in der Gruppe. Und wenn der eine oder die andere während oder nach dem Visionsprozess aussteigt, wird es schnell sehr eng.

Bei mehr als sechzehn Personen wird die Entscheidungsfindung schon recht kompliziert, zumal im Anfangsstadium noch keine Organisationsform und keine genauen Entscheidungsmechanismen definiert sind. Diese können und sollen sich ja erst mit und nach der Vision finden.

Achtung, ich spreche hier von der Größe der Kerngruppe eines Projektes, also von der Anzahl an Gründer:innen. Die Begriffe Kerngruppe und Gründer:innengruppe verwende ich bewusst abwechselnd und synonym, sie sind also in diesem Buch austauschbar. Die empfohlene Größe ist unabhängig davon, wie groß Ihr Projekt im Endeffekt werden soll. Auch diese Grundsatzentscheidung fällt idealer Weise erst beim Visionsworkshop. Letztlich hängt die Anzahl der möglichen Bewohner:innen auch noch von den Möglichkeiten des Grundstücks oder Objektes ab, wofür sich die Gruppe eventuell erst zu einem späteren Zeitpunkt entscheidet oder entscheiden kann. Steht der Standort beim Visionsworkshop bereits fest, so kann die endgültig angestrebte Gruppengröße leichter definiert werden. Zur Gruppengröße finden sie zusätzliche Überlegungen und Anregungen im Kapitel »Gruppenfindung«.

Die problemlose Ausstiegsoption beim Visionsprozess ist übrigens eine wesentliche Bedingung und wichtiger Erfolgsfaktor. Nur wenn Sie als Teilnehmer:in wissen, dass Sie »es« auch lassen können, falls Ihnen das Endergebnis nicht gefällt, können Sie ergebnisoffen und mit der notwendigen inneren Flexibilität in den Prozess einsteigen. Das gilt auch und insbesondere für die Quellperson, also diejenige Person, die den ursprünglichen Impuls gesetzt hat.

Daher ist meine klare Empfehlung: Alle, die beim Visionsworkshop mitmachen wollen, teilen sich die Kosten für ebendiesen. Externe Kosten fallen üblicherweise an für die Moderation, eventuell für den Ort samt Verpflegung (was auch die Teilnehmer:innen selbst mitbringen/organisieren können) und Kinderbetreuung. Letzteres ist wichtig, wenn in der Gründer:innengruppe Eltern mit Kindern sind. Es ist gut, wenn die Kinder bei dem Workshopevent mit dabei sind (oft ein Wochenende von Freitagabend bis Sonntagabend), um die anderen Gründer:innen und deren Kinder ebenso kennenzulernen. Finden Sie für die Betreuung während der Workshopeinheiten externe Menschen, damit die Eltern nicht ständig zerrissen sind zwischen Mitmachen und Einbringen in den Gemeinschaftsprozess und ihren Elternpflichten. Letzteres lässt sich natürlich nicht ganz ausblenden, angenommen ein weinendes Kind rennt in den Workshop und braucht elterlichen Trost, dann lernt die Moderation und die Gruppe, damit gut umzugehen. Es hat sich übrigens nicht gut bewährt, wenn beispielsweise zwei Elternteile sich während des Workshops abwechselnd der Obsorge für den Nachwuchs widmen. Dadurch verpassen die Personen wichtige Schritte im gemeinsamen Prozess und sind am Ende des Workshops ausgelaugt vom ständigen Hin und Her und schlimmstenfalls mehr frustriert als inspiriert. Die Kinder spüren das dann auch und verbinden dadurch womöglich negative Gefühle mit dem Gemeinschaftswohnprojekt. Das Gesagte gilt nicht für alle Fälle. Ein Säugling, der im Brusttuch einer geliebten Bezugsperson teilnimmt und deren Mutter während der Interaktion im Workshop dem Säugling die Brust gibt, ist weder eine Störung, noch verpassen die Erwachsenen dadurch etwas, ganz im Gegenteil.

Also bitte nicht an den falschen Stellen sparen. Lieber einen halben Quadratmeter weniger Individualwohnfläche als beim Visions- oder Gemeinschaftsprozess zu geizen.

2.3 Wann, wie und von wem kann die Vision geändert werden?

Als Leitstern für das gemeinsame Projekt muss die Vision vor kurzlebigen Änderungen oder der Instrumentalisierung für Partikularinteressen geschützt sein. Gleichzeitig muss es Wege geben, auf grundlegende Veränderungen zu reagieren und die Vision im Bedarfsfall auch zu überarbeiten, zu ergänzen oder zu ändern. Ähnlich wie bei der Verfassung oder dem Grundgesetz im Staat, also im großen Gemeinwesen, sollten bei solchen Änderungen alle mitreden können. Die notwendigen Abstimmungsmehrheiten müssen dabei entsprechend hoch sein. Zu den Entscheidungsfindungen und Abstimmungen lesen Sie mehr im Kapitel »5. Organisation«.

Praxisbeispiel aus dem Wohnprojekt Wien:
Die Gründer:innengruppe hat bei ihrem Visionsworkshop im Februar 2010 die grundlegende Vision verabschiedet. Diese Kerngruppe bestand damals aus zwölf Erwachsenen. In zwei geplanten Aufnahmewellen wurden bis zum Einzug Ende 2013 zusätzlich rund 60 Erwachsene aufgenommen (plus rund 30 Kinder). Danach wurde die Vision noch einmal zur Diskussion gestellt, um die große Gruppe der Dazugekommenen ebenso mit ins Boot zu holen. Allerdings gab es von den Gründer:innen definierte Punkte, die nicht verhandelbar waren (Eva Stützel nennt das »Eckpunkte«). Das wurde auch von Anfang an allen neuen Ineressent:innen kommuniziert. Nicht zur Diskussion standen zum Beispiel folgende Themen:

- Ungeteiltes Gemeinschaftseigentum zum Unterschied von privatem Wohnungseigentum.
- Bei einem Auszug entscheidet die Gemeinschaft, wer eine frei werdende Wohneinheit bekommt und nicht die ausziehende Person oder Familie.
- Ökologische Bauweise mit bestimmten Mindeststandards, die auch bei noch so großem Kostendruck nicht unterschritten werden durften.

Die aktuelle Vision des Wohnprojekts Wien besteht aus folgenden vier Kernsätzen samt dazugehörigen Erläuterungen:

- *Individualität in Gemeinschaft leben*
  Individualität in Gemeinschaft leben bedeutet für uns, die persönliche Entfaltung durch Gemeinschaft und eine lebendige Nachbarschaft zu unterstützen. Wir laden die Vielfalt in unsere Gemeinschaft ein und lernen an Konflikten. Unsere Haltung zur Gemeinschaft ist von Interesse, Vertrauen und Verstehenwollen geprägt. Wir leben in Achtsamkeit, schauen auf unsere eigenen Werte und Bedürfnisse und respektieren die der anderen. Dabei sind wir offen, das Erleben mit allen Sinnen hereinzuholen.
- *Eine Keimzelle der Nachhaltigkeit sein*
  Als Keimzelle der Nachhaltigkeit beziehen wir die Auswirkungen unserer Handlungen so gut wie möglich in unsere Entscheidungen ein. Wir verbinden Genuss und sparsamen Gebrauch von Ressourcen. Bewusster

Konsum ist unser Ziel. Dabei ist die Balance von Geben und Nehmen wichtig. Wir sind in gutem Austausch mit Projekten und Initiativen, verwirklichen unsere Vision und geben unsere Erfahrungen weiter. Konkret setzen wir uns für die Entwicklung unseres Grätzels ein.

- *Lebendige Räume erschaffen*
  Die kommunikative Architektur unseres Hauses erlaubt es uns, Räume lebendig zu gestalten. Die gemeinsamen Räume bieten uns Geborgenheit und Ruhe, vielfältige Begegnungen und Platz für das Ausdrücken unserer Kreativität. Diese scheinbar gegensätzlichen Pole ergänzen einander und stärken uns auf vielen Ebenen. All diese inneren und äußeren Räume bespielen wir lustvoll, gestalten sie immer wieder neu und pflegen sie liebevoll. So füllen wir Räume mit Leben.
- *Das Gute Leben wagen*
  Wir schätzen in Dankbarkeit, was wir haben. Wir leben so, dass sich unser Leben sehen lassen kann: verantwortlich, vorausschauend und voller Vertrauen. Wir verstehen es, zu feiern und zu genießen. Die Kunst des guten Lebens liegt für uns in der Mitte: zwischen Genuss, Verantwortung und Mut, Neues zu probieren. (Wohnprojekt Wien, 2021)

2.3.1 Praxisbeispiel aus dem Ökodorf Sieben Linden

Sieben Linden (QR-04) gilt in der deutschsprachigen Szene des gemeinsamen Bauens und Wohnens als Flaggschiff und Rolemodel für ländliche Gemeinschaftswohnprojekte mit stark ökologischer Ausrichtung. Dort haben die Gründer:innen Ende der 1980er-Jahre eine Vision beschlossen und davon abgeleitet ein sogenanntes Grundsatzpapier aufgestellt. Dieses beschreibt detaillierter das »Wie«, also wie die gemeinsamen Werte und Ziele erreicht werden sollen. In der kompakteren Vision steht in aller Kürze das »Was«, also was erreicht werden will. Dieses Grundsatzpapier ist ebenso wie die Vision auf der Homepage des Ökodorfs nachzulesen. Die Version des Grundsatzpapiers zum Zeitpunkt der Drucklegung dieses Buches ist aus dem Juni 2015. Sie finden dort auch einen Absatz, der in dieser oder ähnlicher Form bei jedem Projekt Anwendung finden sollte:

> »Voraussetzung für die Aufnahme in unsere Genossenschaft und den Zuzug nach Sieben Linden ist die Zustimmung zu dieser Vision.« (Ökodorf Sieben Linden, 2015)

Die Zweiteilung aus dem oben beschriebenen deutschen Ökodorf finden sie in ähnlicher Form auch in anderen Projekten. Manche Gruppen schreiben ihre detaillierten Spielregeln in Vereins- oder Genossenschaftsstatuten, andere in eine sogenannte Geschäftsordnung und wieder andere in eine Hausordnung. Egal wie sie es nennen, wichtig ist dabei, dass die konkrete Ausformulierung von der Vision abgeleitet, gut verständlich und nachvollziehbar ist und bei Änderungen alle Bewohner:innen mitreden und mitbestimmen können.

2.4 Schöner wohnen & Welt retten?

Projekte, die ausschließlich und alleine das bessere (preiswertere, ökologischere, nachhaltigere etc.) Leben für die eigene Bewohner:innenschaft im Fokus haben und sich dabei möglichst von der Umgebung abgrenzen, bekommen eher früher als später Probleme mit ebendieser Umgebung. Solche Projekte und Gruppen werden von den Nachbar:innen als Fremdkörper betrachtet und man begegnet den Bewohner:innen mit Skepsis und Vorbehalten, bis hin zu völliger Abwehr. Einen nachhaltigen Eindruck davon, wie schief es gehen kann liefert der Dokumentarfilm *Die Siedler am Arsch der Welt* in dem der Münchner Filmemacher Claus Strigel bereits 2004 eine Gruppe porträtiert, die im äußersten Nordosten Deutschlands ein Gemeinschaftswohnprojekt startet (Strigel, 2004). Wobei in dem Beispiel die Gruppe sich durchaus mit der Umgebung vernetzen wollte, was aber nicht funktionierte.

Daher empfiehlt es sich, bereits bei der Auswahl des Ortes folgendes zu überlegen: Was könnte ein Mehrwert für die vorhandene Umgebung sein? Was wünschen sich die dort schon lebenden Menschen, was wir mit unserem Projekt einbringen könnten? Die Gruppe kann sich dann die Frage stellen, was sie bereit wäre, der Umgebung anzubieten oder zu schenken, sozusagen als Beitrag für ein gutes Miteinander, für eine gute Nachbarschafft. Erkundigungen vor Ort einzuholen und mit den Menschen dort schon vor der Planung oder besser noch vor der (Kauf-)Entscheidung ins Gespräch zu kommen, hat sich in der Praxis sehr bewährt.

In einer ländlichen, dörflichen Umgebung kann sich durch Gespräche mit dem oder der Bürgermeister:in und den zukünftigen Nachbar:innen beispielsweise herausstellen, dass ein lokal wichtiger Verein keinen geeigneten Raum für ihre Treffen (mehr) hat. Da könnte die Gruppe den geplanten Gemeinschaftsraum dem örtlichen Verein zur Mitbenutzung anbieten.

Oder es gibt vor Ort keine Lebensmittel-Nahversorger mehr, sehr wohl aber Bedarf dafür. In dem Fall könnte die Gruppe die geplante Foodcoop (Lebensmittel in Großgebinden bei regionalen Erzeuger:innen einkaufen und selbst verteilen) für die Umgebung öffnen, beziehungsweise den für die eigenen Landwirtschaftserzeugnisse bereits angedachten Hofladen auch für die Erzeugnisse der örtlichen Bauern öffnen.

In einem dicht bebauten Stadtviertel kann es zum Beispiel durch tote Erdgeschosszonen an Lokalen fehlen. Die Gruppe beschließt vielleicht in so einer Situation entweder selbst ein Café zu betreiben oder geeignete Räume an eine:n Betreiber:in zu vermieten oder die Gemeinschaftsküche einmal in der Woche als Nachbarschaftscafé für das ganze Viertel zu öffnen.

Da gibt es noch unzählige Beispiele für Angebote von Gemeinschaftswohnprojekten, die der Umgebung einen Mehrwert bieten und das Viertel und das Leben der Nachbar:innen bereichern. Vom offenen Bücherregal, über selbstorganisierte Kitas, nachbarschaftliche Einkaufshilfen in Zeiten einer Pandemie, die Organisation von Nachbarschaftsfesten, (Solidaritäts-)Flohmärkten, Stadtteilgärten, Diskussionsveranstaltungen, Konzerte oder Filmabende, um nur einige zu nennen.

In der Praxis kommt es nach meiner Beobachtung sehr selten vor, dass die Gründer:innen sich gar keine Gedanken darüber machen, was sie mit ihrem Projekt der Um- und Mitwelt bieten können und wollen. Wenige Gruppen denken dabei nur an sich selbst, im Gegenteil. So muss ich als Berater und Begleiter von neuen Gruppen diese eher davon abhalten, sich zu viel vorzunehmen. Die Begeisterung und die Aufbruchsstimmung bringen es meist mit sich, dass die Leute gleich mehrere Gemeinwohlaktivitäten anbieten wollen. Die Ideen sprühen in der Euphorie der Gründung oft nur so heraus. Da kommt schnell einiges zusammen und damit in der Umsetzung auch fast zwangsläufig die Überforderung. Die Welt in Selbstausbeutung retten zu wollen, ist aber kein nachhaltiges Konzept. Spätestens, wenn die Gründer:innen ins Burn-out schlittern, kann die Sache nach hinten losgehen. Daher ist es eine Aufgabe guter Begleiter:innen in der Phase, die Gruppe an ihre endlichen Ressourcen zu erinnern und dahingehend zu beraten, sich auf eine weltverbesserische Sache zu fokussieren. Eine Sache, die von den zukünftigen Bewohner:innen auch geleistet werden kann und die tatsächlich nachgefragt wird. Diese eine Sache dann konsequent durchziehen, bringt langfristig wesentlich mehr, als zu Beginn ein ganzes Feuerwerk von Angeboten abzufeuern, das dann aber nicht durchgehalten werden kann.

Generalisierend lässt sich sagen: Viele gemeinschaftliche Wohnprojekte haben einen weltverbesserischen Aspekt in ihrer Vision. Das ist einerseits gesellschaftlich, besonders angesichts der globalen Herausforderungen, absolut begrüßenswert, macht diese Projekte andererseits aber oft zum Ziel von Polemik und abwertenden Kommentaren seitens wenig wohlmeinender Zeitgenoss:innen. In letzter Zeit ist das Wort Gutmensch schon zu einer Art Schimpfwort geworden. Das ist schade, weil was ist die Alternative? Wer will ernsthaft ein schlechter Mensch sein? Gleichzeitig verstehe ich die Ablehnung gegenüber Personen und Gruppen, die den Eindruck von moralischer Überlegenheit vermitteln. Die vermeintlich oder tatsächlich ihren Gesprächsparnter:innen von einer moralisch erhöhten Position aus begegnen.

In vielen Projektgruppen gibt es so einen Moment. Wenn die Vision vom besseren und nachhaltigeren Leben in der selbstgewählten Gemeinschaft Gestalt annimmt. Wenn das in zahlreichen Besprechungen und Hunderten Ehrenamtsstunden erschaffene neue Zuhause zu wachsen beginnt. Wenn der Einzug immer näherrückt und der zukünftige Alltag mit den handverlesenen neuen Nachbar:innen in greifbare Nähe rückt. Dann schleicht sich dieser Gedanke an, ganz vorsichtig zuerst und dann immer vehementer: »Ihr seid ja wirklich vorbildliche und somit eigentlich auch bessere Menschen«, das wird man wohl noch sagen oder wenigstens denken dürfen. So oder so ähnlich klingt das, ist durchaus plausibel und dennoch brandgefährlich. Ich gestehe, dass ich im Wohnprojekt Wien auch so einen Moment erlebt hatte. Da hilft dann nur Dankbarkeit und Demut, um nicht in dieser Überheblichkeitsfalle stecken zu bleiben. Selbstredend wird der Mensch kein besserer, weil er mit anderen in ein Gemeinschaftswohnprojekt zieht.

Für die jeweilige Person und Gruppe wird es bestenfalls leichter, einen nachhaltigeren Lebensstil zu führen, vorausgesetzt das Konzept ist so angelegt. Das heißt aber nicht automatisch, dass ich als Einzelner das auch tue. Es ist eindeutig einfacher, in einem Gebäude mit durchdachter Ökobauweise, mit exzellenter Wärmedämmung und ökologischer Haustechnik, weniger CO_2 zu emittieren. Wenn ich als Bewohner:in dann auch noch weniger individuelle Wohnquadratmeter beanspruche, weil ich viele Funktionen des Lebensvollzugs in die Gemeinschaftsräumlichkeiten auslagere, bin ich schon auf einem guten Weg. Wenn mir die Lage des Projektes und ein gutes Mobilitätskonzept obendrein noch dabei hilft, meine regelmäßigen Wege zu Fuß, mit dem Fahrrad oder öffentlichen Verkehrsmitteln zurückzulegen, dann, ja dann »kann« es mir gelingen, meine CO_2-Fußabdruck nachhaltig zu reduzieren und gleichzeitig ein gutes Leben in Fülle leben. Wenn ich dann auch noch der Versuchung widerstehe, das eingesparte Geld in billige Flüge zu investieren (auch das kommt gar nicht so selten und selbst bei den motiviertesten Ökos vor), wenn das also alles gelingt, dann bin ich schon sehr weit. Dann bin ich möglicherweise ein Glückspilz mit weniger Ressourcenverbrauch, aber deswegen noch lange kein besserer Mensch.

2.5 Individualität versus Gemeinschaft

Oft werde ich gefragt, wie das denn in Gemeinschaftswohnprojekten so läuft mit dem Gruppenzwang und so. Die Antwort ist: ganz unterschiedlich. Das Spektrum ist sehr breit. Da gibt es Gruppen, die als einzige fixe Gemeinschaftsaktion einmal im Jahr einen Tag miteinander aufräumen und kleinere Reparaturen machen. Dann wiederum gibt es Gruppen, die sehr viel Engagement in Sachen Gemeinschaft erwarten. Die extremste Form von intentionaler, also freiwillig selbstgewählter Gemeinschaft finden wir wahrscheinlich in Klöstern und Kommunen. Wenn wir von diesen beiden Typen absehen und uns sozusagen auf eher spießige Gemeinschaftsformen konzentrieren, bei denen die Bewohner:innen so etwas ähnliches wie eine eigene Wohnung (abgrenzbarer Bereich zum Leben mit oder ohne individuelle Küche) bewohnen, dann gibt es selbst in dem Spektrum Gruppen, die sich fix einmal pro Woche zu einem Gemeinschaftsabend mit genauer Choreografie treffen.

Je intensiver die gewählte Gemeinschaft, desto empfehlenswerter ist eine Probezeit. Das ist in den meisten Gemeinschaften ohnehin vorgesehen. Interessent:innen können dann eine gewisse Zeit testweise dort leben und erst nach einer definierten Zeit (6–12 Monate, selten auch mehr) entscheiden sich dann erst beide Seiten füreinander oder eben nicht.

Wie ist es dann aber mit dem Bedürfnis nach Individualität und inwiefern muss ich darauf verzichten, werden Sie sich vielleicht fragen. Auch das ist von Projekt zu Projekt unterschiedlich. Die überwiegende Mehrheit von uns Menschen braucht beides. Wir sind einerseits soziale Wesen und bedürfen eines Gegenübers, um uns selbst überhaupt erst definieren zu können. Wir brauchen die Gruppe und wenn wir uns einer Gruppe zugehörig fühlen, in der wir viele unserer persönlichen Werte leben können und diese Werthaltungen auch in der Gruppe vorkommen, dann kann es uns gut gehen. Wenn wir uns obendrein in der Gruppe anerkannt fühlen und Wertschätzung erfahren, kann es uns sogar sehr gut gehen. Trotzdem wollen wir auch als Individuum gesehen werden. Als der einzigartige Mensch, der wir sind. Wir wollen auch einmal alleine etwas machen und beispielsweise unser Können in einem bestimmten Bereich zeigen dürfen. Die Ausprägungen sind natürlich individuell und daher von Mensch zu Mensch unterschiedlich. Es kann bei ein und derselben Person von Tag zu Tag oder von Stunde zu Stunde unterschiedlich sein. Natürlich gibt es die sogenannten Eigenbrötler, die oft tagelang sehr gut mit sich selbst zurechtkommen und Niemanden brauchen. Und es gibt diejenigen, die sehr viel Gemeinschaft brauchen, die das Alleinsein nur schlecht bis gar nicht gut aushalten.

Daraus ergibt sich für ein nachhaltiges Gemeinschaftswohnprojekt die Notwendigkeit, beiden Bedürfnissen entgegenzukommen. Dem nach Gemeinschaft und auch dem nach Individualität. Abgesehen einmal von den extremen Einzelgänger:innen, die ohnehin niemals freiwillig in so ein Projekt ziehen würden. Die Vision und die gelebte Praxis sollte also beiden Bedürfnissen entgegenkommen. Mit soviel Verbindlichkeit wie nötig und sowenig Zwang wie irgend möglich. Wie ich als Autor schon im Vorwort schrieb, war ich früher der festen Überzeugung, für Gemeinschaften jeglicher Art völlig ungeeignet zu sein. Mein sorgfältig gepflegtes Selbstbild über viele Jahre war das des Einzelgängers, des lonesome Cowboys. Und erst das Erlebnis in meiner Lebensmitte mit zwanzig völlig wildfremden Menschen über mehrere Wochen oft stunden- und tagelang auf circa 18 Quadratmetern zusammengepfercht zu sein, hat bei mir einen Wandel in Gang gesetzt. In dem umgebauten alten Greyhound Bus, in dem wir sogar alle schliefen, während die beiden Fahrer sich abwechselten, um die riesige Geografie Alaskas zu bewältigen, durfte ich erfahren, wie angenehm so eine arbeitsteilige Gemeinschaft sein kann. Wenn, ja wenn es mir gelingt, mein Ego etwas zurückzunehmen. Was ich seither mit mehr oder weniger Erfolg nebst regelmäßigen Rückfällen praktiziere.

Während ich diese Zeilen schreibe, geht in Wien langsam der Sommer zu Ende. Ich sitze in meiner gemütlichen 42 m² Individualwohneinheit. Die habe ich mir als einen großen Raum plus Vorraum und Nasszellen konzipiert. Der eine große Raum kann vier unterschiedliche Funktionen annehmen, die ich sozusagen einzeln oder kombiniert »dazuschalten« kann. Das heißt, durch Wegfahr- oder -Klappfunktionen der speziell entworfenen Einrichtung kann der Raum entweder große Küche oder großes Wohnzimmer oder großes Schlafzimmer oder großes Büro samt Coachingpraxis sein. Momentan habe ich sowohl die Funktionen Büro, sowie Küche offen. Und weil ich heute weder Klienten noch andere Gäste erwarte, ist sogar mein großes Doppelbett ausgeklappt. Also die Funktion Schlafzimmer ist ebenso offen. Durch die beiden großen Balkondoppeltüren, meiner einzigen optischen Verbindung nach draußen und großen Tageslichtquelle, sehe ich auf den Park und die dort spielenden Kinder. Aus dem Stiegenhaus dringt gedämpftes Kinderlachen und -schreien herein. Die Schulferien gehen in einer Woche zu Ende und die Kids sind entsprechend aufgekratzt. Hier drin habe ich meine Ruhe und hier stört mich niemand. Wenn ich allein sein will, gehe ich auch nicht an die Türe, wenn es klingelt. Das ist mir wichtig und wird von allen Nachbar:innen respektiert. Die großen Balkone der beiden Nachbarwohnungen zu meiner rechten und zu meiner linken sind mit meinem Balkon verbunden. Es war damals baulich einfach günstiger, die Balkonplatte durchgängig zu betonieren, als mit einem kleinen Abstand mehrere nebeneinander zu errichten. Trotzdem habe ich schon vor dem Einzug meinen beiden Nachbarn (jeweils Familien mit Kindern) mitgeteilt, dass ich klare Grenzen setzten möchte, weil ich meinen Rückzugsbereich, meine kleine Höhle brauche. Es wäre für mich absolut nicht O. K., wenn unversehens, die Nachbarkids mit plattgedrückter Nase an meinen Scheiben kleben und ich mich dadurch wie im Zoo fühlte. Das wurde ohne Diskussion akzeptiert und so kann ich meinem Rückzugsbedürfnis nachkommen, wann immer mir danach ist.

Vorhin, zur Kaffeepause holte ich mir in unserem kleinen Café im Erdgeschoss eine Kugel Eis und setzte mich damit und mit meinem Nachmittagsespresso auf meinen großen Balkon. Auf dem Weg ins Erdgeschoss und zurück traf ich zwei Nachbar:innen, mit denen ich kurz plauderte und in der offenen Nachbarwohnungstüre sah ich die etwa zehnjährige Franziska (Name geändert), mit eingegipstem Unterarm. Auf meine Rückfragen und Genesungswünsche hat sie mir erzählt, wie sie vom Pferd gefallen ist und wie der Schmerz in der Unfallambulanz schon fast weg war und wie sie zu ihrer Überraschung dann doch einen Gips bekam. Währen der kurzen Plauderei kam die elfjährige Susanne (Name geändert) vom Stock über uns zu Franziska auf Besuch. Beide Mädels fragten mich dann noch, ob ich morgen auch zum Gemeinschaftswochenende mitfahre.

Diese kurze Szene aus meinem Leben hier klingt völlig banal und belanglos. Das ist sie auch für Außenstehende. Für mich nicht. Ich finde es geradezu fantastisch, dass ich als älterer Mann in einer kleinen Wohnung in einer sonst eher anonymen Großstadt einfach so ein kurzes und sehr vertrautes Gespräch mit zwei Nachbarkindern haben kann (und mir danach niemand seltsame Beweggründe unterstellt). Diese kleinen

Begegnungen machen für mich einen großen Unterschied. Ich liebe es, die Kinder in dieser geschützten Umgebung heranwachsen zu sehen. Mein eigener Sohn ist schon erwachsen und meine Frau und ich haben keine Enkel. Aber hier im Wohnprojekt können wir uns als Leihoma und Leihopa engagieren, wann immer wir das wollen. Und wir wollen und tun das auch gerne, aber im für uns jeweils guten Ausmaß, ohne Zwang oder Erwartungsdruck seitens der Nachbar:innen. Vivian Dittmar, die Autorin des Buches *Echter Wohlstand* nennt das »Beziehungswohlstand« (Dittmar, 2021).

Und weil ich hier beiden Bedürfnissen, eben dem nach Individualität und Rückzug und dem nach Gemeinschaft, sehr niederschwellig nachkommen kann, ist das für mich so eine paradiesische Wohn- und Lebensform. Fotos meiner Wohnungseinrichtung finden Sie in QR-06.

Die Gemeinschaft bildet sich aber nicht nur von selbst, sozusagen als Nebenprodukt des gemeinsamen Planens, Bauens und Wohnens. Das gemeinsame Tun ist zwar ein wichtiger und sehr mächtiger Bestandteil der Gemeinschaftsbildung, aber nicht der einzige. Mehr zu dem Thema erfahren sie im Kapitel »4. Gemeinschaftsbildung«.

2.6 Stadt oder Land – wo lässt es sich besser in Gemeinschaft leben?

Das hängt von Ihren Vorlieben und Lebensumständen ab. Ob Sie in einem Gemeinschaftswohnprojekt auf dem Land oder in einer Stadt ihr Glück finden, liegt zuallererst an Ihnen selbst. Beide Varianten haben selbstverständlich ihre Vor- und Nachteile. In der Stadt gibt es oft kürzere Wege sowohl für die Menschen (zu Geschäften, Schulen, Arbeitsplatz, Kultur- und Freizeiteinrichtungen) als auch für die Infrastruktur (Energie, Nah- und Fernwärme, Kunst-, Kultur- und Freizeiteinrichtungen etc.). Dafür ist die Stadt öfter mit Lärm, Luftverschmutzung und längeren Wegen zu Natur- und Erholungsräumen belastet.

Auf dem Land ist es dafür fast umgekehrt. Die Vorteile von ländlichen Projekten sind im Idealfall die Naturnähe, bessere Luft und weniger Lärm. Wobei vor allem Letzteres im Einzelfall besser vor Ort zu prüfen ist. Es gibt Orte am Land, wo der Traktoren-, Moped- und Kettensägenlärm am Wochenende schon so manchen Städter:innen eine böse Überraschung bereitet hat. Besonders attraktiv sind für einige Menschen Ökodörfer, die auch biologisch und/oder in Permakultur selber Lebensmittel produzieren. Es hängt aber – wie gesagt – ganz von Ihren persönlichen Vorlieben und mitunter auch von ihrer Lebensphase ab.

Auch im Wohnprojekt Wien, wofür ich im Spätsommer 2009 die ersten Informationstreffen moderierte, kamen wir an einen Punkt, an dem die Standortfrage zum Knackpunkt wurde. Zu der Zeit waren etwa 25 Personen an der Gründung eines Gemeinschaftswohnprojektes interessiert und es gab bereits sehr hohe Übereinstimmung bei den Vorstellungen der einzelnen Personen. Bei den ersten Interessent:innentreffen hatte ich als Moderator mehr oder weniger nur zwei Dinge gemacht:

1. Eine achtsame Kommunikation aller Anwesenden auf Augenhöhe angeregt und mittels Redestabrunden abgesichert, dass auch wirklich jede:r zu Wort kommt. Dadurch wurde bald allen klar: Hier musst du dich nicht vordrängen, du musst auch nicht laut sein, um gehört zu werden, weil ohnehin alle dran kommen (mehr zum Thema Redestabrunden in »2.7.3 Achtsame Kommunikation«).
2. Moderierte ich jeweils mehrere Rederunden, bei der alle Anwesenden ihre Wünsche und Vorstellungen für so eine Gemeinschaft zum Ausdruck brachten. Diese Punkte schrieb ich auf Flipchart mit.

Recht bald herrschte große Übereinstimmung zu folgenden Themen auf die sich alle einigen konnten (direkt vom Flipchart des Gruppentreffens vom 11. Okt. 2009):

- Gemeinschaftseigentum statt individuellem Wohnungseigentum
- Große Gemeinschaftsküche und dafür eventuell kleinere Individualküchen
- Grünfläche und/oder Dachterrasse für alle
- Kinderspielraum
- Sauna
- Flexräume (Veranstaltungsräume für flexible Nutzungen, wie z. B.: Großgruppentreffen, Feste, Veranstaltungen etc.)

- Arbeitsräume, Werkstätte (Platz für individuelles Arbeiten)
- Elementare Infrastruktur in fußläufiger Nähe (Lebensmittel, Apotheke)
- Ökologische Bauweise und Ausstrahlung (Niedrigstenergie- oder Passivhaus)
- Freiraum auf Balkon oder Terrasse

Der einzig strittige Punkt war die Location, also der etwaige Ort, an dem wir unsere Vision verwirklichen wollen. Circa die Hälfte der Anwesenden meinte sinngemäß: »30 bis 40 Minuten mit der S-Bahn von der Stadt entfernt, im Grünen, wäre ideal.« Und die andere Hälfte, zu der ich mich zählte, wollte direkt in die Stadt: »U-Bahn und Straßenbahn in fußläufiger Nähe, maximal vier U-Bahnstationen ins Zentrum« war die Zusammenfassung unserer Idealvorstellung. Als Moderator war ich befangen, weil ich selbst eindeutig urban leben wollte und nicht im Speckgürtel. Und weil es in so einer Situation keinen wirklich brauchbaren Kompromiss geben kann, beschlossen wir an der Stelle eine Zweiteilung der Gruppe. Eine organische Zellteilung, damit wir uns nicht wechselseitig mit unerfüllbaren Vorstellungen blockierten. Und ich arbeitete weiter mit der Gruppe, die in die Stadt wollte. Zu dem Zeitpunkt hatten wir noch kein Grundstück oder Objekt in Aussicht. Wir waren ja erst bei der Gruppen- und Ideenfindung.

2.7 Dragon Dreaming oder von Visionsfindung und Projektplanung

In diesem Kapitel biete ich Ihnen einen Überblick über die ganzheitliche Projektentwicklungsmethode, genannt Dragon Dreaming. Diese wurde von John Croft und seiner verstorbenen Frau Vivienne H. Elanta an der Gaia Foundation Australien entwickelt. Nach der nun folgenden Beschreibung von Dragon Dreaming werde ich noch eine weitere Praktikerin zu Wort kommen lassen. Für dieses Buch, also für Sie, werte Leser:innen, habe ich noch ein Interview mit Ilona Koglin, einer erfahrenen Dragon Dreaming-Trainerin aus Hamburg geführt. Von ihr und ihren Trainerkolleg:innen stammt auch folgende Beschreibung: »DD (Dragon Dreaming) ist ein Set an Methoden und Werkzeugen, ein Prozess und eine Haltung, mit denen Teams ihre Projekte gemeinschaftlich und nachhaltig gestalten können.«

2.7.1 Was ist das Besondere an der Dragon Dreamingmethode?

Natürlich gibt es verschiedenste Methoden und Möglichkeiten, zu einer gemeinsamen Vision für ein Projekt zu kommen. Was mich am Dragon Dreaming so überzeugt hat, ist die Kombination von Visionsarbeit und pragmatischem Projektplan. Am Ende eines gut vorbereiteten und professionell moderierten Dragon Dreaming-Workshops (planen sie zwei bis zweieinhalb Tage dafür ein) hat die Gruppe nicht nur eine klare, attraktive und motivierende gemeinsame Vision, sondern auch einen fertigen Projektplan samt Budget zur Umsetzung. Sowohl das Wohnprojekt Wien (2010), als auch die WoGen Wohnprojekte-Genossenschaft (2014) starteten wir jeweils mit einem gut moderierten Dragon Dreaming Workshop. Aus diesen Erfahrungen stammt meine persönliche Begeisterung für diese Methode.

Für die nun folgende Übersicht griff ich auf meine Unterlagen und Mitschriften aus meinem Dragon Dreaming-Workshop bei John Croft zurück, sowie auf folgende drei E-Books, die gratis (mit einer Spendenmöglichkeit) auf der deutschsprachigen Dragon Dreaming-Homepage zur Verfügung stehen und die ich interessierten Leser:innen zur Vertiefung gerne empfehle. Den Link finden Sie in QR-06.

QR 06

Dreagon Dreaming Project Design

Offizielles Dragon Dreaming-E-Book an dem John Croft mit geschrieben hat. (Ilona Koglin, 2013)

Dragon Dreaming in Action

Ein Dragon Dreaming-E-Book aus Spanien, geschrieben allerdings in Englisch. (Ramos & Gallego, 2018)

Dreagon Dreaming

Projektmanagement für kollektive Kreativität und nachhaltigen Erfolg (deutsch). (Koglin, 2012)

Den Erfinder:innen von Dragon Dreaming ist es sehr gut gelungen, sowohl die träumerischen, visionären und emotionalen Aspekte einer Neugründung zu integrieren, als auch den Weg zu einem klar nachvollziehbaren Projektplan mit Meilensteinen, Zeitplänen, Budgets und Arbeitspaketen anzuleiten. Und so vereint Dragon Dreaming die Kraft einer gemeinsamen Vision (Traum) mit der Pragmatik erfolgreicher Umsetzung.

John und Vivienne hatten damit begonnen, mit ihrem Team zu erforschen, was erfolgreiche Projekte von solchen, die nicht erfolgreich umgesetzt werden unterscheidet. John arbeitete zu der Zeit auch für die Weltbank als Community Education Coordinator mit und bei den Aborigines, den australischen Ureinwohnern. Deren Weisheiten steuerten wesentliche Teile zum Dragon Dreaming-Konzept bei. Somit vereint die Methode traditionelles Wissen der Aborigines, wissenschaftliche Erkenntnisse (unter anderem aus Systemtheorie und Tiefenökologie), sowie psychologische und soziologische Aspekte.

2.7.2 Drei Anliegen für jedes Dragon Dreamingprojekt

Die Erfinder:innen des Dragon Dreaming gaben die Methode mittels einer Creative Commons-Lizenz sozusagen als Open Source zur Verwendung und Adaptierung frei. Niemand ist also gezwungen, zuerst teure Kurse und Zertifizierungen zu absolvieren, um Dragon Dreaming anzuwenden. Sie brauchen dazu nur die Creative Commons-Lizenz anzuführen. Selbstverständlich ist es empfehlenswert, sich intensiv damit zu beschäftigen, beziehungsweise sich von erfahrenen Tutor:innen ausbilden zu lassen, bevor eine Gruppe begleitet wird. Allerdings haben John und Vivienne folgende Bedingungen an die Verwendung ihrer Entwicklung geknüpft. Jedes Dragon Dreaming-Projekt soll die folgenden drei Anforderungen erfüllen:

- Persönliches Wachstum
- Aufbau von Gemeinschaft
- Dienst an der Erde

Persönliches Wachstum soll für jede:n Projektbeteiligte:n möglich und vorgesehen sein. Dieser Punkt ist durch das Mitmachen bei einem gemeinschaftlichen und partizipativ organisierten Wohnprojekt automatisch gegeben und braucht daher keine weitere Erläuterung.

Aufbau von Gemeinschaft, auch diese Forderung ist durch die Teilhabe an einem Gemeinschaftswohnprojekt per se erfüllt. Geht es doch um die Gründung und den Aufbau eines Gemeinschaftsprojektes. Im Gegensatz dazu wäre die Dragon Dreaming-Methode für das Projektmanagement einer Einfamilienhaussiedlung mit geschlossenen Thujengrenzen zwischen den einzelnen Häusern höchstwahrscheinlich nicht im Sinne der Erfinder:innen.

Dienst an der Erde. Im englischen Original heißt es »service to the earth« und soll so verstanden werden, dass in einem Dragon Dreaming-Projekt immer auch der achtsame Umgang mit der Umwelt mitgedacht und eingeplant werden soll. Da gibt es natürlich einen gewissen Interpretationsspielraum. Klar ist, dass die Neuerrichtung oder der Ausbau eines Braunkohletagbaubergwerkes eindeutig nicht hineinpasst. Schwieriger wird es bei z. B. einem Gemeinschaftswohnprojekt, bei dem für den Neubau gutes Ackerland versiegelt werden müsste und die Zufahrtstraße zusätzliche Eingriffe und Versiegelungen in die umgebende Natur erforderte und nach dem Einzug alle Bewohner:innen ein eigenes Autos bräuchten, um zu ihren ferne gelegenen Arbeitsplätzen zu pendeln. An diesem (nur leicht) übertriebenen Beispiel wird die oftmals nicht so einfache Zuordnung erkenntlich. Jedenfalls sollten sich die Projektgründer:innen damit auseinandersetzen und sich die Frage stellen: Welchen Mehrwert bringt unser Projekt der Mit- und Umwelt? Ilona Koglin meint in einem Feedback zu diesem Kapitel dazu: »Eigentlich geht dieser Punkt sogar noch weiter, denn DD-Projekte sollen der Umwelt nicht nur nicht schaden – sie sollen das, was bereits kaputt ist, wieder heilen. Beispiel: Besagtes Gemeinschaftsprojekt bezieht einen ehemaligen Truppenübungsplatz mit Kaserne und macht aus dem, was einstmal Tod und Zerstörung brachte, etwas schönes, heiles, lebensspendendes …«

2.7.3 Achtsame Kommunikation

Eine der Grundvoraussetzungen für einen gelungenen Dragon Dreaming-Prozess ist, neben der professionellen Vorbereitung und Begleitung, eine achtsame Kommunikation aller Beteiligten auf Augenhöhe. Das halte ich übrigens für den wichtigsten und daher unverzichtbaren Erfolgsfaktor für jedes partizipative Gemeinschaftsprojekt.

2.7.3.1 Der Redestab

Deswegen empfehle ich auch jeder Gruppe, schon beim allerersten Interessent:innentreffen, einen Redestab samt klaren Regeln einzuführen und danach *ausnahmslos jede Besprechung* damit zu beginnen und zu beenden. Sobald während einer Besprechung kontroverse Diskussionen mit scheinbar unvereinbaren Meinungsverschiedenheiten auftauchen, helfen eine oder mehrere Redestabrunden aus fast jeder diskursiven Sackgasse. Damit meine ich nicht, dass Meinungsunterschiede unerwünscht oder gar hinderlich sind und wir uns ständig alle liebhaben sollten. Im Gegenteil, erst durch die Auseinandersetzung mit verschiedenen Standpunkten können Sie sicherstellen, dass vor einer gemeinsamen Entscheidung wirklich alle Eventualitäten und Auswirkungen mitbedacht werden. Durch die achtsame Kommunikation soll aber verhindert werden, dass unterschiedliche Meinungen zur Ablehnung der anderen Meinungsinnhaber:innen und somit zum Verlassen der Augenhöhe führen. Was wiederum zu Herabsetzung und Kränkung und dadurch geradewegs in destruktiven Streit führen kann. Vielmehr soll mit dem Redestab ein konstruktiver Umgang mit Meinungsverschiedenheiten unterstützt werden.

Wer zu dem Thema noch tiefer einsteigen möchte, kann das Buch *Der Weg des Kreises* von Manitonquat lesen (Manitonquat, 2018). Was Menschen, die ein Gemeinschaftsprojekt gründen und betreiben diesbezüglich brauchen, habe ich im Folgenden für Sie zusammengefasst.

Es ist hilfreich, aber nicht zwingend notwendig, wenn die Teilnehmer:innen einer Besprechung im Kreis sitzen. Die moderierende Person kommuniziert unten stehende Regeln zu Beginn jeder Besprechung, außer es sind ausschließlich Menschen anwesend, die damit schon sehr vertraut sind. Der Redegegenstand muss nicht unbedingt ein Stab sein. Es kann auch ein Stein oder irgendetwas anderes dienen, das leicht mit einer Hand während des Sprechens gehalten und von allen Beteiligten gesehen werden kann.

Folgende Redestabregeln haben sich bewährt:

- *Ungeteilte Aufmerksamkeit:*
  Wer den Redestab in der Hand hält, bekommt die ungeteilte Aufmerksamkeit aller Anwesenden (kein Dazwischenreden, keine Handyspielereien, sondern volle Aufmerksamkeit, siehe dazu auch »tiefes Zuhören« weiter hinten in diesem Kapitel, ebenso keine Rückfragen, also gar keine verbalen Unterbrechungen irgendwelcher Art).
- *Sprechen nur mit Redestab:*
  Erst nach der Weitergabe des Redestabs an die nächste Person kann diese und nur diese sprechen. Und alle anderen hören wieder aufmerksam zu.

Achtung: Selbst nonverbale, also unausgesprochene, körpersprachliche »Kommentierungen« und »Bewertungen« können in einer solch konzentrierten Atmosphäre destruktive Auswirkungen haben. Wenn jemand, während eine Person mit dem Redestab spricht, zum Beispiel die Augen zur Decke dreht oder für alle anderen vernehmbar seufzt, kann das bereits extrem störend und destruktiv wirken.

Die Weitergabe des Redegegenstandes im Kreis wird auch als »geschlossene Redestabrunde« bezeichnet. Das ist die häufigste Anwendungsform im Dragon Dreaming. Darüber hinaus kann zu bestimmten Themen auch eine »offene Redestabrunde« vereinbart werden. Wenn es beispielsweise darum geht, dass alle, die zu einem Thema etwas auf dem Herzen haben, auch die Gelegenheit und ausreichend Raum dafür bekommen. Bei der offenen Runde liegt der Redestab oder Redegegenstand in der Mitte des Kreises. Erst nachdem Ruhe eingekehrt ist und alle schweigen, greift die Person, die als erstes einen Redeimpuls spürt, zum Redestab. Wenn sich noch nicht alle Teilnehmenden gut kennen, nennt die Person zuerst ihren Namen, spricht und legt den Stab danach wieder zurück. Nach einer kurzen Pause kann die nächste Person mit Redeimpuls den Stab nehmen und so weiter. Die Runde endet entweder, wenn keine:r mehr nach dem Stab greift oder wenn die vorgesehene Zeit um ist. Bei der offenen Redestabrunde muss nicht jede:r den Stab nehmen, kann ihn umgekehrt aber auch mehrmals ergreifen. Bei der geschlossenen Redestabrunde bekommt jede:r der Reihe nach den Stab in die Hand. Aber nicht jede:r muß zwangsläufig auch etwas sagen. Bei der Ankommens- und der Abschlussrunde empfiehlt sich das zwar, weil ein »Schweigen« möglicherweise zu Irritationen oder (wilden) Spekulationen über die Beweggründe des Schweigens in der Gruppe führt. Hingegen kann bei jeder geschlossenen Meinungsrunde jede:r auch einfach den Redestab schweigend weitergeben, wenn sie oder er nichts dazu sagen kann oder will. Falls sie als Teilnehmer:in so einer Runde den Eindruck haben, dass zu viel Hektik und Unruhe in der Gruppe herrscht, können sie auch einfach den Stab, wenn sie an der Reihe sind, halten und schweigen. Die Gruppe wird mit ihnen schweigen und die Stille idealerweise als Erleichterung und/oder angenehme Entschleunigung empfinden (siehe dazu auch das folgende Kapitel).

2.7.3.2 Pinakarri/tiefes Zuhören

Der Begriff Pinakarri stammt von den Noongar Aborigines aus Australien und bedeutet in etwa »tiefes Zuhören«. Viele von uns haben gelernt, bei Diskussionsveranstaltungen und in Besprechungen den eigenen Standpunkt bestmöglich unter die Leute zu bringen und diese Leute von unserer jeweiligen Idee zu überzeugen. Wir überlegen dabei, mit welchen tollen Argumenten wir unsere Sicht der Dinge unterstreichen können. Während jemand anderes spricht, suchen wir entweder in Gedanken bereits das zündende Gegenargument oder konstruieren einen Vergleich, der unsere Sichtweise überlegen dastehen lässt oder aber eine innere Stimme kommentiert das Gesagte des Gegenübers. Die Stimme im Kopf sagt dann zum Beispiel: »Ach, was die wieder sagt, das kennen wir doch schon lange« oder »So ein Blödsinn, das hatten wir doch schon besprochen« oder »Das ist doch völlig unrealistisch, was der wieder daherredet, kann gar nicht funktionieren«.

Dabei kommt das Zuhören viel zu kurz. Aber genau diese Fähigkeit, das tiefe Zuhören, ist so wichtig, um gemeinsam einen Traum zu kreieren und ein gemeinsames Projekt in die Welt zu bringen. Das heißt, dass wir bei den vorher beschriebenen Redestabrunden nicht nur schweigen, solange die andere Person spricht. Sondern wir versuchen idealerweise möglichst vorurteilsfrei zuzuhören. Sinngemäß sagen wir also zu unserer inneren Stimme: »Sei jetzt still, ich möchte in Ruhe zuhören, was die andere Person sagt.«

Damit das leichter gelingt, gibt es eine kleine Übung zur Einstimmung, das Pinakarri. Diese Übung ist eine Hilfe für die ganze Gruppe und kann sowohl zu Beginn als auch im Verlauf einer Besprechung eingesetzt und nach Bedarf wiederholt werden. Am Ende der Beschreibung finden sie einen QR-Code und Weblink, der sie zum Download der Übungsanleitung als PDF führt. Wenn sie keine externe Moderation haben, wählen sie ein Gruppenmitglied zur Anleitung der Übung. Zum Auftakt hilft ein kleiner Gong oder ein anderes akustisches Signal, wie eine Zimbel oder Ähnliches. Jetzt werden alle eingeladen, sich bequem hinzusetzen und möglichst gut zu entspannen. Oft hilft es, auch die Augen zu schließen. Die Sätze für die Übungsanleitung sind in der direkten Anrede per Du geschrieben. Ich lege Ihnen die Worte für die Übungsanleitung in den Mund, denn Sie werden in Ihrer Gruppe höchstwahrscheinlich mit den Teilnehmer:innen per Du sein.

1. Spüre Deinen Körper. Spüre, wie Du dasitzt. Spüre den Kontakt zum Stuhl oder Kissen auf dem Du sitzt.
2. Spüre das Gewicht des Körpers, wie die Schwerkraft Dir hilft, an diesem Platz zu bleiben und Dich auf dem Boden hält, Dich mit der Erde verbindet …
3. Atme tief – ein und – aus, spüre den Temperaturunterschied Deiner Atemluft beim Ein- und Ausatmen …
4. Kannst Du Deinen Herzschlag hören? Dein Herz, das unaufhörlich für Dich schlägt, Dein Blut, Deinen Lebenssaft durch den Körper pulsieren lässt, seit Deiner Geburt, immerfort bis zum Augenblick Deines Todes …
5. Spürst Du eine Spannung in Deinem Körper? Lenke den Atem in diese Region, damit die Spannung sich auflösen kann …
6. Bring jetzt die Stimme in Deinem Kopf zum Schweigen. Sag ihr, dass Du jetzt ungestört zuhören möchtest …

QR 07

Die Checkliste und Übungsanleitung als PDF zum Download finden Sie in QR-07.

Wenn die Gruppe einmal mit dieser Übung vertraut ist, kann vereinbart werden, dass jede:r den Gong läuten (oder das entsprechende Signal auslösen) kann, um kurz innezuhalten. Alle kommen dann zum Schweigen und machen innerlich den Pinakarri-Prozess in der angeleiteten oder erinnerten Form und in selbstgewählter Intensität. Jedenfalls wird gemeinsam kurz geschwiegen und erst danach geht die Diskussion oder Besprechung wieder weiter.

Pinakarri kann auch helfen, hinderliche Kommunikationsmuster zu unterbrechen. So kann sich jede:r in einer hitzigen Diskussion bei der kurzen Unterbrechung fragen: »Geht es mir noch um das gemeinsame Ziel oder will ich nur recht haben?« oder »Verteidige ich meinen Standpunkt, weil ich glaube, dass er unserer gemeinsamen Vision hilft oder hat mich der diesbezügliche Kommentar einer oder eines anderen gekränkt?«

2.7.3.3 Charismatische Kommunikation

Bei jedem seiner mehrtägigen Workshops hat John Croft auch immer das Thema der, wie er es nennt, Charismatic Communication angesprochen und dazu eine Übung angeleitet. Direkt ins Deutsche übersetzt, heißt es charismatische Kommunikation, wie in der Überschrift. Das trifft das, was John damit meint allerdings nur zum Teil. Andere deutschsprachigen Autor:innen wie Ilona Koglin übersetzen es auch mit »Win-win-Kommunikation« oder »authentische Kommunikation«. Letzteres trifft es für mich am besten. Worum geht es also dabei? In gewisser Weise um das Ergänzungsstück zum vorher beschriebenen Pinakarri. Denn auch hier geht es darum, den inneren Kritiker, die innere Zensorin, die Stimme im Kopf vorübergehend zum Schweigen zu bringen und das anzusprechen, was uns wirklich am Herzen liegt. Wir haben in unserem Leben meist mehrfach erfahren, dass es gefährlich sein kann, einfach auszusprechen, was unsere Befürchtungen sind und wovor wir Angst haben, wovon wir insgeheim träumen, was uns wirklich bewegt und uns ein Herzensanliegen ist. Wir wurden in der Vergangenheit dafür vielleicht belächelt, für naiv oder gar dumm gehalten. Das hat uns gekränkt, verletzt und wir zogen die Lehre daraus, vor jeder Rede gut abzuwägen, was wir sagen, wie wir etwas sagen und wie viel wir lieber für uns behalten. Grundsätzlich ist das ein völlig legitimer Schutz vor Abwertungen von wenig wohlmeinenden Menschen. Für den Aufbau einer vertrauensvollen Gemeinschaft allerdings, ist das eher hinderlich. Wenn wir uns hingegen trauen, wirklich unser Herz zu öffnen und davon sprechen, was uns ein ehrliches und tiefempfundenes Anliegen ist und wir auch offen unsere Ängste und Befürchtungen aussprechen, werden wir von unseren Zuhörer:innen als authentisch erlebt. Besonders, wenn diese ebenfalls ihrer Stimme im Kopf Einhalt geboten und Pinakarri eingeübt haben. Der Aufbau einer vertrauensvollen und offenen Gesprächskultur kann nur gelingen, wenn alle Beteiligten mitmachen und sich wechselseitig wirklich zuhören.

Das heißt aber nicht, dass dann alle einer Meinung sein und sich liebhaben müssen. Im Gegenteil, erst wenn ich weiß, wo wir unterschiedliche Ansichten haben, wo unsere Referenzpunkte anders liegen, kann ich darauf eingehen und mich dazu positionieren. Dafür ist aber wichtig, dass ich mein Gegenüber grundsätzlich respektiere und eine unterschiedliche Meinung zu der meinigen, nicht in erster Linie als Problem sehe, sondern vielleicht als interessante Bereicherung.

Bei einer Veranstaltung der Initiative Gemeinsam Bauen & Wohnen (QR-01) hat ein langjähriger Bewohner eines Gemeinschaftswohnprojektes diese Haltung anhand eines Beispiels wie folgt ausgedrückt: »Sie werden sich vielleicht schwerertun, wenn sie den einzig wahren und richtigen Weg gefunden haben, wie ein Geschirrspüler einzuräumen ist. Viel konstruktiver wäre es, wenn sie sich angesichts eines völlig unorthodox eingeräumten Geschirrspülers erst einmal denken: Äußerst interessant, auf wie vielfältige Weise das gemacht werden kann.«

Soviel zur Einstimmung. Jetzt kommt die *Übungsanleitung für charismatische Kommunikation* (wieder in direkter Rede an die Teilnehmer:in per Du):

1. Sitze entspannt und aufrecht und schließe die Augen. Atme tief ein – und aus. Spüre, wie Du dasitzt. Spüre den Kontakt zum Stuhl oder Kissen auf dem Du sitzt.
2. Lenke Deine Aufmerksamkeit vom Kopf hin bis zum Punkt knapp unter Deinem Bauchnabel, zum Zentrum Deines Körpers.

3. Stelle Dir vor Deinem geistigen Auge Deine Komfortzone vor, die Dich umgibt und in der Du Dich wohlfühlst. Vielleicht hat dieser Raum eine bestimmte Farbe oder Konsistenz?
4. Nun öffne die Augen und stelle Dir vor, wie Du diesen Raum beliebig ausdehnen kannst, immer weiter, bis – ja bis alle Menschen, zu denen Du sprechen wirst, darin Platz finden und integriert sind. Welcher Tonfall passt zum Gefühl das Du vermitteln willst?
5. Wende diesen Tonfall an und während Du die ersten vier Schritte setzt, kommen Deine Worte fast wie von selbst aus Deinem Mund …

QR 08

Diese Übung ist auch sehr empfehlenswert, zur persönlichen Einstimmung, wenn Sie beispielsweise ein Seminar halten oder vor einem größeren Publikum sprechen werden.

Die Checkliste und Übungsanleitung als PDF zum Download finden Sie in QR-08.

Beim ersten Mal ist es ganz angenehm, wenn jemand, zum Beispiel ein:e Workshopmoderator:in, die Übung anleitet. Sie können sich das natürlich auch selbst vorlesen oder auswendig lernen. Bei regelmäßiger Wiederholung braucht es vielleicht nur noch eine bestimmte Form der Körperhaltung, der Atmung, ein inneres Bild oder einen Gegenstand, eine Art Talisman oder einen Fetisch, den sie selbst gedanklich mit der Energie dieser Übung ausstatten und vor jeder Rede abrufen können. Das sind nur ein paar Anregungen. Ihrer Phantasie sind da keine Grenzen gesetzt, solange es Ihnen hilft, in den erwünschten Zustand zur charismatischen Kommunikation zu kommen. Denken Sie nur einmal an die seltsam anmutenden Rituale, die Spitzensportler:innen oft anwenden, um in den idealen Zustand für ihre jeweilige sportliche Disziplin zu kommen. Tennisprofis beim Aufschlag oder Skispringer:innen, bevor sie sich von der Bank abstoßen, um nur zwei Beispiele zu nennen.

2.7.4 Von Drachen und Lehrmeister:innen

Im Begriff Dragon Dreaming ist von Drachen und von Träumen die Rede. Mehr zum Thema Träumen lesen Sie in »2.7.6 Der Traumkreis«.

Hier möchte ich noch etwas über die Drachen und deren Bedeutung im Dragon Dreaming erzählen. Drachen sind die Metapher für einerseits unsere (größten) Ängste in Bezug auf das Projekt und andererseits werden auch Widersacher und Gegner des Projekts als Drachen bezeichnet.

Aus dem Umgang mit persönlichen Ängsten wissen Sie wahrscheinlich, dass diese umso mehr Macht über uns gewinnen, je mehr wir uns von ihnen abwenden und ihnen aus dem Weg gehen. Indem wir der Angst, dem Drachen den Rücken zuwenden, in der Absicht, ihn nicht sehen zu müssen, steigern wir dadurch ungewollt die Macht, die dieser Drache über uns ausübt. Wenn es uns jedoch gelingt, der Angst ins Auge zu blicken, wird oft aus dem gefürchteten Drachen sehr schnell ein Papiertiger. Es geht also darum, sich seinen eigenen Ängsten zu stellen und nicht davor zu flüchten.

Das Bild im Dragon Dreaming dafür ist, mit dem Drachen tanzen zu lernen. Das hat nichts damit zu tun, die Vorteile von Angst zu leugnen oder zu ignorieren. Angst ist ja vom Ursprung her eine Art Schutzfunktion. Angst will uns vor Gefahren schützen. Beispielsweise vor der Gefahr, sich mit einem selbstgebauten, unerprobten Fluggerät über eine Klippe zu stürzen. Da ist die Angst eine überlebenswichtige Schutzfunktion auf die wir durchaus hören sollten. Es gibt aber viele Ängste, bei der die Schutzfunktion schon längst nicht mehr notwendig ist. Phobien liefern dazu viel Anschauungsmaterial, wie der ursprüngliche Schutzgedanke sich in eine übertriebene Einschränkung des eigenen (Er-)Lebens entwickeln kann. Bei der Höhenangst zum Beispiel. Also wenn eine Person unter Höhenangst leidet, könnten wir sagen, ist die ursprüngliche Schutzfunktion, nicht abzustürzen und sich nicht verletzen, zu einer Behinderung im Alltagsleben geworden. Wegen der Höhenangst kann die betroffene Person zum Beispiel nicht an einer Bergwanderung im sicheren Gelände teilnehmen und ist durch diese Phobie, diese Angst, im Leben unnötig eingeschränkt. Weigern Sie sich jedoch, mit dem vorher erwähnten, unerprobten Selbstbaufluggerät über die Klippe zu springen, hat das nichts mit Höhenangst im Sinne einer Phobie zu tun. Da erfüllt die Angst ihre überlebenswichtige Funktion für Sie.

Zurück zu möglichen Drachen in Bezug auf das Gemeinschaftswohnprojekt. Da ist des einen Steckenpferd vielleicht der Drachen der anderen und umgekehrt. So kann es sein, dass die Person A übertriebene Angst vor großen Summen Geld hat und die Person B überhaupt nicht. Nicht vor dem Geldbetrag an sich, aber die Person A hat beispielsweise Angst davor, für das gemeinsame Projekt mehrere Millionen Euro auftreiben zu müssen. Vielleicht weil sie dazu keine positiven Referenzerfahrungen hat oder weil sie in der eigenen Vergangenheit einmal schlechte Erfahrungen mit der Aufnahme und Rückzahlung eines (Privat-)Kredits gemacht hat. Oder weil in der eigenen Herkunftsfamilie das Thema Geld mit Mangel assoziiert war. Was auch immer der Grund für dieses Drachenerleben sein mag, es kann zu einer Behinderung für das gemeinsame Projekt werden, wenn die Person A mit ihrer Angst, mit diesem Drachen, sozusagen die ganze Gruppe ansteckt.

In meiner Beratungspraxis kommt es vor, dass Gruppen ihr Projekt zu klein denken. Beim Nachfragen komme ich dann darauf, dass sich in der betreffenden Gruppe der Irrtum eingeschlichen hat, es sei leichter eine Bank für eine Finanzierung zu finden, wenn der Betrag nicht so groß ist. Es kostet mich dann oft einiges an Arbeit, die betreffende Gruppe davon zu überzeugen, dass die Finanzierung so eines Gemeinschaftswohnprojektes etwas anderes ist, als vielleicht die Kreditaufnahme für den Kauf einer Eigentumswohnung. Im Gegenteil verkauft die Bank viel lieber einen Kredit für 10 Millionen, als einen für 1,5 oder 2 Millionen. Ganz einfach, weil sie mit fast demselben Prüf- und Administrationsaufwand am größeren Kredit mehr verdient als an dem kleinen.

Dragon Dreamig empfiehlt daher, bei der Aufgabenaufteilung und bei der Mitarbeit in den verschiedenen Bereichen, nicht nur dort mitzumachen, wo wir uns in unserer Komfortzone befinden, wo wir uns also gut auskennen und zu Hause fühlen. Natürlich ist es sinnvoll, um im vorherigen Beispiel zu bleiben, dass die erfahrene Steuerberaterin, nennen wir sie Person B, sich in ihrem Gemeinschaftswohnprojekt auch in der Arbeitsgruppe »Finanzen« einbringt, aber vielleicht nur als »Mentor:in« (siehe »2.7.9 Drei Rollen plus Drachentänzer:in«). Aber eben nicht nur dort. Wenn diese Person B, weiter angenommen, den Gemeinschaftsbildungsprozess als persönlichen Drachen erlebt, sollte sie sich gerade aus dem Grund erst recht auch eine Zeit lang in der Arbeitsgruppe »Gemeinschaftsbildung« engagieren. Erstens lernt sie dabei, mit ihrem Drachen zu tanzen, also mit ihrer Angst konstruktiv umzugehen. Und zweitens lernen die anderen Mitglieder in der »Gemeinschaftsgruppe« die vielleicht, wieder nur angenommen, mehrheitlich aus Sozialarbeiter:innen, Pädagog:innen und Psycholog:innen besteht, auch etwas dazu.

Soviel zu den Ängsten. Die zweite Bedeutung der Drachen im Dragon Dreaming sind Menschen, Umstände oder Situationen, die das gemeinsame Projekt bedrohen oder der Umsetzung in der geträumten Form im Wege stehen. Dafür gibt es grundsätzlich dieselbe Empfehlung seitens Dragon Dreaming, nämlich auch mit diesem Drachen tanzen zu lernen. Das soll nicht unbedingt heißen, dass wir einem Gegner unseres Projektes, der uns einen schmerzhaften Schlag versetzt, gleich die andere Wange hinhalten und uns nicht wehren. Aber es bedeutet, dass wir uns zuerst die Frage stellen, was wir von diesem Drachen über uns und unser Projekt lernen können. Manchmal sind die größten Widersacher einer Idee diejenigen, von denen wir etwas Wichtiges lernen können.

Zwei Beispiele aus der Praxis dazu (Namen geändert, um niemanden bloßzustellen):

Beispiel 1: Projekt »Waldeslust« auf dem Land

Diese Gründer:innengruppe hatte in einer ländlichen Gegend mit guter Anbindung an das öffentliche Verkehrsnetz ein für sie sehr passendes Objekt gefunden. Ein alter Gutshof mit teils restaurierungswürdigen und teils schon sehr gut renovierten Bestandsgebäuden, ausreichend Landwirtschaftsfläche für den geplante Permakultur-Gemüsegarten und ein paar Haus- und Nutztiere. Der Preis war auch O. K. und die Verkäuferin war interessiert und der Gemeinschaftsidee zugetan. Einzig der Bürgermeister in dem Ort war für die Gruppe der Drache.

Es begann schon damit, dass es mehrerer Anläufe bedurfte, um mit ihm einen Besprechungstermin zustande zu bringen. Der Termin verlief dann für die Abgesandten der Gruppe äußerst unzufriedenstellend. Auch ein zweiter Termin verlief nicht viel besser. Die Gruppe fühlte sich überhaupt nicht willkommen, obwohl sie sich Mühe gemacht hatte, die Vorteile ihres Projektes für den Ort herauszustreichen. So verzögerte sich der Kauf der Liegenschaft, weil die Gruppe zuerst Sicherheit darüber brauchte, ob die gewünschte Widmung für die geplanten Um- und Neubauten auch zu bekommen ist. Insbesondere weil ein integraler Bestandteil ihrer Projektidee auch ein Gewerbebetrieb war, der im Idealfall noch ein paar Arbeitsplätze in den Ort gebracht hätte, wofür es aber auch einer Gewerbewidmung seitens der Gemeinde bedurfte. Im weiteren Verlauf versuchten andere Gruppenmitglieder mit Bewohner:innen und Vereinen vor Ort ins Gespräch zu kommen. Auch diese Versuche verliefen wenig zufriedenstellend bis befremdlich. Eine der Gründer:innen brachte es in einer internen Besprechung auf den Punkt: »Mir kommt vor, die wollen uns dort einfach nicht haben. Es ist, als würden wir eine Bedrohung für sie darstellen.«

Schweren Herzens beschloss die Gruppe dann, der Verkäuferin abzusagen und weiterzusuchen. Was sie aber daraus, aus diesem Drachenerleben gelernt hatten: »Das schönste Grundstück oder Objekt taugt nichts, wenn die Menschen vor Ort nicht offen dafür sind.« Und aus dieser Lehre abgeleitet hat die Gruppe dann fast 100 Bürgermeister:innen angeschrieben und ihre Projektidee erläutert. Sie bekamen einige mehr oder weniger freundliche Absagen und drei Gemeinden hatten ganz konkrete Angebote für sie. Und eines davon wurde dann zum Ort für das geplante Gemeinschaftswohnprojekt. Das war im Endeffekt sogar noch vorteilhafter, als das ursprünglich angepeilte mit dem Drachen in Form des wenig einladenden Bürgermeisters.

Beispiel 2: Projekt »Drachensteiger« in der Stadt

Die Gründer:innengruppe hatte eine ideale Liegenschaft in einem für sie sehr passenden Bezirk der Stadt gefunden und nach zähen Verhandlungen gekauft. Bei Einreichung der Baupläne stellte sich heraus, dass einer der Nachbarn absolut gegen das Projekt eingestellt war. Ein sehr wohlhabender Pensionär wollte auf keinen Fall neben seiner Villa so eine »Kommune mit Ökospinnern« und beschäftigte seine Anwälte und die Baubehörde mit allen rechtlich möglichen Einwänden gegen das Projekt.

Sämtliche Bemühungen der Gruppe mit dem Nachbarn in ein konstruktives Gespräch zu kommen, scheiterten. Daraufhin berieten sich die Gruppenmitglieder mit ihren Rechtsberater:innen. Die Einschätzung der Anwält:innen lief darauf hinaus, dass der unliebsame Nachbar, das Gemeinschaftswohnprojekt nicht verhindern, sehr wohl aber verzögern kann und zwar bis zu einem oder eineinhalb Jahren. Die Gruppe beriet sich. Sie hätten das Grundstück leicht und ohne Verlust wieder verkaufen können. Sie entschlossen sich aber nach Abwägung aller Vor- und Nachteile dazu, den Gerichtssaal zum Tanzparkett für ihren Drachentanz zu machen. Sie nutzen die zusätzliche Vorlaufzeit einerseits dazu, ihren Mitgliederaufnahme- und Gemeinschaftsbildungsprozess noch zu vertiefen und andererseits, um die Ökohaustechnik noch zu optimieren und eine spezielle Förderung dafür zu beantragen. Letztlich bekamen sie vor Gericht Recht und leben nun schon einige Jahre in ihrem wunderbaren Gemeinschaftswohnprojekt. Die Gruppe hat im Nachhinein die an sich mühsame Auseinandersetzung mit dem Drachen in Form des Nachbarn als Vertiefung des Zusammenhalts innerhalb der Gruppe erlebt. Ein gemeinsamer Feind schweißt halt auch zusammen. Der Nachbar hat übrigens die Drachentanzlektion vor Gericht offensichtlich gebraucht, denn er macht der Gruppe seit der Urteilsverkündung keine Schwierigkeiten mehr.

Diese beiden Beispiele zeigen in ihrer Unterschiedlichkeit, wie wichtig und hilfreich es ist, mit Wiederständen konstruktiv umzugehen und vermeintliche oder tatsächliche Gegner:innen ernst zu nehmen.

2.7.5 Das Projektrad

Wie weiter vorne in diesem Buch beschrieben, beginnt jedes Projekt mit dem Traum, mit der Idee einer einzelnen Person. Diese erzählt wiederum anderen von ihrer Idee. Das Individuum tritt also mit der Umwelt in Kontakt. In weiterer Folge, wenn aus der Idee, der Theorie etwas ganz Konkretes werden soll, geht es in die Praxis. Setzen wir die beiden Begriffspaare (Individuum und Umwelt sowie Theorie und Praxis) an den vier Seiten einer Grafik gegenüber und teilen diese durch eine waagrechte und eine senkrechte Linie, so ergeben sich vier Felder (siehe Abb. 01)

Abbildung 01 Das Projektrad

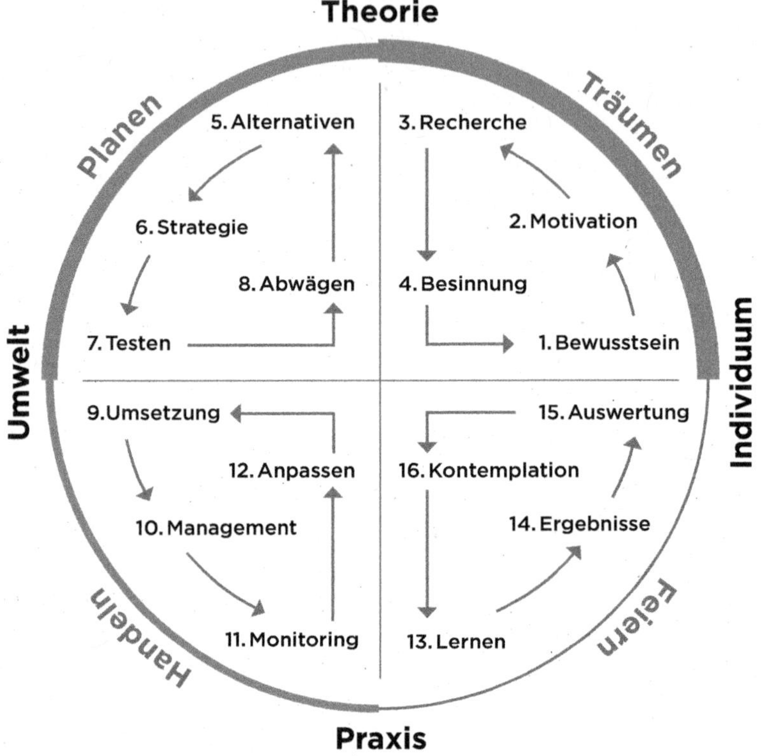

Rechts oben beginnend, gegen den Uhrzeigersinn aufgezählt kommen wir so auf die:

2.7.5.1 Vier Phasen im Dragon Dreamingprozess

- Träumen
- Planen
- Handeln
- Feiern

Die ursprüngliche Forschungsarbeit der Dragon Dreaming-Autor:innen und die mittlerweile über drei Jahrzehnte an Praxiserfahrung zeigen ganz eindeutig: Projekte, in denen alle vier Phasen (Träumen, Planen, Handeln und Feiern) gleichermaßen intensiv betrieben werden, sind erfolgreicher. Bei den Phasen ist sowohl die richtige Reihenfolge als auch entsprechende Intensität ausschlaggebend. Es klingt logisch und nachgerade banal, dass es unklug ist, vom Träumen direkt ins Handeln überzugehen. Aber genau das passiert gar nicht so selten. Kaum ist die Idee einigermaßen klar, galoppieren die sogenannten Macher:innen schon los, um der Welt den sprichwörtlichen Haxen auszureißen. Was auch und gerade in unseren Breiten gerne zu kurz kommt oder gänzlich übersehen wird, ist der Aspekt des Feierns. Sehr oft gehen Teams vom erfolgreichen Abschluss eines Projektes direkt zum Beginn des nächsten über und nehmen sich für das Feiern des Erreichten kaum oder gar keine Zeit. Im Dragon Dreaming gilt die Empfehlung, alle vier Phasen sollen gleich viel Zeit und Geld erhalten – also auch das Feiern. Wir Menschen haben meist unsere persönlichen Präferenzen für eine oder mehrere der vier Phasen. Nur wenigen von uns liegen von Haus aus alle vier Phasen gleichermaßen gut. Es gibt natürlich die ganz eindeutig einer Phase zuordenbaren Zeitgenoss:innen. Es gibt sie also, die Träumer:innen oder Visionär:innen, die wunderbare Quellen sind für neue Ideen. Bevor es aber in die Planung oder Umsetzung geht haben sie meist schon die nächste bahnbrechende Idee.

Genauso gibt es die Planer:innen, die Strateg:innen die alles genau recherchieren, alles detailliert erforschen, die Eventualitäten durchspielen, super Budgets und Kosten-Nutzen-Rechnungen aufstellen, Stärken und Schwächen analysieren bis, ja bis zum Abwinken.

Und die vorhin schon erwähnten Macher:innen, die Checker:innen, die am liebsten gleich loslegen, noch bevor die Ziele und Budgets feststehen. Mit solchem kleinkarierten Kram sollen sich, wenn es nach den Macher:innen geht, doch die Hinterbänkler:innen herumschlagen, sie, die Macher:innen, wollen umsetzen, sie wollen machen.

Last but not least und, wie schon erwähnt in unserer Kultur gar nicht so übertrieben oft anzutreffen, die Feier:innen, die Zeremonienmeister:innen.

Meine satirisch übertriebene und bewusst einseitige Darstellung der einzelnen Typen soll, wie Sie sicher schon gemerkt haben, Ihr Interesse an den vier Phasen wecken. Und ich möchte den Scheinwerfer Ihrer Aufmerksamkeit noch auf einen weiteren, für Ihr Projekt erfolgskritischen Punkt lenken: die Zusammensetzung des Gründer:innenteams in Bezug auf das Träumen, das Planen, das Handeln und das Feiern. Ausgehend von der Wichtigkeit aller vier Phasen für den Gesamterfolgt ergibt sich daraus die entsprechende Anforderung an eine gute Durchmischung des Gründer:innenteams. Idealerweise sind nämlich die vier Aspekte ungefähr gleich stark vertreten. Mit anderen Worten: Wenn sie ein Team bestehend hauptsächlich aus beispielsweise Visionär:innen und Macher:innen haben, sinken die Erfolgschancen ebenso wie bei einer Dominanz von Strateg:innen und Zeremonienmeister:innen. Wie bereits erwähnt, sind wir Menschen selten so scherenschnittartig eindimensional, dass wir nur eine der vier Phasen in unserer Persönlichkeit entwickelt haben. Die diesbezüglichen Beschreibungen sind nur der leichteren Nachvollziehbarkeit halber so geschrieben. Mir ist klar, dass die meisten von uns vielschichtiger sind. Gleichzeitig sind wir aber selten so ausgewogen, dass jede:r von uns alle vier Phasen gleich stark ausgeprägt hat. Eine ausgewogene Mischung ist daher gar nicht so einfach zu erreichen, aber das Wissen darum und die gemeinsame Einsicht, dass alle vier Qualitäten gleichermaßen wichtig sind, hilft schon ungemein.

Dazu kommen noch die unterschiedlichen Sichtweisen und Prioritäten, die sich durch die individuellen Präferenzen der einzelnen Teammitglieder zwangsläufig ergeben. Oder anhand eines Praxisbeispiels beleuchtet: Selbst wenn das Gründer:innenteam alle vier Phasen in den Mitmacher:innen präsent hat und beispielsweise eine Macherin im Gründer:innenteam die Wichtigkeit einer soliden Budgetierung grundsätzlich anerkennt, kann es doch passieren, dass sie die Geduld verliert, wenn der Analytiker noch eine weitere Alternative zeitaufwändig diskutieren und durchrechnen will. Das kann zu Spannungen und Reibereien führen. Diese Spannungen gilt es auszuhalten, und damit die Reibereien zu keinen all zu großen Hitzestaus führen, sei an der Stelle noch einmal an die ganz entscheidende Basis für den Gesamterfolg jedes gemeinschaftlichen Projektes erinnert: die achtsame Kommunikation. Dadurch kann die Gruppe die Kraft der unterschiedlichen Standpunkte zum Wohl des Gesamtprojekts nutzen. Etwas populistisch zugespitzt könnten wir sagen: Diversität vor Homogenität oder noch etwas drastischer: Inspiration durch Vielfalt, statt gleichmacherischem Kuschelkurs.

Meine Frau warnt mich regelmäßig vor zu spitzen Formulierungen, weil sie natürlich missverstanden werden können. Ich hoffe aber, dass Sie, geneigte Leserin, geneigter Leser die Ironie heraushören und diese als Würze des Textes ebenso schätzen wie ich. Das Buch schreibe ich ja in erster Linie für Sie (ich lebe ja schon im von mir mitkreierten wunderbaren Wohnprojekt Wien) und nur in zweiter Linie für meine Eitelkeit (und etwas Broterwerb).

2.7.5.2 Der Schwellenwert

Damit der Übergang von einer Phase auf dem Projektrad zur nächsten gut gelingt, muss ein Schwellenwert erreicht und überschritten werden. Für diesen Übertritt zur jeweils nächsten Phase braucht es Energie. Die Energie kommt unter anderem aus der intensiven Beschäftigung mit den Aspekten in der jeweiligen Phase. Um also vom Träumen ins Planen zu kommen, muss die Traumphase ausgiebig gemeinsam durchlebt werden. Beim gemeinsamen Träumen geschieht das zu einem guten Teil durch das konzentrierte Erleben des Traumkreises (siehe auch »2.7.6 Der Traumkreis«). Die Traumphase besteht ihrerseits wiederum aus vier Teilaspekten, die wie ein kleiner Kreis innerhalb des großen Kreises gedacht werden können. Das gilt auch für die anderen Phasen im Traumkreis. Wir können also von einem Vier-Aspekte-Rad pro Phase innerhalb des Projektrads sprechen. Oder von vier Kreisläufen innerhalb des Rades. In der Traumphase besteht der Kreislauf aus den Aspekten (siehe auch Abb. 01):

- Bewusstsein
- Motivation
- Recherche
- Besinnung

Die Traumphase beginnt mit einer Idee, die in meinem Bewusstsein auftritt. Ich habe ein neues Bewusstsein (aha, es gibt Gemeinschaften, so möchte ich auch leben). Ist die Motivation groß genug (Motivation = Schwelle), dann verfolge ich meinen Traum und beginne, zu recherchieren, also Informationen zu sammeln. Den gesammelten Informationen ordne ich einen Sinn zu, bringe mit dem Schritt der Besinnung mein Bewusstsein auf einen neuen Level, was seinerseits wieder motivierend wirken kann, um gegebenenfalls noch mehr Informationen zu sammeln und so weiter. Das Rad, bestehend aus Bewusstsein, Motivation, Recherche und Besinnung, dreht sich so vielleicht mehrfach im Kreis. Dieser Kreis ist aber keine Endlosschleife, sondern er schraubt sich wie eine Spirale in immer neue Höhen. Wenn die gedachte Spirale eine ausreichende Höhe erklimmt, erreicht die Gruppe den benötigten Schwellenwert um in die nächste Phase, in dem Fall das Planen, zu gelangen. Wenn sie als Gruppenmitglied oder als Moderator:in der Gruppe nicht sicher sind, ob der Schwellenwert erreicht ist, fragen sie die anderen Gruppenmitglieder. Gemeinsam werden sie es wissen oder zumindest erahnen.

Im Dragon Dreaming wird auch davon gesprochen, dass das Projektrad fraktal ist und in jeder Phase seinerseits wiederum ein kleines Projektrad aus Träumen, Planen, Handeln und Feiern steckt. Für die Ansprüche im vorliegenden Buch, also zur Visionsfindung und Projektierung eines Gemeinschaftswohnprojektes reicht es aber aus, wenn die einzelnen vier Phasen im Projektrad gut begleitet durchgemacht und die entsprechenden Schwellenwerte für einen stimmigen Übergang jeweils erreicht werden. Interessierten Leser:innen, die noch tiefer in die Materie einsteigen wollen, empfehle ich die bereits erwähnten Dragon Dreaming-Bücher und die entsprechenden Expert:innen.

Der Vollständigkeit halber sei noch erwähnt, dass ein Dragon Dreaming-Prozess inklusive Projektrad, Traumkreis, Zielen und Budgets auch für kleinere und größere Teilprojekte innerhalb des Gesamtprozesses ihres gemeinschaftlichen Wohnprojektes gemacht werden kann (es wird schon wieder fraktal!). Das ist in manchen Fällen auch sehr sinnvoll und hilfreich. So können Sie zum Beispiel für das Finden und Aufnehmen neuer Mitmacher:innen einen eigenen Dragon Dreaming-Prozess machen oder für das Einwerben von Privatdarlehen oder die Grundsteinlegungsfeier und so weiter. Für den weiteren Verlauf des Buches bleiben wir aber weiterhin bei dem »großen« Dragon Dreaming-Prozess für die Gründung und Entwicklung eines gesamten Gemeinschaftswohnprojektes. Einfach weil ich glaube, dass es leichter ist, vom großen Beispiel sozusagen auf kleinere, eventuell abgespeckte Versionen herunterzubrechen. So könnten Sie mit Ihren Mitgründer:innen beispielsweise entscheiden, für die Grundsteinlegungsfeier nur einen Traumkreis zu machen, weil das Budget und die Ziele dafür ohnehin schon feststehen. Und daher jetzt, ohne weitere Umschweife zum nächsten Thema.

2.7.6 Der Traumkreis

Die Methode für die Traumphase im Dragon Dreaming ist der sogenannte Traumkreis. Dabei handelt es sich um eine angeleitete Gruppenübung mit dem Ziel, möglichst alle Träume der einzelnen Gruppenmitglieder in einen gemeinsamen zu destillieren. Im Falle des gesamten Wohnprojekts geht es dabei um die gemeinsame Vision.

Zur Einstimmung stellen sich alle Teilnehmer:innen die Frage:

Wie müsste das Projekt beschaffen sein, damit ich später sagen kann: »Besser hätte ich meine Zeit nicht verbringen können, als mit diesem Projekt und diesen Menschen.«

Nach einem gemeinsamen Pinakarri nimmt die erste Person den Redestab und beginnt damit, einen Aspekt ihres Traumes kurz zu beschreiben, während eine andere Person das Gesprochene für alle anderen sichtbar mitschreibt (z. B. auf einem Flipchart). Die Mitschrift beginnt immer mit dem Namen oder dem Namenskürzel der sprechenden (träumenden) Person. Die Person spricht aus der erträumten Zukunft über das Erreichte in der Vergangenheitsform. Sie sagt Sätze wie: »In den drei Jahren vor dem Einzug sind wir alle zu einer starken Gemeinschaft gewachsen«. Die sprechende Person vermeidet dabei Verneinungen und sagt daher nicht, was sie nicht will, sondern was sie will, sich wünscht, dass geschehen sein wird. Alle achten bei der Übung auf konsequentes Einhalten der Redestabregeln. Das heißt, nur die träumende Person spricht. Jegliches Kommentieren oder gar Bewerten des Gesagten ist an der Stelle unerwünscht, ja sogar schädlich für den Prozess. Einzig die mitschreibende Person kann und soll im Zweifel bei der träumenden Person nachfragen, ob das Aufgeschriebene dem entspricht, was diese gemeint hat. (Habe ich das richtig verstanden, hast Du das so gemeint?). Bei Bedarf wird die Mitschrift so lange ergänzt, beziehungsweise geändert, bis die oder der Träumende damit zufrieden ist. Jeder Traum sollte in seiner Essenz als ein vollständiger Satz aufgeschrieben werden. Verwendet die träumende Person dennoch wiederholt Verneinungen, so darf und kann die mitschreibende Person das in Form einer Frage ansprechen. Sie frägt dann sinngemäß: »O. K. , du willst das und das nicht, was möchtest Du stattdessen?«

Danach kommt die oder der Nächste dran und so weiter. Die Mitschrift kann zum Beispiel jeweils die Person machen, die soeben gesprochen hat. Diese gibt den Stift nach dem Schreiben gleich weiter. Diese Vorgehensweise wird mehrere Runden lang wiederholt. Pro Runde soll jede Person nur einen Aspekt ihres Traumes aussprechen und daher kann es bei einem so lebensverändernden Thema wie einem gemeinschaftlichen Wohnprojekt zu vielen Durchgängen kommen. Nach einigen Runden wird es sich ergeben, dass einzelne Personen schon alles gesagt haben und andere noch nicht. Daher können einzelne den Redestab einfach weitergeben, wenn sie an der Reihe wären, und alle halten so lange gemeinsam durch, bis niemand mehr etwas hinzuzufügen hat. Am Ende der Übung hat die Gruppe mehrere vollgeschriebene Flipchartbögen, die für die weiteren Bearbeitungsschritte wichtig sind. Ein Praxisbeispiel so einer Mitschrift auf Flipchart sehen Sie in Abbildung 02.

Bis zu dem Punkt brauchen Sie für die beschriebene Übung, je nach Personenanzahl und Thema, zwischen 30 Minuten und mehreren Stunden. Ein einfacheres und daher kürzer abzuhandelndes Thema könnte zum Beispiel die Grundsteinlegungsfeier ihres Bauprojekts sein. Für die Vision zur Gründung des gesamten Projektes braucht es länger. Das kann mit beispielsweise sechzehn Teilnehmer:innen einige Stunden in Anspruch nehmen.

Der Dragon Dreaming-Traumkreis ist an der Stelle abgeschlossen.

Für die Visionsdefinition Ihres Gemeinschaftswohnprojektes empfehle ich (nach einer Pause oder bei einem späteren Termin) zusätzlich folgende fünf Schritte, um aus der Mitschrift der einzelnen Träume die wesentlichen Kernsätze der Vision zu kondensieren.

Abbildung 02 Ausschnitt Mitschrift Traumkreis

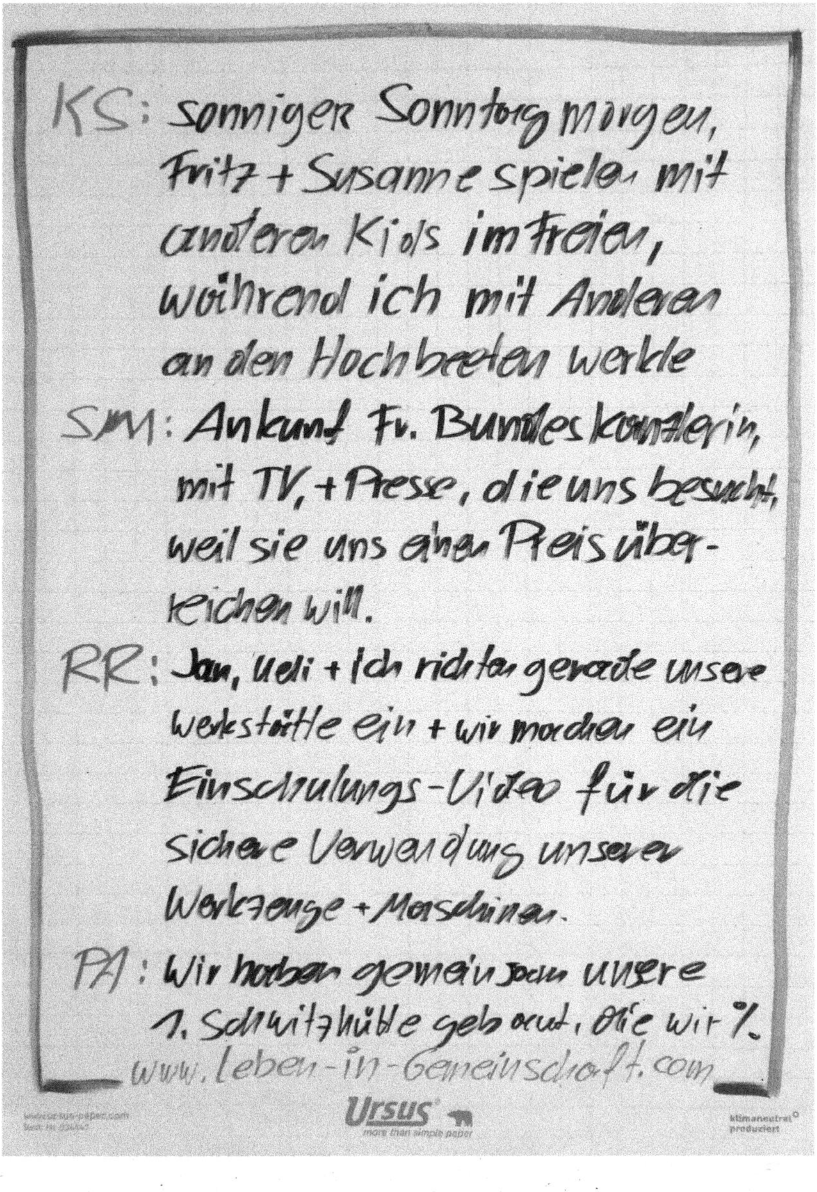

KS: sonniger Sonntag morgen, Fritz + Susanne spielen mit anderen Kids im Freien, während ich mit Anderen an den Hochbeeten werkle

SM: Ankunft Fr. Bundeskanzlerin, mit TV, + Presse, die uns besucht, weil sie uns einen Preis überreichen will.

RR: Jan, Ueli + Ich richten gerade unsere Werkstätte ein + wir machen ein Einschulungs-Video für die sichere Verwendung unserer Werkzeuge + Maschinen.

PA: Wir haben gemeinsam unsere 1. Schwitzhütte gebaut, die wir %.

www.leben-in-Gemeinschaft.com

Ursus
more than simple paper
klimaneutral produziert

- Schritt 1: die Themen der Traummitschriften benennen und
- Schritt 2: in sinnvolle (Themen-)Gruppen zusammenfassen (clustern).
- Schritt 3: den Clustern Namen geben, wie zum Beispiel: Gemeinschaftsbildung, Ort und/oder Grundstück, Architektur und/oder Bau (inkl. Materialien), Ökologie, Finanzen, Gemeinschaftsräume (die wichtigsten eventuell gleich mit Bezeichnungen wie: Gemeinschaftsküche, Kinderspielraum, Werkstatt, Gästezimmer, Co-Working) Freiraum und Garten, Tiere (Haustiere und Nutztiere), Solidarität, Spiritualität etc.
- Schritt 4: die Cluster zu drei bis maximal sechs Bereichen zusammenführen.

  Diese Aufteilung ist für die Fertigstellung der Vision hilfreich und Sie haben damit bereits die mögliche Arbeitsgruppenaufteilung für das Projekt bis zum Einzug (weitere Infos dazu im Kapitel »5. Organisation«).
- Schritt 5: Als Nächstes können Sie entweder als Gesamtgruppe oder aufgeteilt in kleinere Teams (z. B. eines pro Bereich) die jeweiligen Teilaspekte ausarbeiten und gleich anschließend oder bei einem weiteren Treffen (live oder digital) die Ergebnisse zusammenführen. Die endgültige Ausformulierung können Sie gemeinsam machen oder an ein Redaktionsteam delegieren. Wichtig ist, dass die finale Version von allen beschlossen wird und Sie anschließend diesen Erfolg gebührend feiern. Die Vorbereitung der Feierlichkeiten kann, je nach Setting, zeitgleich erfolgen. Während zum Beispiel das Redaktionsteam die endgültige Fassung für die finale Beschlussfassung formuliert, können andere Gruppenmitglieder bereits die Vorbereitungen für die Feierlichkeiten treffen.

QR 09

Die Checkliste und Übungsanleitung als PDF zum Download finden Sie in QR-09.

Sie werden sich jetzt vielleicht denken: »Das klingt ja alles schlüssig, easy und nachvollziehbar und doch vielleicht eine Spur zu perfekt. Was ist, wenn in den einzelnen Traumsequenzen widersprüchliche Aspekte auftauchen?«

Das ist ein wichtiger Einwand und es kommt auch in der Praxis immer wieder vor, dass der Traumteil der einen Person mit dem einer anderen schwer bis gar nicht vereinbar scheint.

Person A träumt zum Beispiel folgenden Satz: »In unserer Gemeinschaftsküche wird nur vegan gekocht und gegessen und im gesamten Wohnprojekt zumindest vegetarisch.«

Person B hingegen träumt: »Zu besonderen Feierlichkeiten schlachten wir zwei, drei unserer Freilandhühner und bereiten damit ein Festessen für alle zu.«

Zur Erinnerung: Im Traumkreis soll und darf jede Person die eigenen Traumaspekte völlig unzensiert äußern und niemand darf an der Stelle Einwände oder Einschränkungen erheben, weil es den Prozess, also den Traumfluss, stört. Im Dragon Dreaming heißt es, dass jede Person 100 % ihres Traumes in den Prozess einbringen soll und sich jede:r mit dem Ergebnis, also dem Gemeinschaftstraum, zu 100 % identifizieren können soll. Nur wenn alle Beteiligten voll dabei sind, werden die nötigen Energien und Kräfte freigesetzt, die es für die Verwirklichung braucht.

Daraus wird oft der Fehlschluss gezogen, dass jede:r auch 100 % des eigenen Traums erfüllt bekommt. Das stimmt nicht. Manche individuellen Träume müssen zugunsten des gemeinsamen sterben. Das kann schmerzen beziehungsweise Frust, Enttäuschung und Trauer auslösen. Dafür soll es im Prozess auch Raum geben. Wie soll damit umgegangen werden?

Anhand des obigen Beispiels veganer, vegetarischer oder auch tierischer Ernährung hier ein paar Vorschläge zur weiteren Vorgehensweise (Achtung, immer erst nach abgeschlossenem Traumkreis eingreifen):

- Variante I: Die beiden Träumer:innen werden eingeladen im Bereich »Gemeinschaftsküche« (oder wie immer der übergeordnete Cluster heißt, in dem dieses Thema verortet wurde) an der Formulierung dieses Visionsvorschlages mitzuarbeiten. Wenn keine Einigung und/oder kein guter Kompromiss gefunden werden kann (wie z. B.: An bestimmten Tagen gibt es in der Gemeinschaftsküche nur veganes Essen und in den privaten Küchen kocht jede:r nach eigenem Gutdünken), dann Variante II, III, IV oder V.
- Variante II: Weil das Thema auch anderen im Traumkreis ein Anliegen war, macht die Gruppe dazu einen eigenen Redekreis und somit erarbeiten alle gemeinsam einen neuen Lösungsvorschlag.

- Variante III: Wenn I und II keine befriedigende Lösung für alle bringt, kann das Thema vorerst aus der Visionsformulierung ausgeklammert werden und eine eigene Arbeitsgruppe organisiert ein separates Treffen unter Beteiligung der Personen A und B (ähnlich wie Variante I, jedoch mit mehr Zeit).
- Variante IV: Person A oder B steigt aus dem Projekt aus, weil sie sich nicht von diesem Traumteil trennen kann oder will und die anderen Gründer:innen das nicht in der gewünschten Form teilen.
  Mit anderen (natürlich völlig überspitzten) Worten gesagt: Wenn es für die jeweilige Person so wichtig ist, dass entweder A sagt: »Mit Tiermördern will ich nicht unter einem Dach wohnen« oder B sagt: »Das ist mir zu zwänglerisch und grenzt an Ernährungsfaschismus«.
- Variante V: Wenn das Thema nicht nur A und B auseinanderbringt, sondern es sozusagen die ganze Gruppe in zwei Lager teilt und kein guter Kompromiss erreichbar ist, dann ist eine Gruppenteilung an der Stelle eine mögliche Lösung.
  Dazu möchte ich noch einmal an das Beispiel des Wohnprojekt Wien erinnern (am Ende von »2.6. Stadt oder Land«). Damals lösten wir das Dilemma »Innenstadt oder Speckgürtel« auch mit einer Gruppenteilung.

Als Ergebnis der Traumphase steht jetzt eine ausformulierte Vision für das Projekt. Diesen Erfolg gilt es ausgiebig zu feiern. Ab jetzt ist die Vision der Leitstern für das gemeinsame Schaffen. Für alle wichtigen Entscheidungen dient sie als Messlatte. Sie gibt Orientierung auch in schwierigen Phasen und Zeiten. Alle Gründungsmitglieder unterschreiben die fertig ausformulierte Vision und alle, die später zum Projekt kommen, unterschreiben bei der Aufnahme ebenfalls die Vision (oder einen Vermerk wie im Beispiel des Ökodorf Sieben Linden im Kapitel »2.3 Wann, wie und von wem kann die Vision geändert werden?« angeführt).

Stellen Sie die Vision auf die Homepage Ihres Projekts, auf sämtliche Soziale Medien im Netz und auf alle wichtigen Drucksorten, die Ihr Projekt beschreibt. Dadurch erleichtern Sie auch interessierten Menschen die Entscheidung, sich bei ihrem Projekt zu bewerben oder eben nicht.

Wie bereits erwähnt, können Sie für die Planung und Durchführung eines jeden Teilprojekts ebenfalls einen eigenen Traumkreis einsetzen.

2.7.7 Die Planungsphase

Wenn die Schwelle vom Träumen, zum Planen überschritten ist, beginnt der Planungskreislauf, bestehend aus den vier Aspekten (siehe auch Abb. 01):

- Alternativen durchdenken
- Strategien entwickeln
- Testen
- Abwägen

Auch dieser Kreislauf kann mehrfach durchlaufen werden, bis die Gruppe die für sie richtigen Alternativen gefunden, Strategien entwickelt sowie getestet und abgewogen hat und dadurch wiederum den Schwellenwert erreicht, der in die nächste Phase führt.

Achtung: Wir sprechen hier von der Planungsphase im Dragon Dreaming-Projektrad und (noch) nicht von Architekturplanung. Diese, sowie etwaige Fachplanungen (Freiraum, Haustechnik etc.), bilden wichtige Meilensteine innerhalb der Projektverwirklichung.

Folgende in der Planungsphase des Dragon Dreaming bewährte Instrumente stelle ich Ihnen auf den kommenden Buchseiten vor: 2.7.7.1 Ziele und Meilensteine, 2.7.7.2 Kriterien für gute Zielformulierung, 2.7.7.3 Karabirrdt oder Projektplan und 2.7.7.4 Das 20-Minuten-Budget.

2.7.7.1 Ziele und Meilensteine

Hier geht es darum, konkrete Ziele für die Verwirklichung der wichtigsten Traumsequenzen zu formulieren. Dazu nehmen Sie die Mitschrift des Traumkreises und die Vision (falls diese schon fertig ausformuliert ist) und hängen beides gut sichtbar im Raum auf.

Bereiten Sie folgendes vor:

- eine Pinwand
- circa 30 (plus/minus 2) Moderationskärtchen, Zettel oder Post-its, die Sie zu gleichen Teilen an die Mitmachenden austeilen

Stellen Sie folgende Frage:
»Welche Dinge müssen wir tun um 100 % unseres Traums zu verwirklichen?«

Zur Einstimmung hilft es, wenn die Gruppe die Aufzeichnungen aus dem Traumkreis noch einmal laut vorgelesen bekommt (z. B. von unterschiedlichen Teilnehmer:innen abwechselnd vorgetragen).

Geben Sie zehn Minuten Zeit für die Beantwortung der Frage.

Jede:r schreibt eine Sache pro Zettel auf. Für diese Phase der Übung reichen Stichworte. Erst bei der anschließenden Zusammenführung und Konkretisierung der Ziele und Meilensteine ist auf die Kriterien für gute Zielformulierung (Beschreibung nach dieser Übungsanleitung) zu achten.

Dann beginnt die erste Person, ihre Zettel für alle sichtbar auf der Pinwand zu platzieren. Die Person sagt ein paar Worte zu jedem Zettel (was ist mit den Stichworten gemeint) und ordnet sie sinnvoll zueinander an.

Danach kommt die nächste Person mit ihren Zetteln, die entweder zu bereits vorhandenen Zetteln und Gruppierungen passen oder nicht. Die Person kann auch – immer im Konsens mit der Gruppe – vorhandene Zettel umgruppieren und/oder neue Gruppen bilden.

Wenn alle dran waren, gibt es idealerweise maximal sechs bis acht Gruppen oder Spalten mit diversen Zielen stichwortartig auf Zetteln. Falls es mehr als acht Spalten sind, sollten sie als Moderator:in jetzt gemeinsam mit den Teilnehmer:innen noch einmal neu zuordnen und nachverdichten.

Im nächsten Schritt geht es darum, die Zettel in den jeweiligen Spalten zu konkreten Zielen zu formulieren. Dazu können jetzt Kleingruppen
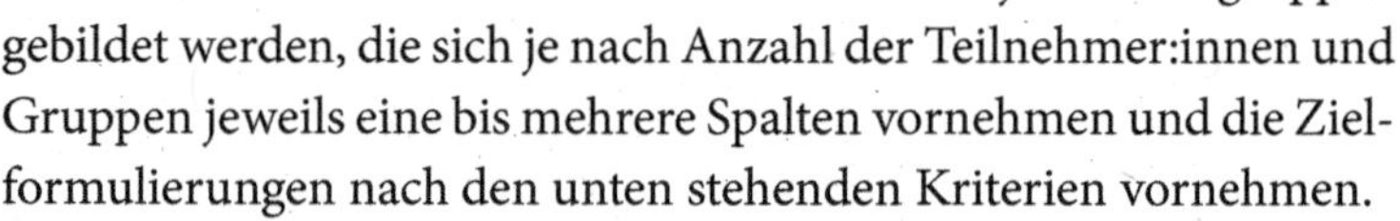
gebildet werden, die sich je nach Anzahl der Teilnehmer:innen und Gruppen jeweils eine bis mehrere Spalten vornehmen und die Zielformulierungen nach den unten stehenden Kriterien vornehmen.

Die Checkliste und Übungsanleitung als PDF zum Download finden Sie in QR-10.

2.7.7.2 Kriterien für gute Zielformulierung

1. Positive Formulierung (was soll erreicht werden und nicht was nicht) Beispiel: Nicht »Wir wollen keinen Streit mit den Nachbarn«. Besser »Wir setzen Aktionen für ein gut nachbarschaftliches Klima«.
2. Die Zielerreichung soll (überwiegend) im Einfluss der Gruppe sein (»Wir wollen bis zum Datum XY eine Baugenehmigung der Behörde.« ist nicht zu 100 % im Einfluss der Gruppe, daher besser »Wir werden bis XY mit den Behörden besprochene Pläne einreichen.«).
3. Die Zielerreichung soll messbar oder zumindest beobachtbar sein (»Wir wollen gut miteinander auskommen« ist schwer messbar. Besser wäre daher in etwa folgende Formulierung: »Wir praktizieren achtsame Kommunikation durch regelmäßige Redestabrunden und entwickeln einen Konfliktbearbeitungsmechanismus und/oder machen gemeinsam einen Workshop zur gewaltfreien Kommunikation.«).
4. Die Zieldefinition mit einem Datum oder Zeitraum versehen (»Wir wollen bald alle geplanten Wohneinheiten vergeben haben« ist zeitlich nicht zuordenbar und kann auch unnötigen Stress bewirken. Besser daher z. B. »Sechs Monate vor dem Bezugstermin werden wir 80 % der Wohneinheiten vergeben haben.«).

Mit den oben genannten vier Kriterien habe ich persönlich gute Erfahrungen, obwohl – wie Sie sogar an meinen Beispielformulierungen sehen – nicht immer alle vier Kriterien voll erfüllbar sind. Mich stört das nicht, weil ich die Kriterien eher als ein anzustrebendes Ideal und nicht als unbedingt erfüllbares Muss sehe.

Andere Moderator:innen und Gruppen haben gute Erfahrung mit der sogenannten SMART-Zieldefinition aus dem angelsächsischen Raum. Dieses Akronym steht für:

S = *specific* also »spezifisch im Sinne von genau«

M = *measurable* also »messbar«

A = *accepted* also »akzeptiert oder akzeptabel für alle Beteiligten« davon abweichende Autor:innen nehmen das A auch für »anspruchsvoll«

R = *realistic* also »realistisch im Sinne von machbar«

T = *timely* also »zeitlich im Sinne von terminiert oder zeitlich begrenzt«

Wählen sie für die Zieldefinitionen die Methode, die Ihnen und der Gruppe besser liegt.

Sie werden sich fragen, was ist der Unterschied zwischen einem Ziel und einem Meilenstein. Für unsere Zwecke sind Meilensteine Ziele, die von der Gruppe als besonders wichtig eingestuft werden und einen hohen Beitrag zur Visionserreichung bringen. Solche Ziele haben oft auffallend viele Knotenpunkte auf dem Karabirrdt (siehe nächstes Thema). Die Erreichung von Meilensteinen sollte daher auch besonders gefeiert werden.

2.7.7.3 Karabirrdt oder Projektplan

Bei »normalen« Projektmanagement-Methoden besteht der Projektplan, also das zentrale Planungsinstrument meist aus einer Matrix mit To-do-Listen samt Prioritäten sowie wechselseitigen Abhängigkeiten und einem Kalender (analog oder digital). In der Praxis versuchen die Projektmanager:innen dann mehr oder weniger zuverlässige Informationen von den einzelnen Fachspezialist:innen zu bekommen, um diese in den Projektplan einzuarbeiten. Das speziell für Dragon Dreaming entwickelte Instrument heißt Karabirrdt und entspricht eher einer speziellen Form von Mindmap. Der Begriff Karabirrdt kommt auch aus der Sprache australischer Aborigines und bedeutet Spinnennetz.

In diesem Buch präsentiere ich zwei unterschiedliche Varianten des Karabirrdts. Zuerst erkläre ich Ihnen das vielfach erprobte klassische Karabirrdt aus dem Dragon Dreaming (siehe Abb. 03) und danach eine speziell für Gemeinschaftswohnprojekte entwickelte Variante (siehe Abb. 04).

Meine Empfehlung aus der Praxis dazu: Nehmen Sie das Wohnprojekt-Karabirrdt für den hier beschriebenen Gesamtprozess. Sollten Sie für Teile oder einzelne Meilensteine zusätzlich einen Projektplan machen, dann nehmen Sie das klassische Karabirrdt dafür.

Gehen Sie zur gemeinsamen Erarbeitung wie folgt vor

Nehmen Sie einen großen Bogen Papier oder eine Pinnwand (oder beides), mindestens jedoch in der Größe eines Flipcharts. Verwenden Sie es entweder hochformatig (siehe Abb. 03), dann ist oben der Startpunkt und unten das Ziel. Oder im Querformat (siehe Abb. 04), dann ist links der Startpunkt und rechts das Ziel. Die verbleibenden Seiten (links und

Abbildung 03 Karabirrdt klassisch

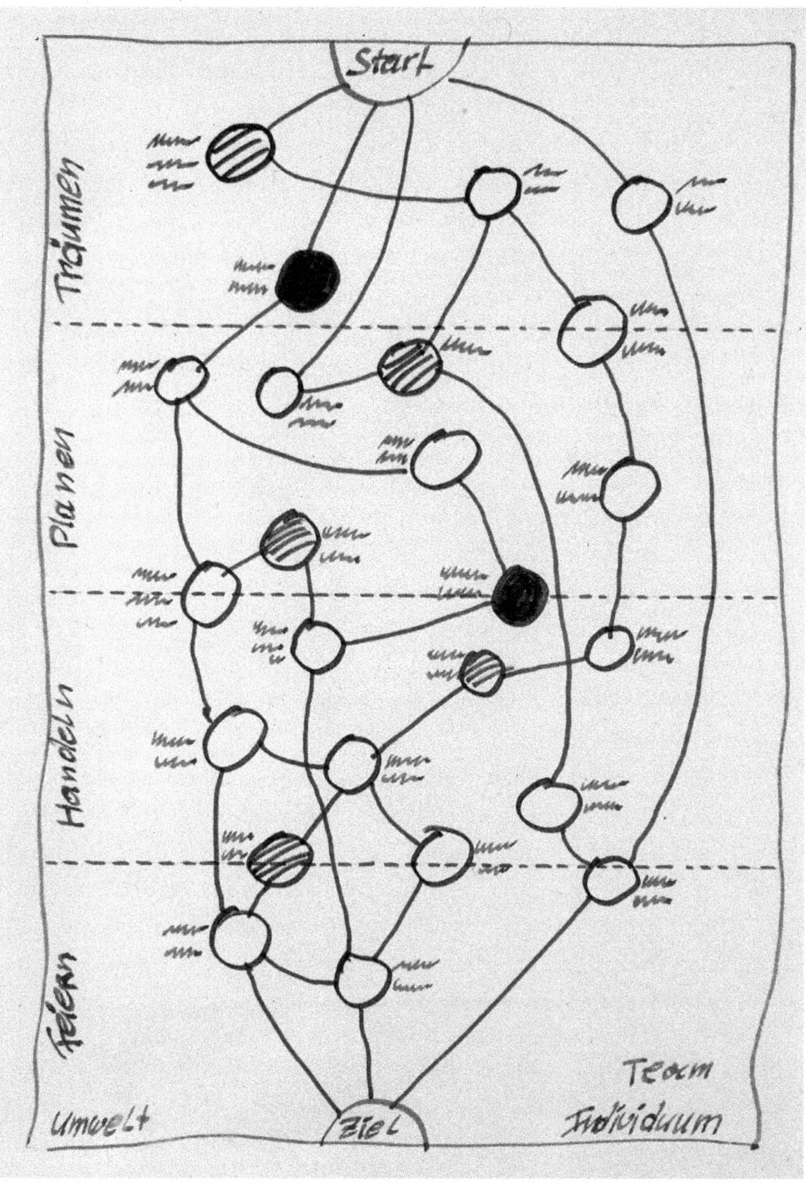

rechts beim Hochformat beziehungsweise oben und unten beim Querformat) beschriften Sie mit »Umwelt« und »Individuum/Gruppe«. Die Strecke zwischen Start und Ziel teilen Sie in die vier Phasen des Projektrades (wobei sie diese noch in die jeweiligen vier Schritte pro Phase unterteilen könnten, was ich in der Praxis allerdings weglasse).

Als Nächstes sammeln Sie alle wichtigen Aufgaben zur Erreichung der gemeinsamen Ziele. Wenn die Gruppe schon – wie im vorherigen Kapitel beschrieben – genaue Zielformulierungen hat, gehen Sie anhand dieser Ziele vor. Stellen Sie dazu die Frage: »Welches sind die wichtigsten Aufgaben, um das Ziel zu erreichen?« Ähnliche und/oder zusammengehörige Aufgaben können in eine Formulierung zusammengefasst werden. Achten Sie darauf, weder zu sehr ins Detail zu gehen, noch zu stark zu generalisieren. In der Praxis hat sich für das Karabirrdt eine Anzahl zwischen 24 und 48 Aufgaben bewährt.

Auf dem Karabirrdt malen Sie pro Aufgabe einen kleinen Kreis und schreiben die Bezeichnung der Aufgabe dazu. Diese Kreise bekommen noch eine zusätzliche Funktion als Aufgabenstatusanzeige (siehe gleichnamige Überschrift etwas weiter im Text). Der Einfachheit halber können Sie während der Bearbeitung Post-its verwenden, weil die genaue Verortung der einzelnen Aufgaben auf dem Karabirrdt etwas Übung braucht und Sie vielleicht die eine oder andere Aufgabe im Verlauf des Erarbeitens noch verschieben werden.

Verorten sie die einzelnen Aufgaben auf dem Karabirrdt nach folgenden Kriterien (alle anwesenden Gruppenmitglieder machen dabei mit):

1. Welcher Phase (Träumen, Planen, Handeln, Feiern) ist die Aufgabe am ehesten zuzuordnen. Falls Sie ebenso die vier Aspekte je Phase auf dem Karabirrdt eingetragen haben, können Sie das noch etwas feiner zuordnen (das mache ich in meiner Beratungspraxis für Gemeinschaftswohnprojekte nicht und habe daher bei den beiden Beispielgrafiken diese Einteilung weggelassen).
2. Achtung: Manche Aufgaben (speziell bei Aufgabenbündeln) könnten gleich mehreren Phasen zugeordnet werden. Entscheiden Sie sich in so einem Fall spontan für eine davon (wenn sie Post-its verwenden, können Sie später noch umordnen).

Abbildung 04 Karabirrdt für Gemeinschaftswohnprojekt

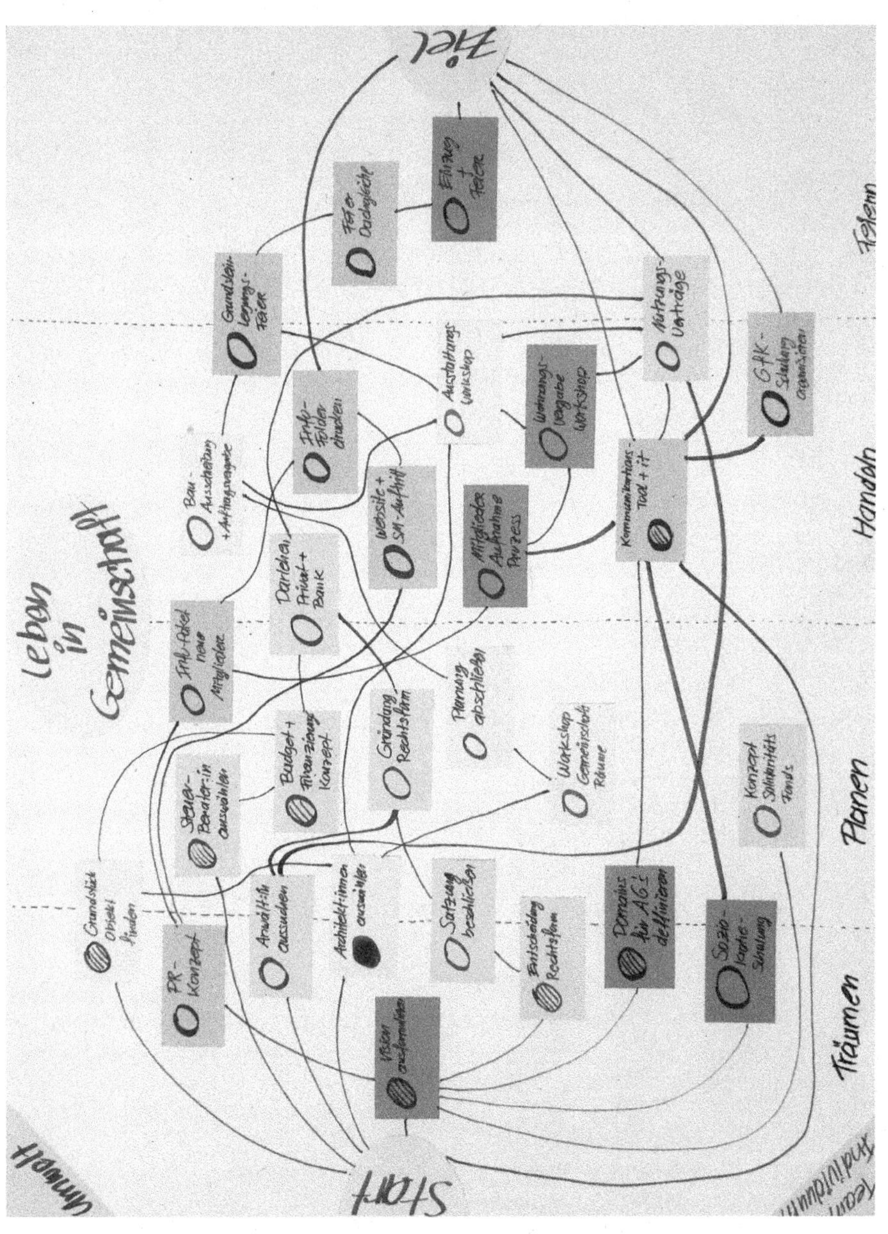

3. a) Betrifft die Aufgabe eher die Gruppe beziehungsweise das Individuum? (dann auf der Seite Gruppe/Individuum zuordnen).
   b) Betrifft die Aufgabe eher die Umwelt? (dann auf der Seite Umwelt zuordnen).
   c) Betrifft die Aufgabe sowohl Gruppe/Individuum als auch die Umwelt? (dann positionieren Sie die Aufgabe zwischen den Bereichen in der Mitte).

Für die hohe Informationsdichte bei der Planung eines gemeinschaftlichen Wohnprojektes empfehle ich, wie bereits erwähnt, ein Karabirrdt in großem Maßstab (in etwa drei bis vier hochformatige Flipchartbögen nebeneinander oder 280–300 cm breit und 90–100 cm hoch). Wenn Sie darauf die Aufgaben auf Moderationskärtchen oder große Post-its schreiben (wie in der Abb. 04), können Sie dort zusätzliche Informationen unterbringen:

QR 11

Die Farbe der Kärtchen kann einem Überthema oder einer Arbeitsgruppe zugeordnet sein. In meinem Beispiel in der Abbildung 04 habe ich das so gemacht. Das ist aber im Schwarz-Weiß-Druck hier im Buch nicht erkennbar. Daher finden Sie diese Abbildung auch in Farbe im Internet unter in QR-11.

Die in diesem Beispiel angenommenen Arbeitsgruppen (AGs) und ihre Farben sind:

- AG Gemeinschaft und Organisation = rot
- AG Finanzen und Recht = grün
- AG Bau = gelb
- AG Kommunikation und IT = orange

Weitere praktische Empfehlungen für die Aufgabenkarten:

- Namen oder Namenskürzel der für die Aufgabe zuständige/n Person/en.
- Die Farbe der Namenskürzel oder eine zusätzliche Buchstabenkombination kann anzeigen, welche Rolle die Person bei der Aufgabe einnimmt (siehe »2.7.9 Drei Rollen plus Drachentänzer:in«).
- Durchgehende Nummerierung (für Referenzen in anderen Arbeitspapieren und für das »20-Minuten-Budget« – siehe gleichnamige Kapi-

telüberschrift weiter unten im Text). Achtung: Nummerieren Sie erst, wenn das Karabirrdt (vorerst) komplett ist.
- Aufgabenstatusanzeige (siehe unten)

Aufgabenstatusanzeige:
Auf den beiden Abbildungen (Abb. 03 und 04) sehen Sie bei den meisten Aufgaben einen leeren Kreis. Bei manchen Aufgaben ist der Kreis schraffiert und einige wenige sind vollflächig ausgemalt.

Die jeweilige Bedeutung dazu:
Leer = Diese Aufgabe wartet noch auf Erledigung.
Schraffiert = Mit der Erledigung wurde begonnen, beziehungsweise wurden die ersten Schritte unternommen.
Vollflächig ausgemalt = Diese Aufgabe ist erledigt und somit abgehakt.

So bleibt das Karabirrdt ein aktuelles und informatives Instrument auf dem alle Beteiligten schnell und leicht sehen, was schon erledigt beziehungsweise was bereits in Arbeit ist und womit noch gar nicht angefangen wurde.

Bei den letzten beiden Workshops, die ich anleitete, ist das Thema der fehlenden oder unklaren Zeitachse auf dem Karabirrdt aufgetaucht. Und beide Gruppen fanden, dass speziell für einen Prozess über drei, vier oder gar fünf Jahre eine klare Zeitachse wichtiger ist, als die genaue Zuordnung in die vier Phasen des Dragon Dreaming, beziehungsweise ob es sich eher um einen Meilenstein oder Aufgabe für das Individuum und die Gruppe oder für die Umwelt handelt. Daher haben wir in Nachhinein noch eine dritte Karabirrdt-Variante mit eindeutiger Zeitachse gemacht. John würde das nicht mehr Karabirrdt nennen, aber entscheiden Sie und Ihre Gruppe selbst, was Ihnen am praktikabelsten erscheint. Diese dritte Variante finden Sie als Beispiel zum Download in QR-12.

2.7.7.3.1 Songlines

Nachdem sie alle Aufgaben verortet haben, verbinden sie die einzelnen Kreise mit Linien. Diese Verbindungen werden im Dragon Dreaming

»Songlines« genannt. Der Begriff Songlines beschreibt in der Kultur der australischen Aborigenes die traditionelle Informationsweitergabe über wichtige Wegstrecken in Form von Liedern. Auffallende Wegmarken in der Landschaft lieferten dazu die Orientierungspunkte, vergleichbar mit den Aufgaben im Karabirrdt. Die Verbindung zwischen den Wegmarken ergeben die Songlines. Auch für den Lebensweg eines Menschen werden die Songlines verwendet.

Auf dem Karabirrdt verbinden Sie also nun die einzelnen Kreise wie folgt:

Ausgehend vom Startpunkt ziehen Sie je eine Linie zu den Aufgaben die als Erstes angegangen werden sollten und die keine der anderen Aufgaben als Voraussetzung brauchen. Von dort machen Sie jeweils weitere Linien zu den Aufgaben, die von dieser abhängen, die also erst gemacht werden können, nachdem die vorhergehende angegangen oder erledigt ist. Am Ende werfen Sie gemeinsam noch einen Blick auf das Karabirrdt. Stellen Sie sicher, dass jede Aufgabe direkt oder indirekt sowohl mit dem Start- als auch mit dem Zielpunkt verbunden ist.

Hängen Sie das Karabirrdt an einem für alle leicht zugänglichen Ort auf.

Um das Karabirrdt optimal auf die Anfordernisse ihres Projektes anzupassen, kann und soll die Gruppe es nach ihren Wünschen und Ideen ändern und ergänzen.

Im digitalen Zeitalter mit immer besser funktionierenden Webkonferenzen und einer ständig wachsenden Zahl an kollaborativen Onlinetools hat auch die Idee eines digitalen Karabirrdts ihren Reiz. Ilona Koglin empfiehlt in ihrem Interview an Ende dieses Kapitels einige brauchbare Onlinetools. Wenn Sie, liebe Leser:innen, zusätzliche Empfehlungen haben, schreiben Sie mir bitte eine E-Mail und ich werde nützliche Neuerungen dann in der Übungsanleitung im Internet ergänzen. (Meine Kontaktdaten finden Sie in QR-39 am Ende des Buches).

2.7.7.4 Das 20-Minuten-Budget

Bei dieser Übung geht es darum, in einem speziellen Setting die Weisheit der Gruppe, genauer gesagt, die Gruppenintuition anzuzapfen. Und zwar um eine möglichst gute und breit abgesicherte Schätzung über die zur

Projektrealisierung erforderlichen Ressourcen (Zeit und Geld) zu bekommen. Richtig gemacht bringt das erstaunlich gute Ergebnisse.

Die Dragon Dreaming-Autor:innen haben diese Übung für Projekte ganz generell entwickelt. Egal ob es dabei um die Organisation eines runden Geburtstages oder die Gründung einer Schule geht. Für das Thema im vorliegenden Buch, also der Gründung eines gemeinschaftlichen Wohnprojekts empfehle ich das 20-Minuten-Budget für die gesamten Aufwendungen außerhalb des »Baubudgets« zu machen. Also sämtlichen Zeit- und Geldaufwand, der abseits des eigentlichen Bauens oder Renovierens entsteht. Für die Baukostenschätzung gibt es ausreichend erprobte Methoden von Fachspezialist:innen, die es separat zu nützen gilt. Aber die ganzen sonstigen Aufwendungen für zum Beispiel die Gruppenbildung, die Finanzierung, Organisation und Partizipation, externe Berater:innen und so weiter sollten budgetiert und mitfinanziert werden. Dafür ist der 20-Minuten-Budget-Prozess sehr gut geeignet. Damit sich die Gruppe leichter tut, Einmalkosten (z. B. die Einrichtung und grafische Gestaltung der Homepage und etwaige Drucksorten) und laufende Kosten (z. B. die monatlichen Gebühren für das Internethosting oder die Entlohnung der externen Kinderbetreuung bei den Großgruppentreffen) gleichermaßen zu schätzen, hat es sich bewährt, für dieses Budget den Zeitraum bis zum Einzug in das Gemeinschaftswohnprojekt zu wählen. Also alles, was außerhalb des Baubudgets bis zum Einzug (inklusive etwaiger Aufwendungen für das Einzugsfest) anfällt, wird in dem Prozess budgetiert. Und das geht wie folgt:

Die ganze Gruppe versammelt sich um das Karabirrdt.

1. Versehen Sie alle Aufgaben mit einer fortlaufenden Nummer (1, 2, 3, …).
2. Auf ein separates Flipchart schreiben Sie alle Nummern untereinander, machen daneben je eine Spalte für die geschätzte Zeit und den geschätzten Geldbetrag.
3. Die Moderation geht die Nummern der Reihe nach durch und die Gruppenmitglieder rufen jeweils eine Stundenanzahl und einen Geldbetrag. Die Nennungen können stark abweichen und die Moderation bildet daraus Durchschnittswerte. Beispielsweise ruft eine Person bei

dem Punkt »Mitgliederaufnahmeprozess« 40 Stunden und 0 Euro (weil sie davon ausgeht, dass die Gruppe das ohne externe Kosten machen kann) und eine andere Person ruft 400 Stunden und 2.000 Euro. Wenn es keine weiteren Wortmeldungen dazu gibt, schreibt die Moderation dann auf das Budgetflip 220 Stunden und 1.000 Euro (den jeweiligen Durchschnitt der beiden Nennungen).

4. Danach werden für die beiden Spalten Zeit und Geld jeweils Summen gebildet. Zu den Summen empfehlen die Dragon Dreaming-Autor:innen einen Aufschlag von etwa 30 % zu machen. Ich empfehle für Gemeinschaftswohnprojekte aus meiner Erfahrung einen Aufschlag von 50 %, zumindest bei den Geldbeträgen.

Damit die Gruppe gar nicht erst in Versuchung kommt zu diskutieren und zu hinterfragen, kann die Moderation während der Übung eine Musik mit gleichmäßigem, flottem Takt spielen oder die Gruppe einen eigenen Rhythmus klatschen lassen. Es geht also nicht darum, nachzudenken, im Kopf nachzurechnen und so zu den Werten zu kommen. Vielmehr ist der Zugang intuitiv und bezieht die Werte aus der versammelten Intuition oder aus dem kollektiven Unterbewusstsein. Sobald jemand während der Übung vorrechnet und argumentiert, dass die Zahl so nicht stimmen kann, ist die Gruppe zu langsam.

QR 12

Die Checkliste und Übungsanleitung als PDF zum Download finden Sie in QR-12.

Wenn Sie neugierig sind, für welche Positionen die Nummern eins bis 16 stehen, finden Sie die Auflösung in »7.1 Budget für Gemeinschaftsbildung«. Die Manager:innen, Bilanzbuchhalter:innen und Steuerberater:innen unter den Leser:innen werden jetzt ziemlich sicher denken: »So kann das nicht gehen, das ist ja völlig willkürlich, so kann man auf keine realistischen Werte kommen.« Ich habe in meinem früheren Leben mehrere Unternehmen gegründet, aufgebaut und geführt. Und immer gab es am Anfang einen Punkt, an dem ich entweder alleine oder mit meinen Mitgründer:innen oder Gesellschafterkolleg:innen die ersten Budgetzahlen erfinden oder errechnen musste. In den Folgejahren war es entsprechend einfacher, weil es dann ja bereits eine Historie gab. Aber die ersten

Abbildung 05 20-Minuten-Budget

20 Min Budget

Nr.	€ von	bis	Ø	h von	bis	Ø
1	1.500	3.000	2.250	300	600	450
2	600	2.000	1.300	200	400	300
3	400	800	600	50	100	75
4	2.000	8.000	5.000	100	300	200
5	1.000	4.000	2.500	200	500	350
6	1.000	4.000	2.500	100	200	150
7	1.000	4.000	2.500	300	500	400
8	0	2.000	1.000	40	400	220
9	10.000	25.000	17.500	1.500	2.000	1.750
10	10.000	25.000	17.500	1.500	2.000	1.750
11	0	20.000	10.000	–	–	–
12	800	4.000	2.400	400	800	600
13	4.000	15.000	9.500	600	1.000	800
14	1.000	5.000	3.000	1.000	2.000	1.500
15	500	5.000	2.750	1.000	2.000	1.500
16	10.000	30.000	20.000	–	8.000	4.000
		Summen	100.300			14.045
	+50 %	=	150.450			21.068

www.leben-in-Gemeinschaft.com

Zahlen bei einem neuen Projekt oder einem neuen Unternehmen sind immer eine Herausforderung. Vor diesem Erfahrungshintergrund und nach mehreren Dragon Dreaming-Workshops kann ich sagen, dass die Ergebnisse aus einem gut moderierten 20-Minuten-Budget nicht wesentlich besser oder schlechter sind, als was ein Expertengremium nach 30 bis 60 Stunden Recherche- und Kalkulationsaufwand errechnet. Achtung: Das bezieht sich, wie gesagt, nicht auf die Baukosten, sondern auf die Kosten für die Gemeinschaftsbildung.

2.7.8 Handeln

Im vorigen Kapitel haben wir uns sehr intensiv und detailliert mit der Planungsphase im Dragon Dreaming beschäftigt. Wenn der Planungskreislauf bestehend aus:

- Alternativen durchdenken,
- Strategien entwickeln,
- Testen,
- Abwägen

ausreichend oft durchlaufen wurde, erreicht die Gruppe die Schwelle und kommt in die Phase des Handelns. Der Kreislauf innerhalb des Handelns besteht aus (siehe Abb. 01):

- Umsetzen,
- Management,
- Monitoring,
- Anpassen.

Jetzt geht es also endgültig an das Tun. Die Gruppe macht sich an die Erledigung der zuvor geplanten Aufgaben, um die definierten Ziele zu erreichen. Beim Umsetzen braucht die Gruppe Administration & Management und die Ergebnisse werden gemessen (Zielerreichung überprüfen). Was die Administration eines Gemeinschaftswohnprojektes in der Planungs- und Bauphase betrifft, so hat sich die im Kapitel Karabirrdt beschriebene Aufteilung in Arbeitsgruppen sehr bewährt. Mehr dazu finden Sie im Hauptkapitel »5. Organisation«.

2.7.9 Drei Rollen plus Drachentänzer:in

Zur Erledigung der einzelnen Aufgaben gibt es im Dragon Dreaming drei unterschiedliche Rollen:

- Verantwortliche:r,
- Mentor:in,
- Trainee.

Die oder der Verantwortliche

übernimmt, wie der Namen schon sagt, die Hauptverantwortung für eine Aufgabe. Das heißt nicht, dass die Person auch die ganze Arbeit macht. Vielmehr geht es darum, das Leadership (die Führung) dafür zu übernehmen. Sorge dafür zu tragen, dass alle, die an der Aufgabe arbeiten, gut koordiniert, informiert und zielgerichtet vorgehen können. Dass die richtigen administrativen Werkzeuge und Ressourcen zur Verfügung stehen, dass das Budget und Termine eingehalten werden. Last but not least achtet die oder der Verantwortliche auch darauf, dass die Ergebnisse gemessen und die Lernerfahrungen festgehalten und für die weitere Entwicklung bereitgestellt werden. Die Rolle als Verantwortliche:r ist eine klassische Führungsfunktion. Daher ergeben sich für die Teilnehmer:innen des Projektes auch immer wieder wunderbare Chancen durch die Übernahme dieser Rolle bei der einen oder anderen Aufgabe, Führungserfahrung zu sammeln oder die eigenen Führungskompetenzen auszubauen. Das dient zusätzlich einem der drei Anliegen im Dragon Dreaming, dem nach persönlichem Wachstum.

Die oder der Mentor:in

ist eine Person, die sich mit dem Thema gut auskennt und sich als Berater:in zur Verfügung stellt. Ein Gruppenmitglied ist beispielsweise von Beruf Bilanzbuchhalter:in, will aber privat nicht auch noch Buchhaltung machen, sondern andere Aufgaben übernehmen und im Projekt Neues ausprobieren, beziehungsweise dazulernen. Daher hat diese Person vielleicht die Hauptverantwortung für den Mitgliederaufnahmeprozess übernommen, weil sie das interessiert und sie dabei eine Möglichkeit für persönliches Wachstum sieht. Gleichzeitig stellt sie sich aber für die

Aufgabe »Budget und Finanzierungskonzept« als Mentor:in zur Verfügung. Mentor:innen können auch außenstehende Spezialist:innen sein. Im genannten Beispiel etwa die externe Steuerberaterin.

Trainees

sind die Personen, die zwar an einer Aufgabe mitarbeiten möchten, aber (noch) nicht viel darüber wissen und die Hauptverantwortung nicht übernehmen wollen oder können. Das bietet ebenso viel Raum für persönliches Wachstum.

Eine Sonderform des Trainees ist die oder der sogenannte

2.7.9.1 Drachentänzer:in.

Dabei geht es um die am Beginn des Dragon Dreaming-Kapitels erwähnte Metapher des Umgangs mit eigenen Ängsten im Dragon Dreaming und den daraus resultierenden Chancen für persönliches Wachstum. Wenn für eine Person zum Beispiel das Thema Geld und Tabellenkalkulationen wie Excel ganz generell ein rotes Tuch oder eben ein Drachenthema sind. Dann, ja dann wäre das die Gelegenheit im Leben dieser Person, sich diesem Drachen zu stellen und beispielsweise als Trainee bei der Aufgabe »Budget und Finanzierungskonzept« mitzuarbeiten.

Wenn der Drachentanz gelungen ist und ganz generell geht es jetzt zur vierten Phase, zum

2.7.10 Feiern.

Durch wiederholtes Durchmachen des Kreislaufes innerhalb der Phase Handeln, gelangt die Gruppe zur Schwelle der nächsten, der vierten und vorerst letzten Phase, zum Feiern. Es wurden also die geplanten Aufgaben »umgesetzt«, administrative Abläufe, Strukturen und Werkzeuge eingeführt (»Management«), der Fortschritt gemessen und bewertet (»Monitoring«), danach notfalls die eingesetzten Abläufe, Strukturen oder Werkzeuge »angepasst«, bis die Messung ergab, dass die jeweiligen Ziele erreicht sind. Für das Gesamtziel bei einem Gemeinschaftswohnprojekt ist die Messung vermeintlich einfach: Die Gruppe hat sich gefunden, organisiert, hat ihr wunderbares Wohnprojekt realisiert (entweder gebaut, gekauft, renoviert oder eine Mischung daraus) und der Einzug steht unmittelbar bevor oder ist schon geschehen. Das schreit natürlich nach einem tollen Einzugsfest, einer ausgelassenen Housewarmingparty. So soll es auch sein, aber das »Feiern« im Dragon Dreaming hat mehrere Aspekte. Es geht nicht nur um eine Feier im landläufigen Sinn, mit gutem Essen, Trinken und Musik. Im Englischen heißt die Phase »Celebrating« und damit ist mehr gemeint als ein mehr oder weniger geselliges Besäufnis. Es geht auch um das Zelebrieren des gemeinsam Erreichten, das Wertschätzen der neu »erlernten« Fähigkeiten, das Sicherstellen dieser (Lern-)»Ergebnisse«, sowie das »Auswerten« der Erfahrungen und das gemeinsame konzentriert-beschauliche Nachdenken (»Kontemplation«) über den gesamten Prozess und die Schritte bis zur Zielerreichung.

Und da das für jede größere Aufgabe und jeden erreichten Meilenstein gilt, ist das Feiern im Sinne des Dragon Dreamings eben nicht nur beim Einzugsfest empfohlen, sondern beim Abschluss einer jeden größeren Aufgabe, eines jeden größeren Meilensteins wichtig. Und als gelernter Wiener möchte ich Sie sehr dazu drängen, auch und gerade die Misserfolge zu feiern. Der Wiener in mir würde dazu sagen: »A schene Leich muaß sei.« (Eine schöne Beerdigung ist ein Muss.). Ganz im Ernst: Gerade aus Misserfolgen und Fehlern lernen wir oft am meisten. Und wenn wir einen Misserfolg mit dem zusätzlichen »Fehler« doppeln, dass wir ihn verdrängen, negieren oder verteufeln, bringen wir uns um die besten Lernchancen.

In meinem früheren Leben als neoliberaler Yuppie und Verkaufstrainer habe ich ein ganzes Buch zu dem Thema geschrieben. Es hieß *Trotz Fehlern in den Verkaufsolymp* (Feldmann, 2004). Das Buch ist längst vergriffen und auch gar nicht mehr wichtig. Wichtig aber ist, dass Sie auch die Misserfolge und nicht erreichten Meilensteine feiern. Nicht mit Schuldzuweisungen, sondern mit den Fragen: Was haben wir daraus gelernt, wie können wir das Gelernte als Ergebnis sichern und bei neuen, ähnlich gelagerten Aufgaben einsetzen, um die erkennende Weisheit der Gruppe zu erweitern. So schaffen Sie ein positives agiles Klima, in dem die Menschen sich gut entwickeln und ihre Fähigkeiten erweitern und entfalten können.

2.7.11 Interview mit Ilona Koglin

Im Folgenden lesen Sie das am Anfang des Dragon Dreaming-Kapitels versprochene Interview mit Ilona Koglin. Sie ist eine erfahrene Dragon Dreaming-Trainerin, freischaffende Journalistin und Medienmacherin aus Hamburg und hat selbst auch schon Gemeinschaftswohnprojektgruppen betreut. Ihre Website finden Sie in QR-13.

Im Interviewtext verwende ich folgende Abkürzungen: DD = Dragon Dreaming; IK ist Ilona Koglin; HF bin ich.

HF: Liebe Ilona, was sind laut Deiner Erfahrung die größten Vorteile von DD gegenüber anderen Formaten?

IK: Ich würde DD gar nicht so als Visionsfindungstool sehen. Wenn man den ganzen Abschnitt des Träumens nimmt, gibt es ja nur den Traumkreis als Ideenentwicklungsmethode. Ich bin ja kreative Freiberuflerin und nutze beispielsweise auch Design Thinking und andere Kreativitätstechniken und Methoden. Um zu der Antwort auf Deine Frage zu kommen. Für mich ist das Besondere, dass DD den inneren Wandel und den äußeren Wandel zusammenbringt. Das habe ich noch in keiner anderen Methode oder Vorgehensweise in der Form gefunden. Es gibt da zum Beispiel so die klassische Visionssuche mit Schwitzhütte oder so, das ist dann der innere Wandel. Oder es gibt dann eben so Kreativitätskonzepte wie Design Thinking oder andere, die sehr stark darauf fokussiert sind, was brauchen die Menschen da draußen eigentlich. Wenn ich jetzt einen Service oder ein Produkt entwickeln will, so die Frage: »Was fehlt der Welt und mit was kann ich das lösen?«

»Für mich ist das Besondere, dass DD den inneren Wandel und den äußeren Wandel zusammenbringt.«

Ich kenne zumindest nichts, was es so zusammenbringt, so die Frage danach: »Was brauche ich eigentlich, was würde meinem Leben mehr Sinn geben, was würde mich bereichern, was würde mich beglücken, was würde für mich ein gutes Leben ausmachen?« In Verbindung mit: »Wie kann ich die Welt da draußen irgendwie so mitgestalten, wie ich das gut finde, wie ich mir das erträume?« Und das Ganze auch noch in Gemeinschaft, mit anderen Menschen. Und dann eben noch mit dem Anspruch, dass diese Kooperation, diese Zusammenarbeit sozusagen selbst die Veränderung ist, die ich mir wünsche. Also das soll schon so im Kleinen abbilden, wie ich mir die Welt dann insgesamt erträume.

HF: Wo siehst Du in der Praxis generell die größte Herausforderung für Gruppen, die ein Gemeinschaftswohnprojekt starten wollen?

IK: Um das sozusagen im DD-Sprech zu formulieren, würde ich sagen, die größte Herausforderung für Gemeinschaften, egal welcher Art, überall, wo Menschen zusammenkommen und zusammen einen Traum haben und ein einigermaßen komplexes Projekt verwirklichen wollen, ist aus meiner Beobachtung immer die Frage: »Wie schaffen wir es, gemeinsam eine Win-win-Kultur zu leben?« Wir haben im DD so die Vorstellung, dass unsere Welt, so wie sie im Moment gestrickt ist, durch unser Wirtschaftssystem, durch das Bildungssystem, auch das politische System, also alles, was uns prägt, wie unser Menschsein aussieht, dass das sehr auf Win-lose-Systemen basiert. Wo es immer darum geht, diese Vorstellung: Es ist nicht genug für alle da, nicht genug Geld, nicht genug Ressourcen, nicht genug Anerkennung, nicht genug Liebe. Und wir sind als Einzelne immer dazu gezwungen, darum zu kämpfen und immer zu gucken: »Wie schaffe ich es, dass genug für mich übrig bleibt? Und so leid es mir tut, dass ich in diesem Kampf andere zu Verlierern machen muss, mir bleibt ja nichts anderes übrig, sonst bin ich selbst der Verlierer oder die Verliererin.« Das haben wir so von Kindesbeinen an verinnerlicht und Gemeinschaften haben ja den Anspruch, das anders zu machen. Vielleicht nicht perfekt und nicht in jedem Aspekt, aber doch in vielen Aspekten. Und das hinzukriegen, das zu verwirklichen fällt uns so schwer, weil wir eben von Kindesbeinen an so sehr in dieser anderen Welt drinstecken, dass wir so wie Fische im Wasser sind und gar nicht merken, dass uns das umgibt und so stark prägt.

»Wo es immer darum geht, diese Vorstellung: Es ist nicht genug für alle da, nicht genug Geld, nicht genug Ressourcen, nicht genug Anerkennung, nicht genug Liebe.«

HF: Was ist aus Deiner Sicht in der Vorbereitung eines DD-Workshops am wichtigsten?

IK: Also der Basisprozess für einen DD-Workshop besteht ja aus einem Traumkreis, Objective Setting (Ziele definieren) und den Projektplan erstellen. Dann kann man noch ein Budget erstellen und das Commitment testen, aber die drei erstgenannten sind so der allergrundlegenste Teil, der Basisprozess. Meine Beobachtung ist, dass der Traumkreis und Objective Setting (Ziele definieren) ganz gut funktioniert. Speziell, wenn so ein gewisses Grundverständnis vorhanden ist, also so im Kreis mit Redegegenstand sprechen schon bekannt ist und so, dann sind die genannten Punkte recht einfach umzusetzen. Wenn jetzt aber die oder der Moderierende auch Teil der Gruppe ist, muss die Person sehr darauf achten, wo bin ich jetzt in der Moderation und wo bin ich betroffene:r Teilnehmer:in und spreche sozusagen aus der Perspektive eines Menschen, der gleichberechtigt ist mit allen anderen. Und wenn man da nicht geübt ist und die Rollen vermischt, gibt es natürlich Konflikte. Das gilt übrigens generell und nicht nur in Bezug auf DD.

»Was meiner Erfahrung nach eine etwas größere Herausforderung ist, das ist der Projektplan.«

Was meiner Erfahrung nach eine etwas größere Herausforderung ist, das ist der Projektplan. Weil der im DD eine sehr andere Herangehensweise verlangt. Das Magische an dieser Herangehensweise für mich ist so die Illusion, wir können einen Plan von unserer Zukunft machen und wenn der Plan gut genug ist, kann uns eigentlich nichts mehr passieren. Das ist so eine scheinbare Sicherheit, die natürlich nicht real ist, aber die wir uns sozusagen erschaffen. Und gerade wenn es so ein großes Projekt ist, wo es eh so viele Ängste und Unsicherheiten gibt und Hoffnungen, die enttäuscht werden können und so, dann gibt uns so ein Plan so eine scheinbare Sicherheit. Und was ich am DD-Projektplan so super finde, ist dass er das so ein bisschen aufbricht, dass er so ein bisschen chaotisch ist und die Intuition einlädt und nicht so linke gehirnhälftenmäßig funktioniert wie das sonst eigentlich beim Planen bei uns so üblich ist. Das ist aber gleichzeitig auch die Herausforderung für viele, die da Schwierigkeiten haben, loszulassen oder Schwierigkeiten haben, das überhaupt zu verstehen.

Eine Grundvoraussetzung damit der Projektplan gut funktioniert ist, dass diejenige oder derjenige, die oder der es anleitet, das auch wirklich verstanden hat. Und ich habe festgestellt, wenn ich jetzt einen DD Workshop gebe, wollen die Leute ja die Methoden lernen. Und dann erkläre ich die auch und versuche, die richtig zu erklären. Wenn ich jetzt Projekte begleite, dann frage ich die: »Wollt ihr DD lernen oder nicht?« Und man muss die Zeit ja aufteilen. Entweder man arbeitet inhaltlich, oder man versteht eine Methode oder teilt das irgendwie auf. Und wenn ich merke, denen ist die inhaltliche Arbeit total wichtig, dann versuche ich nicht groß zu erklären, wie eigentlich das Ganze funktioniert.

Im weiteren Verlauf des Interviews erzählt Ilona noch worauf es ankommt, damit das Karabirrdt auch bei Wohnprojekten gut funktioniert, welche digitalen Varianten sie dazu empfiehlt und welche Tipps sie für Gründer:innen hat.

QR 13

Das gesamte Interview finden Sie zum Download in QR-13.

3 Gruppenfindung

Vielleicht ist zuhören das Wichtigste.
(Manitonquat, 2000, S. 101)

Wie kommen die richtigen Menschen zusammen, um ein gemeinschaftliches Wohnprojekt zu gründen und aufzubauen? Wie finden wir die passenden Mitmacher:innen für unsere Gruppenerweiterung? Wie können wir eine für unser Projekt gute Mischung unterschiedlichster Menschen in Bezug auf Alter, Herkunft und Interessensgebieten ermöglichen? Das sind die häufigsten Fragen, die Wohnprojektgründer:innen in Bezug auf die zukünftigen Mitmacher:innen beschäftigen. Wie schon an anderer Stelle im Buch erwähnt, geht es um sogenannte »intentionale Gemeinschaften« (aus dem Englischen »intentional community«), also Gemeinschaften, bei denen sich die Mitglieder absichtlich und freiwillig zum Beitritt und zur Teilhabe entschlossen haben. Das bedeutet natürlich auch, dass die Gruppe insgesamt die Kontrolle über ihre Zusammensetzung hat. Im Unterschied zu zufälligen (z. B. Geburtsort, Internat, Studentenheim, Altersheim) oder mehr oder weniger zwanghaften (z. B. Gefängnis, Militärkaserne) Gemeinschaften. In den meisten Projekten teilt sich die Gruppenfindung grob in zwei Phasen: Die Kerngruppe und meist mehrere Gruppenerweiterungen.

3.1 Kerngruppe

> »Wir sind in viel stärkerem Maße, als wir das vor uns selbst zuzugeben bereit sind, soziale Wesen – angewiesen auf andere und geformt durch andere.« (Hüther, 2013, S. 12)

Wie schon im Kapitel »2.2 Wie groß soll die Gründer:innengruppe sein?« erwähnt, verwende ich die Begriffe Kerngruppe und Gründer:innengruppe synonym. Die Bezeichnungen sind in diesem Buch also gleichbedeutend und daher austauschbar. Andere deutschsprachige Autor:innen schreiben in dem Zusammenhang auch von Initiativgruppen. Manchmal sind auch Menschen (z. B. Architekt:innen oder Bauträger:innen) bei der Kerngruppe, die selbst keine Wohnabsicht haben. In solchen Fällen ist auf klare Rollentrennung zu achten, besonders wenn es um Entscheidungen geht. Wenn nicht extra erwähnt, beschreibe ich Gruppen, die aus zukünftigen Bewohner:innen bestehen. Diese Kerngruppen finden sich meistens durch Mundpropaganda (erweitert durch Soziale Medien) beginnend im persönlichen Umfeld der Quellperson, also der Person, die als erste die Idee und den Impuls zur Gründung eines neuen Projektes hat. Diese Person erzählt anderen Menschen davon und die, bei denen die Idee auf reges Interesse stößt, erzählen es weiter. Dieses »Weitererzählen« kann unterstützt werden durch eine Kurzbeschreibung, eine kurze schriftliche Darstellung der Idee.

3.1.1 Kurzbeschreibung der Projektidee

Darin beschreibt die Quellperson auf maximal zwei A4-Seiten stichwortartig, worum es geht. Beantworten Sie dabei zumindest folgende Fragen:

- Wer bin ich, wer sind wir?
- Was ist die Idee?
- Was ist das Besondere daran?
- Wo soll das idealerweise realisiert werden?
- Wie groß kann das werden?
- Welche Menschen werden dafür gesucht?
- Was wird von diesen Menschen erwartet?
- Welcher Zeitraum ist aus heutiger Sicht geplant?
- Wann und wo finden erste Treffen dazu statt?

Erwähnen Sie eventuell auch, welche Punkte noch offen sind und erst zu einem späteren Zeitpunkt (z. B. bei einem gemeinsamen Visionsworkshop) definiert werden.

3.1.2 Erste Treffen

Für diese Phase vor der Gründung und vor der Konkretisierung der Vision durch einen Visionsworkshop empfehle ich (mehrere) Treffen, zu denen einfach alle eingeladen sind, die sich von der Kurzbeschreibung angesprochen fühlen. Diese Treffen können auch virtuell (als Webkonferenz) gemacht werden. Allerdings sind für das erste Kennenlernen und Beschnuppern persönliche Treffen besser, sofern die Geografie und etwaige pandemiebedingte Bewegungseinschränkungen das erlauben.

Die Choreografie solcher Treffen ist relativ simpel, gleichzeitig wichtig und richtungsweisend. Daher ist auch dafür eine gute Vorbereitung entscheidend. Achten Sie auf eine gute Balance zwischen freiem Austausch und Struktur. Wenn das abläuft wie ein Stammtisch, bei dem alle zu unterschiedlichen Zeiten kommen und gehen und es keinen richtigen Anfang und auch keinen Endpunkt gibt, sind die Erfolgschancen gering. Läuft das aber ab wie eine perfekt inszenierte Verkaufsshow, wird es viele Menschen abtörnen und somit auch nicht den gewünschten Erfolg zeigen.

Hier stelle ich Ihnen einen möglichen Ablauf für so ein Treffen vor.

Mit der Kurzbeschreibung können Sie bereits die Termine dieser Treffen und den ungefähren Ort kommunizieren (z. B. findet am xx.xx.xx. um xx.xx im Großraum Aschaffenburg statt), aber die genaue Adresse geben Sie erst nach der Anmeldung (z. B. per E-Mail) bekannt. So können die Interessent:innen schon vorab klären, ob sie an den Terminen Zeit haben und als Einladende:r wissen Sie, wer kommen wird und wie viel Platzbedarf sich daraus ergibt.

Planen Sie einen fixen Zeitraum von zwei bis maximal vier Stunden in einem Zeitfenster, an dem die Interessent:innen höchstwahrscheinlich Zeit haben (abends unter der Woche, eventuell Freitag später Nachmittag oder am Wochenende) und kommunizieren Sie das auch (spätestens in der Anmeldebestätigung).

Wählen Sie einen Ort, der gut zur Projektidee passt und der für Interessent:innen gut (mit öffentlichen Verkehrsmitteln) erreichbar ist und einen Raum, in dem alle ungestört und frei reden können. Also kein Lokal, in dem andere Gäste direkt danebensitzen und mitlauschen. Wenn für den

Raum eine Miete anfällt, kommunizieren Sie das bei der Anmeldebestätigung. Entweder gibt es einen Hut mit freiwilligen Spenden oder Sie schreiben, wie viel die Raummiete insgesamt ausmacht und wie groß die Gruppe in etwa sein kann, durch deren Anzahl der Betrag dann dividiert wird. Handelt es sich um einen Nebenraum oder Seminarraum in einem Gastlokal, wofür die Betreiber:innen zwar keine Miete verlangen, sich aber eine gewisse Konsumation erwarten, ist das auch O. K. Aber auch das sollten Sie in der Einladung erwähnen. Wir hatten beim Wohnprojekt Wien manchmal Treffen mit Interessent:innen im Extrazimmer eines Cafés. Die Wirtin, eine Bekannte eines Mitglieds unserer Kerngruppe, hat dafür keine Miete verlangt und mit einem gewissen Konsumationsumsatz gerechnet. Als dann aber circa ein Drittel der Gäste nur ein Glas Leitungswasser bestellte, war die Wirtin verständlicher Weise nicht sehr erfreut.

Besonders gut geeignet für solche Treffen sind die Gemeinschaftsräume oder Gemeinschaftsküchen von bereits bestehenden Wohnprojekten. Falls es solche in Ihrer Nähe gibt, fragen Sie auf jeden Fall zuerst dort an (außer es handelt sich um ein Projekt ohne Anbindung an die öffentlichen Verkehrsmittel). Das hat gleich zwei Vorteile: Erstens verstehen diese Projekte die Bedürfnisse so eines Treffens und bieten vielleicht auch eine Führung durch das Projekt an. Und zweitens können Interessent:innen, die noch keine oder wenig Erfahrung mit Gemeinschaftswohnprojekten haben, gleich etwas Praxisluft schnuppern. Darüber hinaus gibt es bei bestehenden Projekten oft günstige Konditionen für solche Treffen. Und der folgende Praxistipp lässt sich in den Räumlichkeiten eines Gemeinschaftswohnprojektes meist besser verwirklichen als in einem normalen Seminarraum:

Laden Sie alle Teilnehmer:innen zu einem »All you can bring«-Buffet unmittelbar nach dem strukturierten Besprechungsteil des Treffens ein. Schreiben Sie in die Anmeldebetätigung, dass alle Teilnehmer:innen gebeten werden, für das anschließende gemeinsame Buffet ein Lieblingsgetränk und einen Lieblingssnack mitzubringen. Überlassen Sie aber die Auswahl und Zusammenstellung den Gästen und dem Zufall und widerstehen Sie der Versuchung, das »perfekt« zu organisieren. Also auf KEINEN Fall ein Onlineformular einrichten, auf dem die Teilnehmer:innen vorab angeben, wer nur vegetarisch oder vegan lebt, wer was mitbringt und wer welche Lebensmittelunverträglichkeiten hat. Gehen Sie bewusst das Risiko ein, dass es am Ende zu viel Kuchen und zu wenig Weißwein gibt. In den allermeisten Fällen erleben die Menschen eine unerwartete Fülle und fast immer ist so viel da, dass jede:r am Schluss noch etwas (bisher Unbekanntes) mitnehmen kann. Das ist eine super Möglichkeit, um erstens allen einen persönlichen Austausch mit Kennenlernen bei einem Snack und einem Getränk zu ermöglichen, zweitens erleben einige Teilnehmer:innen des Treffens vielleicht zum ersten Mal in ihrem Leben diese Form des bewussten »Teilens«.

Erfahrene Moderator:innen und Fazilitator:innen wissen, wie so ein Treffen am besten zu moderieren ist. Gründer:innen ohne viel Moderationserfahrung finden in QR-14 eine gute Anleitung für die wahrscheinlich wichtigsten Treffen, bei denen sich entscheidet, ob ihre Idee Mitmacher:innen findet oder nicht, also ob ihr Projekt in die Welt kommt oder zu den Abertausenden von Ideen gehört, die niemals das Licht der Welt erblicken.

QR 14

3.2 Ab wann wird es konkret?

Nehmen wir an, es fanden schon ein paar erste Kennenlerntreffen statt und es gibt sechs oder mehr Personen, die ernsthaft mitmachen und mit der Realisierung beginnen wollen (die Überlegungen zur Größe der Kerngruppe finden Sie unter »2.2 Wie groß soll …«). Wenn Sie als Quellperson obendrein den Eindruck haben, dass es mit diesen Leuten gelingen könnte, dann wird es Zeit. Es wird Zeit, einen Pflock in die Erde zu rammen, einen Kristallisationspunkt zu definieren, Verbindlichkeit zu schaffen. Wie geht das? Am besten, indem Sie vorschlagen, jetzt die sprichwörtlichen Nägel mit Köpfen zu machen. Es geht darum, dass die wirklich interessierten Menschen jetzt ein Zeichen der Verbindlichkeit und des ernsthaften Interesses setzen. Schlagen Sie zum Beispiel vor, jede:r die oder der mitmachen will, bekennt sich vor der Gruppe der Anwesenden dazu und zahlt einen bestimmten Betrag in einen gemeinsamen Topf. Schlagen Sie einen Betrag vor, der nicht allzu hoch ist, gleichzeitig hoch genug, um nicht als

Bagatelle abgetan zu werden. Jedenfalls genug, um die nächsten wichtigen Schritte zu finanzieren, allen voran den Visionsfindungsworkshop (siehe »2.7 Dragon Dreaming …«). Nehmen Sie also pro erwachsener Person einen einheitlichen Betrag, der zwischen 1.000 und 5.000 Franken oder Euro liegt. Vereinbaren Sie dazu, dass jede:r bei Austritt aus der Kerngruppe bis zu einem definierten Zeitpunkt (zum Beispiel bis eine Woche nach dem Visionsworkshop) von diesem Geld den noch nicht verbrauchten Betrag anteilig zurückbekommt (angenommen, jede:r hat 2.000 Euro einbezahlt; die Kosten für die bis dann eventuell erfolgte Vereinsgründung und den stattgefundenen Visionsworkshop belaufen sich pro Person auf 600 Euro, dann bekämen die Aussteiger:innen je 1.400 Euro wieder zurück). Wer später aussteigt, bekommt kein Geld zurück.

Gruppen, die ich bei der Gründung berate, werfen oft ein, dass sie das als hart oder gar übertrieben kapitalistisch empfinden, weil sie Angst haben, damit Leute abzuschrecken, die noch nicht so weit sind. Meine Empfehlung dazu ist ganz klar: Eine Gruppe, die so etwas Großartiges (und Aufwändiges) wie ein Gemeinschaftswohnprojekt starten will, braucht speziell am Anfang Mitmacher:innen, die voll und ganz bei der Sache sind. Sagen Sie daher den Leuten, die sich (noch) nicht entscheiden können oder wollen oder die erst abwarten wollen, wo das Projekt realisiert wird, dass sie gerne zu einem noch zu definierenden, späteren Zeitpunkt eingeladen werden, wenn die erste Gruppenerweiterung gemacht wird. Halten Sie deren Kontaktdaten in einer Interessent:innenliste fest und schicken Sie ihnen eventuell einen Newsletter oder halten sie auf andere Weise auf dem Laufenden. Was die engagierten Gründer:innen aber auf keinen Fall brauchen können, sind Menschen, die sich noch nicht fürs Mitmachen (und Einzahlen) festlegen, aber mitdiskutieren wollen. Im angelsächsischen Sprachraum gibt es dafür den Ausdruck: »put your money where your mouth is« (frei übersetzt: »Lass deinen Worten Taler folgen«).

Wenn das geklärt ist, können Sie den Visionsworkshop organisieren.

Nachdem die Gruppe den Visionsworkshop mit der Dragon Dreaming-Methode gemacht hat, verfügt sie idealerweise über eine klar formulierte Vision und einen Projektplan inklusive Gemeinschaftsbudgets (alles außer Grund- und Baukosten). Die Gruppe weiß auch bereits, wie groß das Projekt ungefähr werden soll. Wenn es schon eine Örtlichkeit (definiertes Grundstück mit oder ohne Bestandsgebäude oder Teile einer Liegenschaft) gibt, dann ist die Anzahl der zukünftigen Bewohner:innen relativ genau definierbar. Gibt es noch keine Örtlichkeit, so steht in der Vision eine ungefähre Größe beziehungsweise angestrebte Bewohner:innenanzahl.

Die Kerngruppe teilt sich in kleinere Arbeitsgruppen auf. Drei wichtige Themen als etwaige Gruppenaufteilung an der Stelle sind:

- Örtlichkeit finden (siehe dazu das Kapitel »8.1 Grundstück/Objekt«)
- Rechtsform und Finanzierung (siehe dazu die Kapitel »6. Rechtsform« sowie »7. Finanzen«)
- Neue Mitglieder finden und aufnehmen (siehe dazu »3.4 Gruppenerweiterung«)

3.3 Gruppengröße

Wie groß Ihr Projekt werden soll, definieren Sie idealerweise im Visionsprozess. Nicht unbedingt als genaue Zahl, aber Sie legen dort gemeinsam eine Größenordnung fest, entweder die etwaige Anzahl der Wohneinheiten, Wohnquadratmeter oder Bewohner:innen. Welche Größe ist ideal für ein Gemeinschaftswohnprojekt? Wie viele Menschen braucht es mindestens, und ab wann wird es zu viel? Da gibt es keine eindeutigen Antworten, wiewohl das manche behaupten mögen. Aber es gibt Annäherungs- und Erfahrungswerte und Erkenntnisse aus den Sozialwissenschaften. Und letztlich hängt das auch von der speziellen Art der Gemeinschaft ab, die Sie planen.

3.3.1 Kleinere Projekte

Für eine homogene Gruppe mit einem speziellen Hauptfokus reichen vielleicht schon 10 bis 20 Bewohner:innen. Beispielsweise bei einer speziellen Student:innen- oder Alterswohngemeinschaft, einer Pflegewohngemeinschaft, einem Künstler:innenwohnprojekt oder einem Zusammenschluss von Alleinerziehenden und ihren Kindern kann das schon in einer eher kleinen Gruppe funktionieren.

Besonders vorteilhaft für kleinere Gruppen ist, wenn diese in ein gemeinschaftsorientiertes Umfeld eingebettet werden können. Im bereits erwähnten Projekt Quartiershaus der WoGen in Wien können spezielle Gruppen ein ganzes oder halbes Geschoss im Clusterwohnhaus beziehen und dort ihre eigene Vision leben. So ein Clustergeschoss besteht aus bis zu elf Mikroappartments samt eigener Dusche und WC, die um ein großzügiges Gemeinschaftswohnzimmer, eine große Küche und ein Wohlfühlbad mit Wanne für alle gruppiert (geclustert) sind. Dort hat zum Beispiel schon vor der Bauphase ein kleiner christlicher Frauenorden aus Deutschland ein halbes Clustergeschoss angemietet, um sein Mikrokloster zu betreiben. Ein anderes Geschoss mietet vielleicht eine Gruppe von Mitarbeiter:innen der UNO (Vereinten Nationen) und ein weiteres eventuell eine Gruppe von Kunststudent:innen. Diese Gruppen können in ihren Clustern jeweils »ihr Ding« machen und ihre eigene Vision entwickeln, austesten und umsetzten, und gleichzeitig stehen ihnen im gesamten Quartiershaus, also im größeren Rahmen, weiter Gemeinschaftsflächen und Einrichtungen zur Verfügung. So wird es eventuell eine Foodcoop geben (gemeinsam regionale und/oder Biolebensmittel in Großgebinden ohne Verpackungsmüll von den Erzeuger:innen einkaufen und selbst verteilen), Dachterrassen, eine Sauna, einen Mobilitätspool mit Elektroautos und Lastenfahrrädern, eine große Gemeinschaftsküche mit riesiger Terrasse et cetera. Ähnliche Konstellationen gibt es auch im Schweizer Projekt mehr als wohnen in Zürich (siehe dazu auch »7.8 Interview Werner Brühwiler«).

Wenn wir aus der Großstadt rausgehen, dann finden so kleine Specialinterest-Gruppen im Rahmen von etwas größeren Ökodörfern oft ein ideales Umfeld. So leben im mehrfach zitierten Ökodorf Sieben Linden in Deutschland über 100 Erwachsene und circa 40 Kinder in verschiedenen Haushalten, größeren und kleineren Wohngemeinschaften, Familienwohnungen und Bauwagen.

3.3.2 Größere Projekte

Sobald Sie mit Ihrem geplanten Projekt aber etwas Heterogenes, (Alters-) Durchmischtes anstreben, braucht es mehr Menschen, damit das gut funktioniert. Im Wohnprojekt Wien, in dem ich lebe, ist uns bei den ersten Interessent:innentreffen bald klar geworden, dass das, was wir alles vorhaben (Große Gemeinschaftsküche, Grünfläche und/oder Dachterrasse für alle, Kinderspielraum, Sauna, Veranstaltungsräume für flexible Nutzungen, Werkstätte, Freiraum auf Balkon oder Terrasse, Fahrradgarage, Waschsalon, Gewerberäume), nicht mit der Renovierung eines Zinshauses (Wiener Ausdruck für circa 100 Jahre alte Gründerzeitwohnhäuser) mit zehn bis zwölf Wohnungen zu schaffen ist. Einerseits sind so viele Gemeinschaftsräume nur dann einigermaßen leistbar, wenn die entsprechenden Kosten (Erstellung und laufender Betrieb) auf ausreichend viele Bewohner:innen oder Wohneinheiten aufgeteilt werden können. Andererseits braucht es für die alltägliche Nutzung dann auch immer Menschen, die sich darum kümmern. Zu Beginn muss beispielsweise die Einrichtung und Ausstattung definiert und erstellt werden und danach die Spielregeln für Nutzung, Reinigung und Instandhaltung. Natürlich kann einiges davon auch an Firmen und externe Dienstleister delegiert werden. Aber erstens kostet das wieder zusätzlich Geld und zweitens wollen die Bewohner:innen einer Gemeinschaft sich die Spielregeln ja selbst aushandeln, und das kostet eben (Arbeits-)Zeit.

Auch ein Ökodorf auf dem Land mit vielen verschiedenen Aspekten wie einer Landwirtschaft samt Hofladen, Handwerksbetrieben, einem (Wald-)Kindergarten, einem Seminarbetrieb mit Gästezimmern und was sonst noch alles von den jeweiligen Akteur:innen angestrebt wird, braucht viele zupackende Hände.

Die meisten »größeren« Projekte zählen zwischen 50 und 100 Erwachsene plus Kinder. Die wenigen Projekte mit mehr als 100 erwachsenen Bewohner:innen, die gleichzeitig einen hohen Partizipationsanspruch verwirklichen (wollen), benötigen zusätzliche Strukturelemente in ihrer Organisation. Entweder bilden sich Subgruppen heraus, die dann über gewählte Vertreter:innen im obersten Entscheidungsgremium mitwirken, oder sie finden eine andere (Delegierten-)Lösung für das Problem, dass ein Großgruppentreffen oder Plenum mit allen Bewohner:innen mit so vielen Menschen schwierig wird, insbesondere, wenn in solchen Gremien auch noch Entscheidungen diskutiert und getroffen werden wollen.

Dafür bietet unter anderem die Soziokratie Lösungsansätze (siehe »5.4 SIG Soziokratie in Gemeinschaften«).

3.4 Gruppenerweiterung

Damit die richtigen, zum Projekt passenden Menschen zu Ihnen finden, braucht es als Basis die schon mehrfach zitierte gut verständliche Vision inklusive diverser Zusatzinfos. Das alleine wird meist noch nicht ausreichen, um die Interessent:innen scharenweise bei Ihnen anklopfen zu lassen. Und selbst wenn Sie das tun, brauchen Sie als Gründer:innengruppe erst recht ein gut durchdachtes, auf Ihr Projekt maßgeschneidertes Gruppenerweiterungskonzept. Darin definieren Sie zum einen, WIE VIELE und WELCHE Menschen idealerweise WANN zum Projekt dazukommen sollen. Und zum anderen überlegen und beschreiben Sie, WIE das passieren soll. Versuchen Sie dabei die folgenden Fragen zu berücksichtigen.

- Wie erfahren potenzielle Mitmacher:innen von uns?
- Nehmen wir jederzeit Neue auf?
- Kennenlernen (Wie können potenzielle Mitmacher:innen uns kennen lernen?)
- Wie vermitteln wir unser Konzept (und stellen sicher, dass die jeweilige Person es verstanden hat)?
- Wie soll das Auswahlprocedere sein (damit wir jede:n Einzelne:n gut genug kennenlernen können, um uns für oder gegen eine Probezeit oder Mitgliedschaft zu entscheiden)?
- Finanzcheck (Wie finden wir heraus, ob ein:e Interessent:in sich das Leben bei uns auch leisten kann?)
- Verbindlichkeiten (Wie und wann sollen die Neuen welche Verbindlichkeiten uns gegenüber eingehen?)
- Probezeit (Wie lange soll eine etwaige Probezeit oder Probemitgliedschaft dauern?)
- In Arbeitsgruppen einfinden (Wie können wir die Neuen dabei unterstützen, sich im Projekt und den Arbeitsgruppen gut einzufinden?)
- Aussteigen (Wie können die Neuen während der Probezeit und danach wieder aussteigen?)

- Nichtaufnahme (Wie können wir Menschen verabschieden, die wir nicht aufnehmen wollen?)
- Verbindliche Aufnahme (Wie soll die verbindliche Aufnahme in die Gruppe ablaufen?)
- Einstieg auf Augenhöhe (Wie sichern wir ab, dass neue Mitglieder nach der Aufnahme auf Augenhöhe mit den Gründer:innen sind?)

Zu jeder einzelnen dieser aus meiner Sicht erfolgskritischen Fragen finden Sie im Folgenden tiefergehende Überlegungen und Praxistipps.

3.4.1 Wie erfahren potenzielle Mitmacher:innen von uns?

Eine übersichtliche Homepage mit der Vision und der Projektbeschreibung ist heutzutage keine Hexerei mehr. Besonders dann nicht, wenn im Gründer:innenteam eine Person die erforderlichen Kenntnisse hat und diese Aufgabe übernimmt. Entscheiden Sie innerhalb der Gründer:innengruppe auch, in welchen der diversen Sozialen Medien das Projekt mit einem eigenen Auftritt vertreten sein soll.

Finden Sie heraus, welche Datenbanken oder Plattformen es im Internet bereits gibt, in denen sich neue Gemeinschaftswohnprojekte und interessierte Personen wechselseitig finden können. Schon seit vielen Jahren gibt es das von der Stiftung trias betriebene Wohnprojekteportal, auf dem viele Projekte in Deutschland und einige wenige in der Schweiz und Österreich präsent sind. Die Initiative Gemeinsam Bauen & Wohnen in Österreich betreibt seit 2021 eine Datenbank, auf der die meisten österreichischen Projekte vertreten sind, die deutsche Plattform Bring-together hat auch Einträge in Österreich und der Schweiz, ebenso das Eurotopia-Verzeichnis. Letzteres ist allerdings nur als gedrucktes Nachschlagewerk erhältlich, in dem Projekte aus ganz Europa eingetragen sind.

Die Links dazu finden Sie in QR-15. Wenn Sie, liebe Leserin, lieber Leser, auf neue Weblinks und Verzeichnisse stoßen oder selbst eines betreiben, schreiben Sie mir bitte eine E-Mail und ich werde in den kommenden Jahren in periodischen Abständen die Links hinter den QR-Codes ergänzen.

QR 15

Falls Sie Folder, Postkarten oder sonstiges Infomaterial drucken, fügen Sie immer eine Kontaktmöglichkeit an, eine Website, eine E-Mail-Adresse oder eine Telefonnummer. Vorsicht bei Telefonnummern: Wenn das die private Handynummer eines Gründungsmitglieds ist, sollte dieses die Sprachbox regelmäßig abhören und Anrufe innerhalb von 24 Stunden beantworten. Wenn die Person mit dem Handy die Gruppe verlässt, sollte die Nummer bei der Gruppe bleiben. Daher ist es besser, wenn die Telefonnummer und/oder der (Mobil-)Telefonvertrag auf die Gruppe als Rechtsperson läuft. Wenn noch keine Rechtsperson gegründet ist, kann eine Person den Vertrag für die Gruppe abschließen, mit dem klaren Verständnis, dass nach offizieller Gründung der Vertrag auf die Gruppe übergehen soll. Können diese Punkte nicht sichergestellt werden, dann verzichten Sie vorerst besser auf die Nennung von Telefonnummern auf den Drucksorten.

Überlegen Sie, wo Menschen, die zur Vision und den Werten Ihres Projektes passen, sich treffen. Welche Cafés, Geschäfte, Kulturveranstaltungen solche Leute besuchen. Dort legen Sie ihre Drucksorten hin (selbstredend nicht ohne die jeweiligen Betreiber:innen vorher um Erlaubnis zu fragen) oder hängen Plakate für die geplanten Infotermine auf.

Achten Sie in jedem Fall darauf, dass Kontaktanfragen rasch (innerhalb von 24 Stunden) beantwortet werden. Zur leichteren Abwicklung können Sie dafür vorbereitete (Mail-)Texte verwenden und laden Sie entweder zu einem der geplanten Infotermine ein (siehe übernächster Punkt) und/oder stellen Sie der Person ein paar gezielte Fragen. Erklären Sie, dass die Antworten vertraulich behandelt und nur innerhalb der Gründer:innengruppe besprochen werden.

3.4.2 Nehmen wir jederzeit Neue auf?

Manche Gruppen nehmen neue Mitglieder auf, wann immer aufnahmewillige Bewerber:innen anklopfen. Diese Vorgehensweise empfehle ich erst nach dem Einzug für etwaige Nachbesetzungen. Während der sehr arbeitsintensiven Projektentwicklungs- und Bauphase ist es laut der Erfahrung von mehreren erfolgreichen Gemeinschaften sinnvoller und in Summe weniger aufwendig, die Neuaufnahme in vorher definierten

Aufnahmewellen, sozusagen en bloc, zu organisieren. Sonst erleben Sie das, was mir einige Projektgründer:innen bei meiner damaligen Recherche berichteten. Nämlich jedes Mal ein oder zwei Interessent:innen bei den regelmäßigen Abstimmungstreffen dabeizuhaben, die dann aber ganz grundsätzliche Fragen stellen, welche die Gründer:innen schon geklärt hatten. So entsteht Frust bei den bestehenden Mitgliedern, weil bei den Arbeitstreffen nicht die anstehenden Entscheidungen diskutiert und gefällt werden können. Stattdessen müssen Sie die Fragen der Interessent:innen beantworten und kommen mit der Arbeit nicht vom Fleck.

Machen Sie daher einen Plan, zu welchen Zeiten sie wie viele neue Mitglieder aufnehmen wollen. Fassen Sie das in zwei bis maximal drei Wellen zusammen. Falls Sie nicht von Sachzwängen genötigt sind, möglichst rasch den geplanten Wohnraum schon lange vor der Fertigstellung mit zukünftigen Mitbewohner:innen zu füllen, ist es gut, circa 10 bis 20 Prozent des geplanten Wohnraums erst in der letzten Welle, erst kurz vor Einzug (drei bis sechs Monate) zu vergeben. Warum das? Ganz einfach aus dem Grund, weil sich auch während der Projektentwicklungs- und Bauzeit das Leben der bereits aufgenommenen Mitglieder verändert und damit mitunter auch der Wohnraumbedarf. Ein Paar mit Kindern trennt sich, möchte aber in separaten Wohneinheiten im Projekt bleiben. Ein anderes Mitglied möchte das pflegebedürftig gewordene Elternteil mit ins Projekt nehmen und braucht dafür nicht nur mehr Wohnraum, sondern gleich auch noch eine Wohneinheit für den oder die Pfleger:in und so weiter. Wir hatten diesen guten Rat auch für das Wohnprojekt Wien angenommen und nicht bereut.

3.4.3 Kennenlernen?

Wie können potenzielle Mitmacher:innen uns kennenlernen? Natürlich können die Mitglieder der Gründer:innengruppe sich einzeln mit jeder Interessentin, mit jedem Interessenten treffen und in einem persönlichen Gespräch die Projektidee sowie die Vision erläutern und dabei sämtliche Fragen beantworten. Das hat zwar den Vorteil, dass Sie sich gleichzeitig ein Bild von diesem Menschen machen, einen persönlichen Eindruck gewinnen können.

Trotzdem rate ich davon ab. Erstens ist das sehr zeitaufwendig und zweitens bekommt nur ein:e Gründer:in diesen persönlichen Eindruck. Die oder der Interessent:in lernt auch nur diese eine Person aus der Gründer:innengruppe kennen und bekommt dadurch kein wirkliches Bild der Gruppe. Daher empfehle ich zu dem Zweck, die bereits erwähnten Infoveranstaltungen anzubieten. Das können zwei- bis dreistündige Termine am Tagesrand sein oder halbe bis ganze Tage am Wochenende. Abhängig davon, wie weit das Projekt zu dem Zeitpunkt bereits umgesetzt ist. Wenn es schon ein Objekt oder Grundstück gibt, können dort halb- oder ganztägige Veranstaltungen organisiert werden, bei denen die Interessent:innen nicht nur alle Infos zum Projekt bekommen, sondern eventuell gleich Hand anlegen können. Ein gemeinsames (Fest-)Essen, ein gemütlicher Umtrunk oder Kaffee und Kuchen sollte dabei nicht fehlen.

Für den Ablauf und die Moderation können Sie in abgewandelter Form meine sehr detaillierten Angaben für die ersten Treffen der Kerngruppeninteressent:innen verwenden (siehe »3.1.2 Erste Treffen«).

Hier daher nur stichwortartig die wichtigsten Bestandteile für so eine Infoveranstaltung:

- Interessent:innen sollen sich vorher anmelden
- Namensschilder bereitstellen (Malerklebeband und ein wasserfester Stift tun es auch)
- Klare Unterscheidung zwischen lockerem Austausch/Plauderei und strukturierter Information
- Redestabregel erklären und Ankommensrunde anmoderieren (mein Name, wie geht es mir heute, was ist meine Motivation für dieses Treffen)
- Kurze knackige Präsentation der Projektidee und Vision (eventuell mit Beispielen von bereits bestehenden Vorbildprojekten)
- Eindeutige Botschaften, was von neuen Mitmacher:innen erwartet wird
- Klare Unterscheidung zwischen nichtverhandelbaren Projektdetails und Punkten, die erst in Zukunft entschieden oder geändert werden können
- Klare weitere Schritte anbieten (Fragebogen für Mitgliedschaft, nächster Termin, Einzelinterview, Probemitgliedschaft etc.)

- Fragebeantwortung idealerweise als Redestabrunde – jede:r nur eine Frage pro Runde (so kommen auch alle dran und Sie vermeiden zu lange Redezeiten Einzelner)
- Bei ausreichend Zeit eine Gruppeninteraktion einbauen (je nach Anzahl der Teilnehmer:innen eventuell in Kleingruppen)
- Interessent:innen einladen, beim Aufräumen am Ende des Termins mitzuhelfen (Die, die es plötzlich eilig haben und sich vorzeitig verabschieden, weil sie noch zu einem anderen Termin müssen, können Sie vielleicht schon von der Liste streichen.)

3.4.4 Wie vermitteln wir unser Konzept?

Und wie stellen wir sicher, dass die jeweilige Person es verstanden hat? Je besser das in dieser frühen Phase gelingt, desto weniger Probleme gibt es später, weil jemand draufkommt, dass sie oder er sich das aber ganz anders vorgestellt hat. Solche Missverständnisse lassen sich nicht zur Gänze eliminieren, aber je weniger desto besser. Es reicht nicht, dass Sie allen Interessent:innen ein ausführliches, gut verständliches Infopaket samt Vision zukommen lassen. Das 37-seitige Infopaket des Wohnprojekt Wien aus dem Jahre 2013 als Beispiel finden Sie zum Download in QR-16.

Daher empfehle ich für die persönlichen Interviews (siehe nächste Überschrift 3.4.5), ein paar Fragen zu Ihrem Projekt und Infopaket an die Interessent:innen zu richten. Teilen Sie unbedingt vorher mit, dass Sie das tun werden, und die Wahrscheinlichkeit der Auseinandersetzung mit dem Infomaterial seitens der Interessent:innen wird signifikant steigen. Das mag einzelnen Leser:innen vielleicht etwas hart oder gar schulmeisterlich erscheinen. Bedenken Sie aber, wie viel Ärger, Enttäuschung, Herzschmerz, Verlust an Zeit und Geld Sie sowohl der Gründer:innengruppe als auch den Interessent:innen ersparen können, wenn es möglichst wenige Missverständnisse über die wichtigen Projektdetails sowie Anforderungen an zukünftige Bewohner:innen gibt.

3.4.5 Wie soll das Auswahlprocedere sein?

Damit wir jede:n Einzelne:n gut genug kennenlernen können, um uns für oder gegen eine Probezeit oder Mitgliedschaft zu entscheiden, brauchen wir ein gutes Auswahlprocedere. Manche Gruppen planen eine Probemitgliedschaft ein, damit bestehende Gruppenmitglieder und neue Interessent:innen sich wechselseitig besser kennenlernen können. Wie an anderer Stelle im Buch beschrieben, hängt diese Möglichkeit auch von der Art Ihres Projekts und der Phase, in der es sich befindet, ab. Wenn Sie beispielsweise ein Projekt mit Einzelwohnungseigentum machen und die Finanzierung für den Baubeginn erst freigegeben wird, nachdem alle zukünftigen Bewohner:innen unterschrieben und einbezahlt haben, dann müssen Sie ab einem bestimmten Zeitpunkt unter Umständen auf eine Probezeit verzichten, damit Sie loslegen können und den Bau- oder Renovierungsbeginn nicht unnötig verzögern.

Idealerweise besteht das Auswahlprocedere für neue Mitbewohner:innen aus folgenden Schritten:

- Infoveranstaltungen
- Motivationsschreiben
- persönliches Interview
- Fragebogen
- Absichtserklärung
- Auswahltreffen
- Beitrittserklärung
- Einstiegsgeld
- Probezeit
- Aufnahme

Im Folgenden erfahren Sie mehr zu diesen einzelnen Schritten anhand eines Praxisbeispiels, das ich sehr gut kenne. Als wir im Wohnprojekt Wien im Herbst 2010 nach erfolgreichem Grundstückswettbewerb und erfolgter Planung die erste große Erweiterungswelle durchführten (wir wollten von 13 erwachsenen Personen auf circa 50 aufstocken), hatten wir folgende Schritte dafür:

Mehrere Infoveranstaltungen (siehe oben). Wer danach mitmachen wollte, wurde gebeten ein frei formuliertes *Motivationsschreiben* bis zu einem bestimmten Termin an uns zu senden. In dem Schreiben sollte unter anderem auf die Fragen: »Was erwartest Du Dir vom Leben in Gemeinschaft?« und »Was willst und kannst Du zum Gelingen der Gemeinschaft beitragen?« eingegangen werden.

Jede:r, die oder der sich die Mühe gemacht hatte, so ein Motivationsschreiben zu verfassen, wurde auch zu einem *persönlichen Interview* geladen. Für die Interviews bildeten wir Teams bestehend aus zwei Gründer:innen, je eine Frau und ein Mann, jedoch keine Ehe- oder Liebespaare. Damit wollten wir etwas mehr kontrollierte Subjektivität bei den Einschätzungen sicherstellen. Wir waren 13 Gründer:innen und hatten sechs Interviewteams, die insgesamt circa 60 Interviews führten. Am Ende des Interviews bekamen die Interessent:innen noch ein fünfseitiges Dokument, genannt *Fragebogen und Absichtserklärung* (für Sie zum Download in QR-16).

Achtung, falls Sie das Dokument als Vorlage für die eigene Gruppenerweiterung verwenden möchten. Sie finden neben einigen sehr persönlichen Fragen auch zwei, die als politisch völlig inkorrekt gelesen werden können (neben dem Umstand, dass wir vor zehn Jahren nur zwei Geschlechter zum Ankreuzen anboten und heute mehr Möglichkeiten nehmen würden): Und zwar fragten wir nach der Muttersprache und etwaigem Migrationshintergrund. Das machten wir absichtlich, weil wir für die angestrebte Diversität und Durchmischung einen bestimmten Mindestprozentsatz an Menschen mit nicht österreichischen Wurzeln aufnehmen wollten. Dadurch ergab sich sozusagen eine leichte Diskriminierung von Menschen ohne Migrationshintergrund.

Wer diesen Fragebogen samt Absichtserklärung bis zum 22. Oktober 2010 an uns sandte, wurde in dem *Auswahltreffen* am 26. Oktober 2010 berücksichtigt. Das war ein Dienstag und ich weiß das deshalb noch so genau, weil der Termin in Österreich Nationalfeiertag ist und die ganze Gründer:innengruppe den ganzen an sich arbeitsfreien Tag opferte, um aus den vielen Bewerbungen die Nachbar:innen für unsere Zukunft auszuwählen. Jedes Interviewteam präsentierte diejenigen Interessent:innen, die sie selbst interviewt hatten und mitmachen wollten. Wir machten uns die Entscheidungen nicht leicht und stießen auf das Problem, dass wir mehr interessante Menschen hatten, als wir Wohnraum anbieten konnten. Daher dauerte das Treffen tatsächlich den ganzen Feiertag.

QR 16

Danach baten wir die Auserwählten, eine *Beitrittserklärung* (ebenfalls zum Download im in QR-16) für einen fixen Beitritt in sechs Monaten zu unterschreiben und ein *Einstiegsgeld* von 2.570 Euro pro erwachsener Person einzubezahlen (das setzte sich zusammen aus der Einmalzahlung von 1.250 Euro, den auch wir Gründer:innen bezahlt hatten und dem Ersatz für die seit Projektbeginn geltende monatliche Eigenleistung von 11 Stunden á 10 Euro pro Monat mal 12 Monate = 1.320 Euro). Wer während oder am Ende der *sechsmonatigen Probezeit* wieder ausstieg oder doch nicht fix aufgenommen wurde (die Probezeit war wechselseitig) bekam von dem Einstiegsgeld den Betrag zurück, der nicht für individuelle Wohnraumplanung mit den Architekt:innen verbraucht war.

Das beschriebene Auswahlprocedere hatten wir nicht zur Gänze selbst entwickelt, sondern uns auf die Erfahrung bereits bestehender Gemeinschaften gestützt, die wir bei unseren Recherchen interviewt und teilweise auch besucht hatten. Und wir geben dieses Wissen und diese Erfahrung auch gerne weiter. Weil wir aber mit unserem alltäglichen Lebensvollzug und den Verpflichtungen im Wohnprojekt schon ziemlich ausgelastet sind und nicht die Zeit haben, täglich Anfragen zu beantworten, soll das vorliegende Buch auch diesbezüglich eine hilfreiche Handreichung sein.

3.4.6 Finanzcheck

Wie finden wir heraus, ob ein:e Interessent:in sich das Leben bei uns auch leisten kann? Das müssen wir nicht herausfinden, das wissen die Menschen schon selbst. Wir müssen nur klare und gut verständliche Informationen bieten, was das Leben bei uns kosten wird. So oder so ähnlich argumentieren viele Gründer:innen.

Leider entspricht das nicht immer der Wahrheit. Es gibt genug Menschen, die mit ihrem Geld nicht oder nicht gut umgehen können. Das hat nichts mit Intelligenz und auch nicht immer etwas mit dem Einkommen zu tun. Die Schuldnerberatungen können ein Lied davon singen. Ich kenne einerseits Menschen, die trotz geringem Einkommen ohne große Rechnerei mit ihrem Geld gut auskommen. Und ich kenne Menschen, die vergleichsweise viel verdienen und ständig von Geldnot geplagt sind. Geld ist oft auch ein hoch emotionales Thema und wird gerade in Weltverbessererkreisen (ich zähle mich dazu und deswegen erlaube ich mir diesen saloppen Tonfall) sehr oft kritisch bis negativ betrachtet. Dabei wird meiner Meinung nach oft das sprichwörtliche Kind mit dem Bad ausgeschüttet. Nicht das Geld an sich halte ich für das Problem, sondern die Regeln darum herum, die wir in den letzten Jahrzehnten mehr und mehr abgeschafft (liberalisiert) haben. Das ist aber ein anderes Thema und dieses Fass will ich an der Stelle auch nicht aufmachen, dazu gibt es schon sehr kluge Bücher.

Aber ich plädiere dafür, dass Wohnprojektgründer:innen vor der Aufnahme neuer Mitmacher:innen überprüfen, ob die Neuen sich das Leben im Projekt auch leisten werden können. Das kann mit einem Fragebogen geschehen. Ich kenne auch Projekte, die sehr genaue Finanzinterviews mit Interessent:innen machen und sich auch Gehaltszettel, Einkommenssteuererklärung und so weiter vorlegen lassen. Beim Wohnprojekt Wien sind wir nicht so weit gegangen, die Angaben der Bewerber:innen mit Belegen zu überprüfen und Nachweise zu verlangen. Aber wir haben Informations- und Beratungstermine angeboten, bei denen wir Kalkulationen für den persönlichen Finanzbedarf angeboten und erklärt hatten.

Bedenken Sie, dass Sie ein Mitglied, das sich das Wohnen nicht mehr leisten kann, wahrscheinlich nicht einfach auf die Straße schicken werden. Die Gruppe wird sich eine Solidarlösung überlegen. Das ist auch gut so. Aber wenn von vornherein absehbar war, dass »dieses« Mitglied sich »diese« Wohneinheit gar nicht leisten kann, hätte die Gruppe schon überlegen können, ob es »dieses« Mitglied oder »diese« Wohneinheit sein soll.

3.4.7 Verbindlichkeiten

Wie und wann sollen die Neuen welche Verbindlichkeiten uns gegenüber eingehen? Spätestens ab dem Zeitpunkt, ab dem sie mitreden und mitentscheiden wollen. Frei nach dem schon einmal verwendeten, unsympathisch klingenden Motto aus dem angelsächsischen Raum »put your money where your mouth is«.

Lassen Sie neue Mitglieder und Probemitglieder auch einen monetären Beitrag leisten. Auch für eine Probemitgliedschaft empfehle ich schon einen Einstiegsbeitrag zu verlangen, den Sie bei einem Ausstieg wieder retournieren können. So stellen Sie sicher, dass Gruppenmitglieder nicht nur aus Jux und Tollerei mitmachen, weil es eh nichts kostet, sondern sich die Entscheidung auch dafür gut überlegt haben. Denken Sie aber nicht nur an das Geld, sondern auch an die Mitarbeit, die Sie von den Neuen erwarten. Überlegen Sie und entscheiden Sie in der Gründer:innengruppe, wie viel Stunden ehrenamtlicher Arbeit Sie von allen Bewohner:innen erwarten und welche Ausnahmen es dazu geben kann und soll. Dann kommunizieren Sie das klar und eindeutig. Die neuen Mitglieder sollen auch spätestens bei der Aufnahme unterschreiben, dass sie das verstanden haben und dazu in der Lage sind (siehe auch die Beispieldokumente in QR-16).

3.4.8 Probezeit

Wie lange soll eine etwaige Probezeit oder Probemitgliedschaft dauern? Idealerweise so lange, bis beide Seiten sich im Klaren sind, ob sie die Verbindlichkeit eingehen wollen. In der Praxis hängt es davon ab, wie weit das Projekt gediehen ist und ab wann sie welche fixen Zusagen brauchen. In der Regel werden Probemitgliedschaften bis zu sechs Monate vereinbart. In manchen Fällen auch länger. Ein Spezialfall ist in dem Zusammenhang auch die Gemeinschaft mit gemeinsamer Ökonomie, wenn also das Einkommen der Einzelnen in einen Topf gelegt und daraus (nach Bedarf oder einem anderen Schlüssel) wieder entnommen beziehungsweise verteilt wird. Dort gibt es oft gestaffelte Probezeiten, die bis zu zwei Jahren dauern können.

3.4.9 In Arbeitsgruppen einfinden

Wie können wir die Neuen dabei unterstützen, sich im Projekt und den Arbeitsgruppen gut einzufinden? Eine gute Beschreibung der Arbeitsgruppen inklusive ihrer Domänen (mehr dazu in »5.4 SIG Soziokratie in Gemeinschaften«) ist eine wichtige Grundvoraussetzung. Bei Kennenlerntreffen hat es sich bewährt, die einzelnen Arbeitsgruppen und ihre aktuellen Aktivitäten vorzustellen. Das kann entweder im Plenum oder auch in einer Art Markplatz geschehen, bei dem jede Arbeitsgruppe an einem eigenen Tisch oder einem bestimmten Platz des Versammlungsortes mit einem Plakat und/oder anderem Infomaterial ihre Arbeit erklärt. Dort können sich die Neuen dann im persönlichen Gespräch mit einem erfahrenen Gruppenmitglied erkundigen und gegebenenfalls auch einen Probe- oder Kennenlerntermin für die Mitarbeit ausmachen.

Geben Sie auch die Empfehlung, sich nicht nur in Arbeitsgruppen zu engagieren, zu denen durch Vorkenntnisse oder Vorerfahrungen schon ein guter Bezug besteht. Ermutigen Sie die Neuen, auch bei Themen hineinzuschnuppern, die ihnen entweder unbekannt oder geradezu unsympathisch sind (siehe »2.7.9 Drei Rollen plus Drachentänzer:in«).

Machen Sie von Anfang an klar, dass von jedem Erwachsenen Mitglied erwartet wird, sich in mindestens einer Arbeitsgruppe zu engagieren. In der Praxis hat es sich auch bewährt, die Anzahl der Arbeitsgruppen, in denen mitgearbeitet wird, pro Mitglied zu begrenzen. Das klingt seltsam. Warum soll man jemanden in ihrem oder seinem Eifer beschneiden, wo wir doch ohnehin so viel zu tun haben? Einerseits, um die Mitglieder vor Selbstausbeutung und Burn-out zu schützen. Andererseits gibt es Menschen mit sehr stark ausgeprägtem Kontrollbedürfnis, die sich sicherheitshalber in vielen oder gleich in allen Arbeitsgruppen eintragen, um ja nichts zu versäumen und überall mitreden zu können und dann in den jeweiligen Arbeitsgruppen nur als Karteileiche herumschwirren oder die Arbeit der Gruppe durch seltene Anwesenheiten bei den Besprechungen mehr zu behindern, als zu befördern.

3.4.10 Aussteigen

Wie können die Neuen während der Probezeit und danach wieder aussteigen? Die grundsätzliche Empfehlung lautet: die Einstiegshürde ins Projekt möglichst hoch zu machen und die Ausstiegshürde ganz niedrig. Speziell in der Probezeit sollte es ganz einfach möglich sein, wieder auszusteigen. Das Projekt hat keinen Vorteil, wenn Menschen dabei sind, die eigentlich lieber aussteigen würden, aber die Sorge haben, dabei zu viel Geld zu verlieren. Seien Sie daher lieber großzügig mit den Rückzahlungen, wenn jemand doch nicht mitmachen will.

Auch nach der Probezeit soll es einfach möglich sein, das Projekt wieder zu verlassen. Hier gilt dasselbe Prinzip wie vorher angesprochen. Allerdings muss klar sein, dass bereits verbrauchtes Geld nicht zurückgezahlt werden kann. Sie können Ausnahmen machen für Ausgaben, die von nachrückenden Mitgliedern übernommen und bezahlt werden. Also wenn sich beispielsweise ein Paar für die eigene Wohneinheit einen aufpreispflichtigen Parkettboden bestellt hat und vor der Fertigstellung das Projekt verlässt. Falls die Bestellung beim Lieferanten nicht mehr kostenlos storniert oder geändert werden kann, soll dieser Aufpreis grundsätzlich von dem aussteigenden Paar bezahlt werden (put your money …). Außer, die nachfolgenden Nutzer:innen wollten auch diesen Bodenbelag, dann können diese den Aufpreis übernehmen.

3.4.11 Nichtaufnahme

Wie können wir Menschen verabschieden, die wir (doch) nicht aufnehmen wollen? Sollten während oder nach der Probezeit bei den Gründer:innen bezüglich des einen oder der anderen Neuen ernsthafte Bedenken auftreten, so verabschieden Sie sich lieber früher als zu spät. Gestalten Sie die Regelungen bezüglich Finanzen und Geldflüssen jeweils so, dass Sie von aussteigenden Mitgliedern nicht monetär zu abhängig sind. Das heißt, vereinbaren Sie möglichst lange Fristen für die Rückzahlung von diversen Beträgen. Dadurch bekommt das Projekt und die Gründer:innengruppe ausreichend Zeit, um nachrückende Mitglieder auszusuchen und aufzunehmen und ist nicht unter Zeitdruck, weil das Geld an die Ausscheidenden sehr schnell zurückbezahlt werden muss.

Ich kenne ein Projekt, das ich hier »Zu den drei Tannen« nenne. Ein schönes Gemeinschaftswohnprojekt in ländlicher Gegend mit eigenem Permakultur-Gemüsebetrieb. Dort entbrannte ein Richtungsstreit zu einem Grundsatzthema. Die Gruppe konnte zu keiner Entscheidung kommen, weil laut Statuten ein Konsens erforderlich war. Der Konflikt spitzte sich zu und dann drohte eine Fraktion damit, dass mehrere Mitglieder (ihre Fraktion also) gleichzeitig aussteigen und ihre Kapitaleinlagen zurückverlangen würden. Laut der Verträge musste jedem ausscheidenden Mitglied die jeweilige Einlage innerhalb von vier Wochen ausbezahlt werden. Die drohende Fraktion wusste, dass die restliche Gruppe nicht über so viel Geld verfügte und in so kurzer Zeit auch nicht so viele Nachnutzer:innen würde aufnehmen können.

Damit Ihnen das nicht passieren kann, vereinbaren Sie in den Verträgen, dass die Aussteigenden ihre Kapitaleinlage abzüglich etwaiger Schulden an das Projekt innerhalb von 14 Tagen »nach Einzahlung der jeweiligen Nachnutzer:innen« überwiesen bekommt, spätestens jedoch nach 24 Monaten. Das gibt der verbleibenden Gruppe ausreichend Zeit, um neue Nachbar:innen auszuwählen und aufzunehmen, und eine Erpressung wie die vorher beschriebene kann nicht passieren

3.4.12 Verbindliche Aufnahme

Wie soll die verbindliche Aufnahme in die Gruppe ablaufen? Idealerweise mit einer klaren schriftlichen Vereinbarung (die von guten Anwält:innen entworfen oder geprüft wurde) und einem würdigen Ritual, mehr dazu im nächsten Kapitel: »4. Gemeinschaftsbildung«.

3.4.13 Einstieg auf Augenhöhe

Wie sichern wir ab, dass neue Mitglieder nach der Aufnahme auf Augenhöhe mit den Gründer:innen sind? Manche Leser:innen werden sich möglicherweise fragen, wozu das wichtig ist. Die Neuen sollen sich erst einmal einleben und dann mitreden, wenn sie sich gut genug auskennen. Es gibt in der Tat Projekte, bei denen die Augenhöhe zwischen Gründer:innen und neuen Mitgliedern gar nicht gewünscht ist. Dort gibt es eine (spirituelle) Gründerpersönlichkeit oder einen kleinen elitären Kreis, die oder der das Projekt leitet. Wenn Sie so ein Projekt planen, dann kommunizieren Sie das am besten offen und erklären neuen Interessent:innen gleich von Anfang an, wo diese mitentscheiden, wo sie zwar mitreden aber nicht mitentscheiden können und wo sie sich besser raushalten sollen. Das meine ich überhaupt nicht abwertend. Zwar würde ich in so einem Projekt (aus heutiger Sicht) nicht leben wollen. Aber ich weiß, dass zum Beispiel einige der wirklich erfolgreichsten und größten Ökodörfer weltweit so oder so ähnlich organisiert sind. Und die machen wunderbare Sachen und viele Menschen leben dort ein glückliches und sinnerfülltes Leben.

Aber zurück zur Frage. Angenommen Sie wollen, dass alle Bewohner:innen auf Augenhöhe mitreden und mitentscheiden können, dann sollten Sie zuallererst zwei Grundvoraussetzungen dafür schaffen. Erstens muss die Mitentscheidung auch Mitverantwortung beinhalten. Ich weiß, dass viele Menschen gerne überall mitreden wollen (siehe Nationalfußball und Pandemiemanagement), aber nur wenige sind bereit, auch wirklich Mitverantwortung zu übernehmen. Wie Sie das für Ihr Projekt am besten regeln können, erfahren Sie in den beiden Kapiteln: »6. Rechtsform« und »7. Finanzen«.

Die zweite Grundvoraussetzung für funktionierende Augenhöhe ist die passende Organisationsform samt Entscheidungsmechanismen, die obendrein von den neuen Mitgliedern auch verstanden und gegebenenfalls erlernt werden müssen. Mehr dazu im Kapitel »5. Organisation«.

Wenn diese Voraussetzungen geschaffen sind, dann sind die Gründer:innen gefordert, den neuen Mitgliedern volle Mitsprache ohne Hintertüren einzuräumen. Neben den angesprochenen Verträgen und einem passenden Ritual ist es für die Gemeinschaftsentwicklung wichtig, dass es keine besonderen (Vor-)Rechte der Gründer:innen gibt.

Dazu kann ich noch eine kleine Anekdote aus dem Wohnprojekt Wien nachreichen: Auch wir Gründer:innen hatten einmal diese Verlockung diskutiert. Wir überlegten uns vor der großen Erweiterung, ob wir nicht jetzt schon Wohnungen für uns Gründer:innen aussuchen sollen und dann nur noch die restlichen Wohnungen an die nachrückenden, neu Aufgenommen vergeben wollen. Immerhin hatten wir zu dem Zeitpunkt schon ein Jahr für das Projekt geschuftet, wir hatten die Teilnahme an einem Bauträgerwettbewerb eingefädelt. Wir hatten eine Bauträgerin überzeugt, mit uns gemeinsam an dem Wettbewerb teilzunehmen. Wir hatten in der Rekordzeit von wenigen Wochen einen Wettbewerbsbeitrag vom Städtebau bis zu Wohnungsgrundrissen samt Ökohaustechnik und Kalkulation aus dem Boden gestampft. Wir hatten eine Rechtsperson gegründet, Geld eingelegt, Expert:innen zu verschiedenen Themen engagiert. Und wir hatten den Wettbewerb gewonnen. Ohne uns gäbe es das Projekt gar nicht. Ist es da nicht geradezu recht und billig, dass wir uns zuerst unsere Wohnungen aussuchen? Die anderen Wohnungen werden ja im selben hochwertigen Ökostandard gebaut und ausgestattet. Wären wir nicht nachgerade dumm, uns nicht dieses kleine Vorrecht zu genehmigen?

Nach mehreren Redestabrunden und einiger Diskussion hatten wir uns glücklicherweise dagegen entschieden und es bis heute nicht bereut.

Wie können wir andererseits damit umgehen, dass manche Mitglieder vielleicht erst nach langer Projektentwicklungsphase kurz vor oder kurz nach Fertigstellung dazustoßen und dabei vielleicht das Gefühl entwickeln, sie sind den Gründer:innen etwas schuldig, weil diese mehrere Jahre für das Projekt gearbeitet haben und sie, die Neuen, sich einfach ins gemachte Nest setzen. Das mag Ihnen vielleicht seltsam erscheinen, aber das kann ein ernsthaftes Problem werden. Der deutsche Psychologe und umstrittene Entwickler der systemischen Familienaufstellung Bert Hellinger hat einmal einen mehrstündigen Vortrag zu dem Thema unter dem Titel *Schuld und Sühne* gemacht. Eine der wesentlichen Botschaften dieses Vortrages war der Umstand, dass ein Geschenk, wenn man dafür keinen Ausgleich zum Beispiel in Form eines Gegengeschenkes machen kann, als Belastung und (unterbewusste) Schuld empfunden werden kann. Gelingt es längerfristig nicht, einen Ausgleich zu schaffen, so entwickelt sich mit der Zeit bei den Beschenkten ein negatives Gefühl gegenüber den Schenkenden.

Ein langjähriger Firmenanwalt aus meinem früheren Leben, ein sehr kluger und lebenserfahrener Mann, hat diesbezüglich einmal zu mir gesagt: »Herr Feldmann, so ziemlich das schlimmste, was Sie einem Menschen antun können, ist, dass er Ihnen dankbar sein muss.«

In Sachen Gemeinschaftswohnprojekt ist mir das auch selbst passiert. Ich hatte ja während der Projektentwicklungs-, Planungs- und Bauphase des Wohnprojekt Wien bereits in einem anderen Projekt gewohnt, um Erfahrung im Gemeinschaftsleben zu sammeln. Dort bin ich eingestiegen, nachdem die Gruppe fünf Jahre diskutiert, geplant und gebaut hatte. Und ich bin aufgenommen worden und einfach in die fertige Wohnung eingezogen. Dadurch hat sich bei mir und auch bei einer anderen spät Dazugekommen ein seltsames Gefühl eingeschlichen. Können wir den Gründer:innen, die so viel gearbeitet haben und denen wir dadurch zu

Dank verpflichtet sind, bei einer Besprechung offen widersprechen und anderer Meinungen sein? Selbst wenn einem das nicht bewusst ist, kann so etwas unbewusst passieren.

Eine Möglichkeit, um das auszugleichen, haben wir daher für das Wohnprojekt Wien gesucht und gefunden. Durch die einfache Regelung, dass später dazukommende Menschen die verpasste Arbeitszeit nachzahlen mussten. Das heißt, sie haben pro Monat (in dem alle sich zu elf Stunden ehrenamtlicher Mitarbeit verpflichtet hatten) 110 Euro mehr Einstiegsgebühr bezahlt (siehe auch das Rechenbeispiel im vorigen Punkt »3.4.5 Wie soll das Auswahlprocedere sein?«). Dadurch waren die neuen Mitglieder von Anfang an schuldenfrei und auf Augenhöhe mit uns Gründer:innen. Ganz nebenbei bemerkt war diese Lösung auch segensreich für unser Projektbudget. Wir konnten uns als Gemeinschaft dadurch einige gut moderierte Workshops, Schulungen und Gemeinschaftstreffen leisten, die sonst schwerer zu finanzieren gewesen wären.

4 Gemeinschaftsbildung

> Die Auseinandersetzung mit dem anderen spiegelt uns selbst in einer Art, die ein Selfie nicht zustande bringt. Nach jahrhundertelanger »Selbsterfahrung« ist es jedoch nicht leicht, die Gemeinschaft zu leben. Dies muss neu gelernt werden. Es erfordert viel Mut und Kraft, sich einerseits dem anderen zu stellen und andererseits, den anderen auszuhalten.
>
> *(Schindler, et al., 2019, S. 5)*

Wie wird aus einer Gruppe von Menschen eine Gemeinschaft? Können wir die Bildung einer Gemeinschaft überhaupt willentlich herbeiführen? Was können wir tun, um die Entwicklung der Gemeinschaft in unserem Wohnprojekt zu befördern?

Bereits am Beginn eines Projektes, etwa beim Visionsworkshop, wird idealerweise gemeinsam definiert, welche Art von Gemeinschaft wir anstreben. Es macht einen Unterschied, ob Sie ein Cohousing-Projekt machen, bei dem (Reihen-)Häuser oder Wohnungen entstehen und bestimmte Gemeinschaftsflächen und Einrichtungen von allen genutzt werden können, oder ob die Liegenschaft im Gemeinschaftseigentum errichtet wird, mit individuellen Haushalten oder einem gemeinsamen und so weiter, bis hin zu der bereits beschriebenen gemeinsamen Ökonomie, bei der alle Einkommen in einem Topf landen. Abgestimmt auf die geplante Gemeinschaftsintensität sollten Sie auch die begleitenden Aktivitäten und Maßnahmen wählen.

Natürlich können wir Gemeinschaft nicht von außen oder von oben herab erzwingen, aber wir können Rahmenbedingungen, Regeln und Rituale schaffen, die Gemeinschaft begünstigen. Und es bedarf auch der willentlichen Entscheidung des Individuums, sich auf die Gemeinschaft einzulassen. Wie in einer Paarbeziehung, bei der Sie sich nach der ersten Verliebtheit irgendwann bewusst für oder gegen diese Beziehung entscheiden müssen oder sich durch vermeintliche oder tatsächliche Sachzwänge in Ihr Schicksal fügen. Letzteres führt eher selten zu einem glücklichen und sinnerfüllten Leben. Ähnlich ist es in einer Gemeinschaft. Dort gibt es auch so etwas wie die erste Verliebtheitsphase, in der sich alles wunderbar anfühlt und die Einzelnen es sich gar nicht vorstellen können, dass das einmal anders wird. Diese Phase kann sehr lange andauern, oft hält sie bis weit nach dem Visionsworkshop an, in manchen Fällen sogar bis zum Einzug. Spätestens dann wird es aber irgendwann anders. Das ist an sich ganz normal. Kein Mensch hält ewige Verliebtheit aus, einige (dazu gehörte ich viel zu lange Zeit auch) versuchen durch häufigen Partnerwechsel immer wieder diese Schmetterlinge im Bauch zu spüren. Das gibt es auch vereinzelt in der Gemeinschaftsszene. Die Gemeinschaftshopper, die es nirgendwo lange aushalten. Am Anfang sind sie so begeistert, nach all den Enttäuschungen endlich das richtige, das für sie perfekte Projekt gefunden zu haben. Es dauert aber nicht allzu lange, bis sich das Blatt wendet und sie mehr und mehr auszusetzen haben an der anfänglich so idealisierten Gemeinschaft und dann wieder weiterziehen.

Wenn wir in Beziehung zu einem Menschen gehen, dann machen wir uns automatisch verletzbar. Niemand kennt Ihre empfindlichen Stellen so gut wie Ihr:e Lebenspartner:in. Dadurch sind Trennungen und Scheidungen auch oft so schmerzhaft und teuer. Und wenn wir in eine Gemeinschaft eintreten, machen wir uns sozusagen multipel verletzbar. Und daher ist es umso wichtiger, sich seinen eigenen Ängsten zu stellen und sich konstruktiv damit auseinanderzusetzen.

Am Ende dieses Kapitels lesen Sie ein Interview, das ich für dieses Buch mit Eva Stützel geführt habe. Folgender Satz aus ihrem kürzlich erschienenen Buch *Der Gemeinschaftskompass* passt an der Stelle wunderbar dazu:

> »Gemeinschaftsleben beschenkt die Menschen mit einem lebenslangen ›Workshop‹ in Persönlichkeitsentwicklung, Selbsterkenntnis und Konfliktbearbeitung.« (Stützel, 2021, S. 25)

Ich spreche aber nicht davon, dass sich das eigene Leben und die persönlichen Präferenzen nicht ändern können und durchaus auch sollen. Selbstverständlich muss es immer eine klar definierte Möglichkeit geben, eine Gemeinschaft auch wieder zu verlassen, verbunden mit einer fairen und von Anfang an transparenten Vereinbarung, was die Rückzahlung etwaig eingebrachter Eigenmittel und Leistungen betrifft. Das führt uns wieder zu den Fragen vom Kapitelanfang. Was braucht es, zusätzlich zur Bereitschaft jeder und jedes Einzelnen, um Gemeinschaftsbildung zu begünstigen?

- Gemeinsame Ausrichtung (Vision, Ziele)
- Klare Vereinbarungen (Regeln, Verträge)
- Gemeinsame (freudvolle) Aktivitäten
- Rituale

Den ersten Punkt finden Sie ausführlich im Kapitel »2. Vision« beschrieben. Über den zweiten lesen Sie in den Kapiteln »5. Organisation«, »6. Rechtsform« und »7. Finanzen«. Der dritte und vierte Punkt sind verwandt. Rituale können gleichzeitig gemeinsame, freudvolle Aktivitäten sein. Trotzdem möchte ich die Punkte kurz getrennt beleuchten.

4.1 Gemeinsame (freudvolle) Aktivitäten

Diana Leafe Christian, die schon erwähnte Gemeinschaftsexpertin und Buchautorin (Christian, 2003), mit der ich mich mehrfach zu diesen Themen austauschte, spricht von »Community Glue« (Gemeinschaftskleber oder sinngemäß Gemeinschaftskitt), der durch gemeinsame, freudvolle Aktivitäten wie ein gemeinsames Essen, eine Feier, ein gemeinsames Volleyballmatch oder Ähnliches entsteht. Sie verweist darauf, dass durch diese Tätigkeiten das Hormon Oxytocin ausgeschüttet wird, was die Bindung in und zur Gruppe stärkt. Hier möchte ich auch wieder auf die Phase des Feierns (Celebration) im Dragon Dreaming verweisen (siehe »2.7.10 Feiern«).

Sie werden sich vielleicht gefragt haben, weshalb ich das Wort »freudvoll« in der Kapitelüberschrift in Klammern setzte. Weil auch Aktivitäten, die keine Freude bereiten, gemeinschaftsfördernd sein können. Gemeinsam überstandene Schwierigkeiten und Krisen, gemeinsam überwundene Hindernisse können auch sehr gemeinschaftsfördernd sein.

Bei den Putz- und Reparaturtagen in unserem Wohnprojekt (die wir Minga nennen, Link zur Reportage im Onlinemagazin *1.000things* in QR-17) suche ich mir mitunter absichtlich eine echt unbeliebte oder unangenehme Arbeit aus; Klos putzen oder jüngst den von diversen Sommerpartys völlig versifften großen Griller auf der Dachterrasse reinigen. Das nenne ich dann meine Demutsübung, die mir Bodenhaftung und Erdung verleihen soll. Ich mach so was wirklich nicht gerne, aber danach, bei der gemeinsamen Feier, fühle ich mich gut und mit den anderen angenehm verbunden – Gemeinschaft eben.

4.2 Rituale

Auch unser modernes Leben in der vielzitierten westlichen Kultur wäre ohne Rituale um einiges ärmer. Rituale laden ein Ereignis emotional auf und können starke Eindrücke generieren. Religionen wissen das seit Jahrtausenden, Regierungen und zivile Organisationen nutzen Rituale ebenso. Taufen, Firmungen, Konfirmation, Prozessionen, Jugendweihe, Trauungen, Kindergeburtstage, Grundsteinlegungen, First- oder Gleichenfeiern, Eröffnungsfeiern, Vereidigung von Staatsoberhäuptern und Regierungsmitgliedern oder neuen Soldat:innen, Neujahrsansprachen von Präsident:innen, Karnevalsumzüge, Preisverleihungen und so weiter und so fort. Unser Leben ist nach wie vor mit Ritualen erfüllt. Ob wir sie hohl, abgedroschen, inhaltsleer oder gar verlogen empfinden oder sie uns mit Ehrfurcht, Freude und Glück erfüllen, hängt weniger vom betriebenen Aufwand ab als von unserer Einstellung zum jeweiligen Ritual und der (vermuteten) Intention der anderen Teilnehmer:innen oder Initiator:innen.

In allen erfolgreichen Gemeinschaftswohnprojekten, die ich kennenlernen durfte, gibt es ganz bestimmte Rituale. Hier ein paar Beispiele ohne Anspruch auf Vollständigkeit:

- Redestabrituale (Runde am Beginn jeder Besprechung)
- Regelmäßige Gemeinschaftstreffen
- Bestimmte Feiern (z. B. nach dem Putztag)
- Besondere gemeinsame Essen

- Aufnahme neuer Mitglieder
- Abschied von Mitgliedern
- Erntedankfeier
- Neugeborenenfeier und generell Geburtstage
- Inbetriebnahme eines Gebäude(teil)s

Nicht jede (freudvolle) gemeinsame Aktivität ist auch ein Ritual. Rituale zeichnen sich durch folgende Eigenschaften aus:

- Rituale haben einen Zweck.
- Rituale brauchen einen Rahmen.
- Rituale haben einen klaren Anfang und ein klares Ende.
- Rituale haben einen definierten Inhalt.
- Rituale werden in ihrer bestimmten Abfolge wiederholt.

Nehmen wir als Beispiel das im vorhergehenden Kapitel angesprochene Ritual zur Aufnahme neuer Mitglieder.

4.2.1 Aufnahmeritual

Der *Zweck* ist, wie der Namen schon sagt, die Aufnahme eines neuen Mitglieds. Wenn es aber ausschließlich darum ginge, würde eine E-Mail oder eine Nachricht via Twitter oder WhatsApp auch reichen. Es geht eben auch darum, eine tiefere emotionale Verbindung herzustellen und der neuen Person auch das Gefühl von Zugehörigkeit und Teilhabe zu vermitteln. Dieser Akt soll als etwas Besonderes aus dem Alltag herausragen, sich unterscheiden vom Kleiderkauf, dem Wechseln des Telefonproviders oder einer neuen Sonnenbrille. Das Ritual soll uns in Erinnerung bleiben, es soll bemerkenswert sein.

Der *Rahmen* kann ein (Groß-)Gruppentreffen sein, bei dem möglichst alle bestehenden Mitglieder anwesend sind.

Der *Anfang und das Ende* sollen klar erkennbar sein. Am einfachsten und eindrücklichsten geht das durch ein akustisches Signal. Entweder der in der Gruppe bereits bekannte Ton für das Pinakarri (siehe »2.7.3.2 Pinakarri …«), ein Gong, eine Zimbel oder Ähnliches. Ein Musikstück oder ein gemeinsam gesungenes Lied.

Möglicher *Inhalt*: Der oder die Moderator:in oder Zeremonienmeister:in bittet die Neuaufzunehmenden aufzustehen und vorzutreten (in die Mitte des Kreises zu kommen). Dann kommt das akustische Anfangssignal (Gong, Zimbel oder Lied). Die Namen werden genannt, dazu vielleicht ein paar biografische Eckpunkte zu jeder Person, die Schritte, die die aufzunehmenden Mitglieder gesetzt haben, um in die Gemeinschaft aufgenommen zu werden. Die Art der Aufnahmeentscheidung, die seitens der Gruppe gefällt wurde (z. B.: Dem Antrag auf Aufnahme wurde im Vorstand/in der Großgruppe/im Auswahlgremium einstimmig/mit großer Mehrheit/im Konsens/im Konsent zugestimmt). Nun frage ich Dich XY (bei mehreren alle Namen), willst Du Mitglied in unserer Gemeinschaft YZ werden, Dich an der Verwirklichung der gemeinsamen Vision beteiligen und auch ehrenamtlich im Umfang von XX Stunden monatlich/jährlich mitarbeiten, Dich an unsere Statuten und Beschlüsse halten, bei etwaigen Problemen und Konflikten aktiv und konstruktiv an deren Lösung mitarbeiten und die vereinbarten Beiträge zeitgerecht leisten. Dann antworte bitte vor den versammelten Mitgliedern mit einem klaren Ja? – Ja!

Nun erkläre ich Dich/Euch vor allen Anwesenden als Zeugen zu vollwertigen Mitgliedern unserer Gemeinschaft. Du kannst ab sofort auf Augenhöhe mitdiskutieren und mitentscheiden und wir wünschen Dir eine wunderbare, bereichernde Zeit in unserer Mitte.

An der Stelle könnte noch ein symbolischer Gegenstand überreicht werden (ein Schlüssel, ein hölzerner Handbesen von der örtlichen Behindertenwerkstätte, um immer zuerst vor der eigenen Türe zu kehren, oder was immer zu Ihrem Projekt und dem Anlass passt).

Zum Abschluss wieder das akustische Signal und/oder der Jubel und Applaus aller Anwesenden.

Jetzt sollte direkt eine Feier folgen und keine weiteren (langatmigen) Tagungspunkte. Setzen Sie daher das Aufnahmeritual an das Ende eines Treffens und nicht an den Anfang.

Denken Sie auch an Erinnerungfotos und/oder Videos.

Sie haben schon erkannt, woher der Wind weht. Natürlich können Sie das auch etwas weniger dramatisch angehen. Aber unterschätzen Sie nicht die verbindende Wirkung so eines Rituals. Wenn es ehrlich gemeint ist und von Herzen kommt, halten selbst die nüchternsten Zeitgenoss:innen viel mehr Pathos aus als wir glauben. In den meisten Gründer:innengruppen gibt es bereits eine Person, die so ein Ritual gut abhalten kann. Und wenn nicht, dann trauen Sie sich einfach und üben zu Hause vor dem Spiegel oder der Kamera. Es geht dabei nicht um Perfektion, sondern Authentizität, um Echtheit und Glaubwürdigkeit.

Wiederholen Sie diese bestimmte Abfolge mit nur leichten Abänderungen (Verbesserungen) bei späteren Mitgliederaufnahmen. Durch die Kontinuität und die Wiedererkennbarkeit wird das Ritual ein wirkmächtiger Bestandteil Ihrer Gemeinschaftskultur.

So oder so ähnlich, mit mehr oder weniger Pathos, können Sie auch andere Gemeinschaftsrituale entwickeln. Vorsicht mit vermeintlich gut gemeinter Ironie oder Humor. Das verträgt sich nicht gut mit dem Ritual und wirkt schnell abwertend. Sparen Sie den Humor lieber für die anschließende Feier, dort passt er besser hin.

4.3 Gemeinschaftsbildung nach Scott Peck

Morgan Scott Peck (* 22. Mai 1936 in New York City; † 25. September 2005 in Connecticut) war ein US-amerikanischer Psychiater, Psychotherapeut, Schriftsteller und Bestsellerautor. So beginnt der Eintrag über Scott Peck auf Wikipedia. In seinem Buch *Gemeinschaftsbildung* (Peck, 2014) unterscheidet Peck vier Phasen von Gemeinschaft:

- Pseudogemeinschaft
- Chaos
- Leere
- Gemeinschaft (oder authentische Gemeinschaft)

Weiter heißt es auf Wikipedia: »Mit diesem Buch legte Peck die theoretische Grundlage für seine gemeinschaftsbildende Arbeit. Mit der Gründung der Stiftung ›FCE – Foundation for Community Encouragement‹ 1984 versuchte er seine Erkenntnisse praktisch umzusetzen. Dabei wurde vor allem auf die Umsetzung in Unternehmen gesetzt. Der Ansatz erfreute sich in dieser Zeit hoher Beliebtheit. Heute wird er in Unternehmen nicht mehr angewendet, findet jedoch bei Lebensgemeinschaften Interesse.«

QR 17

Soweit zu Wikipedia, es gibt auch eine deutschsprachige Homepage (siehe Link in QR-17), die von dem Herausgeber des erwähnten Buches in Oberbrunn betrieben wird. Auf der Homepage steht unter dem Titel »die vier Phasen einer Gruppe bis zur Authentizität« wiederum als Zitat aus dem Buch folgende Beschreibung:

> »Das verbreitetste Anfangsstadium und einzige Stadium vieler Gemeinschaften, Gruppen und Organisationen ist das der Pseudogemeinschaft, ein Stadium der Vortäuschung und des Scheins. Die Gruppe tut so, als sei sie bereits eine Gemeinschaft, als gäbe es unter den Gruppenmitgliedern nur oberflächliche, individuelle Differenzen und keinen Grund für Konflikte. Zur Aufrechterhaltung dieser Vortäuschung bedient man sich vor allem einer Anzahl unausgesprochener allgemeingültiger Verhaltensregeln, Manieren genannt: Wir sollen unser Bestes tun, um nichts zu sagen, was einen anderen Menschen verstören oder anfeinden könnte; wenn jemand anderes etwas sagt, das uns beleidigt oder schmerzliche Gefühle oder Erinnerungen in uns weckt, dann sollen wir so tun, als mache es uns nicht das geringste aus; und wenn Meinungsverschiedenheiten oder andere unangenehme Dinge auftauchen, dann sollten wir sofort das Thema wechseln. Jede gute Gastgeberin kennt diese Regeln. Sie mögen den reibungslosen Ablauf einer Dinnerparty ermöglichen, aber mehr auch nicht. Die Kommunikation in der Pseudogemeinschaft läuft über Verallgemeinerungen ab. Sie ist höflich, unauthentisch, langweilig, steril und unproduktiv.
>
> Mit der Zeit können dann allmählich tiefgehende individuelle Differenzen auftreten, und die Gruppe begibt sich ins Stadium des Chaos und zerstört sich nicht selten selbst. Bei der Pseudogemeinschaft geht es um das Kaschieren von individuellen Differenzen. Im Stadium des Chaos geht es vorrangig um den Versuch, diese Differenzen auszulöschen. Das geschieht darüber, dass Gruppenmitglieder versuchen, einander zu bekehren, zu heilen, auszuschalten oder

ansonsten für vereinfachte organisatorische Regeln einzutreten. Es ist ein ärgerlicher und irritierender, gedankenloser, maschinengewehrmäßiger und oft lärmender Prozess, bei dem es nur um Sieger und Verlierer geht und der zu nichts führt. Wenn die Gruppe diese unerfreuliche Situation durchstehen kann, ohne sich selbst zu zerstören oder in die Pseudogemeinschaft zurückzufallen, dann tritt sie allmählich in die ›Leere‹ ein. Dies ist ein Stadium sehr, sehr harter Arbeit, eine Zeit, in der die Mitglieder daran arbeiten, alles beiseite zu räumen, was zwischen ihnen und der Gemeinschaft steht. Und das ist eine Menge. Vieles von dem, was mit Integrität aufgegeben und geopfert werden muss, sind universell menschliche Eigenschaften: Vorurteile, vorschnelle Urteile, starre Erwartungen, der Wunsch zu bekehren, zu heilen oder auszuschalten, der Drang zu siegen, die Angst, sich zum Narren zu machen, das Bedürfnis, die Kontrolle über alles zu haben. Andere Dinge mögen ausgesprochen persönlicher Art sein: ein verborgener Kummer, Abscheu oder tiefe Angst vor etwas, die öffentlich eingestanden werden müssen, bevor das Individuum für die Gruppe völlig ›präsent‹ sein kann. Es ist eine Zeit, die Risikobereitschaft und Mut verlangt, und wenn man sich auch oft erleichtert fühlt, so fühlt man sich doch oft auch sterbenselend.

Der Übergang von Chaos zur Leere läuft selten dramatisch ab und dauert häufig qualvoll lange. Ein oder zwei Gruppenmitglieder gehen vielleicht das Risiko ein, ihre Seele bloßzulegen, nur um zu erleben, dass ein anderes, das den Schmerz nicht ertragen kann, plötzlich das Thema zu irgendetwas völlig Unsinnigem wechselt. Die Gruppe als Ganzes ist noch nicht offen genug, um wirklich zuzuhören. Sie fällt in das zeitweilige Chaos zurück. Schließlich aber wird sie doch so leer, dass eine Art Wunder geschehen kann.

An diesem Punkt spricht ein Mitglied sehr präzise und authentisch etwas an. Die Gruppe scheut nicht davor zurück, sondern sitzt schweigend da und nimmt alles in sich auf. Dann sagt ein zweites Mitglied ganz ruhig etwas ebenso Authentisches. Es handelt sich vielleicht nicht einmal um eine Antwort auf das erste Mitglied, aber man hat auch nicht das Gefühl, es ist ignoriert worden. Vielmehr herrscht eher die Empfindung vor, das zweite Mitglied sei vorgetreten und habe sich neben dem ersten auf den Altar gelegt. Wieder kehrt Stille ein, aus der heraus sich ein drittes Mitglied ebenso präzise und eloquent äußert. Die Gemeinschaft ist geboren. Der Wechsel zur Gemeinschaft tritt oft sehr plötzlich und dramatisch ein. Die Veränderung ist deutlich zu spüren. Ein Geist des Friedens durchdrängt den ganzen Raum. Es herrscht mehr Schweigen, doch es wird Bedeutungsvolleres gesagt. Es ist wie Musik. Die Menschen arbeiten mit einem präzisen Zeitgefühl zusammen, so als seien sie ein fein eingestimmtes Orchester unter der Leitung eines unsichtbaren himmlischen Dirigenten. Viele spüren tatsächlich die Anwesenheit Gottes im Raum. Handelt es sich um eine Gruppe vormaliger Fremder, die sich in einem öffentlichen Workshop versammelt haben, dann kann man eigentlich nichts weiter tun, als sich an diesem Geschenk freuen. Handelt es sich aber um eine Organisation, dann ist die Gemeinschaft nun bereit, sich oft mit phänomenaler Leistungsfähigkeit und Effektivität an die Arbeit zu machen, also Entscheidungen zu treffen, zu planen, zu verhandeln und so weiter.«

Soweit die Erläuterungen von der Website. Dort können auch Workshops und Seminare gebucht werden. Ich habe das Buch vor Jahren gelesen und fand es interessant. Dann besuchte ich auch einmal ein Seminar dazu in Schloss Oberbrunn. Entweder war ich damals nicht offen genug oder die künstliche Situation (die anderen Seminarteilnehmer:innen und ich wollten keine Gemeinschaft bilden, wir waren uns wildfremd und wollten nur die Methoden kennenlernen) hat nicht zu wirklichen Durchbrüchen und/oder tiefergehenden Erkenntnissen bei mir geführt. In Erinnerung geblieben ist mir ein einsamer Schlossherr, der seit Jahren in seinem Schloss eine Gemeinschaft haben möchte und sich wundert, wieso das nicht klappt und niemand länger bleibt, obwohl er doch weiß und allen sagt, wie es geht.

4.4 Gewaltfreie Kommunikation nach Marshall B. Rosenberg

> »Empathie ist ein respektvolles Verstehen der Erfahrungen anderer Menschen.« (Rosenberg, 2016, S. 106)

Der US-amerikanische Psychologe Marshall Bertram Rosenberg (1934–2015) gilt als der Erfinder der Gewaltfreien Kommunikation (GFK). Seine Ansätze sind in Gemeinschaftswohnprojekten gut bekannt und sehr beliebt. GFK hilft bei der Entwicklung der Gemeinschaft, wirkt zusätzlich konfliktvorbeugend und kann auch zur Deeskalation von bereits ausgebrochenen Konflikten eingesetzt werden. Daher möchte ich nicht nur sein gleichnamiges Buch *Gewaltfreie Kommunikation* (Rosenberg, 2016) jeder Gründer:innengruppe wärmstens empfehlen, sondern plädiere auch dafür, einen Workshop zur GFK mit allen (zukünftigen) Bewohner:innen abzuhalten. Nachdem die Methode so bekannt ist, stehen die Chancen sehr gut, dass vielleicht sogar ein:e GFK-Trainer:in Mitglied in Ihrere Gründer:innengruppe ist und solche Trainings und Workshops durchführen kann.

Die zwei aus meiner Sicht wichtigsten Ansätze aus der GFK möchte ich Ihnen hier kurz vorstellen. Erstens die Unterscheidung zwischen Beobachtung und Bewertung und zweitens den Prozess der GFK.

4.4.1 Beobachtung und Bewertung

Damit wir die GFK in der Praxis gut einsetzen können, müssen wir zuerst lernen, Beobachtungen möglichst wertneutral auszudrücken und von Bewertungen bewusst zu unterscheiden. Hier ein paar Beispiele dazu:

Bewertung	**Beobachtung**
Susanne ist sehr großzügig.	Susanne hat beim Visionsworkshop zur Abschlussfeier einen ganzen Karton Sekt mitgebracht.
Helmut ist unzuverlässig.	Die letzten beiden Male als Helmut eine Aufgabe übernahm, hat er sie nicht erledigt.

Bewertung	Beobachtung
Sabine ist schüchtern.	Sabine hat sich beim Klausurwochenende nicht zu Wort gemeldet.
Edeltraud und Werner sind ein glücklich verliebtes Paar.	Edeltraud und Werner sitzen in den Besprechungen oftmals händchenhalten nebeneinander und tuscheln miteinander.
Du kommst immer zu spät.	Es ist 19:20 Uhr, wir wollten um 19 Uhr beginnen.

Erst diese Unterscheidung und die Fähigkeit, eigene Gefühle und Bedürfnisse in Worte zu fassen, befähigen uns zur gewaltfreien Kommunikation.

4.4.2 Prozess der GFK

Der Kernprozess der GFK besteht aus vier Komponenten:

- *Beobachtungen:* Zuerst beobachten wir, was in einer Situation tatsächlich geschieht: Was hören wir andere sagen, was sehen wir, was andere tun? Beobachtung ohne Beurteilung oder Bewertung.
- *Gefühle:* Als Nächstes sprechen wir aus, wie wir uns fühlen, wenn wir diese Handlung beobachten. Fühlen wir uns verletzt, erschrocken, froh, irritiert usw.?
- *Bedürfnisse:* Hier machen wir deutlich, welche unserer Bedürfnisse hinter diesen Gefühlen stehen.
- *Bitten:* die konkrete Handlung, um die wir bitten möchten; einen Vorschlag zum weiteren Vorgehen; eine Fragestellung, die dazu einlädt, die Sicht der anderen Seite zu entdecken.

Ein kleines Beispiel aus der Wohnprojektpraxis dazu:

»Du sprichst nie wieder so mit mir, dass das klar ist!«, hat Sebastian soeben Jochen ins Gesicht gezischt, sich in einer hastigen Bewegung umgedreht, die Gemeinschaftswerkstatt verlassen und dabei die Türe zugeknallt. Jochen, Leiter der Untergruppe Werkstätte, schaut perplex in die Runde der anderen vier Anwesenden, dreht die Augen zur Decke und stößt einen Seufzer aus.

Was war geschehen? Die jährliche Aufräumaktion in der Gemeinschaftswerkstatt hatte gut angefangen, nach einer kurzen Ankommensrunde wurden die Arbeiten aufgeteilt. Dabei hat Jochen Sebastian aufgefordert, er möge seine Materialkiste aus dem Lager nehmen und solle in Zukunft das Materiallager nicht wieder für seine privaten Zwecke missbrauchen. Sebastian, wie von der Tarantel gestochen: »Was heißt hier mißbrauchen, nur weil ich der Einzige bin, der sich hier an die Regeln hält und seine eigenen Projekte beschriftet, brauchst Du mich nicht gleich anmachen.« Jochen, erklärt Sebastian die Einlagerungsregeln und es klingt ein wenig so, wie wenn der Oberstudienrat Doktor Jochen Sagmeister, einem besonders begriffstutzigen Exemplar seiner Schüler zum hundertsten Mal die Pausenregeln erklärt.

Das hat Sebastian so auf die Palme gebracht, weil er sich von Jochen wie ein dummer Schüler behandelt fühlte. Im Coachinggespräch meinte Sebastian dann: »Wie soll ich das gewaltfrei kommunizieren, ich war so angepisst, ich hätte Jochen am liebsten eine aufs Maul gegeben.«

Folgenden Vorschlag haben wir erarbeitet:

- *Beobachtung:* »Jochen, du erklärst mir, wie ich mich in der Werkstatt zu verhalten habe. Außerdem fällt mir die Tonalität und die Art und Weise auf, wie du mit mir sprichst.«
- *Gefühle:* »Das macht mich extrem wütend und ärgerlich.«
- *Bedürfnisse:* »Mir ist wichtig, die Ordnungsregeln einzuhalten und die Werkstatt aufgeräumt anderen zu hinterlassen«
- *Bitte:* »Daher bitte ich dich um einen respektvollen Umgang. Wenn du ein anderes Ordnungssystem im Auge hast, bin ich offen für eine Diskussion dazu.«

Ein anderes Praxisbeispiel:

Susanne, Delegierte der AG Bau hat sich geärgert, weil Helmut schon zweimal hintereinander von ihm zugesagte Aufgaben nicht erledigt hat. Susanne hat Helmut um ein Gespräch unter vier Augen gebeten. Nach wechselseitigen Befindlichkeitsaussagen ergreift Susanne das Wort:

- *Beobachtung:* »Helmut, die letzten beiden Male, als Du in der AG eine Aufgabe übernahmst, hast du sie nicht erledigt.«
- *Gefühle:* »Ich bin ärgerlich und auch ein wenig verzweifelt und etwas ratlos.«

- *Bedürfnisse:* »Auch weil ich die Sorge habe, dass wir unsere selbstgesteckten Ziele nicht erreichen werden und die Arbeitsmotivation und Zuverlässigkeit bei den anderen Gruppenmitgliedern sinken wird.«
- *Bitte:* »Daher bitte ich Dich, dass Du zugesagte Aufgaben in der vereinbarten Zeit erledigst und, falls Dir das aus irgendeinem Grund nicht möglich ist, Du das rechtzeitig vor Ablauf der Erledigungsfrist an die Gruppe kommunizierst, damit wir noch eine Chance haben, jemand anderes für die Erledigung zu finden.«

Sie merken schon, das ist gar nicht immer so trennscharf formulierbar. Es geht in der GFK auch nicht um perfekte Formulierungen, sondern um die Trennung von Beobachtung und Bewertung und darum, zu lernen, Gefühle, Bedürfnisse und Bitten auszusprechen. Das braucht einfach Übung und hat dafür den zustützlich Vorteil, dass Sie und Ihre Nachbar:innen die GFK nicht nur im Wohnprojektkontext segensreich einsetzen können, sondern in vielen Lebenslagen. Ob in (Liebes-)Beziehungen, am Arbeitsplatz, beim Gang auf Behörden et ceterea, die Anwendungsmöglichkeiten guter gewaltfreier Kommunikation sind schier unerschöpflich.

4.5 Umgang mit Konflikten

> »Die Meinungsverschiedenheit wird in dem Moment zum Konflikt, in dem bei einer der beiden Parteien eine emotionale Ladung dazukommt.« (Stützel, 2021, S. 51)

Am besten ist es natürlich, wenn alle Gruppenmitglieder in der Kommunikation miteinander so achtsam und gewaltfrei agieren, dass Meinungsverschiedenheiten als interessante Lernmöglichkeit und kreative Herausforderung betrachtet werden, die es gemeinsam zu meistern gilt. Aber erstens sind wir alle nicht perfekt und zweitens auch nicht jeden Tag gleich ausgeglichen.

Es gibt viele Wege, um gut mit Konflikten umzugehen und diese zu deeskalieren. Auch hier ist die Wahrscheinlichkeit groß, dass Sie in Ihrer

(Gründer:innen-)Gruppe Menschen mit einschlägigen (Mediations-) Ausbildungen haben. Diese können das Wissen in der Gruppe weitergeben und selbst bei Konflikten von anderen Mitgliedern vermitteln, sofern sie nicht selbst konfliktbeteiligt sind.

Aus der Fülle an Methoden, die in Gemeinschaftsgruppen zur Konfliktprävention und Lösung eingesetzt werden, möchte ich drei empfehlen:

- Redestabrunden (siehe »2.7.3 Achtsame Kommunikation«)
- Gewaltfreie Kommunikation (siehe »4.4 Gewaltfreie Kommunikation nach Marshall B. Rosenberg«)
- Restorative Circles

Die letzte Methode wurde mir von geübten Gruppenbegleiter:innen und Mediator:innen empfohlen. Entwickelt von dem in Brasilien lebenden Briten Dominic Barter in den 1990er-Jahren in den Favelas von Rio de Janeireo, gibt es Restorative Circles seither fast weltweit. Weblinks dazu finden sie in QR-18.

Eine eigene Konfliktstrategie bereitet Gemeinschaftswohnprojekte und deren Bewohner:innen auf das Thema vor und hilft im Ernstfall, weil es dann schon einen Ablauf gibt, worauf zurückgegriffen werden kann. Auch in meinem Projekt gibt es eine Konfliktstrategie und Sie finden das »Infoblatt Konfliktkultur« vom Wohnprojekt Wien als Beispiel zum Download in QR-18.

4.6 Der Gemeinschaftskompass

Eva Stützel, die ich am Beginn dieses Kapitels bereits zitiere und deren Interview jetzt gleich folgt, hat dieses Konzept gemeinsam mit Martin Stengel 2015 begonnen und später alleine weiterentwickelt. Die Abbildung 06 Gemeinschaftskompass auf der nächsten Seite stammt von Eva und ich verwende sie hier mit ihrer Erlaubnis.

Das Konzept erklärt die Erfinderin unter anderem im folgenden Interview.

Die Homepage von Eva Stützel finden Sie in QR-18.

QR 18

Abbildung 06 Gemeinschaftskompass

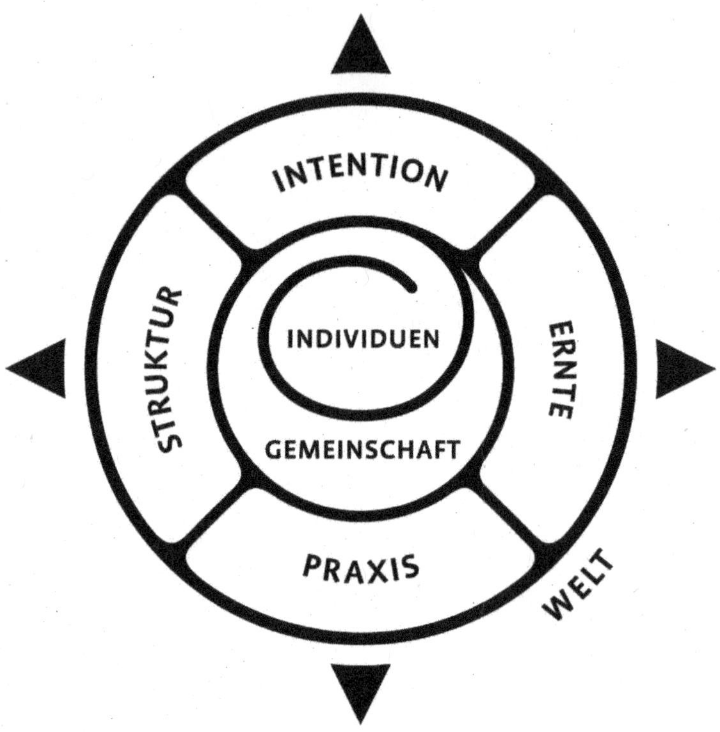

4.7 Interview mit Eva Stützel

Eva Stützel (ES) ist Mitbegründerin des Gemeinschaftswohnprojektes Ökodorf Sieben Linden im Norden Deutschlands, wo sie seit vielen Jahren lebt, sie ist Diplom-Psychologin, Entwicklerin des Gemeinschaftskompass und hat viele Jahre Erfahrung in der Beratung von Gemeinschaften.

Heinz Feldmann (HF): Du hast den Gemeinschaftskompass entwickelt und vor Kurzem das gleichnamige Buch dazu geschrieben, das ich an der Stelle gleich allen Leser:innen noch einmal aufs wärmste empfehle (Stützel, 2021). Und Du hast schon viel Erfahrung mit der Beratung von Projekten. Wo drückt der Schuh am häufigsten?

ES: Es gibt halt wirklich unterschiedliche Schuhe, die drücken, und deswegen habe ich auch diesen gesamten Gemeinschaftskompass geschrieben. Viele Probleme lassen sich im Endeffekt auch immer auf zwischenmenschliche Themen zurückführen. Jetzt gerade komme ich von einer Gruppe zurück, bei der klar war, es gibt eine große Unklarheit in der Ausrichtung, in der Intention. In der Ausrichtung sind sie sich uneins, aber im Miteinander gibt es eigentlich ein starkes: »Aber wir wollen zusammenleben und ein Projekt machen«. Und gleichzeitig gibt es in politischer Richtung recht verschiedene Ansichten, z. B. zum Thema Veganismus. Das ist ein typischer Konflikt in der Gründungsphase, wo sich die Gruppe entscheiden muss zwischen dem »Wir wollen eigentlich miteinander etwas realisieren, aber wir wollen unterschiedliche Sachen.«. Und passt das dann in ein Projekt oder nicht? Diese Spannung über die Ausrichtung – ich nenne es im Gemeinschaftskompass »Intention« – ist ein häufiges Thema.

Und dann immer wieder *Strukturen*, die nicht passen. Strukturen, die frustrierend sind, wenn man sich ewig im Kreis dreht und nicht weiterkommt. Die Kernthemen, zu denen ich gerufen werde, liegen im Schnittfeld von *Individuen* und *Gemeinschaft*, *Intention* und *Struktur*. Wo wollen wir eigentlich hin und in welchen Strukturen setzen wir das um? Und das dann in allen unterschiedlichen Ebenen.

HF: Erzähle uns bitte was über den Gemeinschaftskompass.

ES: Der Gemeinschaftskompass ist entstanden aus meiner Erfahrung beim Aufbau von Sieben Linden und auch aus Gemeinschaftsberatungen, die ich seit 2004 mache. Zusammen mit Martin Stengel habe ich dann 2015 den Gemeinschaftskompass entwickelt, nur ist er leider kurz danach in andere berufliche Gefilde gegangen, und dann habe ich alleine damit weitergearbeitet. Wir haben sieben Aspekte identifiziert, die wichtig sind, um Gemeinschaften aufzubauen. Zentral dabei sind *Individuum* und *Gemeinschaft*. Also die Frage: Wie gehen die Menschen miteinander um? Mit welcher Haltung gehen die Menschen ins Leben? Was für eine Kommunikationskultur und welche Kultur des Miteinander gibt es? Das steht im Gemeinschaftskompass im Zentrum. Damit alleine baut man aber noch keine Gemeinschaft auf. Es braucht auch dann die Klarheit: Wo wollen wir gemeinsam hin? Das ist die *Intention*. Es braucht klare *Strukturen*. Das sind auch die beiden Sachen, die ich eben schon erwähnt habe, als Du mich gefragt hast, wo drückt der Schuh am meisten. Das sind die Hauptkonflikte. Aber damit allein ist es immer noch nicht getan, mit der klaren Intention und der klaren Struktur, sondern man muss dann natürlich auch wissen, wie man das Ganze reell umsetzt, also wie man es in die *Praxis* bringt. Zur Praxis gehört alles von Bauen, Kochen, Energietechnik, Kinderbetreuung, Öffentlichkeitsarbeit, Buchhaltung, jeweils im Hinblick auf den Projektaufbau.

Vor allem wichtig auch die ganzen Fragen rund um Geldflüsse. Wo kommt das Geld her? Wie wird das verteilt? Wie wird mit Arbeit umgegangen? Der nächste Aspekt im Gemeinschaftskompass ist die *Ernte*, der Aspekt Ernte steht dafür, dass wir in unserer westlichen Arbeitskultur gerne gute Pläne machen, viel arbeiten und dann gleich wieder zum Nächsten springen, vor lauter Aktivismus und vergessen, immer mal wieder innezuhalten und zu schauen. Wo wollten wir hin und wo sind wir gelandet und wer hat dazu beigetragen? Indem wir wertschätzen, was die Leute beigetragen haben zu dem, was wir realisiert haben, indem wir uns Feedback geben, indem wir evaluieren und feiern. Das ist ein Teil, der ist total wichtig für die Gemeinschaftsbildung. Dieses Innehalten und Würdigung und Wertschätzung, Feedback und das Feiern unterstützt auch darin, bei der vielen Arbeit, die so ein Projekt ist, nicht auszubrennen. Und das ist mit eine der Antworten auf die Frage, wie verteilen wir die Arbeit? Das funktioniert weniger mit Zwang und Abmachungen, als damit die Arbeit attraktiv zu machen. Und dazu gehört, dass sie gesehen wird, das gewürdigt wird, dass man tut, was man tut. Durchaus auch, wenn Sachen schieflaufen. Dass das angesprochen wird, aber nicht auf eine Art, wo einem die Sachen um die Ohren geknallt werden, sondern wo man lernt, was können wir nächstes Mal anders machen, damit es konstruktiv weitergeht. Und jetzt habe ich sechs Aspekte genannt bis

»Dieses Innehalten und Würdigung und Wertschätzung, Feedback und das Feiern unterstützt auch darin, bei der vielen Arbeit, die so ein Projekt ist, nicht auszubrennen.«

jetzt: Individuen, Gemeinschaft, Intention, Struktur, Praxis und Ernte. Und der siebte Aspekt ist die *Welt*. Weil unsere Projekte nicht im luftleeren Raum stattfinden, sondern in dieser Welt, die uns zum Beispiel jetzt gerade Coronaviren und Coronaverordnungen schickt. Aber auch Gesetze, in denen wir uns bewegen müssen, Fördermittel, die uns vielleicht unterstützen können, Sektenkampagnen, die Projekte zerstören können, Netzwerke, aus denen wir viel lernen können. Die Frage, wie wir uns im Verhältnis zur Welt aufstellen, kann ein Projekt ungeheuer stärken und unterstützen oder auch ein Projekt kaputt machen. Und von daher ist auch ein bewusster Fokus auf dieses Verhältnis wichtig und das Lernen: Was braucht es da und wie gehen wir damit um? Und der Aufbau von möglichst vielen Synergieeffekten ist auch ein wichtiger Teil. Und diese sieben Aspekte machen den Gemeinschaftskompass aus.

HF: Worauf soll eine Gruppe besonders achten, wenn sie ein neues Projekt neu gründen möchten?

ES: Die Top-Priorität ist: Pflegt von Anfang an eure Gemeinschaft, eure Gemeinschaftskultur, den Gemeinschaftsgeist, die Kommunikationskultur, das Miteinander. Macht euch klar, dass Gemeinschaft auch persönliche Arbeit an sich selbst für jede einzelne Person ist, immer wieder. Gemeinschaftsleben kann ein Schatz sein. Wenn man die Reibungspunkte, die aus dem Miteinander entstehen, auch als einen Beitrag zum persönlichen Wachstum sieht, dann ist Gemeinschaftsleben ein großes Geschenk. Und wenn man das nur als nervig betrachtet, dann sollte man das mit der Gemeinschaft lieber lassen.

Die nächsten wesentlichen Fragen: Klärt, ob ihr wirklich das gleiche wollt. Klärt die Ausrichtung, die Intention. Sucht die dazu passenden Strukturen. Ein Kardinalfehler ist es, ein Gemeinschaftswohnprojekt im Eigentum von einem der Projektleute umsetzen zu wollen und dann zu denken, es wäre doch eine gleichberechtigte Gemeinschaft. Guckt,

»Es kann eine Weile auch schön sein, mit allen immer über alles zu diskutieren, aber irgendwann braucht es auch eine andere Phase, weil das einfach nicht das Erquicklichste am Gemeinschaftsleben ist, seinen Tag mit Diskussionen zu verbringen.«

wie ihr gut zu Entscheidungen kommt. Es kann eine Weile auch schön sein, mit allen immer über alles zu diskutieren, aber irgendwann braucht es auch eine andere Phase, weil das einfach nicht das Erquicklichste am Gemeinschaftsleben ist, seinen Tag mit Diskussionen zu verbringen. Also findet gute Entscheidungsstrukturen, setzt es um und vergesst zwischendurch das Ernten und das Feiern nicht, ganz wichtig!

HF: Danke, schön auf den Punkt gebracht. Was sind aus deiner Sicht so die Vor- und Nachteile von Ökodörfern, also ländlichen Projekten versus Gemeinschaftswohnprojekten im städtischen Raum? Und wer ist wo besser aufgehoben?

ES: Die Frage ist schlicht und einfach: Was wollen die Leute? Wollen sie auf dem Land oder in der Stadt wohnen? Das sind einfach unterschiedliche Projekte und der Vorteil vom Landleben ist das Land, das ich hier morgens einen Schritt aus dem Haus mache und sofort in Wald und Feld bin. Und der Nachteil vom Landleben ist das Land. Wir haben zwar inzwischen eine Bushaltestelle vor der Haustür, aber dann gondel ich eine Stunde 20 Minuten bis zum Bahnhof. Und wenn man mal irgendwo Kultur erleben will, die wir hier nicht selber machen, ist es auch weit. Wenn man viel unterschiedliches Kulturleben haben will und abends in verschiedenen Kneipen herumziehen oder so was, dann zieht man besser in eine Stadt. Und wenn man Lust auf Natur und Land hat, zieht man auf's Land. Es ist natürlich auch eine Frage der Projektziele. Wir in Sieben Linden wollen möglichst viel vor Ort produzieren. Wir haben einen Garten, wir haben einen Wald, wir heizen mit unserem eigenen Holz. Wenn einem sowas wichtig ist, dann ist natürlich das Land besser und das ist aber einfach Geschmackssache. Und es gibt auch Leute, die eine ganze Weile hier gewohnt haben und dann in die Stadt ziehen oder umgekehrt. Leute aus städtischen Wohnprojekten ziehen hierher. In verschiedenen Lebensphasen ist ja auch verschiedenes dran.

HF: Worauf sollen Gruppen achten, wenn sie externe Berater:innen für ein Thema suchen?

ES: Ich würde sagen: nachfragen, wen die schon beraten haben. Vielleicht sogar mit Leuten Kontakt aufnehmen, die sie schon beraten haben. Wie war das? Es gibt viele Leute, die ihre Projekte aufgebaut haben und dann denken, jetzt kann ich Gemeinschaften beraten. Und das alleine reicht halt nicht. Es braucht auch einen professionellen Hintergrund, und regelmäßige Fortbildung und kollegialen Austausch. Und dann ist es halt die Frage für welches Thema, welche Beratung. Sind es eher soziale Themen oder geht es um Praktisches, Organisatorisches? Es gibt wenige Berater:innen, die beides gut verbinden. Es gibt Berater:innen, oder ich nenne es dann eher Begleiter:innen, die Gruppen gut in ihren sozialen Prozessen halten und unterstützen können, und es gibt Leute, die für die konkreten, organisatorischen Fragen sehr gute Berater:innen sind. Interessanterweise immer noch zu wenig Berater- und Begleiter:innen mit sowohl professionellem wie auch wirklichem Gemeinschaftshintergrund. Manche Herausforderung ist schwierig zu verstehen, wenn man nicht aus einer Gemeinschaft kommt. Also von daher würde ich für soziale Themen immer auch raten, nehmt Menschen, die aus der Gemeinschaftszene kommen. Eigentlich würde ich das für alles raten (lacht). Ich kenne wenige Berater:innen, die beide Bereiche gut miteinander verbinden. Das finde ich echt noch eine Lücke.

HF: Wie viel Zeit und Geld sollen aus Deiner Sicht Gründer:innen gleich von Anfang in das Thema Gemeinschaftsbildung investieren oder dafür reservieren?

ES: Es soll kein Nebenprodukt sein, sondern von Anfang an wichtig genommen werden. Sagen wir mal so, wenn ich jetzt den Kompass angucke, den Gemeinschaftskompass, der hat sieben Aspekte. Davon haben drei was mit Gemeinschaftspflege zu tun: Individuen, Gemeinschaft und Ernte. Das wären drei Siebtel. Vielleicht tut es auch ein Viertel der Zeit und Aufmerksamkeit, aber viel weniger als ein Viertel sollte es nicht sein. Denn es gibt Kraft für alles Weitere.

HF: Ihr habt in Sieben Linden sehr viel Erfahrung mit partizipativen Entscheidungen. Was ist so dein Resümee zu dem Thema?

ES: Mein Resümee ist, dass langwierige Konsensprozesse Projekte nicht immer glücklicher machen. Da habe ich mit den Jahren meine Haltung geändert. Ich habe jahrelang gesagt: Ja, das dauert lange und ist aufwendig, aber dafür werden die Entscheidungen besser und es stärkt einfach unsere Gemeinschaft. Irgendwann habe ich es aus meinem Repertoire gestrichen, das zu sagen. Tatsächlich muss ich jetzt sagen, manchmal führen langwierige Konsensprozesse nur zu viel nervigen Diskussionen und seltsamen Konstrukten, denen man anmerkt, dass sie das Ergebnis eines langwierigen Konsensprozesses sind, der gerade diese und jene Ecke noch versucht hat zu integrieren, aber nicht besonders intelligent ist. Und von daher ist für mich jetzt die Frage, ob Partizipation heißt, dass man in jedem Fall die letzte Person auch noch dazu bringt, ja zu sagen. Oder ob Partizipation nicht auch heißen könnte, dass alle Menschen an irgendeinem Punkt aktiv mitgestalten. Und das ist inzwischen mein Ansatz von Partizipation. Ich finde es total wichtig, dass jeder Mensch in einem Projekt, in dem er lebt, möglichst auch aktiv mitgestaltet und auch Verantwortung und Entscheidungskompetenz übernimmt oder übernehmen kann. Aber dafür lieber eine Struktur entwickeln, in der verschiedene Menschen in verschiedenen Bereichen Dinge entscheiden und nicht eine Struktur, die sehr viel von der ganzen Gruppe entscheiden lässt. Also jetzt mal in Produkten gesprochen: Ich bin da sehr inspiriert von der Soziokratie, die da einen guten Grundansatz bietet. Auch wenn sie von ihrer Grundidee gar nicht für Gemeinschaften geschrieben ist. Und man muss ein bisschen gucken, wie man dann die soziokratische Struktur in Gemeinschaften implementiert. Da gibt es ein paar Sachen, die jede Gemeinschaft wieder anders löst und das finde ich auch ganz gut so. Aber, dass kleine Gruppen für Dinge, in denen sie sich auch einarbeiten und in denen sie Verantwortung übernehmen, Entscheidungen treffen, finde ich inzwischen den besseren Weg, als sehr viel grundsätzlich mit allen zu entscheiden.

QR 19

Im weiteren Verlauf des Interviews spricht Eva über den Dauerbrenner »Arbeitsaufteilung« in Gemeinschaften, das Thema Macht und weshalb das oft ein Tabu ist.

Das gesamte Interview finden Sie zum Download in QR-19.

5 Organisation

> Bisweilen kann eine menschliche Gemeinschaft, ebenso wie ein einzelnes Gehirn, aber so ausgelastet sein, dass alle Drähte im Gehirn in Form von Nervenzellenverbindungen und synaptischen Verschaltungen heißlaufen und alle Mitglieder, sprich Nervenzellen, sich bis zur Erschöpfung einsetzen müssen, um alle Aufträge zu erledigen und alle Verpflichtungen zu erfüllen. Für eine kurze Zeit mag das gut gehen, aber auf lange Sicht wird man wohl die Organisation der Gemeinschaft verändern müssen.
>
> *(Hüther, 2013, S. 80)*

Seit geschlagenen drei Stunden sitze ich schon in dieser Hausversammlung und in mir beginnt sich alles dagegen zu sträuben, hier noch länger auszuharren. Ein Nachbar, nennen wir ihn Dr. M., hat das Wort zum gefühlt hundertsten Mal an sich gerissen, dabei die hoffnungslos überforderte Moderatorin ignoriert, die verzweifelt versucht, das Gespräch auf den eigentlichen Agendapunkt zurückzuführen. Dr. M. erregt sich gerade an der Strahlkraft seiner elaborierten Ausführungen zu einem seiner Lieblingsthemen und fragt sich und ein wenig auch uns Statisten, warum eigentlich nur ihm dieser wichtige Aspekt auffiel. Endlich wird es auch anderen Bewohner:innen zu bunt und eine Frau im Pelzmantel (im gut geheizten Café!?) fährt mit schneidender Stimme dazwischen wie die Trennscheibe eines Winkelschleifers. Dr. M. kommt rhetorisch außer Tritt und blickt verstört in Richtung der Zwischenruferin. Sein Gesichtsausdruck entgleitet ihm kurz, doch er sammelt sich rasch und wirft eine beiläufige Bemerkung über den untersuchenswerten Zusammenhang von Pelzträgerinnen und nicht weggeräumten Hundstrümmerln (wienerisch für Hundekot) im projekteigenen Kinderspielplatz in den Raum. Jetzt wird es tumultartig und ich verabschiede mich von meiner Resthoffnung, an diesem Abend noch zu irgendeinem gemeinsamen Beschluss zu kommen.

Auf meinem Weg zum Ausgang sehe ich im Vorbeigehen das Gesicht der Moderatorin, die mit hängenden Schultern neben dem Flipchart steht. Sie ist den Tränen nahe. Endlich draußen schwor ich mir, nie, nie, nie wieder auf so eine Eigentümerversammlung zu gehen.

Dabei hatte ich erst vor Kurzem diese wunderbare, superschicke 140-m^2-Eigentumswohnung im 21. Wiener Gemeindebezirk gekauft und bezogen. Geplant vom französischen Architektenstar Jean Nouvel, erstreckte sich meine Wohnung über zwei Geschosse, hatte dadurch eine Galerie und ein Wohnzimmer mit fast fünf Metern Raumhöhe und eine große Südterrasse. Besonders praktisch erschien mir auch der Lift direkt in die Tiefgarage, wo ich meine zwangsbelüftete, ledergepolsterte »Schwedenbombe« (Benzinbrudersprech für Saab 9000 Turbo) geparkt hatte, die mich täglich ins Büro in der Nähe des Flughafens trug, wo – Sie haben es sicher schon erraten – ebenso ein reservierter Tiefgaragenplatz auf mich wartete. So brauchte ich über meinen Maßanzug auch im kältesten Winter gar keinen Mantel anzuziehen. Deshalb hatte ich meistens auch gar keinen mit, weil ich ohnehin nie »raus« musste. Bis auf einmal, als ich Schneeketten anlegen musste. Aber das ist eine andere Geschichte.

Heute ist das ein Vierteljahrhundert her. Damals war ich fast am Höhepunkt meines hedonistischen Selbstverwirklichungstrips. Kurz zuvor übernahm ich die Geschäftsführung für die Österreich-Tochter eines internationalen Medizintechnikkonzerns und hatte in einjährigen, zähen Verhandlungen ein für mich obszön hohes Gehalt nebst erstaunlich vielen Freiheiten ausgehandelt. Verglichen mit heutigen Managergehältern waren das allerdings Peanuts.

Mein zu jener Zeit etwa zehnjähriger Sohn war kurz davor von seiner überforderten Mutter vom anderen Ende Österreichs zu mir nach Wien übersiedelt worden, was natürlich für Vater und Sohn gleichermaßen herausfordernd war. Aber auch das ist Stoff für ein anderes Buch. Worauf ich hinaus will ist, dass es mir zu der Zeit zum ersten Mal gedämmert ist. Erstmals in meinem bis dahin zielorientierten Leben ist mir der Verdacht gekommen, dass ich mir trotz geilem Job, Superauto und Luxuswohnung möglicherweise ein armseliges Leben für teures Geld eingerichtet hatte. Wenn ich beispielsweise kurz eine Betreuung für meinen Nachwuchs brauchte, musste ich wildfremde Menschen für Geld engagieren, denn ich hatte weder (Groß-)Eltern noch sonst irgendwelche Verwandten in Wien, war ich doch selbst erst wenige Jahre zuvor vom Bodensee hierhergezogen.

Damals erträumte ich die ersten vagen Vorstellungen von einem Leben in einer Gemeinschaft, in der sich die Bewohner:innen auch nachbarschaftlich bei der Kindererziehung unterstützen könnten. Leider war ich zu der Zeit noch in der völlig falschen Subkultur (heute würde man sagen »Bubble«) unterwegs, sonst hätte ich mitbekommen, dass es sehr wohl Menschen gibt, die so etwas auch wollen und tatsächlich umsetzen. So musste ich noch fast zwanzig Jahre warten, bis für mich die Zeit reif war und ich nach viereinhalb Jahren Planen und Bauen ins wunderbare Wohnprojekt Wien einziehen durfte.

So seltsam und schräg es vielleicht klingen mag, hatte ich dennoch in der Zeit als Konzernmanager und danach wieder Unternehmer vieles gelernt, was mir bei der späteren Gründung und Umsetzung des eigenen Wohnprojekts und danach der WoGen Wohnprojekte Genossenschaft sehr hilfreich war. Unsere Leben verlaufen ja in den seltensten Fällen in geraden Linien von einem angestrebten Meilenstein zum nächsten. Mit den mehr oder weniger großen Umwegen und Schleifen gleicht unser Lebensweg doch eher der Spur einer Eiskunstläuferin beim Training, inklusive diverser Stürze. Reinhold H. Schäfer, einer meiner Lehrer und Autor des wunderbaren Buches *Männerquest, die Reise ins Herz des Mannes* (Schäfer, 2004) sagt dazu gerne: »Wir eiern uns ins Zentrum«.

In meinem früheren Leben hatte ich also unter anderem gelernt, wie man Finanzmittel für große Projekte aufstellt, ein professionelles Rechnungswesen samt Controlling aufbaut und wie die Mitarbeit und Teilhabe vieler Menschen organisiert werden kann.

Jetzt brauchte ich nur noch den Schlüssel zu finden, wie das Ganze von einer Top-down-Hierarchie, bei der einzig die Kapitalgeber:innen die Richtung vorgeben, in eine Bottom-up-Organisation umgestellt werden kann, bei der alle Beteiligten gleichermaßen mitreden und mitentscheiden können. Dabei war mir auch klar, wie es nicht geht, nämlich so wie bei der beschriebenen Eigentümerversammlung, wo sich die Lautesten vordrängen, jeder gegen jeden argumentiert und dann verzweifelt versucht wird, eine einstimmige Entscheidung zu treffen, die meist nicht zustande kommt und den Status quo einzementiert.

Rechtzeitig bei der Gründung des Wohnprojekts Wien erfuhren meine Mitgründer:innen und ich von der Soziokratie, einer interessanten Alternative zur klassischen zweidimensionalen Hierarchie einerseits und zur total egalitären Basisdemokratie mit ihren alltagspraktischen Nachteilen andererseits. Mehr dazu in Kürze unter der Überschrift »5.3 SKM, Holacracy, S3 und SIG«.

Manche Gemeinschaftsgründer:innen wollen es nicht wahrhaben und hören es auch nicht gerne, aber in gewisser Hinsicht ist so ein Projekt auch ein Wirtschaftsbetrieb. Und es gibt auch ein gewisses wirtschaftliches Risiko. Das lässt sich zwar gut kontrollieren, aber nicht gänzlich eliminieren.

Eine gut durchdachte und an die speziellen Bedürfnisse des jeweiligen Projekts (immer wieder) angepasste Organisation hilft, die wertvollen Ressourcen des Projektes sinnvoll einzusetzen und nicht zu verschwenden. Diese Ressourcen sind:

- Die Fähigkeiten, Kenntnisse und Arbeit(-szeit) der Bewohner:innen
- Der Ort samt seinen natürlichen Ressourcen (Bauland, Gebäude, Wiesen und Ackerflächen, Wald, Humus, Lehm, Grundwasser, eventuell Haus- und Nutztiere, Insekten, Mikroorganismen und so weiter)
- Geld und Kreditwürdigkeit

5.1 Spielregeln

Fast alle Expert:innen, die ich für dieses Buch interviewte, erwähnten in der einen oder anderen Form die immense Wichtigkeit von klaren Spielregeln und einer guten Organisation für den nachhaltigen Erfolg eines Projektes. Am Ende dieses Kapitels gibt es noch ein Interview mit einer Expertin für Organisationsentwicklung (OE), die obendrein eine profunde Kennerin der Soziokratie ist und viele Jahre Erfahrung zum Thema Leben in Gemeinschaft hat. Sie lebt im selben Wohnprojekt wie ich, heißt nicht zufällig Christine Amon-Feldmann, denn sie ist mit mir, dem Glückspilz, verheiratet.

Es reicht aber nicht, eindeutige Spielregeln zu vereinbaren, sie müssen auch aufgeschrieben werden und alle Bewohner:innen – egal ob Gründer:in oder später dazugekommen – müssen das Regelwerk verstehen und sich dazu bekennen, auch schriftlich!

Natürlich sollen diese Regeln von Zeit zu Zeit überprüft und nötigenfalls auch geändert werden können. Dazu verweise ich auch auf die im Kapitel »2. Vision …« eingangs erwähnte Unterscheidung zwischen nicht verhandelbaren Eckpunkten und allen anderen Entscheidungen und Regeln.

5.2 Klassische Hierarchie, Basisdemokratie oder Kreisorganisation

In der von Unternehmen, staatlichen, staatsnahen und suprastaatlichen Organisationen her bekannten zweidimensionalen Hierarchie werden wichtige Entscheidungen entweder von Einzelpersonen oder einem Gremium an der Spitze gefällt. Abgesehen von einigen teilweise sehr bekannten und erfolgreichen Gemeinschaften mit (spirituellen) Führer:innen ist diese Organisationsform in intentionalen Gemeinschaften eher wenig verbreitet. Beispiele für Gemeinschaften, die damit, entweder in den Gründungsjahren oder ganz generell, gut funktionieren sind Auroville in Indien, Tamera in Portugal und Damanhur in Italien (Links in QR-20).

Viele Gemeinschaften, die in der zweiten Hälfte des vorigen Jahrhunderts gegründet wurden, arbeiten basisdemokratisch oder verwenden basisdemokratische Elemente. In der vollen Ausprägung bedeutet Basisdemokratie, dass immer alle alles gemeinsam entscheiden.

Bei Wikipedia ist zur Basisdemokratie Folgendes zu lesen:

> »Die Basisdemokratie ist eine begrifflich nur als ›diffuser Sammelbegriff‹ definierte Form der direkten Demokratie. Sie kommt in den meisten basisdemokratischen Konzepten im Gegensatz zur repräsentativen Demokratie ohne Repräsentanten aus, da alle relevan-

ten Entscheidungen von den Betroffenen selbst durch ›unmittelbare Beteiligung‹ getroffen werden, entweder durch Abstimmung oder direkte Aktion. Sofern es in manchen Konzepten Amtsträger gibt, sollen diese unter dem Vorbehalt der ständigen Abwahlmöglichkeit stehen.« (Wikipedia, 26.1.2022)

Wer selbst schon einmal in einer basisdemokratischen Student:innenversammlung oder einer elterngeführten alternativen Schule engagiert war, hat die Grenzen solcher Entscheidungsfindungen selbst erlebt. Es kann sehr zeitaufwendig werden. Wobei basisdemokratisch noch nicht beschreibt, »wie« Entscheidungen getroffen werden, sondern lediglich »wer« entscheidet, meist eben alle. Mehr dazu etwas später unter den Überschriften »5.4.2.1 Konsententscheidung« und »5.4.3 Sonstige Entscheidungen«.

Mein Nachbar und Architekt Markus Zilker (siehe auch »8.6 Interview 1:1«) rechnet damit, dass bei einem Mehrfamilienhausbau an die 500.000 Entscheidungen zu fällen sind, große und auch ganz kleine. Der überwiegende Großteil davon wird von den damit beauftragten Spezialist:innen (Architekt:innen, Projektsteuerung, Bauaufsicht etc.) getroffen. Je nach Grad der Partizipation sind es zwar »nur« 0,5 bis 1,5 Prozent der Entscheidungen, die tatsächlich von der Bewohner:innenschaft des Gemeinschaftswohnprojektes zu fällen sind. Das sind circa 2.500 bis 7.500 Entscheidungen. Nehmen wir für ein kurzes Rechenbeispiel den Mittelwert, also 5.000 Entscheidungen für den Bau. Dazu kommen noch einmal so viele für die Themenbereiche: Visionsfindung, Gemeinschaftsbildung, Gruppenbildung, Organisation, Rechtsform und Finanzen samt Solidaritätsfonds, um nur die wichtigsten zu nennen. Zusammen also rund 10.000 Einzelentscheidungen, die gut diskutiert und überlegt sein wollen.

Nehmen wir weiter an, die Gruppe besteht aus 50 Erwachsenen, die bei guter Moderation und Disziplin – wieder angenommen – 30 Minuten pro Entscheidung (als Mittelwert, manche »lucky shots« werden in 15 Minuten zu erledigen sein, andere benötigen vielleicht eine oder gar mehrere Stunden) brauchen. Folglich benötigt die Gruppe für die 10.000 Entscheidungen 5.000 Stunden. Das entspricht einer dreieinhalbjährigen

Vollzeitanstellung und, wenn jedes Mitglied überall mitentscheiden will, sind das eben dreieinhalb Jahre für jede und jeden Einzelne:n. Wiewohl stark vereinfacht, zeigt dieses kleine Rechenbeispiel doch eines sehr deutlich, nämlich die Notwendigkeit, sich arbeitsteilig zu organisieren. Gelingt das nicht oder nicht gut, wird die Gruppe sehr schnell in Streit und Chaos und/oder völlige Überlastung schlittern.

Mittlerweile sind etliche der »älteren« Gemeinschaftswohnprojekte von ihrer ursprünglichen Variante der Basisdemokratie, oft verbunden mit Konsensentscheidungen, wieder abgekommen. Sowohl Diana Leafe Christian als auch Eva Stützel kommen aus Projekten, die mit Konsensentscheidungen und Basisdemokratie gegründet wurden. Beide empfehlen heute kreisförmige (soziokratische) Organisationsstrukturen und Konsent (mit hartem T) statt Konsens. Mehr zum Konsent erfahren Sie gleich unter den vorher erwähnten Überschriften. Schauen wir uns zuerst die Kreisorganisationsmethoden grundsätzlich an.

5.3 SKM, Holacracy, S3 und SIG

Gegen Ende der Nullerjahre, als frisch konvertierter Öko und Weltverbesserer, engagierte ich mich auch bei der globalisierungskritischen NGO (Nichtregierungsorganisation) attac (Links in QR-20) und war auch ein paar Jahre im Vorstand bei attac Österreich. Dort lernte ich Christian Felber kennen, dem ich von meiner Brückenbauvision erzählte. Ich hatte mich für die Vorstandstätigkeit beworben, weil ich Brücken und Allianzen zwischen attac und Unternehmer:innen bauen wollte, um den progressiven Teil der Unternehmer:innenschaft für eine enkeltaugliche Wirtschaftsordnung zu gewinnen. Für mich war nicht jede Unternehmerin und jeder Topmanager automatisch ein zynischer Kapitalist, der zur persönlichen Profitmaximierung unsere planetare Zukunft verhökern will. So kam es zur Gründung der ersten attac-Unternehmer:innengruppe. Später tauften wir sie in »Gemeinwohlökonomie« um, damit sich die Initiative auch außerhalb von attac weiterentwickeln kann, was sie seither auch tat und immer noch tut (Link in QR-20).

Bei einer der ersten Besprechungen der jungen Gemeinwohlökonomiebewegung lernte ich einen anderen Christian kennen, einen großen, schlaksigen Deutschen, den Ernst Gugler, ein befreundeter attac-Unternehmer eingeladen hatte und uns als GFK-Trainer (Gewaltfreie Kommunikation) vorstellte. Der Christian aus Deutschland sollte uns eine neue Organisationsform samt Entscheidungsfindungsmethode vorstellen, die vielleicht für unsere Initiative passen könnte. Seltsamerweise spürte ich einen Anstieg meines Aggressionspegels, als mir dieser Christian bereits nach kürzester Zeit zum zweiten Mal in der Besprechung das Wort abschnitt, um mich mit sehr freundlichen – für mich damals eine Spur zu süßlich wirkenden – Worten zu korrigieren. Später erkannte ich, dass die Freundlichkeit ehrlich gemeint ist und lernte die herzliche Art und den subtilen Humor dieses Christians sehr zu schätzen. Er heißt mit Nachnamen Rüther und hat mir und uns an diesem Nachmittag die Soziokratie vorgestellt. Er betreibt auch eine eigene Homepage mit vielen weiterführenden Infos (Link in QR-20).

QR 20

Der Niederländer Gerard Endenburg gilt als Begründer der Soziokratischen Kreisorganisationsmethode (SKM). Im niederländischen Original heißt sie Sociocratische Kringorganisatiemethode und im englischen Sociocratic Circle Organisation Method.

Der Begriff Soziokratie ist abgeleitet vom lateinischen Wort socius (Gefährte, Kamerad, Bundesgenosse, Verbündeter, Kumpan, Mitglied) und dem altgriechischen kratein (regieren, herrschen), was soviel wie »Herrschaft der Gefährten« bedeuten soll. Gerard Endenburg war unter anderem von seinem reformpädagogischen Lehrer Kees Boeke dazu inspiriert und führte 1970 die Urversion der SKM im von seinen Eltern gegründeten Elekrotechnikunternehmen ein. Später gründete er auch das Soziokratische Zentrum in Rotterdam, von wo aus die Methode in andere Unternehmen und Organisationen und später in die ganze Welt getragen wurde.

Pragmatisch gesprochen ist die SKM ein Hybrid aus konsensorientierter Basisdemokratie und traditioneller Hierarchie, das die Organisation in verschiedenen Kreisen strukturiert. Auf der Kreisebene werden alle Entscheidungen gleichberechtigt, basierend auf transparenten Informationen und Argumenten, in einem klar strukturierten Prozess getroffen. Jede:r wird gehört und kann sich einbringen. Entschieden wird im Konsent, einem Verfahren, bei dem zwar jede:r gefragt wird, aber nicht nach der »einen« Lieblingsvariante für alle gesucht wird (die es oft schlechterdings nicht gibt), sondern nach der Lösung, mit der zumindest alle leben können, gegen die es keine schwerwiegenden Einwände gibt.

Zwischen den Kreisen kann es sehr wohl hierarchische Unterschiede geben, aber nicht innerhalb eines Kreises. Die Partizipation und die Mitsprachemöglichkeiten werden wesentlich erhöht durch die sogenannte doppelte Verknüpfung, wodurch ein Kreis im nächsthöheren durch zwei Personen vertreten ist. Das meiner Meinung »Geniale« an der SKM ist, dass dadurch der jeweilige Hauptnachteil einerseits der klassischen Hierarchie, andererseits der Basisdemokratie wesentlich entschärft wird. Bei der klassische Hierarchie ist das der Umstand, dass die Entscheider:innen an der Spitze mit der Zeit zu Feedbackresistenz neigen. Durch den Glanz ihrer erhöhten Position werden sie zu der Annahme verleitet, ohnehin selbst alles besser zu wissen. Verstärkt und befördert wird dieser Effekt durch die vielen Ja-Sager und Speichellecker, die sich, angelockt von der Macht, um deren Inhaber:innen scharen wie die Motten um eine alte Glühbirne. Und bei der Basisdemokratie, speziell in der Kombination mit Konsens, besteht der Hauptnachteil darin, dass sich die Beharrungskräfte durchsetzen (und dadurch Innovation verhindern) und diejenigen mit dem besten Sitzfleisch, die bis zum Morgengrauen diskutieren wollen, während die andersdenkenden Engagierten vielleicht schon resigniert abgezogen sind.

Die Soziokratie insgesamt und dadurch auch die SKM haben natürlich auch Nachteile, wie bekanntlich jede Münze zwei Seiten hat. Darauf gehe ich gegen Ende des Kapitels näher ein. Aber so viel schon jetzt: Meine Beobachtungen und meine Erfahrungen haben mir gezeigt, dass die Vorteile der Soziokratie (egal ob SKM, Holacracy, S3 oder SIG) für Gemeinschaftswohnprojekte die Nachteile bei weitem überwiegen. Wenn, ja wenn sie eindeutig geregelt ist und von allen Beteiligten gelernt, verstanden und angewendet wird. Damit meine ich nicht, dass die jeweils »reine« Lehre einer der unterschiedlichen Soziokratieschulen eingeführt werden muss, sondern dass die Gruppe sich auf die für sie passende Kombination aus

Werkzeugen, Strukturelementen und Spielregeln einigt und diese Kombination dann auch eine Zeit lang konsequent durchhält.

Im den nächsten beiden Unterkapiteln gehe ich auf die praktische Anwendung in Gemeinschaften noch näher ein.

Die Hintergründe und Geschichte der Soziokratie mit ihren unterschiedlichen (Weiter-)Entwicklungen finden Sie noch viel ausführlicher beschrieben im Buch *Soziokratie, Holakratie, S3, Frederic Laloux Reinventing Organizations und New Work* von besagtem Christian Rüther (Rüther, 2018), der das Buch großzügigerweise auch als Gratisdownload auf seiner Homepage anbietet (QR-21). Dort finden Sie übrigens auch eine von ihm geschriebene Betaversion eines Buchprojektes mit dem Titel *Soziokratie Light*, auf das ich noch zurückkommen werde.

Barbara Strauch, eine engagierte österreichische Gemeinschaftsaktivistin, ist ungefähr zur selben Zeit wie ich von Christian Rüther mit dem Soziokratievirus infinziert worden und hat sich seither ebenfalls sehr damit auseinandergesetzt und später mit anderen engagierten Menschen das Soziokratiezentrum Österreich gegründet (Link in QR-21), wovon viele Gemeinschaften im Land wiederum profitierten. Gemeinsam mit Annnewiek Riemer, einer Vertrauten und Weggefährtin von Gerard Endenburg, schrieb sie das lesenswerte Buch *Soziokratie. Das Ende der Streitgesellschaft.* (Barbara Strauch, 2016)

Brian Robertson, ein amerikanischer Softwareunternehmer, hatte die SKM in der zweiten Hälfte der Nullerjahre vom US-amerikanischen SKM-Experten John Buck gelernt, dann aber eine eigene Version mit dem Namen Holacracy entwickelt. Dabei hat Robertson viele Prinzipien der Soziokratie übernommen und manches geändert beziehungsweise dazuentwickelt. Im Deutschen gibt es sowohl die Übersetzung Holokratie als auch Holakratie. Daher bleibe ich bei der englischen Schreibweise Holacracy und werde sie gar nicht mehr oft brauchen. Einen genaueren Vergleich finden Sie in dem bereits erwähnten, gut recherchierten Buch von Christian Rüther (Rüther, 2018).

In den letzten Jahren hat die Holacracy auch in einigen Unternehmen im deutschsprachigen Europa Einzug gehalten und es bleibt spannend, wie sich das weiter entwickeln wird.

Etwas salopp (und sicher völlig inkorrekt) könnte man sagen: Holacracy ähnelt der SKM (Soziokratische Kreismethode), nur halt mit SAP-Honorarsätzen (Den Link zur Homepage finden Sie in QR-21.).

Hinter dem dritten Kürzel »S3« aus der Überschrift steht das Konzept Soziokratie 3.0. Der ehemalige SKM-Berater James Priest hat mit dem IT-Experten Bernhard Bockelbrink und Liliana David dieses Konzept entwickelt, das im Wesentlichen eine Ansammlung von Methoden ist. Christian Rüther schreibt dazu:

»S3 ist eine Dekonstruktion der SKM und Anreicherung von vielen nützlichen Methoden aus modernen New-Work-Ansätzen, auch aus der Holacracy. Dabei geht es S3 selten um eine umfassende Transformation einer Organisation, sondern um konkrete Problemlösungen mithilfe einzelner Methoden. S3 ist Open Source, das gesamte Wissen ist online zu finden und es gibt fundierte Schulungen von den Begründern.« (Rüther in einer persönlichen E-Mail vom 8.3.2022)

Den Link zur besuchenswerten Homepage von S3 finden Sie in QR-21. Dort finden Sie unter anderem schön gemachte Grafiken zum Download, die dank einer Creative-Commons-Lizenz auch verwendet werden können.

Die Entwicklung der Soziokratie in den vergangenen Jahrzehnten hat ironischerweise eine gewisse Ähnlichkeit mit der Entwicklung des Christentums in den vergangenen Jahrhunderten. Es spalten sich Teile ab und machen ihr eigenes Ding. Alle glauben irgendwie an den monotheistischen Gott und Jesus Christus, seinen fleischgewordenen Sohn, legen aber die mehr oder weniger gut überlieferten Worte jeweils anders aus. Also wenn die SKM von Endenburg die katholische Kirche wäre (was für ein abwegiger Vergleich, kommen seine Wurzeln doch von den Quäkern), dann ist die Holacracy vergleichbar mit den Mormonen, Bockelbrink et al. und ihre S3 sind vergleichbar mit den Protestanten, ihnen wurde vielleicht wie weiland Martin Luther der Ablasshandel zu bunt. Obendrein hat sich mittlerweile auch das österreichische Soziokratiezentrum unter Barbara Strauch von Rotterdam (alias Rom) teilweise losgelöst und macht so was ähnliches wie die Evangelikalen, während zwei relativ unabhängige Idealisten, Jerry Koch-Gonzales und Ted Rau mit SOFA (Sociocraty for all) so eine Art von Methodistenvereinigung mitgegründet haben, womit die Evangelikalen übrigens auch kooperieren. Meine Frau würde die Augen verdrehen und dazu sagen: »Nicht alles was hinkt, ist ein Vergleich«. Eine fundiertere und von hinkenden Vergleichen verschonte Beschreibung der bisherigen Entwicklung der Schulungs- und Beratungsangebote finden Sie in einem Dokument auf der Homepage von Christian Rüther und den direkten Link dazu in QR-21. Und um diese bunte und diverse Angelegenheit noch um eine interessante Facette zu bereichern, schlage ich hiermit für gemeinschaftliche Wohnprojekte eine für diese Ansprüche maßgeschneiderte und von allem unnötigen Ballast befreite Soziokratievariante vor, die ich SIG nenne. SIG steht für »Soziokratie in Gemeinschaften«. Und um die SIG in den vorigen Vergleich einzureihen, könnten Sie sagen, der Feldmann und seine SIG ist eine Mischung aus Calvin und den Wiedergeborenen Christen. Übrigens habe ich persönlich dazu keinerlei neue Erfindungen gemacht, sondern aus bestehenden Ideen und Konzepten die Teile zusammengefügt, die erprobterweise in der Wohnprojekte-Gemeinschaftspraxis bestens funktionieren und sich bewährt haben. Der Dank dafür gilt neben Gerard Endenburg und seinen Mitstreiter:innen auch den vielen Praktiker:innen aus Wohnprojekten in Europa und Übersee. Ganz speziell profitiert habe ich auch von den OE-Spezialist:innen aus dem Wohnprojekt Wien. Zwei davon werden in diesem Buch noch direkt und indirekt zu Wort kommen.

QR 21

Mit meinen schrägen Vergleichen will ich Sie, liebe:r Leser:in, nicht verwirren, vielmehr möchte ich damit nur darauf hindeuten, dass weder SKM noch Holacracy, S3 oder auch SIG die »ideale« oder »perfekte« Lösung für alle organisatorischen Probleme in einem gemeinschaftlichen Wohnprojekt bieten. Es braucht, wie die Obfrau meines Herzens im Interview am Kapitelende ausführt, immer auch den Blick aus der Perspektive der Organisationsentwicklung, um für die jeweilige Gruppe und ihr spezielles Projekt die passende Organisation zu entwickeln. Dafür halte ich viele der soziokratischen Konzepte für geradezu grenzgenial geeignet und habe das in der Praxis hundertfach erlebt. Was genau ich für Sie mit dem Konzept SIG zusammengetragen habe, erfahren Sie gleich im nächsten Kapitel.

5.4 SIG Soziokratie in Gemeinschaften

Wie erwähnt beschlossen wir im Wohnprojekt Wien als eine der ersten Gemeinschaften in Österreich, die Soziokratie, damals die SKM (soziokratische Kreismethode nach Endenburg) einzuführen. Wir hatten eine Probezeit von einem Jahr vereinbart und waren insofern auch in einer glücklichen Ausgangssituation, weil meine (damals noch nicht) Frau Christine und weitere drei oder vier zukünftige Nachbar:innen beruflich direkt oder indirekt mit dem Thema Organisationsentwicklung (OE) und (Groß-)Gruppenmoderation vertraut waren. Christine hat dann Pieter van der Meché, einen erfahrenen SKM-Trainer vom Soziokratiezentrum in Rotterdam, engagiert und Kurse für uns und andere organisiert. Dort lernten wir von Pieter, der – wie fast alle Holländer, die ich kenne – sehr gut Deutsch spricht, die SKM. Die bereits erwähnte Barbara Strauch hatten wir später auch für Moderationen und Beratung beauftragt und so versucht, möglichst viel Praxiswissen zu generieren.

Nach dem Probejahr waren wir hochzufrieden und blieben bis zum heutigen Tag bei der Soziokratie. Allerdings haben wir uns nicht an die orthodoxen Vorgaben der SKM aus Rotterdam gehalten und keinen Topkreis eingeführt. Was der Topkreis ist und weshalb wir in dem Punkt absichtlich von der reinen Lehre abgewichen sind, erkläre ich Ihnen in Kürze.

Die Form der Soziokratie, die ich SIG nenne, entspricht zu 98 % dem, was im Wohnprojekt Wien erfolgreich gelebte Praxis ist, und zu 90 % dem, was Christian Rüther in seinem gleichnamigen Buchprojekt »Soziokratie Light« nennt (Rüther, 2019). Vielleicht fragen Sie sich jetzt, wieso muss der Feldmann noch eine weitere Soziokratieform beschreiben, wo es doch schon ähnliche Konzepte gibt. Natürlich nicht nur, weil ich insgeheim immer schon eine Sekte gründen wollte, sondern weil gemeinschaftliche Wohnprojekte zwar in manchen Bereichen wie Unternehmen funktionieren, aber in manchen anderen ganz und gar nicht. Daher ist das, was ich Ihnen auf den folgenden Seiten präsentiere, einfach eine Spezialform der Soziokratie für Wohnprojekte und sicher nicht eins zu eins für Firmen (egal ob inhabergeführt oder Kapitalgesellschaft) anwendbar. Für diesen Zweck wenden Sie sich bitte an die SKM-, S3- oder Holacracy-Leute.

Wie gesagt sind die meisten Bestandteile, die ich im Folgenden beschreibe, aus der SKM von Gerard Endenburg, und ihm gebührt die Ehre. Dort, wo ich bewusst davon abweiche, schreibe ich das dazu. So lernen Sie als Leser:in einen Großteil der SKM–Inhalte und wissen auch gleichzeitig, welche Abweichungen ich aus welchen Gründen vorgenommen habe.

5.4.1 Basiswerte

Transparenz, Partizipation, Gleichwertigkeit und positive Fehlerkultur als Werte bilden ein schönes, vierblättriges Kleeblatt für die eigene Organisation. Im Folgenden finden Sie jeweils ein paar Gedanken und Praxistipps dazu.

5.4.1.1 Transparenz

Damit die Mitmacher:innen eines gemeinschaftlichen Wohnprojekts Vertrauen entwickeln können, braucht es ein hohes Maß an Transparenz und Vertrauen darauf, als Mitglied nicht in allen Arbeitsgruppen mitmachen und bei jeder Entscheidung dabei sein zu müssen und trotzdem die Gewissheit zu haben, dass im Sinne der gemeinsamen Vision und der gemeinsamen Ziele entschieden und gearbeitet wird.

Es gibt eine Reihe von konkreten Hilfen, die für mehr Transparenz sorgen: Eine klare und von allen gut verstandene sowie akzeptierte Vision gibt eine transparente Richtung vor. Weiters bedarf es zeitnah bereitgestellter und leicht verständlicher Besprechungsprotokolle. Diese Protokolle werden bei jeder Arbeitsgruppenbesprechung verfasst und der ganzen Gruppe zur Verfügung gestellt. Aber nicht als Mailanhang an alle Mitglieder verschickt, sondern in einer digitalen Ablage gespeichert, zu der alle Mitglieder möglichst barrierefrei Zugang haben.

Zusätzlich braucht es ein ebenso barrierefrei zugängliches Logbuch, in dem alle Grundsatzentscheidungen festgehalten werden. Was Grundsatzentscheidungen sind, lesen Sie weiter hinten in dem Kapitel unter der Überschrift »5.4.2.1.5 Grundsatz- und Ausführungsentscheidungen«. Dieses Logbuch kann eine einfache digitale Tabelle sein (Excel), in der nach Datum, Themen, Arbeitsgruppen und Überprüfungs- oder Ablaufdatum gesucht werden kann. Die letzten beiden Punkte werde ich ebenso später noch vertiefend erläutern.

5.4.1.2 Partizipation

Eine Gemeinschaft lebt davon, dass alle sich engagieren und ihre Talente und Fähigkeiten einbringen, dass sie partizipieren können und es auch tun. Daher soll auch jedes Mitglied in mindestens einem Arbeitskreis mitmachen. Dadurch und durch die besondere Struktur in der Soziokratie ist die Teilhabemöglichkeit in hohem Maße gewährleistet. Mehr zu den Arbeitskreisen lesen Sie auf den kommenden Seiten.

5.4.1.3 Gleichwertigkeit

Speziell in intentionalen Gemeinschaften sind die Mitglieder besonders darauf bedacht, dass es zu keinen (großen) Machtungleichheiten innerhalb der Gruppe kommt. So ist auch das Thema Hierarchie immer ein sehr heikles. Wie am Kapitelanfang beschrieben gibt es in der Soziokratie sehr wohl hierarchische Unterschiede zwischen den Kreisen, aber innerhalb eines Arbeitskreises herrscht Gleichwertigkeit der Meinungen einzelner Mitglieder. Die Meinung oder Stimme der Arbeitsgruppenleitung oder der Delegation sind denen der anderen Mitglieder in der Gruppe absolut gleichgestellt. Oft wird speziell in Gruppen mit basisdemokratischer Geschichte »gleichwertig« mit »gleich« verwechselt. Die Mitglieder eines Projektes sind nicht »gleich« im Sinne von gleichgeschaltet. Gerade die Vielfalt und Diversität macht eine Gemeinschaft reich. Wenn alle das »Gleiche« denken wie ich, dann kann ich mich als Individuum gar nicht weiterentwickeln, nichts dazulernen. Wenn wir alle immer derselben Meinung sind, werden wir größere und folgenschwerere Fehlentscheidungen treffen, als wenn wir uns erst einmal mit unseren unterschiedlichen Zugängen auseinandersetzen und auf einander zugehen müssen. Gleichwertig bedeutet auch, es auszuhalten, wenn mein:e Nachbar:in eine konträre Meinung zu der meinigen hat. Im Sinne des angelsächsischen »let's agree that we disagree« (einigen wir uns darauf, dass wir uns nicht einig sind). Mit der inneren Einstellung: »Wir haben hier unterschiedliche Standpunkte, trotzdem achte ich dich als Mensch und begegne dir auf Augenhöhe.«

5.4.1.4 Positive Fehlerkultur

Es gibt die bekannte Anekdote von Thomas Alva Edison und der Erfindung der Glühbirne. Danach soll Edison in seinen Labors in Menlo Park bei New York 1879 zigtausende erfolglose Laborversuche unternommen haben, bis endlich einmal ein Stück Draht in einer Glaskugel länger als ein paar Sekunden zu leuchten begann, bevor es zischend für immer verglühte. Das muss ziemlich frustrierend gewesen sein. Wieder ein neuer Faden aus einem anderen Material, ein anderes Gasgemisch oder Unter- beziehungsweise Überdruck im Glas, eventuell eine andere Stromspannung – dann alles fertig, im Laborbuch notiert und los, zack, wieder nichts. Die meisten Menschen hätten nach dem hundertsten Versuch aufgegeben, einige wenige hartnäckige nach dem tausendsten. Lassen wir das, das bringt uns nicht weiter, die Geldgeber werden auch schon unruhig, forschen wir halt an etwas anderem. Nicht so der alte Dickschädel Edison. Zum einen sicher, weil er eine Vision hatte. Aber ebenso wichtig war seine persönliche Einstellung zum »Fehler« bei den Laborversuchen. Er sah eben nicht jeden missglückten Versuch als Misserfolg, sondern sagte dazu jeweils – so die Überlieferung – »Interessant, ein weiterer erfolgreicher Versuch, wie es nicht geht.«

So ähnlich ist der Umgang mit Fehlern in der Soziokratie. Wir sprechen dabei, ähnlich wie die Forscher:innen im Labor, von Messergebnissen. Gerard Endenburg war Naturwissenschaftler und von der Kybernetik angetan. Er führte die »Dynamische Steuerung«, eine einfache kybernetische Schleife bestehend aus den drei Schritten Planen, Ausführen und Messen, ein. (siehe Abb. 07)

Demnach sind »Fehler«, die bei der Arbeit in der Organisation auftauchen, einfach Messergebnisse, die uns dazu anhalten sollen, bei diesem speziellen Punkt die »Planung« zu ändern. Nach der erneuten Umsetzung (Ausführung) wieder zu messen, was dabei rauskommt, und den ganzen Prozess bei Bedarf solange durchzumachen, bis wir das gewünschte Ergebnis erhalten.

Wenn so eine unaufgeregte Herangehensweise bezüglich »Misserfolgen« in einer Gemeinschaft einmal etabliert ist, fällt es allen Beteiligten leichter, eigene Fehler einzugestehen, als »aufschlussreiches« Messergebnis zu betrachten und mit einem geänderten Plan einen erneuten Versuch zu wagen.

Abbildung 07 Dynamische Steuerung

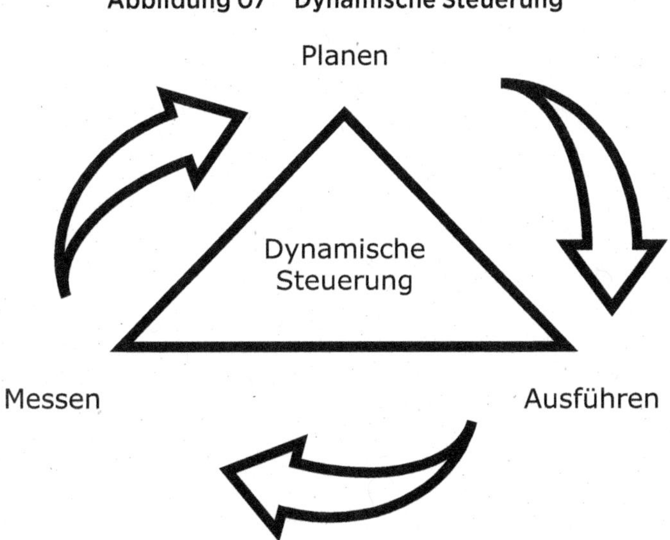

5.4.2 Vier Grundprinzipien

Die vier Grundprinzipien sind: Entscheidungen fallen im Konsent, die Kreisstruktur, die doppelte Verknüpfung zwischen den Kreisen und die offene soziokratische Wahl.

5.4.2.1 Konsententscheidung

Beim soziokratischen Konsent geht es, wie in der Übersicht über die Kreisorganisationsmodelle schon angesprochen, nicht um die »ideale« Lösung für alle. Mit einem sympathischen Schuss Pragmatismus gilt es, die Lösung zu finden, gegen die niemand einen schwerwiegenden Einwand hat. Eine Lösung, mit der alle leben können. Die ausformulierte Entscheidung bekommt dann (für das Logbuch) gleich noch ein Ablaufdatum oder ein Datum, an dem die Entscheidung wieder evaluiert wird (im Sinne der dynamischen Steuerung – siehe Abb. 07). Das Wissen darum, Entscheidungen zu einem späteren Zeitpunkt relativ unspektakulär wieder ändern zu können, macht es leichter, überhaupt Entscheidungen zu fällen. Weil es eben nicht um Perfektion geht, sondern darum, weiterzukommen. Oft sind die Kosten einer zu lange hinausgezögerten oder gar nicht gefällten Entscheidung (was letztlich auch eine Entscheidung ist, nämlich die, den aktuellen Status festzuschreiben) wesentlich höher, als die einer nicht perfekten, aber im Moment tauglichen Entscheidung.

John Buck, der erwähnte Soziokratieexperte aus den USA, hat dazu die mittlerweile auch in der deutschsprachigen Szene weit verbreitete Formel eingeführt:

»Good enough for now, safe enough to try.« (Gut genug für jetzt und sicher genug, um es auszuprobieren.)

Diana Leafe Christian hat noch ein drittes Mantra drangehängt: »O. K., Let's find out.« (O. K., lasst es uns rausfinden.; Wienerisch: pack ma's.)

Folgende drei Aspekte haben mich von Anfang an für den Konsent eingenommen.

- Es muss nicht ewig um die ideale Lösung für alle gerungen werden, wie beim Konsens.
- Es gibt keine unterlegene Minderheit, die sich als Verlierer sieht, wie bei der Mehrheitsentscheidung.
- Eine Person, die einen begründeten, schwerwiegenden Einwand gegen eine Entscheidung hat, kann nicht übergangen oder überstimmt werden (Achtung: nicht zu verwechseln mit einem Veto – Unterscheidung folgt noch).

5.4.2.1.1 Die Konsentmoderation

Eine gute Moderation ist für alle Abstimmungs- und Entscheidungsverfahren von großer Bedeutung. Beim soziokratischen Konsent umso mehr, weil die Beteiligten den Ablauf oft erst lernen müssen. Je vertrauter die jeweiligen Gruppenmitglieder mit der Konsentmoderation sind, umso leichter wird es in der Praxis. Daher empfehle ich eine gute Ein- und kontinuierliche Nachschulung aller Stimmberechtigten und nicht nur der Moderator:innen. Mein Vorschlag geht sogar so weit, neuen Mitgliedern das Mitbestimmungsrecht erst dann zuzugestehen, wenn diese eine Einschulung in das Procedere absolviert haben und nicht automatisch nach dem Projektbeitritt. Das klingt für manche Ohren nach »Exklusion«. Da halte ich dagegen, dass Partizipation nicht nur eine Bringschuld, sondern auch eine Holschuld ist. Wer mitgestalten will, muss auch bereit sein, die Anwendung des Werkzeuges zu lernen. Wir würden Sie auch niemals in unserer Holzwerkstatt im Wohnprojekt ohne Einschulung an der großen Kreissäge werken lassen, weil das viel zu gefährlich ist und Sie sich schneller von Ihren Fingern trennen könnten, als Sie »soziokratische Konsentmoderation« auszusprechen imstande sind. Aber wir lassen Neulinge ohne richtige Einschulung über die Zukunft von Millionenprojekten mitentscheiden? Leider oft ja! Ziel muss daher sein, dass alle Bewohner:innen den Konsentablauf verstehen und à la longue auch selber moderieren können.

Wer moderiert?
Wenn die Einschulungen und Moderationen durch interne oder externe Spezialist:innen erledigt sind, holen sich die meisten Gruppen nur noch für schwierige Entscheidungen oder aufwendige Wahlen Unterstützung von außerhalb (des Kreises oder des Projektes) dazu. Spätestens am Beginn der Besprechung wählen die Kreismitglieder aus ihrer Mitte eine Person für die Rolle als Moderation und eine andere Person für die Protokollierung. Dadurch, dass alle im Kreis die Person wählen und bitten, die Moderation zu machen, sind auch alle in der Mitverantwortung für einen gelungenen Ablauf. Leider hat sich in manchen Gemeinschaftswohnprojekten und deren Arbeitskreisen die Unsitte eingebürgert, dass immer die Kreisleitungsperson selbst moderiert. Das halte ich für einen Fehler. Das kann zu Arbeitsüberlastung bei der Leitungsperson führen und in weiterer Folge dazu, dass bei zukünftigen Wahlen für Kreisleiter:innen immer weniger Menschen dazu bereit sind, solche Funktionen zu übernehmen. Die Kreisleitung hat gemeinsam mit der Delegation meist schon die Arbeit, die Besprechungstermine überhaupt ins Leben zu rufen und vorher eine Agenda zu erstellen, abzustimmen und (idealerweise) vorab an die Kreismitglieder zu versenden (mehr dazu im Kapitel »5.4.2.2 Kreisstruktur«). Ganz abgesehen davon ist es nicht immer einfach, als Kreis-

mitglied während der Konsentmoderation die Rollen sauber zu trennen. Wann spreche ich als Moderation und wann als Mitglied? Wenn dann die Rollen für die Besprechung verteilt sind, geht es endlich los.

Wer protokolliert?
Manche Autor:innen empfehlen, für die Protokollfunktion auf Dauer eine Person aus dem jeweiligen Kreis zu wählen. Das würde mir nicht gefallen und eine solche Wahl würde ich daher ablehnen. Das liegt allerdings daran, dass ich das Protokollschreiben nicht mag. Es gibt aber Menschen, die das gut können und gerne tun und wenn Sie so jemanden im Kreis haben, dann bitte wählen. In allen anderen Fällen empfehle ich, diese Aufgabe einigermaßen fair und abwechselnd auf die verschiedenen Schultern zu legen.

5.4.2.1.2 Der Konsentablauf

In der Abbildung 08 sehen Sie den Ablauf schematisch dargestellt. Dieses Diagramm gibt es für Trainer:innen und Fazilitator:innen auch als Poster im Format A0 (84 cm breit und 119 cm hoch). Darauf finden Sie zwei verschiedene Ausgangsszenarien. Links oben auf der Abbildung 08 beginnt das eine Szenario und heißt:

a) Beschlussvorschlag vorhanden

Es gibt also bereits einen ausformulierten Lösungsansatz, der – wenn alle damit leben können – so in die Umsetzung gehen könnte.

In der Rolle der Moderation klären Sie zuerst mit der Gruppe, ob das Ziel der Entscheidung allen klar ist. Das ist auch deshalb hilfreich, weil Sie anhand des Zieles später ableiten oder »messen« können, ob im Zweifelsfall ein Einwand »schwerwiegend« ist oder »einfach«. Nehmen wir als Beispiel an, es geht um die Anschaffung eines Elektroautos für den projekteigenen Carsharingpool. Die Entscheidung ist im Leitungskreis gelandet, weil die Arbeitsgruppe »Finanzen & Recht« als Mutter des Hilfskreises (oder der Untergruppe) »Mobilität« zwar die Budgethoheit für die reine Anschaffung hätte, aber unsicher war, ob ein Elektroauto auch gewünscht

Abbildung 08

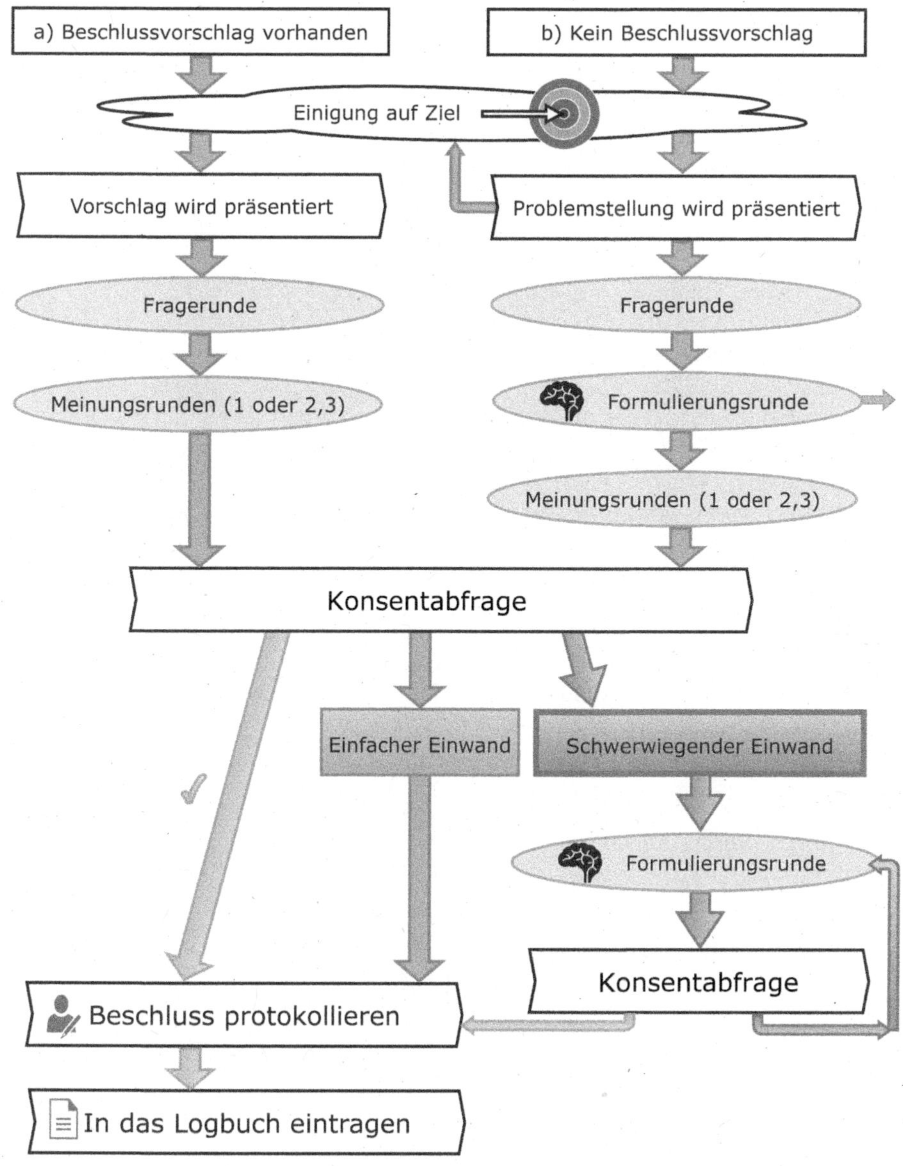

ist. In der Vision steht: »Wir wollen eine Keimzelle der Nachhaltigkeit sein.« und in der AG Finanzen & Recht ist eine wilde Diskussion über die Sinnhaftigkeit und Nachhaltigkeit von Elektroautos entstanden.

Als Beschlussvorschlag für den Leitungskreis haben die Akteur:innen aus der Arbeitsgruppe Finanzen & Recht folgenden Wortlaut vorbereitet:

> »Der Leitungskreis möge beschließen, dass eine Projektgruppe unter der Leitung von Martina Walser gegründet wird, die ihrerseits Mitglieder aus dem ganzen Haus anwirbt und mittels geeigneter Erhebungs- und Recherchemethoden Folgendes herausfindet: Würde die Anschaffung eines neuen Elektro-Carsharingautos zu einer tatsächlichen Einsparung von CO_2-Emissionen innerhalb des Projektes führen (würde es Autos mit Verbrennungsmotor ersetzten oder deren geplante Anschaffung obsolet machen), und mit welchem Sharingmodell kann ein für das Projekt kostenneutraler Betrieb organisiert werden. Weiters möge der Leitungskreis beschließen, dass bei einem eindeutig positiven Ergebnis die eingesetzte Projektgruppe in Abstimmung mit der Arbeitsgruppe Finanzen & Recht die Einrichtung eines geeigneten Sharingmodells in die Wege leitet und samt allen notwendigen Anschaffungen umsetzt.«

An dem Beispiel sehen Sie, dass es nicht immer notwendig ist, ein eigenes Entscheidungsziel zu definieren, wenn einfach ein konkreter Verweis auf die Vision gemacht werden kann. In unserem Beispiel auf den Satz: »Wir wollen eine Keimzelle der Nachhaltigkeit sein.«

Ein anderes Beispiel: Bei der Neuaufnahme von Bewohner:innen kann das Ziel der Entscheidung wie folgt lauten:

> »Wir wollen Menschen aufnehmen, die unsere Vision voll mittragen und in Gemeinschaft leben wollen, denen klar ist, welche Preise sie dafür zu zahlen haben (Entgelte für das Wohnen, ehrenamtliche Arbeitsleistung im Umfang von xx Stunden pro Monat und Erlernen unserer Organisation, unserer Kommunikations- und Entscheidungsfindungsmethoden) und die das auch wollen und können. Fer-

ner sollen die Neuaufgenommenen jeweils altersmäßig zur gewünschten Durchmischung beitragen (Mehrgenerationenmodell).«

Bei manchen Themen ist es leichter, ein gutes Ziel zu formulieren, bei anderen weniger. Jedenfalls gilt immer folgende Hierarchie als Messlatte für einen Beschlussvorschlag:

1. Die Vision des gesamten Projekts.
2. Die Ziele, Aufgaben und das Budget des Kreises (der Arbeitsgruppe), im Soziokratiesprech, die Domain oder Domäne.
3. Das Ziel der Entscheidung (muss nicht extra ausformuliert werden, wenn die Punkte 1 und 2 ausreichend Orientierung bieten).

Als einfache wie logische Konsequenz daraus muss 3 in 2 passen und 2 in 1. Mit anderen Worten: Das Ziel der Entscheidung muss mit der Domäne des Kreises kompatibel sein und die Domäne muss in die Vision des Projektes passen.

Um es zusätzlich noch mit einem plumpen Beispiel zu erläutern: Wenn in der Vision des Projektes steht, dass die Gruppe eine Keimzelle der Nachhaltigkeit sein will, dann sollte die Foodcoop für die Weihnachtsfeier keine im Gewächshaus gezogenen Erdbeeren aus Almeria in Spanien einkaufen. Und wenn sie es doch versucht, sollte jemand dagegen einen »schwerwiegenden Einwand« in Bezug auf die Vision formulieren.

Zurück zur Konsentmoderation und unserem Beispiel mit der Projektgruppeneinsetzung für das Elektroauto. Wenn das Ziel klar ist (wenn nicht, gilt – wie in diesem Fall – die Domäne und dann die Vision als Messlatte), wird der Beschlussvorschlag präsentiert, bestenfalls wurde er schon mit der Agenda verschickt. Entweder die Moderation oder die Personen, die den Vorschlag ausgearbeitet haben, lesen den Wortlaut noch einmal vor.

Dann kommt eine Redestabrunde mit Verständnisfragen. Achten Sie als Moderation darauf, dass dabei keine Meinungen geäußert werden oder diskutiert wird. Sie können zur visuellen Unterstützung den Ablauf auf ein Flipchart für alle sichtbar aufschreiben oder das von mir dafür kreierte Poster verwenden. Damit können Sie dann auch »Ausreißer« in der Gruppe besser einfangen. Verweisen Sie auf den Ablauf (zeigen dabei mit der Hand auf den Punkt »Fragerunde«) und erklären freundlich, aber bestimmt, dass es »jetzt« nur um Verständnisfragen geht und danach jede und jeder ihre beziehungsweise seine Meinung im unmittelbar nächsten Schritt kundtun kann und alle gehört werden. Wenn jemand keine Fragen hat, gibt sie oder er einfach den Redestab weiter.

Wenn alle Verständnisfragen geklärt sind, kommt die Meinungsrunde, beziehungsweisen die Meinungsrunden. Abgesehen von den ganz »eindeutigen« Fällen, bei denen bereits in der ersten Runde alle ihre Zustimmung ausdrücken, empfiehlt sich eine zweite und manchmal auch dritte Runde. Warum ist das wichtig? Das Schöne an den Redestabrunden ist, dass Sie als Teilnehmer:in beim zweiten Durchgang Ihre Meinung völlig entspannt und ohne Gesichtsverlust ändern können. Sie müssen nicht, wie in vielen anderen Kontexten, Ihre einmal geäußerte Meinung verteidigen, weil Ihnen sonst vielleicht Willensschwäche oder Wankelmut als Mangel unterstellt wird. In der Redestabrunde können Sie völlig stimmig im zweiten Durchgang sinngemäß sagen: »Nachdem ich Deine und Deine Beweggründe gehört habe, sehe ich das jetzt anders und zwar so …«

In der Moderationsrolle hören Sie die Meinungen und können dadurch schon in etwa einschätzen, ob es einen Konsent geben wird. Hören Sie an der Stelle schon gute Einwände und dadurch Beschlussverbesserungen heraus, können Sie in Abstimmung mit den Vorschlagseinbringer:innen den Wortlaut des Vorschlages vor der Konsentabfrage noch anpassen und dadurch verbessern.

Dann stellen Sie den Vorschlag zum Konsent. Achten Sie darauf, dass die Protokollführung die aktuellste Vorschlagsformulierung notiert hat und lesen diese noch einmal laut vor oder bitten die Protokollführung, das zu tun. Alternativ dazu können Sie den Wortlaut auch für alle sichtbar auf ein Flipchart schreiben. Bei Webkonferenzen schauen am besten alle direkt im Protokoll mit.

Konsentabfrage Variante 1: Stellen Sie die Frage an die gesamte Runde: »Gibt es einen Konsent oder einen einfachen oder schwerwiegenden Einwand?« und blicken Sie in die Runde.

Jedes Mitglied im Kreis gibt ein eindeutiges, sichtbares Zeichen. Dazu existieren verschieden Methoden. Hier sind die drei Varianten, die am weitesten verbreitet sind:

a) farbiges Kärtchen hochhalten (z. B.: grün = Konsent, gelb = einfacher Einwand, rot = schwerwiegender Einwand),
b) Geste mit ausgestreckter Faust und abgespreiztem Daumen (Daumen hoch = Konsent, Daumen zur Seite = einfacher Einwand, Daumen nach unten = schwerwiegender Einwand),
c) Geste mit beiden Armen (Selbstumarmung vor der Brust = Konsent, einen Arm hochhalten = einfacher Einwand, beide Arme hochhalten = schwerwiegender Einwand).

Letztlich ist es Geschmacksache, welche Variante Sie wählen, wichtig ist nur, dass alle in der Gruppe wissen, wie sie ihren Konsent oder Einwand kundtun. Mir ist die Variante c) vertraut, das mit dem ausgestreckten Daumen b) erinnert mich zu sehr an römische Cäsaren, die damit im Zirkus meist völlig empathiebefreit über Leben und Tod entschieden. Andererseits ist das auch schon wieder 2000 Jahre her.

Jedenfalls sind sowohl b) als auch c) für Webkonferenzen mit Video gut geeignet. Bei der Variante a) kann es – je nach Kameraqualität und Bildschirm – zu falschen Farbeindrücken und damit zu falschen Ergebnissen kommen.

Konsentabfrage Variante 2: Als Moderation fragen Sie jedes einzelne Kreismitglied der Reihe nach: »Gibst Du Konsent? (oder hast Du einen Einwand?)«. Im Einwandsfall fragen Sie gleich nach: »Ist es ein einfacher oder schwerwiegender Einwand?«.

a) Manche Moderator:innen fragen zuerst die Runde durch, ob es einen Einwand gibt und erst in einem zweiten Schritt lassen sie dann die Einwände der Reihe nach (sofern es mehrere sind) für alle hörbar aussprechen. Dabei behandeln manche zuerst nur die einfachen Einwände und danach die schwerwiegenden. Andere machen es genau umgekehrt. Für beide Vorgehensweisen gibt es Vor- und Nachteile. Letztlich ist das eine Geschmacks- und Stilfrage.

b) Oder Sie behandeln jeden Einwand der Reihe nach. Auch hier können Sie zuerst die schwerwiegenden abarbeiten und dann die leichten oder umgekehrt.

Persönlich bevorzuge ich die Variante 1c), also alle auf einmal fragen und alle gleichzeitig mittels Gestik der Armen antworten lassen. Dabei leitet mich meine Beobachtung, dass es einerseits etwas zeiteffizienter ist und dass es andererseits taktisches Abstimmen erschwert. Die Kreisteilnehmer:innen können nicht mit ihrer Entscheidung warten, bis sie die Einwände der anderen gehört haben, weil alle gleichzeitig ihr Zeichen geben (wie beim Knobeln: Schere, Stein, Papier).

Es gibt übrigens in der Soziokratie keine Stimmenthaltungen, jede:r muss Farbe bekennen: Konsent oder Einwand und letzterer einfach oder schwerwiegend. Eine Enthaltung widerspricht der Idee, dass alle in einem Kreis gleichwertig und gemeinsam entscheiden und die Verantwortung gemeinsam tragen. Eine Enthaltung hat auch immer den Beigeschmack: Ich habe nicht mitgestimmt, also bin ich auch nicht verantwortlich für die Umsetzung, für das Ergebnis.

Wenn Sie also einen eindeutigen Konsent haben, lassen Sie die Protokollführung das notieren, mit dem Ablauf- oder Evaluierungsdatum versehen und stellen Sie sicher, dass dieser Beschluss auch ins Logbuch eingetragen wird (siehe »5.4.1.1 Transparenz«). Einfache Einwände werden mit ins Protokoll aufgenommen. Manche Autor:innen lassen dabei die Namen der Einwandgeber:innen weg. Ich lasse die Namen bewusst dazuschreiben. Dann können Sie bei der späteren Evaluierung eventuell bei dieser Person nachfragen. Wenn es bereits Evaluierungsfragen gibt, nehmen Sie diese auch mit ins Protokoll. Ob diese und die Einwände auch ins Logbuch sollen, hängt von der Gestaltung des Logbuches ab. Besteht das Logbuch nur aus einer einfachen Computertabelle, würde ich zusätzlich zur Beschlussformulierung nur so wenig Text wie möglich im Logbuch eintragen, dafür aber einen eindeutigen Verweis auf das Protokoll mit Dateinamen und Datum (und einem Link). Basiert das Logbuch auf einer Datenbanklösung, können Sie wahrscheinlich so viel Informationen einspielen, wie Sie wollen, und trotzdem übersichtliche Abfragen machen.

Aber Achtung! Aufgrund der bereits beschriebenen Weiterentwicklungen und Ausdifferenzierungen in der Soziokratieszene gibt es verschiedene Vorstellungen über den »richtigen« Ablauf einer Konsentmoderation. Was ich Ihnen hier als SIG-Variante präsentiere, hat sich in der Gemeinschaftswohnprojektepraxis bestens bewährt. Selbstredend haben andere Abläufe auch ihre Vor- und Nachteile. So gab es in der ursprünglichen SKM zum Beispiel keine Unterscheidung zwischen »einfachem« und »schwerwiegendem« Einwand. In der Praxisanwendung habe ich erfahren, wie wertvoll und entlastend dieser kleine, feine Unterschied sein kann. Es ist aber letztlich zweitrangig, welche Variante Sie in Ihrem Projekt einsetzen, wichtig ist nur, dass sich im Projekt alle ein und derselben Version bedienen, sonst wird es mühsam und frustrierend. Nachdem die Moderation idealerweise die Agenda schon im Vorfeld kennt oder sogar selber erstellt und versendet, ist es gut, diese Rolle schon vor dem Treffen zu wählen (siehe dazu auch »5.4.2.2.4 Rollen im Kreis«).

5.4.2.1.3 Die Einwandbehandlung

In der SKM wird der schwerwiegende Einwand keinerlei Plausibiltätstest unterzogen, weil das zur Entmündigung der einwandgebenden Person führen kann. Barbara Strauch schreibt dazu: »Wer einen schwerwiegenden Einwand hat, hat recht.« (Barbara Strauch, 2016, S. 120). Und eigentlich gab es in der SKM früher auch keinen einfachen Einwand, sondern nur den schwerwiegenden.

In der Holacracy gibt es auch nur »den Einwand« und keine Abstufung. In der S3 gibt es Einwände und Bedenken, wobei letztere dem einfachen Einwand ähneln. Christian Rüther erläutert das unter anderem in seinem Buch *Soziokratie light* und er bezeichnet die einfachen Einwände selbst auch gerne als »Sorgen« (Rüther, 2019, S. 23).

Sowohl in der Holacracy als auch in S3 gibt es Evaluierungsmethoden, mit denen abgeklopft werden soll, ob ein Einwand auch wirklich als solcher (nämlich schwerwiegend) gelten kann.

Grundsätzlich stimme ich mit Barbara Strauch überein, dass die einwandgebende Person nicht entmündigt werden darf, indem andere (die Moderation oder der Kreis) darüber entscheiden, ob ihr Einwand als schwerwiegend akzeptiert wird oder nicht. Aus eigener Erfahrung weiß ich, wie viel Mut es manchmal braucht, einen schwerwiegenden Einwand zu artikulieren. Und aus den vielen Jahren soziokratischer Moderationen und Entscheidungen weiß ich, dass schwerwiegende Einwände in der Praxis eines Gemeinschaftswohnprojektes viel, viel seltener vorkommen, als Soziokratieneulinge oft befürchten. Das liegt nicht an übertriebener Harmoniesucht oder Konfliktscheue in der Gemeinschaftsszene, sondern an der Art und Weise wie der Beschlussvorschlag Schritt für Schritt erarbeitet, moderiert und modelliert wird. Bis es endlich zur Konsentfrage kommt, haben sich alle schon intensiv mit der Lösung beschäftigt, die Meinungen aller anderen mehrfach gehört und eventuell an der Umformulierung und Optimierung des Vorschlages mitgewirkt. Daher sind die schwerwiegenden Einwände in der soziokratischen Praxis so selten wie seinerzeit Wahlergebnisse unter 90 % in der DDR. Und wenn dann (endlich) einmal ein schwerwiegender Einwand daherkommt, ist er meist ein Geschenk, das der Gruppe hilft, einen möglicherweise teuren Fehler zu vermeiden.

Dennoch halte ich es in der SIG für legitim und wichtig, in der Moderation den oder die Einwandgeber:in zu fragen, in welchem Verhältnis der Einwand zum Ziel der Entscheidung (oder zur Domäne des Kreises oder zur Vision des Projektes) steht.

Und erst dann beginnt die Arbeit mit dem schwerwiegenden Einwand. In meinen früheren Büchern, die ich als Verkaufstrainer schrieb, füllte ich viele Seiten damit, wie Profis in einem ersten Schritt einen Einwand von einem Vorwand unterscheiden und erst dann die »echten« Einwände im verkäuferischen Sinne behandeln. Im verkäuferischen Sinn steht natürlich der Verkaufsabschluss im Vordergrund, die oder der Verkäufter:in will sicherstellen, dass die Kundschaft das jeweilige Produkt oder die Dienstleistung bei ihr oder bei ihm kauft und eben nicht zur Konkurrenz geht und dort das Geld ausgibt. Dabei wird natürlich gerne ausgeblendet, dass es im Fall eines eher entbehrlichen Lifestyleprodukts oder eines Statussymbols gesamtgesellschaftlich oft besser oder nachhaltiger wäre, gar nicht zu kaufen. Aber das ist eine andere Geschichte.

Lassen Sie sich in der Moderationsrolle daher nicht zur Verkäuferin oder zum Verkäufer des Beschlussvorschlages gegenüber der oder dem

Einwandgeber:in machen. Betrachten Sie den schwerwiegenden Einwand als echte Chance, den Beschluss noch besser zu machen. Bedanken Sie sich im Namen des Kreises für den schwerwiegenden Einwand.

Möglichkeiten zur Verbesserung des Beschlussvorschlages und Auflösung eines schwerwiegenden Einwandes (auf der Abb. 08 beschrieben als »Formulierungsrunde«):

1. Fragen Sie den oder die Einwandgeber:in: »Wie könnte der Beschluss abgeändert oder ergänzt werden, damit Du Konsent geben kannst?«
2. Fragen Sie die Gruppe, die anwesenden Kreismitglieder: »Welche Ideen gibt es von Euch, um den Beschluss zu verbessern und den Einwand zu entkräften/zu integrieren?«
3. Besteht hingegen der Einwand im Wesentlichen aus der Sorge, das angestrebte Ziel der Entscheidung nicht zu erreichen, fragen Sie den oder die Einwandgeber:in: »Könntest Du Konsent geben, wenn wir ein früheres Evaluationsdatum wählen?« und/oder »Welche Evaluationsfragen könnten wir gegebenenfalls mit in den Beschluss aufnehmen, damit Du guten Gewissens Konsent geben kannst?«

Christian Rüther hat in seinem bereits mehrfach zitierten Buch noch weitere Vorschläge (Rüther, 2018, S. 96 und 97). In meiner Praxis komme ich mit den oben erwähnten drei Möglichkeiten in 99 Prozent der Fälle weiter und daher reicht das für die SIG.

Wenn sich aus den oben erwähnten Strategien und Fragestellungen eine neue, bessere Beschlussformulierung ergeben hat, stellen Sie als Moderation diese erneut zum Konsent. Der wird in vielen Fällen dann auch gegeben.

Kommen wir zum besseren Verständnis noch einmal auf das Beispiel vom Kapitelanfang zurück, der Beschlussvorschlag war:

> »Der Leitungskreis möge beschließen, dass eine Projektgruppe unter der Leitung von Martina Walser gegründet wird, die ihrerseits Mitglieder aus dem ganzen Haus anwirbt und mittels geeigneter Erhebungs- und Recherchemethoden Folgendes herausfindet: Würde die Anschaffung eines neuen Elektro-Carsharingautos zu einer tat-

sächlichen Einsparung von CO_2-Emissionen innerhalb des Projektes führen (würde es Autos mit Verbrennungsmotor ersetzten oder deren geplante Anschaffung obsolet machen), und mit welchem Sharingmodell kann ein für das Projekt kostenneutraler Betrieb organisiert werden. Weiters möge der Leitungskreis beschließen, dass bei einem eindeutig positiven Ergebnis die eingesetzte Projektgruppe in Abstimmung mit der Arbeitsgruppe Finanzen & Recht die Einrichtung eines geeigneten Sharingmodells in die Wege leitet und samt allen notwendigen Anschaffungen umsetzt.«

In den Meinungsrunden gab es schon einige kritische Stimmen gegenüber Elektroautos generell, andere waren dafür sehr positiv und brachten eine neue Förderung ins Spiel, womit der Ankauf eines Elektroautos von der Regierung mit Geldprämien gestützt würde.

Der Person mit der Moderationsrolle hat schon ziemlich der Kopf geraucht, weil das Thema offensichtlich so viele Emotionen weckt, und so hat sie dann endlich die Konsentfrage gestellt. In der Variante 1c) hat sie also alle auf einmal und alle gleichzeitig mittels Gestik der Arme antworten lassen. Tatsächlich wurde ein schwerwiegender Einwand formuliert:

»Die Sorge, dass die Projektgruppe nur aus IT-Freaks und Technikfans bestehen könnte und daher das Ergebnis der Recherche verfälscht oder falsch interpretiert wird. In Bezug auf die Vision als Messlatte könnte dann aus Technikverliebtheit eine weniger nachhaltige Mobilitätslösung umgesetzt werden.«

Die Moderation versuchte dann Möglichkeit Nummer eins und fragte den Einwandgeber: »Wie könnten wir den Beschluss abändern oder ergänzen, damit Du Konsent geben kannst?«

Als Antwort kam nur ein resigniertes Schulterzucken und »Das weiß ich auch nicht.«.

Darauf wählte die Moderation Möglichkeit Nummer zwei und stellte die Frage in die Runde und machte einen Redekreis dazu. Es kamen ein paar Ideen und eine gefiel auch dem Einwandgeber:

Wir ergänzen den Beschluss mit dem Satz:

> »Die Projektgruppenleitung wird sicherstellen, dass mindestens ein Mitglied dabei ist, das keine IT-Affinität hat und der Elektromobilität eher kritisch gegenübersteht.«

Mit dieser Ergänzung konnte auch der schwerwiegende Einwand aufgelöst werden und bei der neuerlichen Abfrage gab es Konsent von allen.

Zurück zum Ablauf in der Moderation:
Wird der schwerwiegende Einwand trotz versuchter Beschlussvorschlagsverbesserung nicht aufgehoben oder ergeben sich durch die starke Umformulierung neue schwerwiegende Einwände anderer Kreisteilnehmer:innen, dann ist die Zeit vielleicht noch nicht reif für diese Entscheidung. Sie können in dem Fall als Moderation einen der folgenden Wege wählen:

1. Vertagen Sie die Beschlussfassung zum nächstmöglichen Termin und bitten das einwandgebende Mitglied gemeinsam mit anderen Kreismitgliedern (Beschlusseinbringer:innen und eventuell andere erfahrene Menschen), bis zu dem Termin einen neuen Beschlussvorschlag vorzubereiten.
2. Wenn der schwerwiegende Einwand darauf hinauslief, dass die Entscheidung nicht in der Domäne das aktuellen Kreises abgedeckt ist, delegieren Sie an den entsprechenden (oberen oder unteren) Kreis.
3. Wenn Gefahr im Verzug ist oder durch die Verzögerung der Entscheidung unnötige Kosten entstehen würden, schlagen Sie eine andere Entscheidungsfindung zum Konsent vor (ja, das dürfen Sie und ist in der Soziokratie auch möglich): Mehrheitsentscheidung, Delegation an (externe) Expert:innen, systemisches Konsensieren (siehe auch »5.4.3 Sonstige Entscheidungen«).

Jetzt noch einmal würfeln und zurück an den Start, besser gesagt an die obere rechte Seite der Abbildung 08, und gehen wir kurz das zweite Szenario bei der Konsentmoderation durch, nämlich:

b) Kein Beschlussvorschlag

Allerdings erspare ich Ihnen die Wiederholung aller Schritte, die mit dem Szenario »a) Beschlussvorschlag vorhanden« übereinstimmen. Ich beschreibe nur die zusätzlichen Schritte wie folgt:

Nach der Einigung auf das Ziel wird die Problemstellung präsentiert und zwar entweder von der Moderation oder den Personen, die das Problem auf die Agenda gebracht haben.

Dann kommt die Fragerunde mit Verständnisfragen.

Und jetzt kommt das gemeinsame Finden von einem oder mehreren Lösungsvorschlägen. In der Abbildung 08 heißt das Formulierungsrunde. Die Moderation kann das als Brainstorming anleiten, als Redestabrunde oder beides hintereinander, am besten in der Reihenfolge.

Gelangen Sie als Moderation zu dem Eindruck, dass es noch zu früh für einen guten Beschlussvorschlag ist und/oder noch weitere Informationen recherchiert werden müssen und daher heute keine gute Lösung gefunden werden kann, dann delegieren Sie die Beschlussformulierung. Fragen Sie, wer bis wann einen beschlussfähigen Vorschlag erarbeiten kann und stimmen einen Termin ab. Wenn Gefahr im Verzug ist, können Sie erfragen, an welche Expert:innen die Entscheidung delegiert werden kann, damit die eine schnelle Lösung herbeiführen und konsentieren das.

Im etwas besseren Fall ergibt die Formulierungsrunde sehr wohl einen vielversprechenden Beschlussvorschlag. Stellen Sie den zum Konsent und gehen dann weiter vor wie vorher im Szenario a) beschrieben.

5.4.2.1.4 Häufige Missverständnisse und seltsame Interpretationen

Sie können Ihrer Gruppe viel Ärger und lange Diskussionen ersparen, wenn Sie die folgenden Punkte gleich von Anfang an eindeutig regeln.

Der schwerwiegende Einwand als Veto

Ein Veto ist eine Blockadehaltung, um eine Entscheidung zu verhindern, und muss nicht argumentiert werden. Der schwerwiegende Einwand kann nur und ausschließlich bei der Konsentabfrage zu einer Entscheidung eingebracht werden und muss (in Bezug auf das Ziel, die Domäne oder die

Vision) begründet werden. Die Forderung nach der Begründung gilt nicht in der klassischen SKM. Dort wird der schwerwiegende Einwand zwar auch »behandelt«, also versucht, diesen aufzulösen, aber er muss nicht begründet werden. Allerdings empfehle ich das aber in der SIG, also für die Soziokratie in Gemeinschaften. Nämlich die bereits erwähnte Frage der Moderation an den oder die Einwandgeber:in, in welchem Verhältnis der Einwand zum Ziel der Entscheidung (oder zur Domäne des Kreises oder zur Vision des Projektes) steht. Gibt es dazu keine Begründung, gilt der Einwand (in der SIG) nicht mehr als schwerwiegend, sondern kann von der Moderation auf einen leichten Einwand abgestuft werden.

In beiden Fällen (SKM oder SIG) ist der schwerwiegende Einwand eindeutig KEIN Veto. Das gilt auch für die anderen Kreisorganisaionen wie die S3 oder die Holacracy. Allerdings wird in diesen beiden Modellen der schwerwiegende Einwand auch hinterfragt, ähnlich wie soeben für die SIG beschrieben.

Nachträglicher schwerwiegender Einwand

Ein Kreismitglied war bei der entscheidenden Besprechung (und Konsententscheidung) nicht dabei, fühlt sich übergangen und bringt nachträglich einen schwerwiegenden Einwand ein. Das geht in der SIG nicht, es entscheiden die, die da sind, und die anderen kommen entweder dazu oder üben sich im Vertrauen, dass die Anwesenden im Sinne der Gruppe die bestmögliche Entscheidung fällen (good enough for now, safe enough to try). Das Kreismitglied kann aber bei der geplanten Evaluation dabei sein und dort einen schwerwiegenden Einwand einbringen. Daher ist es so wichtig, dass es ein Logbuch gibt, in dem ein Ablaufdatum oder Evaluationsdatum zu jeder Grundsatzentscheidung definiert und dokumentiert wird.

Ist das sich übergangen fühlende Kreismitglied jedoch überzeugt, bei der von ihr beanstandeten Entscheidung sind wesentliche Fakten oder Umstände unberücksichtigt geblieben oder gar verheimlicht worden, so kann dieses Mitglied das Thema auf die Agenda einer der nächsten Kreisbesprechung setzten lassen und sich damit für eine neuerliche Entscheidung einsetzen und dann auch gegebenenfalls mitdiskutieren und mitkonsentieren.

Schwerwiegender Einwand eines Nichtmitglieds

Im Kreis entscheiden die Mitglieder des Kreises und nur die.

Ein jüngeres Praxisbeispiel dazu: Kurz nach der Besiedelung eines soziokratisch organisierten Gemeinschaftswohnprojektes, das wir hier »Sonnenhügel« nennen, bestellte die Arbeitsgruppe »Kinder und Jugend«, die sich um die Einrichtung des Kinderspielraums kümmert, ein paar speziell dafür entworfene Einrichtungsgegenstände bei einer Tischlerei im Nachbarort. Der Kreis hatte die Domäne dafür (hatte das also in seinen Aufgaben und Zielen und auch das entsprechende Budget) und ein Bewohner, den wir Jakob nennen, fand das eine totale Geldverschwendung, weil seiner Meinung nach diese Einrichtungsteile genauso gut von den Bewohner:innen selbst in der eigenen Werkstätte gemacht hätten werden können. Jakob schrieb eine geharnischte E-Mail an den »Kinder und Jugend«-Kreis und formulierte darin auch einen schwerwiegenden Einwand, den er damit begründete, dass in der Vision ein achtsamer Umgang mit den Projektressourcen vereinbart ist und er diese verschwenderische Ausgabe von Projektmitteln damit unvereinbar sehe. Susanne, so nennen wir die Leiterin des angesprochenen Kreises, erklärte Jakob, dass er als Nichtmitglied nicht nach dem Konsent gefragt wird und daher auch keinen Einwand einbringen kann. Im Sinne der guten Nachbarschaft könne er gerne in einer der nächsten Kreisbesprechungen als Gast dabei sein und seine Argumente vorbringen und im Gegenzug die Beweggründe der Kreismitglieder hören. Jakob wollte das nicht akzeptieren und meldete das Thema für die Agenda des nächsten Leitungskreises an. Jakob ist dort als Delegierter des Kreises »Finanzen« tätig. Allerdings ist er an der Moderation gescheitert, die den Punkt nicht in die Agenda aufnahm, weil es eben keine Entscheidung des Leitungskreises ist und daher dort auch nicht diskutiert würde. Es bedurfte noch einiger Gespräche mit Jakob, bis er seinen Frieden fand mit der Einrichtung des Kinderspielraums aus Tischlerhand.

Der Konsent kann jederzeit zurückgezogen oder entzogen werden

Diese Formulierungen halte ich für kontraproduktiv, geistern aber so oder so ähnlich immer wieder durch die einschlägige Literatur. Wenn das tatsächlich wortwörtlich so ausgemacht wäre (was ja jeder Gruppe prinzipiell freisteht), wirkt das sehr beliebig und vermittelt den Mitgliedern das Gefühl, auf nichts bauen zu können, dass auf nichts Verlass ist, weil jede Entscheidung jederzeit wieder gekippt werden kann.

Vielmehr gilt in der SIG: Jedes Kreismitglied kann einen schwerwiegenden Einwand bei der Entscheidung selbst einbringen oder eben bei der Evaluation zum vereinbarten Zeitpunkt.

Wenn Sie jedoch als Kreismitglied der Meinung sind, dass sich die Rahmenbedingungen und Voraussetzungen einer Entscheidung wesentlich geändert haben und daher eine frühere als die geplante Evaluation erforderlich ist, können Sie das bei der nächsten Kreisbesprechung auf die Agenda setzten lassen und, wenn es keinen schwerwiegenden Einwand gegen die vorzeitige Evaluierung gibt, auch früher neu konsentieren oder eben schwerwiegend einwenden.

Es gibt in der Soziokratie nur den Konsent

Das stimmt so auch nicht. Abgesehen davon, dass jede Gruppe ohnehin ihre eigenen Regeln machen kann (und sich idealerweise eine Zeit lang auch als gesamte Gruppe daran hält), ist in der Soziokratie vorgesehen, dass im Konsent auch jede andere Form der Entscheidungsfindung beschlossen werden kann (siehe dazu auch »5.4.3 Sonstige Entscheidungen«).

5.4.2.1.5 Grundsatz- und Ausführungsentscheidungen

Die in der Soziokratie vorgesehene Unterscheidung zwischen Grundsatzentscheidungen und Ausführungsentscheidungen kann eine große Arbeitserleichterung sein oder eine Quelle unendlich langer, fruchtloser und lähmender Debatten, je nachdem. Nur die Grundsatzentscheidungen bedürfen der gut strukturierten (aufwendigen) Konsentmoderation. Ausführungsentscheidungen fällen die Kreismitglieder sozusagen währen der Arbeit am jeweiligen Thema allein oder mit den Menschen, die ebenfalls bei der Ausführung involviert sind. Aber was macht jetzt den Unterschied? Wann ist eine Entscheidung eine Grundsatzentscheidung und wann nicht? Woran können wir das erkennen oder festmachen? Genau diese Fragen gilt es in der Gruppe gut und pragmatisch zu lösen, damit Sie nicht in die oben erwähnten langatmigen, lähmenden Debatten abrutschen.

Generell lässt sich dazu sagen, dass Grundsatzentscheidungen eher das »was« eines Kreises oder einer Arbeitsgruppe betrifft und Ausführungsentscheidungen das »wie«.

Dazu ein paar Beispiele:

Grundsatzentscheidung	**Ausführungsentscheidungen**
Die Vision des Projektes	Das Leben der Vision anhand einer konkreten Umsetzung
Die soziokratische Wahl	Die Aufgaben im Konkreten, z. B. einen Onlinetermin für die Vorbereitung zu vereinbaren
Aufgaben und Ziele eines Kreises	Die To-dos für die Erfüllung der Aufgaben
Das jeweilige Budget	Wer was wo bestellt
Der zuständige Kreis beschließt beispielsweise, nur ökologisch nachhaltige Produkte einzukaufen und schließt eine Beschaffung via Amazon aus ideologischen Gründen aus.	Bei welchem (Online-)Händler (außer in dem Fall Amazon) zum Beispiel das Druckerpapier eingekauft wird und wie viel davon.
Der Kreis »Finanzen« fällt zum Beispiel folgenden Grundsatzbeschluss: Die hausinterne Buchhaltung von einer externen Steuerberatung unterstützen zu lassen, die uns in steuerrelevanten Fragen berät, unsere Jahresabschlüsse macht, unsere Interessen gegenüber Behörden vertritt, über mindestens fünf Jahre Praxiserfahrung verfügt und uns faire Konditionen (Stundensatz von maximal soundsoviel Euro oder Franken) macht.	Die Gespräche mit potenziellen Steuerberater:innen und die Auswahl anhand der im (links stehenden) Grundsatzbeschluss festgelegten Kriterien sind dann »nur« noch eine Ausführungsentscheidung. Manche Gruppen konsentieren dann noch einmal die getroffene Auswahl, was aber nicht notwendig ist, wenn der Grundsatzbeschluss gut formuliert ist.
Die Einrichtung eines Solidaritätsfonds und was damit erreicht werden soll	Die Ausschüttungen im Einzelfall nach den Kriterien im Grundsatzbeschluss
Der Betrieb einer Foodcoop als Beschluss mit ein paar grundsätzlichen Eckdaten wie etwa dem Ort im Projekt, ob nur auf gemeinsame Bestellung oder auch Lagerware gekauft wird, ob aus der allgemeinen Kasse etwas dafür bezahlt wird (z. B. ein Budget für die Regale und Kühlschränke samt Strom) oder die Kosten ausschließlich von den Nutzer:innen getragen werden.	Die Auswahl der jeweiligen Lieferanten, die Einrichtung des Raumes, die Wahl der Software etc.

Grundsatzentscheidung	Ausführungsentscheidungen
Beispiel: Es soll eine zentrale Versorgung mit schnellem Internet geben und allen Bewohner:innen zur Verfügung stehen. Die laufenden Kosten werden aus den monatlichen Mitgliedsbeiträgen gedeckt. Die Anfangsinvestition für die Hardware und Verkabelung darf maximal 10.000 (Franken oder Euro) betragen und die monatlichen Gebühren auf Einwohner:innen umgerechnet maximal 8,50 (Franken oder Euro).	Die Auswahl des Providers und des Tarifmodells und der Hardware sowie der Elektroinstallationsfirma für die Hardware samt Verkabelung und die Beauftragung (die natürlich eine rechtsverbindliche sein muss, was je nach Rechtslage bedeutet, dass jemand aus dem offiziellen Vorstand beziehungsweise der Geschäftsleitung unterschreiben muss).

Sie sehen schon, es kann in der Praxis hin und wieder unklar sein, ob eine Entscheidung jetzt grundsätzlich ist oder nur ausführend. Dazu gibt es in der Soziokratienorm der SKM einen eindeutigen und pragmatischen Ansatz, mit dem Sie sich in der Praxis viel Zeit und Nerven sparen können.

Sobald auch nur ein Mitglied im Kreis der Meinung ist, es handelt sich bei einer bestimmten Entscheidung um eine grundsätzliche, dann ist das so (Barbara Strauch, 2016, S. 110). Also ersparen Sie sich und den anderen im Kreis eine lange Diskussion und setzen das Thema für die nächste Kreissitzung zur Entscheidung auf die Agenda.

Je besser ein Grundsatzbeschluss den Rahmen und damit auch den Spielraum der Ausführenden definiert, um so leichter können die Ausführungsentscheidungen gefällt werden, was aus einigen der vorherigen Beispiele ganz gut hervorgeht.

5.4.2.2 Kreisstruktur

Das zweite der vier soziokratischen Grundprinzipien ist die Kreisstruktur. Der Kreis ist das zentrale Strukturelement in der Soziokratie. Die Aufgaben und Verantwortungen des gesamten Projekts werden in einem ersten Schritt in sinnvolle Kreise aufgeteilt. Oberstes Organ ist der Leitungskreis, darunter sind Arbeitsgruppen und darunter Untergruppen.

In der Abbildung 09 sehen sie beispielhaft die Kreise eines Gemeinschaftswohnprojekts hierarchisch untereinander gezeichnet, Dort finden Sie auch über dem Leitungskreis noch einen weiteren Kreis, den Topkreis, mehr dazu in Kürze unter der gleichnamigen Überschrift. An dem Leitungskreis hängen direkt angeschlossen vier Arbeitsgruppen, die hier nur aus Platzgründen einmal rund und einmal oval dargestellt sind. Die Anzahl der Arbeitsgruppen, in diesem Beispiel vier, ist variabel und von Projekt zu Projekt unterschiedlich. An den Arbeitsgruppen wiederum hängen, wie reife Trauben, die Untergruppen Die dunklen und hellen Punkte im Schnittbereich zwischen Leitungskreis und den AGs stehen für die Leitung und die Delegation der jeweiligen Arbeitsgruppe (AG). Wenn wir die zwei Punkte des Topkreises noch für kurze Zeit ausblenden, ergibt sich daraus die Zusammensetzung des Leitungskreises. Acht Personen, je Arbeitsgruppe zwei, bilden in dem Beispiel den Leitungskreis.

Abbildung 09 Wohnprojekt Kreise vertikal

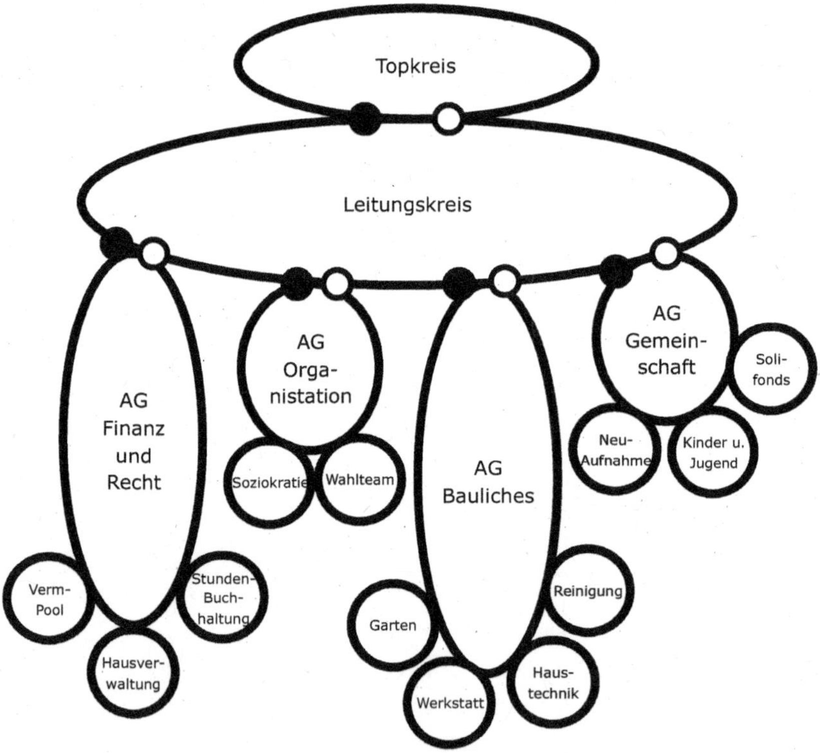

5.4.2.2.1 Der Leitungskreis

Dieser Allgemeine Kreis oder Leitungskreis hat den gesamten Überblick über das Projekt. Dort laufen alle Informationen zusammen und dort werden die jeweiligen Aufgaben, Ziele und Budgets der angeschlossenen AGs aufeinander abgestimmt und beschlossen. Je nach Bedarf werden dort die Entscheidungen gefällt, die eine AG alleine nicht fällen kann oder will. Bei gut abgestimmten und durchdachten Domänen sollte das eher die Ausnahme sein. Als Leitstern für die Arbeit im Leitungskreis gilt die Vision des Projekts.

Abbildung 10 Wohnprojekt Kreise als Dreieck

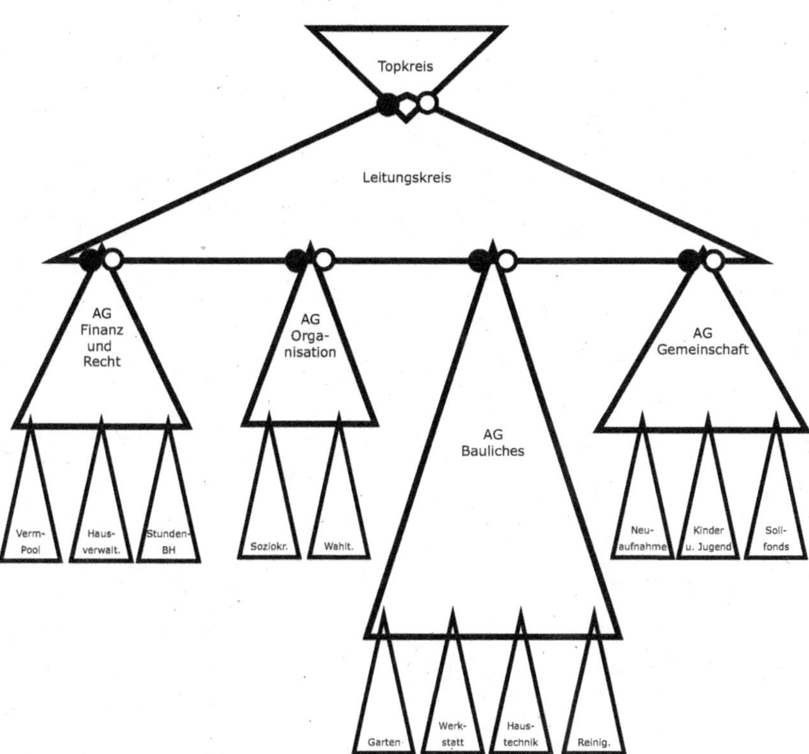

In der Abbildung 10 sehen Sie dieselbe beispielhafte Wohnprojektstruktur wie in Abbildung 09, nur anders dargestellt. Diese Darstellung wird von der SKM bevorzugt. Als mir Pieter van der Meché (der erwähnte Spezialist aus Holland) vor zwölf Jahren zum ersten Mal Kreise als Dreiecke auf ein Flipchart zeichnete, dachte ich an einen Scherz. Aber seine Erklärung hat mir eingeleuchtet. Erstens wird damit die dynamische Steuerung als Grundlage der Arbeit im Kreis visualisiert (siehe auch Abb. 07) und zweitens müssen dann keine Kreise zu Ellipsen ausgedehnt werden, weil sich sonst die Schnittpunkte nicht ausgehen. Ein gedanklicher Trick, der mir dabei geholfen hat, in den Dreiecken die Arbeitskreise zu sehen: Stellen Sie sich die Dreiecke wie dreidimensionale Kegel vor. Die Grundfläche des Kegels ist wiederum ein Kreis. Das Dreieck für die AG Bauliches ist übrigens in der Darstellung nur deshalb länger, weil sich sonst die vier Untergruppen platzmäßig auf meiner Abbildung nicht ausgegangen wären.

Abbildung 11 Wohnprojekt Kreise horizontal

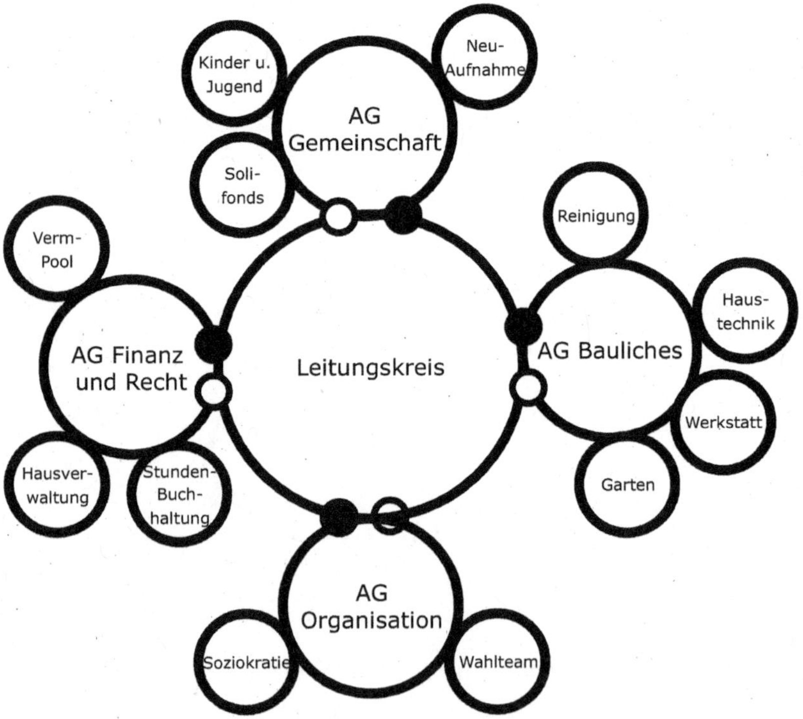

Mir persönlich ist die Darstellung wie in Abbildung 11 am liebsten. Dort sehen Sie die Kreise aus der Vogelperspektive, mit dem Leitungskreis im Zentrum. Das geht aber nur dann, wenn es keinen Topkreis gibt, weil der könnte bei dieser Variante nur noch innerhalb des Leitungskreises eingezeichnet werden, was aus mehreren Gründen missverständlich wäre. Nachdem ich Topkreise in Wohnprojekten für entbehrlich halte und deshalb in der SIG gar keine Topkreise vorgesehen sind, bleibe ich in der Praxis gerne bei dieser Darstellungsform.

Im Wohnprojekt Wien haben wir aus meiner Sicht zu viele Kreise eingerichtet. Zum derzeitigen Stand (Anfang 2022) sind sechs Arbeitskreise (AGs) direkt an den Leitungskreis angedockt. Sechs AGs bedeutet zwölf Personen im Leitungskreis. Obendrein hat es sich eingebürgert, dass drei gesetzlich vorgeschriebene Vereinsvorstände zusätzlich gewählt und in den Leitungskreis entsandt werden, was diesen auf 15 Mitglieder anwachsen lässt. Wir sind zwar mit 100 Bewohner:innen kein kleines Projekt, aber der Personalaufwand im Leitungskreis ist dennoch enorm. Daher ist meine Empfehlung für die Praxis ganz klar: Teilen Sie alle Verantwortungen, Aufgaben und Ziele – je nach Größe der Gemeinschaft – in drei, maximal vier Arbeitskreise und bilden Sie sinnvolle Untergruppen dazu. Verknüpfen Sie eventuell gesetzlich notwendige Funktionen (Vereins-, Genossenschafts- oder GmbH-Vorstand o. Ä.) mit den Leitungsfunktionen der Arbeitskreise. Natürlich vor der Wahl, sodass eindeutige Rollenkombinationen zur Wahl stehen. Zum Beispiel kann die Kassierin im Verein auch Leiterin des Arbeitskreises Finanzen sein; die Obfrau oder der Obmann Leiter:in der AG Gemeinschaft und die oder der Schriftführer:in Leitung der AG Bau, so oder so ähnlich.

Es gibt auch Verfechter:innen des großen Leitungskreises und der separierten Funktionen, wie wir sie derzeit im Wohnprojekt Wien haben. Die Argumente dafür sind, dass dadurch mehr Bewohner:innen in den Leitungskreis eingebunden sind und das resilienter ist. Mir ist Resilienz im Wohnprojekt grundsätzlich auch wichtiger als Effizienz, aber wenn wir den Vergleich mit bezahlten Führungsfunktionen hernehmen, so würde in der Privatwirtschaft die Leitung so eines Hauses aus maximal zwei bis drei Menschen bestehen, wenn überhaupt. Demgegenüber ist ein Leitungskreis mit acht Menschen auf jeden Fall wesentlich resilienter, aber 15 ist des Guten zu viel.

5.4.2.2.2 Domäne des Kreises

Der Begriff Domäne ist schon mehrfach gefallen. Damit wird in der Soziokratie der Zuständigkeits- und Verantwortungsbereich eines Kreises definiert. In der Domäne wird Folgendes festgelegt und aufgeschrieben:

- die Vision und/oder
- die grundsätzlichen Ziele und dauerhaften Aufgaben und Entscheidungsbefugnisse des Kreises (passend zur Gesamtvision des Projektes)
- Aufgaben, Ziele und Budget für das laufende Jahr,
- die nach oben und unten angebundenen Kreise.

Die Domäne wird im nächsthöheren Kreis abgestimmt und mit Konsent beschlossen. Bei den AGs in unserem Beispiel ist das der Leitungskreis.

5.4.2.2.3 Gleichwertigkeit im Kreis

Innerhalb eines Kreises sind die Mitglieder bei Entscheidungen gleichwertig. Es gibt zwar die Rollen der Leitung und der Delegation (siehe auch die nächste Überschrift), aber deren Stimme hat nicht mehr Gewicht als die jedes anderen Kreismitglieds. Aus der in einem früheren Kapitel genau beschriebenen Konsentmoderation geht das auch ganz klar hervor.

5.4.2.2.4 Rollen im Kreis

Jeder Kreis hat eine vom nächsthöheren Kreis gewählte Leitung. Bei den Arbeitskreisen direkt unter dem Leitungskreis, deren Leitungen automatisch Teil des Leitungskreises sind, werden diese Leitungen in der SIG von der Großgruppe gewählt. Zusätzlich wählt jeder Kreis aus seiner Mitte eine Delegation (siehe auch »5.4.2.3 Doppelte Verknüpfung«). Die beiden Funktionen werden für eine Legislaturperiode von zwei, drei oder vier Jahren gewählt. Darüber hinaus braucht es für die Kreisbesprechung noch eine Moderation und eine Protokollführung. Manche Autor:innen empfehlen, auch diese Funktionen auf Dauer (Legislaturperiode) zu wählen, ich nicht. Meine Empfehlung ist, diese Rollen möglichst abwechselnd zu besetzen. Positiv gesehen lernen dadurch mit der Zeit alle Kreismitglieder die Moderation und Protokollführung und weniger positiv betrachtet, wird die Arbeitslast besser verteilt. Zwar kann die Protokollführung auch erst am Beginn der Besprechung »gewählt« werden, wobei es dazu keiner offenen soziokratischen Wahl wie im übernächsten Kapitel beschrieben bedarf. Es reicht, wenn am Anfang gefragt wird, wer macht heute bitte das Protokoll? Und die oder der Freiwillige wird bedankt und die Kreismitglieder um ihre Zustimmung (Wahl) gebeten. Natürlich könnte jetzt ein Kreismitglied einen schwerwiegenden Einwand gegen XY als Protokollführung haben und einen anderen Vorschlag einbringen, der dann konsentiert wird. Aber das ist sehr praxisfern und daher verschwenden wir keine wertvollen Buchseiten darauf, dieses Szenario genauer zu durchleuchten.

Die Moderation sollte jedoch schon vor der Besprechung feststehen, auch um die Agenda im Vorfeld abzustimmen und gegebenenfalls vor der Besprechung an alle Teilnehmer:innen zu schicken. In der Praxis hat sich daher bewährt, die Moderation immer schon in der vorherigen Besprechung auszuwählen. Manche Gruppen vereinbaren die Moderationsrollen für die Besprechungen eines ganzen Jahres, bei der Terminvereinbarung zum Jahreswechsel. Die legen also auf einmal alle Termine für ein Jahr im Voraus fest, andere Gruppen fixieren immer nur den nächstfolgenden Termin. Letzteres Vorgehen ist flexibler, ersteres erleichtert allen Kreismitgliedern die Jahresterminplanung.

5.4.2.2.5 Die Kreisbesprechung

Mit Kreisbesprechung oder Arbeitsgruppenbesprechung sind die Termine gemeint, an denen in der Gruppe auch Grundsatzentscheidungen getroffen werden. Je nach Projekt und Arbeitsgruppendomäne sollte alle vier bis sechs Wochen, in Ausnahmefällen auch mit acht Wochen Abstand, eine Kreisbesprechung einberufen werden. Die Verantwortung dafür, dass das geschieht und rechtzeitig eine Moderation gewählt, eine Agenda gemacht und ausgeschickt wird, liegt bei der Kreisleitung und der Delegation. Das heißt aber nicht, dass diese das auch immer selbst machen müssen. Sie haben nur die Letztverantwortung dafür. Neben den Kreisbesprechungen kann es zwischendurch beliebig viele Abstimmungstreffen einiger weniger oder auch aller Kreismitglieder zu Ausführungsthemen geben. Manche Autor:innen sprechen dabei von Arbeitsbesprechungen. Diese können je nach Bedarf auch ad hoc einberufen werden und unterliegen keinen speziellen Formvorschriften. Damit sind aber nicht automatisch auch Untergruppen eines Kreises gemeint. Wenn Untergruppen (UG) mit einer eigenen Domäne ausgestattet sind, also in ihrem Rahmen auch Grundsatzentscheidungen fällen, gilt für deren Besprechungen dieselbe Ablaufempfehlung wie für die Kreisbesprechung.

Abbildung 12

Soziokratische Kreisbesprechung

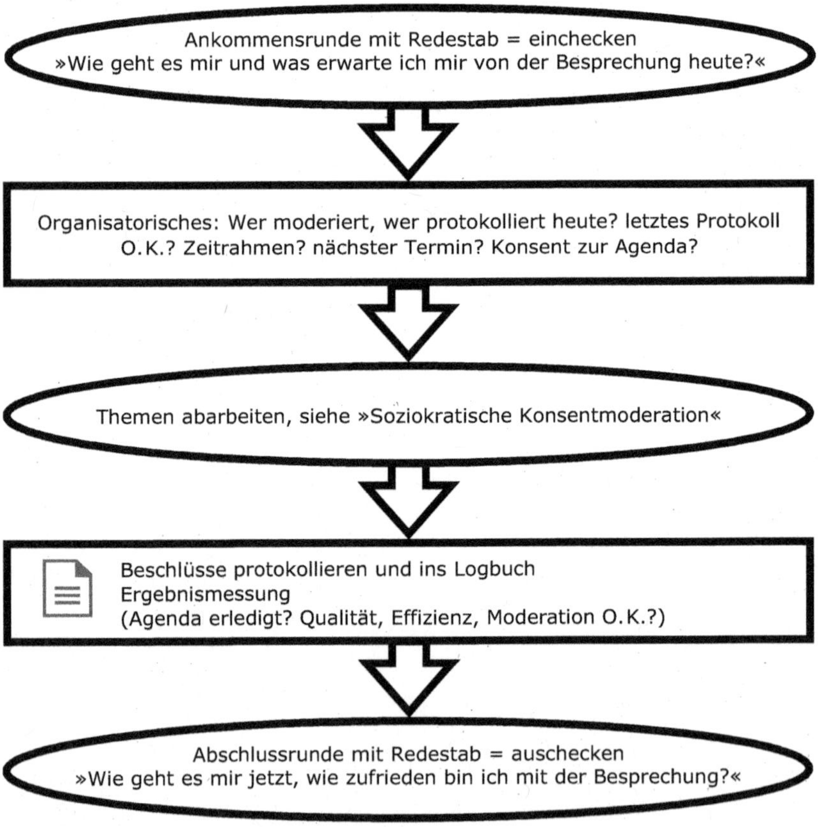

Ankommensrunde mit Redestab = einchecken
»Wie geht es mir und was erwarte ich mir von der Besprechung heute?«

Organisatorisches: Wer moderiert, wer protokolliert heute? letztes Protokoll O.K.? Zeitrahmen? nächster Termin? Konsent zur Agenda?

Themen abarbeiten, siehe »Soziokratische Konsentmoderation«

Beschlüsse protokollieren und ins Logbuch
Ergebnismessung
(Agenda erledigt? Qualität, Effizienz, Moderation O.K.?)

Abschlussrunde mit Redestab = auschecken
»Wie geht es mir jetzt, wie zufrieden bin ich mit der Besprechung?«

Zurück zum Ablauf der Kreisbesprechung. In der Abbildung 12 finden Sie den Standardablauf, den Sie für jede Kreisbesprechung und den dazugehörigen Agendaentwurf anwenden können.

Wie mehrfach erwähnt, ist die Agenda idealerweise schon mindestens drei Tage vor der Besprechung samt allen nötigen Informationen an alle Kreismitglieder versandt worden. Liegt die Agenda digital auf einem von allen zugänglichen System, reicht es natürlich, nur den Link zum Dokument zu verschicken. In vielen Gruppen ist bevorzugte Praxis, dass die Moderation eine Rohversion der Agenda erstellt und alle Kreismitglieder die Möglichkeit haben, Agendapunkte (in der Schweiz auch »Traktanden« genannt) und Wünsche direkt in das Dokument einzutragen. Dazu ist es hilfreich, nicht nur ein Schlagwort in die Agenda einzutragen, sondern eine kurze Beschreibung zu verfassen. Das erleichtert allen Teilnehmer:innen die Vorbereitung, was wiederum wertvolle Zeit in der Besprechung sparen hilft.

Beispiel: Statt nur das Wort »Fahrradstellplätze« in die Agenda zu schreiben, ist folgende Kurzbeschreibung für alle Teilnehmer:innen informativer und erleichtert deren Vorbereitung:

> »Fahrradstellplätze: Wir haben noch immer zu wenige davon, einige Bewohner:innen möchten einen zweiten Stellplatz – manche auch gleich mit Ladegerät oder Steckdose für E-Bikes – und wären auch bereit, dafür eine kleine Miete zu bezahlen. Machen wir doch ein Brainstorming und vielleicht finden sich zwei/drei Leute, die eine kurze Erhebung machen und einen Konzeptvorschlag ausarbeiten.«

Zusätzlich hilfreich für die Moderation ist zum einen der Hinweis, wie lange der Agendapunkt dauern soll, und eine Information (unter Verwendung von Abkürzungen), was mit dem Thema in der Besprechung geschehen soll.

Beispiele für solche Abkürzungen:
»I« bedeutet »nur Information«,
»M« bedeutet »Meinungsrunde der Gruppe erwünscht«,
»E« bedeutet »Entscheidung erforderlich«.

Das erleichtert die Arbeit der Moderation und die Besprechungen werden effizienter. Auch weil eine mögliche Überfrachtung der Besprechung mit zu vielen Punkten schon vor Beginn schneller erkannt wird und gegengesteuert werden kann (Delegieren einzelner Punkte an kleinere Ausführungsteams oder Untergruppen oder das Verschieben sowie Streichen von weniger wichtigen Themen).

Wenn alle Kreismitglieder angekommen sind oder der vereinbarte Startzeitpunkt gekommen ist, begrüßt die Moderation oder die Kreisleitung die Anwesenden und gibt den Redestab für die Ankommensrunde in den Kreis. Erst wenn alle solchermaßen eingecheckt sind, werden die organisatorischen Themen besprochen: Wer moderiert, sollte schon klar sein; wer schreibt das Protokoll heute?; gibt es Fragen oder noch offene Punkte zum letzten Protokoll? Wenn nicht anders vereinbart, sollte spätestens jetzt das vorherige Protokoll konsentiert werden. Eine alternative Regelung könnte lauten: Wenn innerhalb von 14 Tagen nach Versand kein schwerwiegender Einwand kommt, ist das Protokoll konsentiert. Wie lange machen wir heute? Beziehungsweise, haben alle bis zum geplanten Ende um XY Uhr Zeit? Machen wir gleich den Termin für die nächste Besprechung (falls nicht schon für das ganze Jahr geplant) und wer moderiert die nächste Besprechung?

Dann stellt die Moderation die Agenda vor, nimmt eventuell noch Änderungen und Korrekturen vor oder delegiert einzelne Punkte wie vorher bereits beschrieben gemeinsam mit der Gruppe und fragt schlussendlich nach dem Konsent für die Agenda.

Dann wird die Agenda abgearbeitet, dort wo es Grundsatzbeschlüsse braucht, wird die Konsentmoderation eingesetzt (siehe gleichnamiges Kapitel »5.4.2.1.1«) und werden die Beschlüsse protokolliert und samt Ablauf- oder Evaluationsdatum ins Logbuch eingetragen.

Kurz vor dem idealerweise pünktlichen Abschluss erfolgt noch die Messung in Form einer Redestabrunde zu den Fragen: Wie zufrieden bist Du mit Qualität und Effizienz der Besprechung, der Moderation und den Ergebnissen? Und wie gehst Du heute aus dieser Besprechung?

5.4.2.3 Doppelte Verknüpfung

Das dritte der vier Grundprinzipien ist die doppelte Verknüpfung zwischen zwei Kreisen. In Abbildung 13 sehen Sie das schematisch dargestellt. Das klingt irgendwie banal, macht aber im Innenleben von Organisationen einen beachtlichen Unterschied.

Abbildung 13

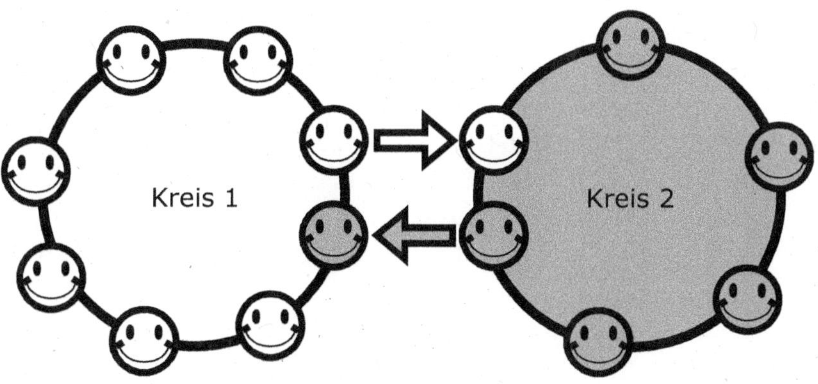

Wie genau funktioniert das? Nehmen wir das Beispiel der Arbeitsgruppen aus der Wohnprojekte-Beispielstruktur in den Abbildungen 09, 10 und 11. Dort sehen Sie in den Schnittstellen zwischen dem Leitungskreis und den entsprechenden Arbeitsgruppen jeweils einen schwarzen und einen weißen Punkt. Diese stehen für die jeweilige Kreisleitung und die Delegation. Also zwei Menschen aus der Organisation, die sowohl im Leitungskreis als auch in der Arbeitsgruppe vertreten sind. Und gemäß der Maxime, dass alle innerhalb eines Kreises gleichwertig sind, gibt es zwischen den beiden Funktionen keinerlei hierarchischen Unterschied, obwohl sie in der Rolle unterschiedliche Ausrichtungen haben und unterschiedlich gewählt werden. Die Delegation wird aus dem Kreis von allen Kreismitgliedern gewählt und vertritt schwerpunktmäßig die Interessen des Kreises im nächsthöheren, in dem Fall dem Leitungskreis. Die Leitung dagegen hat schwerpunktmäßig den weiten Blick auf die ganze Organisation, also eher die Leitungskreisperspektive. Die Leitung einer Arbeitsgruppe wird auch nicht – wie die Delegation – von den Mitgliedern der Arbeitsgruppe gewählt, sondern entweder vom Topkreis oder vom Leitungskreis selbst (beides Empfehlungen der SKM, die in der SIG nicht gelten) oder vom Plenum, also von allen stimmberechtigten Bewohner:innen des Wohnprojekts. Letzteres ist völlig konträr zur SKM, aber eine klare Empfehlung in der SIG und erfolgreiche langjährige Praxis im Wohnprojekt Wien und mittlerweile auch in vielen anderen Gemeinschaften weltweit.

Aber was macht die doppelte Verknüpfung so einzigartig? Vergegenwärtigen wir uns dazu noch einmal wie das in anderen arbeitsteiligen Organisationen ohne doppelte Verknüpfung abläuft. Dort gibt es eine Person, die entweder einen Bereich leitet oder aus diesem in die nächste Führungsebene entsandt wird (also entweder Leitung oder Delegation, aber eben nicht beides). Und diese Person ist in dieser Rolle immer auch ein wenig in einer Zwickmühle. Entweder vertritt sie ganz stark die Interessen der Arbeitsgruppe und wird dadurch im Leitungskreis als unflexibel und wenig kooperativ empfunden, oder sie vertritt die Interessen des Leitungskreises und wird in der Arbeitsgruppe dadurch anecken.

Durch die doppelte Verknüpfung werden die beiden Anforderungen der Zwickmühle auf zwei Rollen aufgeteilt und somit wesentlich entschärft. Es führt sogar dazu, dass die beiden Personen durch die Rollentrennung in beiden Kreisen an Glaubwürdigkeit gewinnen, weil allen klar ist, was deren jeweiliger Rollenschwerpunkt ist. Durch die Delegation verbunden mit dem Konsentprinzip kann im übergeordneten Kreis keine Grundsatzentscheidung getroffen werden, gegen die im Arbeitskreis ein eindeutiger schwerwiegender Einwand besteht. Das gute alte »Ober sticht Unter« aus der klassischen zweidimensionalen Hierarchie kann nicht so einfach gespielt werden. Mit anderen Worten, der Leitungskreis kann nicht gegen die Interessen eines untergeordneten Arbeitskreises drüberfahren.

Ein weiterer Vorteil ist der Zugewinn an Flexibilität im Leitungskreis. Lassen Sie mich das anhand eines kurzen Beispiels aus der Wohnprojektpraxis erläutern:

Angenommen, Sie und ich vertreten die Arbeitsgruppe »Bauliches« im Leitungskreis. Sie sind die gewählte Leitung und ich bin Delegierter. In unserer letzten Arbeitsgruppenbesprechung haben wir mit allen Gruppenmitgliedern einen Budgetentwurf für die kommenden zwei Jahre abgestimmt. In dem Budgetentwurf sind 85.000 Euro oder Franken für die Renovierung unserer Seminarräume veranschlagt. Wir haben das lange diskutiert, die Untergruppe »Veranstaltungsraum« ist bei unserer AG angedockt und hat sich sehr dafür eingesetzt. Wir sind übereingekommen, dass diese Investition dringend benötigt wird, weil wir den Raum nicht nur für unsere Großgruppentreffen und diverse private Feiern benötigen, sondern damit auch Mieterträge erzielen, indem wir den Raum auch an Dritte für Seminare vermieten. Der Veranstaltungsraum ist schon über zehn Jahre in intensivem Gebrauch und macht einen abgenutzten Eindruck.

Nun sitzen Sie und ich im Leitungskreis und erfahren, dass wir als Gemeinschaft ein anderes, möglicherweise sehr kostspieliges Problem haben. Ein Nachbar hat unsere Gemeinschaft verklagt, weil sein zehnjähriges Kind auf unserem Grundstück vom Baumhaus gestürzt ist, danach operiert werden musste und zwei Wochen im Krankenhaus lag. Das Kind ist bereits in Rehabilitation und wird höchstwahrscheinlich wieder ganz gesund, aber der Vater will 800.000 Euro oder Franken Schadenersatz. Unsere Versicherung deckt so etwas nicht ab und obwohl das Baumhaus eindeutig als nicht öffentlich ausgeschildert ist, sind unsere Anwält:innen nicht sehr optimistisch.

Vor diesem Hintergrund sind wir beide zu der Einsicht gekommen, die Renovierung der Veranstaltungsräume noch solange zu verschieben, bis klar ist, was bei dem Rechtsstreit herauskommt. Und es wird uns beiden gelingen, in der AG Bauliches Verständnis dafür zu bekommen. Wäre aber nur einer von uns im Leitungskreis vertreten, hätten Sie oder ich möglicherweise weniger flexibel agieren können, weil wir uns der Arbeitsgruppe stärker verpflichtet fühlten. Oder wir hätten die anderen wichtigeren Prioritäten sehr wohl eingesehen und wären dafür »alleine« in der AG Bauliches vielleicht eher als Verlierer oder gar Verräter dagestanden, weil wir die gute Sache der Renovierung nicht durchgefochten haben.

Wer selber lange in mittleren und großen Organisationen mit klassisch hierarchischer Struktur tätig war, hat sicher oft erlebt, wie in Vorstandsbesprechungen wild und ausdauern um Pfründe und Abteilungsinteressen gestritten wurde. Das liegt nicht nur an den Menschen, sondern auch an den Strukturen, die uns Menschen formen. Nicht nur die physisch gebaute Architektur formt uns Menschen, auch die soziale Architektur tut das. Und da ist die doppelte Verknüpfung zwar ein personeller Mehraufwand, den sich viele Unternehmen nicht leisten wollen, der aber als Investition in die Resilienz und Transparenz eines Wohnprojektes reichlich Früchte trägt.

5.4.2.3.1 Der Topkreis

Auf den Abbildungen 09 und 10 sehen Sie über dem Leitungskreis noch einen Topkreis eingezeichnet. Wenn Sie die vorherigen Kapitel gelesen haben und nicht erst hier eingestiegen sind, wissen Sie bereits, dass ich kein Freund des Topkreises in Gemeinschaftswohnprojekten bin. Das heißt aber nicht, dass ich die Begründung von Gerard Endenburg nicht grundsätzlich nachvollziehen kann. Im Gegenteil, ich gebe ihm durchaus recht, wenn er den Topkreis beschreibt und empfiehlt wie eine Art Aufsichtsrat, der aus unterschiedlichen externen Expert:innen zusammengestellt wird und damit die Außenperspektive auf eine Organisation einbringt und auch die Verbindung zur Außenwelt sicherstellen soll.

Als ich in meinem früheren Leben eine Aktiengesellschaft gründete und mehrere Jahre leitete, hatte ich genau so einen Aufsichtsrat, der mir als Vorstand die Sichtweisen der verschiedenen Außenwelten näherbrachte. Später in der WoGen Wohnprojekte-Genossenschaft hatte ich ebenso das Glück, so einen Topkreis zu haben, den wir aus genossenschaftsrechtlichen Gründen auch Aufsichtsrat nannten. Und Endenburgs Vision ging ja noch viel weiter. Ihm schwebte eine Welt vor, in der alle fortschrittlichen Unternehmen soziokratisch organisiert sind und über die Topkreise alle mit allen verbunden sein werden. Danach sieht es aber in der Praxis leider nicht aus. Nicht in Holland und im Rest der Welt noch weniger.

Zurück zu den Wohnprojekten, die zwar auch in gewisser Weise eine Art Unternehmen sind, aber doch völlig anders ticken als Elektroinstallationsfirmen, Krankenhäuser, Hauskrankenpflegeorganisationen oder

IT-Start-ups. Jede einzelne Bewohnerin, jeder einzelne Bewohner so eines Projekts sieht sich als mitverantwortlicher und gleichberechtigter Teil des Ganzen. Und diese Bewohner:innen wollen völlig zurecht höchstpersönlich mitentscheiden, wer für eine gewisse Zeit auf die Kommandobrücke des gemeinsamen Schiffchens entsandt wird. Diese Menschen sind verständlicherweise höchst skeptisch, wenn der Leitungskreis entweder sich selber wählt oder wenn irgendwelche externen Topkreismitglieder, die hier nicht wohnen und den Alltag hier nicht kennen, hier nicht die ganzen Ersparnisse ihres Lebens nebst vielen hundert Stunden Eigenleistung eingebracht haben, darüber entscheiden, wer die jeweiligen Arbeitsgruppen leitet – mein Sohn würde sagen: Geht's noch?

Abbildung 14 Kreise horizontal mit Plenum

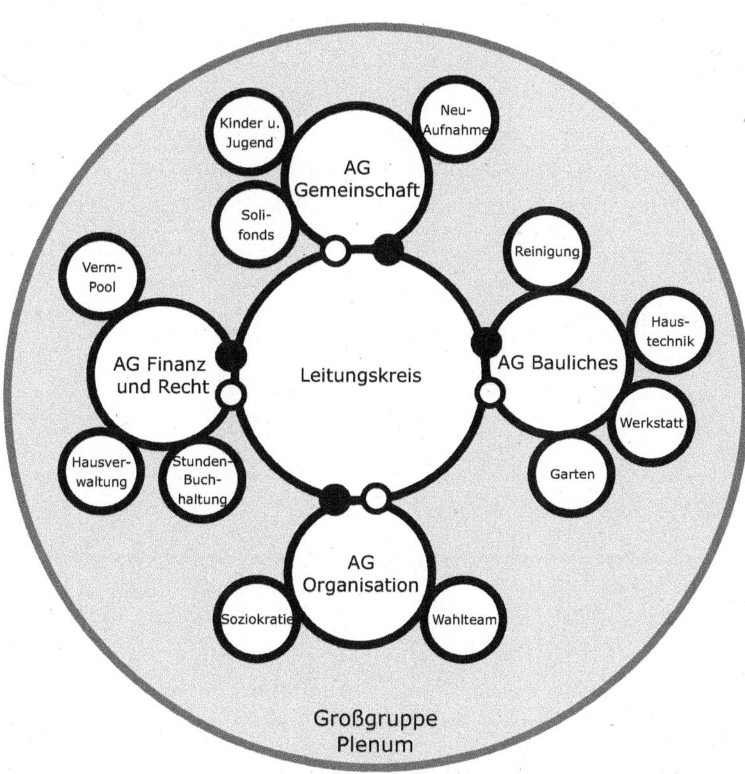

In der Abbildung 14 sehen Sie die beispielhafte Wohnprojektstruktur aus den Abbildungen 9–11, um das Plenum ergänzt. Der allesumfassende Außenkreis symbolisiert die Gesamtheit der Bewohner:innen als oberste und letzte Instanz. Das ist in der SKM definitiv verpönt und hat auch zu einem gewissen Bruch zwischen der SKM und dem Wohnprojekt Wien geführt. Mittlerweile weiß ich, dass viele Projekte in den USA, Kanada und Lateinamerika sich auch so organisiert haben und dort ebenfalls sehr zufrieden damit sind. Diana Leafe Christian meinte in einem Gespräch darüber zu mir: »Das ist doch klar, Gerard (Endenburg, Anm.) hat die SKM für Unternehmen gemacht und da sind die Mitarbeiter ja selten auch wirklich Miteigentümer, aber in Gemeinschaftswohnprojekten ist das was ganz anderes, da wollen die Bewohner:innen auch selbst die Leitungsfunktionen vergeben.« (vom Autor aus dem Englischen übersetzt).

Ein Knackpunkt bei dem Ganzen ist allerdings, wie kann eine offene soziokratische Wahl für die Leiter:innen der Arbeitskreise organisiert werden, wenn alle Bewohner:innen mitwählen können sollen. Wie Sie im folgenden Kapitel gleich lesen werden, ist die ursprüngliche Variante des soziokratischen Wahlablaufes für Kreise von circa 3 bis 15 Personen gedacht. Daher haben unsere Organisationsentwicklungs-Spezialist:innen im Wohnprojekt Wien extra eine Variante entwickelt, bei der auch größere Gruppen von 50 oder gar 100 Menschen offen soziokratisch wählen können. Näheres dazu in Kürze unter der Überschrift »5.4.2.4.2 Soziokratische Wahl in der Großgruppe« Widmen wir uns zuerst dem regulären Ablauf.

5.4.2.4 Offene soziokratische Wahl

Das vierte soziokratische Grundprinzip ist die offene Wahl. Dabei werden Menschen für Funktionen und/oder Aufgaben unter Anwendung des Konsentprinzips nach offener Argumentation gewählt. Früher war die geheime Wahl in der Entwicklung der Menschheit von der absoluten Macht einzelner (Monarchie, Diktatur) hin zur Demokratie ein wichtiger Schutz der Wähler:innen vor Denunziation und Repressionen. Leider ist diese Entwicklung in vielen Teilen der Welt wieder rückläufig und während ich diese Zeilen im Zug schreibe, rücken Putins Truppen in Richtung Kiew vor. Aber auch das ist eine andere, sehr traurige Geschichte. In gemeinschaftlichen Wohnprojekten überwiegt der Vorteil ausgesprochener Wertschätzung gegenüber einer Anonymität, die in dem Umfeld befremdlich oder gar kontraproduktiv wäre.

Abbildung 15

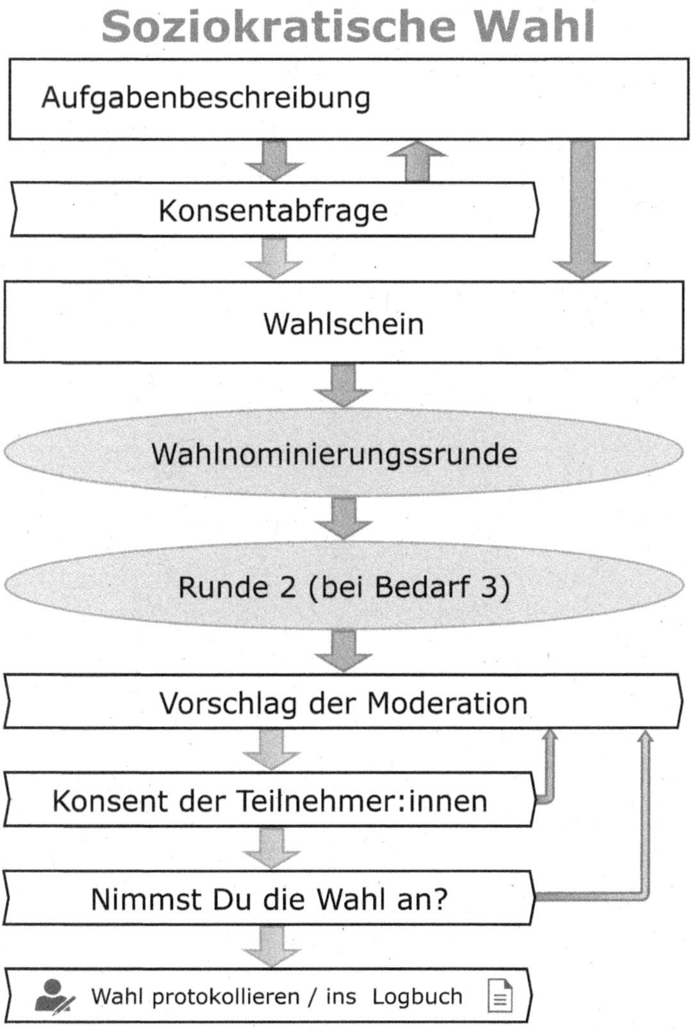

Soziokratische Wahl

Aufgabenbeschreibung

Konsentabfrage

Wahlschein

Wahlnominierungssrunde

Runde 2 (bei Bedarf 3)

Vorschlag der Moderation

Konsent der Teilnehmer:innen

Nimmst Du die Wahl an?

Wahl protokollieren / ins Logbuch

In Abbildung 15 finden Sie die einzelnen Schritte übersichtlich angeordnet. Für Moderator:innen, Trainer:innen und Fazilitator:innen gibt es den Ablauf mit zusätzlichen Erläuterungen als Poster in der Größe A0.

Als ersten Schritt einigen sich die Kreisteilnehmer:innen auf eine Aufgabenbeschreibung, ähnlich einer Stellenbeschreibung aus der Wirtschaft. Dabei wird für die zu wählende Rolle oder Funktion Folgendes beschrieben:

- Was ist zu tun?
- Welche Fähigkeiten und Fertigkeiten werden dafür benötigt?
- Welche wären zusätzlich hilfreich (must have, nice to have)?
- Für wie lange, welche Amtsdauer, wird gewählt?

Wenn es schon eine Beschreibung für die Aufgabe oder Rolle (beispielsweise aus einer früheren Wahl) gibt, reicht auch die Frage der Moderation: Passt diese Beschreibung noch oder braucht es dazu Änderungen beziehungsweise Ergänzungen?

Braucht es keine Änderungen, gehen Sie als Moderation gleich dazu über, die Wahlscheine auszuteilen. Werden noch Änderungen gemacht, dann fragen Sie dazu den Konsent ab und gehen dann zu den Wahlscheinen über. Dazu reicht auch ein leerer Zettel für jede:n Anwesende:n. Sie können auch Vordrucke verteilen, auf denen steht

Ich: ....
Mein Vorschlag: ....
Begründung: ....

Es reicht aber, wie gesagt, diese drei Begriffe auf ein Flipchart zu schreiben und die Anwesenden übertragen das selbst auf ihren leeren Zettel. Es geht also darum, dass die Wähler:innen sich anhand der Aufgabenbeschreibung überlegen, wer dafür im Augenblick am besten geeignet wäre. Und die Begründung kann und soll eben nicht sein: Ich wähle die Person XY, weil ich sie mag oder sie mich auch schon einmal gewählt hat oder weil sie noch zu wenig Arbeit hat und so weiter. Sondern die Begründung soll sinngemäß lauten, weil sie in Bezug auf das Anforderungsprofil meiner Meinung folgende Kriterien erfüllt: ....

Nachdem die Moderation alle Zettel eingesammelt hat, beginnt die Wahlnominierungsrunde. Dabei bittet die Moderation der Reihe nach im Kreis alle Wähler:innen, ihre Wahl samt Begründung für alle hörbar auszusprechen. Das mag vielleicht etwas formalistisch klingen, ist aber ein wichtiger Bestandteil des Procederes, weil durch die ausgesprochenen Begründungen viel Wertschätzung für die angesprochenen Personen in den Raum kommt. Und das hat mancherlei positive Auswirkungen. Einerseits kreiert oder vertieft es eine Atmosphäre des wechselseitigen Wohlwollens und Vertrauens und andererseits bringt es möglicherweise ein Mitglied mit schwächerem Selbstvertrauen dazu, eine Aufgabe anzunehmen, die sich die Person selbst gar nicht zugetraut hätte, eben weil sie die Unterstützung der Gruppe spürt. Aber Achtung: Mit Wertschätzung ist nicht Lobhudelei oder falsche Schmeichelei gemeint, obendrein vielleicht noch mit der Intention, jemanden zu einer Aufgabe zu überreden. Die Begründungen müssen Hand und Fuß haben. Formulierungen wie: Weil XY so ein engagiertes Gruppenmitglied ist oder ähnlich Nichtssagendes ist sogar schädlich für die ganze Wahl. Als Moderation dürfen und sollen Sie das höflich aber bestimmt unterbinden.

Sie können sich als Kreismitglied übrigens auch selbst wählen. Das ist völlig in Ordnung und sollten Sie unbedingt tun, wenn Sie Lust und Freude für eine Aufgabe empfinden. Denken Sie aber daran, auch für diese Wahl die sachliche Begründung zu schreiben.

Nachdem alle im Kreis ihren Vorschlag kundgetan und alle jeweils anderen Vorschläge und Begründungen gehört haben, leitet die Moderation die zweite Runde und falls nötig auch noch eine dritte ein. Was bringt das, werden sich einige Leser:innen fragen. Das ist ein weiterer wunderbarer Vorteil der soziokratischen Kreismoderationen: Sie können jetzt völlig ohne Gesichtsverlust ihre Meinung ändern und trotzdem in der Wertschätzung für Ihre ursprüngliche Wahl bleiben, in dem Sie in etwa sagen: »Nach dem, was ich in der ersten Runde von Euch gehört habe, ändere ich meine Wahl. Ich glaube nach wie vor, dass die von mir zuerst genannte XY aus den von mir genannten Gründen gut geeignet ist. Jedoch ist YZ aus folgenden Gründen auch eine sehr gute Wahl .... und diese Wahl treffe ich jetzt.«

So oder so ähnlich kann das dann klingen. Die Moderation schlägt, nachdem sie zwei, selten auch drei Runden gehört hat, ein Kreismitglied zum Konsent vor. Und das ist nicht notwendigerweise die Person mit den meisten Nennungen, sondern die Person mit den besten Argumenten aus den Begründungen. Dabei wird die vorgeschlagene Person in der Konsentrunde am Ende gefragt und mit ihrem Konsent nimmt sie die Wahl an. Manche Autor:innen propagieren einen Ablauf, bei dem die Personen schon in der ersten Wahlnominierungssrunde sagen sollen, ob sie eine mögliche Wahl annehmen würden, um so Zeit zu sparen. Demgegenüber steht das Argument aus der Praxis, dass jemand vielleicht nach der Wertschätzung aus zwei bis drei Runden sich doch entscheidet, die Wahl anzunehmen.

Bei schwerwiegenden Einwänden (von den Wähler:innen oder Gewählten) macht die Moderation, basierend auf den gehörten Begründungen, neue Vorschläge und stellt die jeweils zum Konsent. Wenn es schlussendlich einen Konsent gibt und die gewählte Person die Wahl annimmt, wird das Wahlergebnis noch protokolliert und in das Logbuch eingetragen. Und dann gibt es wieder einen guten Grund zum Feiern. Ganz im Sinne des Dragon Dreaming gilt es, diesen Erfolg zu zelebrieren.

5.4.2.4.1 Kombinierte Wahl

In der Wohnprojektepraxis gibt es oft auch den Anspruch auf eine ausgewogene Verteilung der Macht und Verantwortung auf bestimmte Gruppen (Geschlecht, Alter, Dauer der Zugehörigkeit etc.). Wenn also in der Vision steht, dass wir im Leitungskreis ein ausgewogenes (oder dem Bewohner:innenverhältnis angepasstes) Verhältnis von weiblichen und männlichen Leiter:innen wollen, sind kombinierte Wahlen ein probates Mittel. Dabei werden auf den Wahlscheinen nach wie vor für jede Funktion die jeweils präferierte Personen samt Begründung genannt, jedoch macht die Moderation daraus je einen kombinierten Wahlvorschlag, der dem gewünschten Verteilungsschlüssel entspricht. Für so komplexe Wahlen empfehle ich, für die Moderation zwei oder gar drei Personen zu wählen. Mehr dazu aber gleich im folgenden Kapitel.

5.4.2.4.2 Soziokratische Wahl in der Großgruppe

Wie mehrfach erwähnt unterscheidet sich die von mir in diesem Buch aufgrund der Erfahrungen im Wohnprojekt Wien sowie zahlreicher anderer Wohnprojekte (von Schweden, Großbritannien, über Kanada, die USA bis Mexiko) SIG genannte Soziokratievariante von der SKM nach Gerard Endenburg in zwei Punkten ganz grundsätzlich.

- In der SKM gibt es keine Wahlen in der Großgruppe, in der SIG sehr wohl.
- Die SKM empfiehlt die Einführung eines Topkreises, die SIG nicht.

Vor dem Hintergrund der Entwicklung der SKM im unternehmerischen Umfeld sind beide Punkte völlig verständlich, aber für gemeinschaftliche Wohnprojekte ist das eben anders als in Firmen. Zwei OE-Expert:innen (Organisationsentwicklung) aus dem Wohnprojekt Wien, Christine Amon-Feldmann und Erich Kolenaty, hatten ursprünglich versucht, das innerhalb der SKM einzuführen. So verfassten sie 2016 einen Buchbeitrag, in dem sie mit dem Wohnprojekt Wien als Praxisbeispiel das dort entwickelte Großgruppenwahlverfahren vorstellten. Der Buchbeitrag wurde abgelehnt, weil er nicht mit den Dogmen der SKM kompatibel ist. Den Beitrag finden Sie als Download in QR-22.

QR 22

Es geht also darum, in der Großgruppe eine offene soziokratische Wahl für die Leiter:innen der Arbeitskreise (oder Arbeitsgruppen) zu organisieren. Dabei gibt es eine ganz praktische Herausforderung. Wie können 70 oder 100 Menschen ausreichend Zeit und Raum bekommen, ihre Wahl und ganz besonders wichtig, ihre Wertschätzung für ein bestimmtes Mitglied zum Ausdruck zu bringen, sodass auch alle anderen dies mitbekommen?

Die geniale Lösung ist eine vorgezogene Ausgliederung der Nominierungs- und Wertschätzungsphase in ein Onlinetool. Dort werden für die zu wählenden Funktionen die jeweiligen Aufgaben- und Funktionsbeschreibungen kommuniziert. Und dann können über einen Zeitraum von drei oder vier Wochen Personen, jeweils mit Begründung, für Aufgaben nominiert werden. Somit hat jedes Mitglied ausreichend Zeit, sich mit der Wahl und den Nominierungen zu beschäftigen. Die Nominierten lesen die

Begründungen, sie erfahren, weshalb ihre Nachbar:innen ihnen diese und jene Funktion zutrauen, und bekommen somit sehr viel Wertschätzung.

Vor dem eigentlichen Wahltag kann die Wahlleitung noch nachfragen, ob die nominierten Nachbar:innen die Begründungen auch wirklich gelesen haben und ob sie beim Wahltag anwesend sein werden oder, falls sie verhindert sind, ob sie die Wahl annehmen würden.

Am Wahltermin werden dann in einem mehrstündigen Präsenzprozess die Wahlen für mehrere Arbeitsgruppenleiter:innen orchestriert. Dazu können die Begründungen aus dem Onlinetool ausgedruckt im Raum für alle sichtbar aufgehängt werden. Die wichtigsten Begründungen für die nominierten Kandidat:innen werden öffentlich wiederholt, dann die Stimmzettel ausgegeben, vor Ort ausgefüllt, wieder eingesammelt und ausgezählt.

Die Wahlleitung gibt das ausgezählte Ergebnis bekannt und schlägt Personen zum Konsent vor. Wie im vorherigen Absatz »5.4.2.4.1 Kombinierte Wahl« erwähnt, schlägt die Wahlleitung nicht notwendigerweise die Personen mit den meisten Stimmen zum Konsent vor, sondern, je nach Anforderung an eine ausgewogene Verteilung auf bestimmte Gruppen (Geschlecht, Alter, Dauer der Zugehörigkeit etc.), eine Kombination.

Wenn dafür der Konsent erfolgt ist, gilt es diesen wieder ausgiebig und gemeinsam zu feiern.

5.4.3 Sonstige Entscheidungen

In der Soziokratie können auch andere Entscheidungsmethoden als der Konsent eingesetzt werden. Die Gruppe beschließt einfach im Konsent, dass für diese und jene Entscheidung die Methode X oder Y eingesetzt wird.

Je nach Thema können das zum Beispiel folgende Methoden sein:

- Mehrheitsentscheidungen mit unterschiedlichen Mehrheitsanforderungen, wie beispielsweise einfache Mehrheit (über 50 %), Zweidrittelmehrheit, Dreiviertelmehrheit und so weiter. Dabei kann für wichtige Entscheidungen angegeben werden, wie viele der Stimmberechtigten (im Kreis oder der Großgruppe etc.) mindestens anwesend sein müssen.
- Expert:innenentscheidung, dabei einigt sich die Gruppe auf eine oder mehrere (externe) Expert:innen, die entscheiden sollen.

- Zufallsentscheid (Würfeln, Losentscheid oder Ähnliches).
- Systemisches Konsensieren (siehe nächstes Unterkapitel).

Für den Fall, dass ein schwerwiegender Einwand nicht aufgelöst werden kann und eine Nichtentscheidung nachteilige Folgen für die Gruppe oder die laut Gesetz haftenden Personen (Vorstände, Obleute, Geschäftsführer:innen) hätte, schreiben manche Gruppen in ihre Statuten, Satzungen oder Geschäftsordnungen, dass nach zweimaligem erfolglosen Versuch, einen schwerwiegenden Einwand aufzulösen, eine Mehrheitsentscheidung gefällt werden kann. Das dient mehr zur Beruhigung, als dass es in der Praxis oft gebraucht wird, ähnlich einer Feuerversicherungspolice. Gemeinschaftswohnprojekte brennen in der Praxis sehr selten nieder, dennoch haben (fast) alle aus gutem Grund eine Feuerversicherung.

5.4.3.1 Systemisches Konsensieren

Dabei handelt es sich um eine Entscheidungsfindungsmethode, die nicht aus der SKM kommt, sich aber in vielen Gemeinschaftswohnprojekten hoher Beliebtheit erfreut. Zurecht, wie ich meine, und daher ist das Systemische Konsensieren (SK) auch fixer Bestandteil der SIG. Bevor ich Ihnen erkläre, wie es funktioniert, möchte ich über den spezifischen Einsatz dieser Methode berichten. Immer dann, wenn es mehrere Optionen zur Wahl gibt und keine davon »objektiv« die einzig richtige sein kann, empfehle ich, systemisch zu konsensieren. Also wenn es zum Beispiel um Fragen des Geschmacks (der Name oder das Logo der Gemeinschaft, die Farbe der Gemeinschaftsküche etc.) geht oder wenn mehrere Grundstücke, Anwält:innen, Steuerberater:innen, Freiraumplaner:innen, Banken mit günstigen Darlehen und so weiter zur Wahl stehen.

Die beiden Österreicher Erich Visotschnig und Siegfried Schrotta haben das Systemische Konsensieren entwickelt und 2005 das erste Buch darüber geschrieben. Aktuell empfehlenswert ist das Buch *Wie wir klüger entscheiden*, welches Siegfried Schrotta 2011 herausgegeben hat (Schrotta, 2011). Das finden Sie übrigens auch als Gratisdownload auf der SK-Homepage (Link in QR-23). Dort gibt es auch allerlei weiterführende Infos, Videos et cetera.

Aber wie funktioniert das jetzt? Ähnlich wie beim Konsent, wo es letztlich um die Bewertung eines Beschlussvorschlages geht, wird beim Systemischen Konsensieren der Wiederstand zu mehreren Vorschlägen (Varianten) gemessen. Und zwar vergibt jedes Mitglied (des Kreises oder der Großgruppe) zu jeder vorgeschlagenen Variante Widerstandspunkte von 0 (Kein Widerstand) bis 9 (sehr großer Widerstand) oder 10 (schwerwiegender Einwand – muss in der Variante SIG begründet werden, wie beim Konsent). Es gewinnt die Variante mit den wenigsten Widerstandspunkten, jedoch darf keine Zehn dabei sein, dieser schwerwiegende Einwand muss zuerst – wie in der Konsentmoderation – aufgelöst werden.

In Livetreffen sowie bei Webkonferenzen kann der Widerstand einfach abgefragt und in eine Liste eingetragen werden. Für asynchrone Abstimmungen (also nicht gleichzeitig) haben die SK-Autor:innen ein Onlinetool entwickelt, das von der 2019 extra dafür gegründeten Firma Aceptify gehostet wird (Link zu Aceptify in QR-23). Dort können Sie mit wenigen Klicks eine Abfrage einrichten. Das Tool habe ich auch schon mehrfach eingesetzt und kann es sehr empfehlen.

QR 23

5.5 Soziokratie in Projekte einführen

Am einfachsten kann die Soziokratie in ein Projekt eingeführt werden, wenn das gleich am Anfang geschieht. Das gilt gleichermaßen für alle unterschiedlichen Varianten der Kreisorganisation, egal ob SKM, Holacracy, S3 oder eben die hier vorgestellte SIG. Die Gründer:innen entscheiden möglichst früh, spätestens während des Visionsfindungsworkshops, dass sie ihr Projekt nach soziokratischen Prinzipien organisieren und im Konsent Entscheidungen fällen werden. Bei Restunsicherheiten kann die Entscheidung ja dezidiert für einen bestimmten Zeitraum auf Probe geschehen. Damit das auch funktionieren kann, sollte die Probezeit allerdings mindestens ein Jahr dauern. Idealerweise entscheidet die Gruppe auch gleich, welche Variante sie bevorzugt, und schreibt das fest. Falls Sie in Ihrer Gründer:innengruppe nicht zufällig Soziokratieexpert:innen dabei haben, nehmen Sie etwas Geld in die Hand und leisten sich eine:n erfahrene:n Berater:in. Falls Sie sich für eine andere Variante als die SIG entscheiden oder selbst eine Kombination aus verschiedenen Werkzeugen und Strukturelementen zusammenstellen, schreiben Sie das für alle Mitglieder Ihrer Gruppe gut nachvollziehbar auf und tragen Sorge dafür, dass die Menschen die Anwendungen verstehen und auch einsetzen. Achten Sie außerdem darauf, dass alle Mitglieder ein gutes Grundverständnis für die Soziokratie Ihrer Wahl entwickeln und bilden Sie ein paar Ihrer Mitglieder zu internen Expert:innen aus. So werden Sie als Projekt möglichst autark und benötigen nach einer gewissen Zeit externe Profis nur noch für besonders schwierige Entscheidungen, heiß umkämpfte Wahlen und/oder Umstrukturierungen.

Wenn Sie die Soziokratie in ein bereits bestehendes Projekt einführen, nehmen Sie sich von Anfang an eine:n externe:n Profi. Entwerfen Sie dann gemeinsam einen Prozess, der alle Mitglieder mitnimmt, und stellen Sie ausreichend Zeit und Ressourcen dazu zur Verfügung.

Nichts schadet der Methode und auch Ihrem Projekt mehr, als ein halbherziger semiprofessioneller Versuch, einmal schnell die Soziokratie einzuführen. Das hinterlässt viel Frustration und verbrannte Erde, sodass die Mitglieder bei einem neuerlichen Versuch, egal ob professionell begleitet oder nicht, wahrscheinlich nicht mehr mitmachen.

Bei der Auswahl der externen Beratung sollte nicht der günstigste Stunden- oder Tagsatz das Entscheidungskriterium sein, sondern die Expertise. So nach dem Motto: »Mein Freund Peter hat einmal einen Soziokratiekurs gemacht, er hat zwar wenig Ahnung von unseren Themen, lebt auch selbst nicht in einer Gemeinschaft, aber er macht es uns sehr billig und falls doch nichts daraus wird, verlieren wir nicht so viel Geld dabei«. In dem Fall ist auch das wenige Geld noch zuviel. Finanzieren Sie damit lieber ein tolles Fest in Ihrer Gemeinschaft.

Eva Stützel empfiehlt in ihrem Interview (siehe »4.7«), Berater:innen auszuwählen, die selbst auch schon eine Zeit lang in Gemeinschaft leben. Das halte ich für eine gute Idee. Nicht unbedingt bei Steuerberater:innen und Anwält:innen, aber wenn es um Themen wie Organisation und Gemeinschftsbildung geht schon. Übrigens hilft es ganz bestimmt auch, wenn die Architekt:innen selbst Gemeinschaftsprojekteerfahrung haben, idealerweise als Bewohner:in und als Architekt:in oder zumindest in einer der beiden Rollen.

5.6 Vor- und Nachteile der Soziokratie

Wie am Anfang dieses Kapitels angekündigt finden Sie hier noch eine Auflistung der Vor- und Nachteile der Soziokratie. Die Aufzählung gilt mit kleinen Abweichungen für alle verschiedenen Varianten.

Nachteile

- Machtverlust derjenigen, die eine Entscheidungsposition in einer klassischen Hierarchie gewohnt waren
- Nachträgliche Einführung gelingt nur mit 100 Prozent Commitment
- Manchen Menschen macht die Verantwortungsübernahme Angst
- Entscheidungsfindung im Konsent ist oft zeitintensiver (als beispielsweise ein Mehrheitsentscheidung)
- Effizienz leidet zugunsten der Resilienz
- Erfordert Übung und gute Begleitung

Vorteile

- Macht- und Arbeitsverteilung auf viele aktive Mitglieder
- Entscheidungen werden breit mitgetragen
- Hohe Motivation bei den Mitmacher:innen
- Hohe Identifikation aller im Projekt
- Kreative Lösungen bei schwierigen Entscheidungen (weil alle im Kreis gehört werden)
- Hohe Agilität und Fehlertoleranz
- Erhöhte Resilienz (beispielsweiese durch doppelte Verknüpfung)
- Ermöglicht persönliche Entwicklung (weil verschiedene Rollen gelernt und ausgeübt werden)

Selbstredend bin ich davon überzeugt, dass die Vorteile überwiegen. Allerdings nur, wenn alle dahinterstehen und der eingeschlagene soziokratische Weg konsequent gegangen wird.

5.7 Interview mit Christine Amon-Feldmann

Christine kommt ursprünglich auch aus der Wirtschaft und hat dort sowohl in großen Konzernen als auch in kleinen und mittelständischen Unternehmen im Bereich Kommunikation, PR, Change Management und als Beraterin gearbeitet. 2006 gründete sie mit ihrem Geschäftspartner das Beratungs- und Weiterbildungsinstitut »the green field« (Link zur Website in QR-24). Christine war einige Jahre im Vorstand des Wohnprojekts Wien und in den Anfangsjahren der Gemeinwohlökonomie engagiert, wo ich sie kennenlernte.

HF: Wie war Dein erster Kontakt mit der Soziokratie?

CA: An meinen ersten Kontakt kann ich mich nicht wirklich mehr so genau erinnern. Die ersten wichtigen Berührungen mit der Soziokratie hatte ich im Gespräch mit Christian Felber und Christian Rüther und der damals entstehenden Gemeinwohlökonomie sowie über das Wohnprojekt Wien, als es noch in Planungsphase war. Was mich damals zuerst einmal irritierte war, dass es diese Kreisgespräche gab und immer Moderation, die manchmal auch ganz schön akkurat sein konnte. Mit dem Entschluss, die Soziokratie als strukturgebende Form für das Wohnprojekt Wien einzusetzen, war mein Interesse geweckt. Immerhin wollte ich mich nicht nur mit den Spielregeln der Gemeinschaft auskennen, in der ich mich befand, sondern auch mit denen der Moderation. Das allein schon berufsbedingt. Die erste Fortbildung dazu machte ich dann bei Christian Rüther. Das war extrem spannend.

HF: Was sind aus Deiner Sicht dabei die größten Vorteile für Gemeinschaftswohnprojekte?

CA: Gerade in Zeiten der Krise wie in der Pandemie haben sich einige sehr wichtige Vorteile gezeigt, wie Nachbarschaftshilfe und soziale Kontakte. Das große Wissen, dass eine Gruppe von Menschen hat, die sich miteinander austauscht, ist ein riesiger Vorteil. Frag deine Nachbar:innen – eine:r davon weiß sicher was! Was die Gemeinschaft am Leben und gedeihen lässt, ist das hohe Vertrauen zueinander, das sich mit der Zeit über Kontakt- und Beziehungspflege und viel, viel Kommunikation entwickeln kann. Dies allein ist schon ein großer Vorteil. Die größten Vorteile der Strukturprinzipien sind aber aus meiner Sicht die hohe Transparenz und Möglichkeit zur Partizipation in Entscheidungsfragen bei gleichzeitig sinnvoller Arbeitsteilung und Verteilung von Macht beziehungsweise Verantwortung auf viele Schultern. Ein Beispiel dafür ist die Entscheidungsfindung in den verschiedenen Gruppen. Ich kann mit einer kleineren Gruppe zusammen eine Entscheidung für die ganze Gemeinschaft treffen und diese auch ausführen oder zur Ausführung bringen. Damit haben wir die Macht, etwas zu gestalten und zu verantworten und mit unserem beziehungsweise meinem Beitrag gesehen zu werden. Dafür können andere Gruppen eben auch ohne mich im Sinne der Gemeinschaft entscheiden. Das nenne ich Machtausgleich und Verantwortungsübernahme für Teilaspekte des Gemeinschaftslebens. Ausgerichtet auf die Vision und die abgestimmten Domänen, also Verantwortungsbereiche, habe ich die Gewissheit, dass alles im besten Sinne der Gemeinschaft geschieht. Dieser Vorgang passiert natürlich nicht automatisch mit der Arbeitskreisbildung oder mit der Einführung der Soziokratieprinzipien. Das ist nur das Gerüst. Dieses muss mit Leben und Inhalten gefüllt werden. Die individuelle Passung – also konkrete Ausgestaltung und Umsetzung – ist dabei ein Vorteil. Ich sehe auch die Haltung, die hinter den Grundsätzen steht, als Vorteil: Das Prinzip der Gleichwertigkeit, die Förderung von Diversität sowie die erwünschte Lernkultur aufgrund der Rückmeldeschleifen. Diese Haltung und Werte geben mir Sicherheit als Individuum in der Gemeinschaft.

»Die größten Vorteile der Strukturprinzipien sind aber aus meiner Sicht die hohe Transparenz und Möglichkeit zur Partizipation in Entscheidungsfragen bei gleichzeitig sinnvoller Arbeitsteilung und Verteilung von Macht beziehungsweise Verantwortung auf viele Schultern.«

HF: Und was sind die Nachteile oder sagen wir der Preis, der dafür in Kauf genommen wird?

CA: Ein in manchen Situationen empfundener Nachteil ist, dass man nicht überall mitreden kann, wo es einem gerade passt. Was ja andererseits auch ein Vorteil ist, weil man nicht überall mitreden, mitdenken und Know-how erarbeiten muss, sondern sich auch auf andere verlassen kann. Ein Nachteil kann sein, dass man sich mit anderen Meinungen auseinandersetzen muss, auch wenn man es eilig hat oder einem die Ansichten von anderen gerade nicht in den Kram passen. Oder dass Menschen bereit sein müssen, den hierarchischen Anspruch der Führung nach dem Motto »Ich sage, wo es lang geht« aufzugeben, wollen sie Teil einer funktionierenden Gemeinschaft sein.

Manchmal dauern auch Entscheidungen länger und das Harmoniebedürfnis steigt, wenn man sich oft begegnet und damit Konflikten aus dem Weg gehen will. Die Angst, aus der Gemeinschaft in irgendeiner Form ausgeschlossen zu werden, kann – nicht nur latent – vorhanden sein. Das entspricht ja auch einer der Ur-Ängste des Menschen. Beispiele dazu erlebe ich immer wieder in Gemeinschaftswohnprojekten. Vielleicht ist für manche auch ein Nachteil, dass man sich einzubringen hat. Es gibt eben Aufgaben, die sich nicht von allein erledigen. Hier ist die Versuchung groß, nur die Aufgaben zu übernehmen, die mir gerade gefallen. Das unterscheidet Gemeinschaftswohnprojekte von Organisationen, die die Soziokratie oder andere Kreisstrukturkonzepte nutzen. In Wohnprojekten ist die Gemeinschaft auf die Freiwilligkeit ihrer Mitglieder angewiesen. Außer man hat gleich zu Beginn für entsprechende Spielregeln gesorgt, auf die man sich im Falle des Falles berufen kann. Und selbst das ist kein Garant. So kann es zu Diskussionen oder Konflikten beim Thema Fairness kommen.

»Ein Nachteil kann sein, dass man sich mit anderen Meinungen auseinandersetzen muss, auch wenn man es eilig hat oder einem die Ansichten von anderen gerade nicht in den Kram passen.«

HF: Welche Ängste und Befürchtungen äußern Interessent:innen aus der Gemeinschaftswohnenszene, mit denen Du sprichst, und welche Antworten bieten sich aus der Sicht der OE?

CA: Wenn ich von meinem Leben im Wohnprojekt Wien erzähle, fragen mich mögliche Interessent:innen oft, wie wir denn mit Konflikten umgehen beziehungsweise wie so eine Gemeinschaftsbildung abläuft. Sie erwähnen, dass sie Angst davor hätten, einer bestimmten Gruppendynamik nicht aus dem Weg gehen zu können. Und da haben sie natürlich recht. Gruppendynamik gibt es immer, wenn sich eine Gruppe formiert und zusammen etwas gestaltet. Und das kann mal besser, mal schlechter gelingen. Aus der Sicht der Organisationsentwicklung gibt es mehrere Aspekte, die eine Gruppe zu bedenken hat:

1. Was verbindet uns: Welche Vision, welche Ziele, welche Werte, welche Erwartungen?
2. Wie sollen wir uns organisieren: Welchen Rahmen geben wir uns, welche Regeln, welche Entscheidungsstruktur?
3. Wie steuern wir den gemeinsamen Entwicklungsprozess: Wie gehen wir mit der Beziehungsgestaltung um, wie mit unserer Kommunikation und unseren Verhaltensmustern und wie wollen wir lernen – persönlich oder als Gemeinschaft –, wenn es darum geht, ungewisse Entscheidungen zu treffen und Veränderungen zu begegnen?

Das klingt nach einer komplexen Angelegenheit, und das ist es auch. Schließlich geht es bei einem Gemeinschaftswohnprojekt nicht nur ums Wohnen. Es geht eben auch um Beziehungskultur, Nachbarschaftshilfe, die Verwaltung und Bespielung eines gemeinsamen Gutes wie Immobilien, Grünflächen oder Landwirtschaft, Geschäftslokale, Veranstaltungsräume, Außenbeziehungen oder als Gemeinschaft etwas bewirken zu wollen, zum Beispiel im Sinne der Vision. Und da stellen sich viele Aufgaben und Anforderungen, die eine Wohngemeinschaft schon zu einer Organisation macht, die sich meist einen rechtlichen Rahmen gibt.

HF: Was bedeutet das für die Gruppenbildung?

CA: Eines der wichtigsten Prinzipien in der Gruppenbildung ist, dass die Kraft der Gruppe – und das ist ja auch gleichzeitig das Schöne – daraus kommt, wenn sich alle Mitglieder aus eigenem Antrieb engagieren. Das bedeutet, dass sie freiwillig mitmachen müssen. Wenn die individuelle Autonomie gegeben ist, kann die freiwillige Kooperation funktionieren. Menschen, die sich auf das Abenteuer Gemeinschaftswohnen einlassen, fragen sich – bewusst oder unbewusst – wie sie Teil der Gruppe sein können, ohne ihre Individualität aufzugeben. Sie wollen wissen, wie sie in der Gruppe sichtbar werden können, wenn sie sich da engagieren, und wie sie damit umgehen werden, wenn es Gruppenentscheidungen gibt, mit denen sich ihre individuellen Interessen nicht immer decken. Und Letzteres wird natürlich vorkommen.

»Menschen, die sich auf das Abenteuer Gemeinschaftswohnen einlassen, fragen sich – bewusst oder unbewusst – wie sie Teil der Gruppe sein können, ohne ihre Individualität aufzugeben.«

Das sind berechtigte Fragen, die in der Gruppe durch entsprechende Prozesse der Gemeinschaftsbildung geklärt werden sollten. Den Startschuss dazu stellt sicher das Kennenlernen und die Visionsentwicklung dar. Dieser können sich dann, bei Erweiterung der Gruppe, die Neuzugänge anschließen, wenn sie wollen. Meist zu Beginn wird entschieden, wie sich eine Gruppe organisiert. Dabei haben sich Kreisorganisationsmodelle wie die Soziokratie oder abgeänderte Formen bewährt. Diese Struktur ist Teil der Organisationsentwicklung. Keine Gruppe will ewig und fortwährend ihre Strukturen und Spielregeln klären und diskutieren. Es sollte sich eine Art von »Selbstläufer« etablieren und Routinen möglich machen. Aber auch in bestimmten Fällen die Möglichkeit bieten, Normen, Spielregeln und Ansichten neu zu diskutieren und zu reflektieren. Daher braucht es eine Form des Selbstverständnisses, das mit Vertrauen und Kenntnissen über Gemeinsamkeiten und Unterschiede zusammenhängt. Die damit entstehende Selbstorganisation dient dem gekonnten Umgang mit Spannungsfeldern – vor allem zwischen Individuum und dem Individuum-in-Gemeinschaft.

»Keine Gruppe will ewig und fortwährend ihre Strukturen und Spielregeln klären und diskutieren.«

Im Prozess des Sich-Kennenlernens sind die formellen und informellen Rollen, die ein Individuum einnehmen kann, entscheidend. Die Rolle ist verbunden mit einem Bündel an Erwartungen und Verantwortungen.

Beispielsweise kann eine Rolle eine Leitungsrolle für ein Vorhaben sein. Diese Person kann aber auch informell die Rolle des »kritischen Geistes« sein, jemand, der gewissermaßen ernsthaft über eine Sache wacht und dem die anderen diese Gewissenhaftigkeit zutrauen und zuschreiben. So gäbe es eine offizielle und eine inoffizielle Rolle. Beide Rollen braucht es, sodass sich Menschen in der Gruppe gegenseitig sichtbar und erwartbar machen. Oder anders gesagt: Wer bin ich mit meinen verschiedensten Seiten und was ist von mir zu erwarten bzw. was nicht. Was sind meine Fähigkeiten, Talente, persönlichen Grenzen et cetera.

Dieser Prozess des Kennenlernens benötigt Zeit und die Bereitschaft, sich diesem Prozess zu stellen. Es ist aber auch etwas ganz Einzigartiges, wenn es einer Gruppe gelingt, sich in dieser Form berechenbar und ausdifferenzierbar zu machen. Das Individuum kann dann in der Gruppe sichtbar werden und eine Leistung erbringen, ohne sich als Individuum in der Gruppe zu »verlieren«.

QR 24

Im weiteren Verlauf des Interviews spricht Christine über Regeln und Normen in Gemeinschaftswohnprojekten, Gruppendynamik, wie verpflichtende Regelungen integriert werden und über ihre Erfahrungen mit soziokratischen Wahlen in der Großgruppe.

Das gesamte Interview finden Sie zum Download in QR-24.

6 Rechtsform

Vertraue auf Gott und binde dein Kamel fest.
(Arabisches Sprichwort)

Die Hofgemeinschaft, nennen wir sie »Heidehof«, in der Lüneburger Heide war seit Jahren gut in der Umgebung integriert und die Produkte, vor allem der Schafskäse, waren auf den lokalen Märkten äußerst beliebt. Die kleine Gruppe bestand aus zwei Familien mit Kindern, die teilweise schon auf dem Hof geboren waren, und weiteren drei Erwachsenen. Die Kinder gingen im Ort zur Schule und zwei der Erwachsenen arbeiteten in der näheren Umgebung. Das Gehalt kam, wie auch die Einnahmen aus dem Hof, in die gemeinsame Kasse und wurde nach Bedarf geteilt. Es war immer genug für alle da. Auch für kleinere Investitionen in den Hof und sogar Urlaubsreisen reichten die finanziellen Reserven. Für die Solaranlage, die von der Gemeinschaft vor wenigen Jahren angeschafft wurde, reichten die Rücklagen nicht ganz. So wurde zusätzlich zu einer attraktiven Förderung noch ein kleiner Kredit bei der lokalen Sparkasse aufgenommen und zwar im Namen von Ralf. Er, der alte Schäfer, war der eigentliche Eigentümer des Hofes, zu dem auch große Grundstücke gehörten, auf denen – so die Vision der Gruppe – zu einem späteren Zeitpunkt einmal neue, ökologische Wohnbauten entstehen könnten und damit die Gemeinschaft vergrößert werden soll. Dafür gab es auch schon Interessent:innen, die sich alle zwei bis drei Monate trafen. Inzwischen hatten alle Bewohner:innen einen einfachen Mietvertrag mit Ralf, der immer meinte, dass sie später eine Genossenschaft oder Stiftung gründen werden, in die er seine Grundstücke dann einbringen wird, wenn es an die Erweiterung geht. Ralf verstarb plötzlich und viel zu früh, im Alter von 61 Jahren, bei einem Verkehrsunfall. Zu dem Schock und der Trauer kam für die Bewohner:innen der Gemeinschaft noch eine zusätzliche böse Überraschung. Der Hof und sämtliche Grundstücke hatten schon lange nicht mehr Ralf gehört, sondern der örtlichen Sparkasse. Ralf hatte lediglich das lebenslange Wohnrecht im Gebäude und eine Art landwirtschaftliches Nutzungsrecht auf den Wiesen, Äckern und Feldern, die vor langer Zeit einmal sein Eigentum waren. Angesprochen darauf meinte der Sparkassenleiter, er sei seinen Kunden gegenüber zu absoluter Diskretion verpflichtet und schwafelte etwas von Ralfs Spielsucht und ob sie das denn nie mitbekommen hätten. Er jedenfalls könne ihnen nicht helfen und er habe auch schon einen Käufer für die ganzen Liegenschaften. Aber er würde ihnen soweit entgegenkommen, ihnen den Vorzug beim Kauf zu geben und auch bei der Finanzierung könne er helfen. Aber 30 Prozent Eigenmittel müssten sie halt schon gemeinsam aufbringen. Als die Hofkollektivist:innen im Besprechungszimmer der Sparkasse mit Blick auf den Dorfplatz, den sagenhaften Millionenbetrag hörten und verdutzt glotzten wie ihre Schafe beim Wiederkäuen, war es mucksmäuschenstill im Raum. Erst als der Nebelhorn-Handyklingelton des Sparkassenleiters ertönte, wachten alle aus der kurzen Trance auf, aber leider nicht aus dem Albtraum, aus dem sie aufzuwachen hofften. Wiebke, die als Apothekerin im Nachbarort arbeitete, sammelte sich als Erste der Gruppe und fragte, wie viel die 30 Prozent Eigenmittel für diesen Betrag genau wären. Es entstand wieder eine Pause, der Bänker hatte inzwischen den Anruf am Handy weggedrückt, entschuldigte sich kurz und bat Wiebke, die Frage zu wiederholen. Er hörte die Frage erneut und meinte, das sei ein Missverständnis, die 2,85 Millionen wären die Eigenmittel. Das Angebot des Investors aus Hamburg belief sich auf 9,5 Millionen Euro für alle Liegenschaften.

Das Ganze nahm, wie Sie sich denken können, kein schönes Ende für die Gruppe. Und dabei wäre das Malheur durch einen Blick ins Grundbuch schon vor Jahren ganz einfach aufzuklären gewesen. Stattdessen blickten die Bewohner:innen jetzt lediglich durch die Finger.

Diese traurige Episode aus der Praxis von Gemeinschaftswohnprojekten macht deutlich, was der Hausverstand intuitiv ohnehin rät. Klare schriftliche Vereinbarungen zu machen und zwar von Profis unterstützt. Manche Leser:innen werden vielleicht denken, die Geschichte ist ein außergewöhnlicher und einzigartiger Fall von Gutgläubigkeit und Leichtsinn. Leider nein, gerade in der Gemeinschaftsszene gibt es oft eine erhöhte Scheu davor, Beweise und Dokumente zu verlangen. Die Menschen wollen nicht misstrauisch oder kleinlich erscheinen, schon gar nicht gegenüber Menschen, mit denen zusammengewohnt und vieles geteilt wird.

Wie am Anfang des Kapitels »4. Gemeinschaftsbildung« bereits angesprochen, benötigen Sie als Gründer:innengruppe klare und schriftlich festgelegte Vereinbarungen. Die wichtigsten Dokumente in dem Zusammenhang sind die Satzung oder das Statut und die verschriftlichte Vision. Sie sind die (schriftlichen) Grundpfeiler für die kommenden Jahre und Jahrzehnte. Aus dem Grund rechtfertigt sich ein gewisser Recherche- und Beratungsaufwand, auch und ganz speziell in Bezug auf die Rechtsform für Ihr Projekt.

Was die Rechtsform für eine Gemeinschaft betrifft, so gibt es keine grundsätzliche Empfehlung für eine ideale oder perfekte Lösung. Das hängt immer von der Vision, den gemeinsamen Zielen und Wünschen der Gruppe ab. Die Entscheidung für die Rechtsform soll zwar früh fallen, aber nicht vor dem Visionsworkshop. Frühestens während der Visionsfindung, besser kurz danach, damit beim Träumen der idealen gemeinschaftlichen Zukunft nicht schon über die Einschränkungen verschiedener Rechtsformen diskutiert wird.

In der Schweiz, in Deutschland und in Österreich sind die gesetzlichen Rahmenbedingungen oft ähnlich und in manchen (entscheidenden) Bereichen unterscheiden sie sich teilweise erheblich. Der Raum in diesem Buch reicht nur für einige grundsätzliche Informationen und Sensibilisierungen. Mein Ehrgeiz dabei ist es, den Nichtjurist:innen unter den Leser:innen einerseits die Scheu vor einer oft als trocken und sperrig empfundenen Materie zu nehmen und sie in die Lage zu versetzten, passende Berater:innen auszuwählen und die richtigen Fragen zu stellen. Am Ende dieses Kapitels finden Sie noch ein Interview mit einem Experten aus Deutschland. Der Gründer und langjährige Leiter der Stiftung trias Rolf Novy-Huy teilt seinen immensen Erfahrungsschatz in Bezug auf Rechtsformen und auch Finanzierungen. Und die Stiftung trias gibt auch wunderbare Informationsbroschüren heraus, die ich allen Gründer:innen, speziell aus Deutschland, sehr ans Herz lege. Besonders die gut gemachte

Broschüre »Rechtsformen für Wohnprojekte« (Novy-Huy et al., 2019) gibt noch einmal einen tieferen Einblick, als das hier im Buch aus Platzgründen möglich ist. Am Ende des Kapitels »7. Finanzen« gibt es für die Leser:innen aus der Schweiz noch einen Leckerbissen, ein Interview mit dem Züricher Wohnprojekteinsider und Genossenschaftskenner Werner Brühwiler, der höchst Wissenswertes über Rechtsformen und Finanzierungen in der Schweiz erzählt. Was Sie aber unbedingt vor der Rechtsform ausführlich diskutieren und entscheiden sollten ist …

6.1 Die Eigentumsfrage

Vor einigen Jahren lernte ich im Schlafwagen von Wien nach Bregenz einen Schweizer Staatsbürger mit rumänischen Wurzeln kennen. Beim gemeinsamen Frühstück kamen wir ins Plaudern. Er erzählte mir, wie er in jungen Jahren vor der Diktatur Ceausescus in die Schweiz geflüchtet war, wie er dort nach anfänglichen Schwierigkeiten doch Tritt gefasst und eine steile akademische Karriere gemacht hat. Mittlerweile hat er es in die obere Mittelklasse der Schweiz geschafft und konnte in der alten Heimat ein größeres Anwesen erwerben. Er kam gerade von einem Besuch ebendort zurück. Nach seinen Schilderungen war das ein riesiger Gutshof, den er inzwischen schön restaurieren hat lassen. Er beschwerte sich, dass dort in der Nähe »Zigeuner« leben würden und er diese des Apfeldiebstahls auf seinem Grundstück überführt hätte. Worauf die Äpfel am nächsten Tag prompt wieder vor seiner Türe gelegen waren, was ihm dann auch nicht ganz recht war, weil er so viele Äpfel gar nicht braucht und die meisten ohnehin an den Bäumen verfaulen lässt. Ich ersparte mir einen Kommentar, vollführte stattdessen einen 90-Grad-Schwenk in unserer Frühstückskonversation und fragte ihn, wie es denn damals gewesen sei, als Flüchtling in einem fremden Land mit fremder Sprache und so. Er ließ sich darauf ein und berichtete von seinen nicht ganz einfachen Anfängen. Dann machte ich wieder eine Kehrtwende und fragte ihn relativ abrupt, ob er damals mit anderen Bedürftigen seine Äpfel eher geteilt hätte als heute. Er war wie vom Blitz getroffen und starrte mich stumm und hasserfüllt an. Ich hielt seinem Blick stand und versuchte meinen freundlichen, entspannten Ausdruck beizubehalten. Seine Mimik entglitt ihm völlig und ich konnte in seinem Gesicht sehen, wie sich im Zeitraffer ganze Dramen abspielten. Nach einer Weile kam er aus dieser Trance wieder zurück, senkte den Blick und meinte, dass es wohl besser wäre, in Zukunft einen Teil der Äpfel zu verschenken.

Zurück zu gemeinschaftlichen Wohnprojekten. Schaffen Sie als Gründer:innen ganz am Anfang Klarheit darüber, wie mit der Eigentumsfrage umgegangen werden soll. Dazu gibt es zwei fundamental unterschiedliche Positionen: Individualeigentum oder Gemeinschaftseigentum. Wie meist im wirklichen Leben gibt es zusätzlich noch ein »sowohl als auch« und ein »weder noch«. Letzteres wäre die Miete und auch da gibt es unterschiedliche Varianten. Entweder ein eigener Mietvertrag für jede Wohneinheit mit einem Dritten oder ein Generalmietvertrag als Gruppe. Lesen Sie im Folgenden ein paar Gedanken und Praxishinweise zu den einzelnen Varianten.

6.1.1 Individualeigentum

Die meisten Baugruppen oder Cohousing-Projekte sind als Individualeigentum konstruiert. Dabei besitzen die Bewohner:innen ihre jeweilige Wohnung oder das (Reihen-)Haus, in dem sie wohnen, und als Gruppe teilen sie sich bestimmte Gemeinschaftsflächen. Der Vorteil liegt in der leichten (Unter-)Vermietung und der Verkaufsmöglichkeit inklusive der privaten Mitnahmemöglichkeit einer etwaigen Wertsteigerung. Die Rechtsform der Wahl dafür ist entweder das Einzeleigentum (selten) oder das Wohnungseigentum in Form der Wohnungseigentümergemeinschaft (WEG) (häufig).

Der große Nachteil beim Individualeigentum ist der nur sehr schwache oder gänzlich fehlende Einfluss der Gemeinschaft auf die Vermietung oder den Verkauf. In der Praxis führt das in der Mehrheit der Projekte spätestens beim ersten Generationenwechsel zu einer starken Reduktion oder dem gänzlichen Verlust der Gemeinschaft. In all den Jahren habe ich nur ganz wenige Projekte im Individualeigentum kennengelernt, die nach 20 Jahren noch einiges von den Gemeinschaftsvisionen der Gründer:innen leben. Das liegt ganz einfach daran, dass im Fall von Konflikten die einzelnen Bewohner:innen dazu tendieren, sich auf die eigene Scholle zurückzuziehen, um sich so den unangenehmen Konfliktsituationen zu entziehen. Selbstverständlich gibt es beim Gemeinschaftseigentum ebenso Konflikte. Aber die Bewohner:innen sehen sich dann eher »im selben Boot« und somit gefordert, die Konflikte zu lösen, auch wenn es unangenehm ist. Was die Gruppe aber beim Individualeigentum am meisten auseinander treibt ist der Bewohner:innenwechsel. Die Ausscheidenden wollen möglichst viel für »ihre« Investition bekommen und bevorzugen daher Nachnutzer:innen, die das bezahlen können und wollen. Und die Gemeinschaft hat dann oft das Nachsehen. Im schlimmsten Fall sagen die Nachnutzer:innen: Euer Verein oder Eure Sekte interessieren mich nicht, ich habe die Wohnung gekauft und mache damit, was ich will.

Die Gruppen, die ihre Projekte im Individualeigentum errichten, wissen meistens um diese Problematik und versuchen durch verschiedene flankierende Maßnahmen, der kompletten Individualisierung entgegenzuwirken. So gründen viele einen Bewohner:innenverein, der beispielsweise die Gemeinschaftsräume verwaltet und dem alle Bewohner:innen beitreten müssen. Solange diese Gemeinschaftsräume eine attraktive Bereicherung der Wohneinheit darstellen, hat das auch eine gewisse Anziehungskraft. Aber wenn jemand sagt, das interessiert mich nicht und ich trete aus Eurem Verein wieder aus, hat die Gruppe rechtlich wenig Handhabe. Das Eigentumsrecht in Deutschland, Österreich und der Schweiz ist sehr stark und dominant. Die stärkste Vorkehrung gegen willkürlichen Verkauf ist ein vertraglich geregeltes und im Grundbuch eingetragenes Vorkaufs- oder Ankaufsrecht der Gruppe.

Sie sehen aus dem Beschriebenen, dass die Konzepte Gemeinschaft und Individualeigentum nicht sonderlich gut zusammenpassen. Ich bin kein Fan der Kombination, habe aber das eine oder andere Projekt gesehen, bei denen das schon eine gewisse Zeit funktioniert.

6.1.2 Gemeinschaftseigentum

Die gemeinsame Eigentümer:innenschaft lässt sich mit verschiedenen Rechtsformen umsetzen. Was nahezu alle Projekte dieser Kategorie gemeinsam haben, ist die Gründung einer Rechtsperson (Verein, Genossenschaft, GmbH etc.), bei der alle Bewohner:innen beteiligt sind. Und jede Person hat als Individuum oder als (Ehe-)Paar oder Wohngemeinschaft einen Nutzungsvertrag für die jeweilige Wohneinheit mit der Rechtsperson, bei der sie auch stimmberechtigtes Mitglied ist. Als Bewohner:in sind Sie in so einer Konstellation Vermieter:in und Mieter:in in Personalunion. Daher ist es für die unterschiedlichen Gremien, in denen Sie sich engagieren, immer wieder wichtig, zu überlegen, in welcher Rolle sitze ich jetzt hier? Spreche ich jetzt als Genossenschaftsvorsitzende:r oder als Bewohner:in?

Die Vorteile des Gemeinschaftseigentums liegen hauptsächlich in der größeren Überlebenschance der Gemeinschaftsideen der Gründer:innen und der einfacheren Möglichkeit, an der gebauten Substanz Änderungen, Anpassungen und Erneuerungen vorzunehmen. Und bei entsprechender Vertragsgestaltung bleibt die Wertsteigerung in der Gemeinschaft und so kann auch späteren Generationen günstiges, leistbares gemeinschaftliches Wohnen angeboten werden. Viele Projekte im Gemeinschaftseigentum haben in ihrer Vision auch den Anspruch, Wohnraum nachhaltig der Finanzspekulation zu entziehen. Das geht eben nicht mit Eigentumswohnungen, die zum Höchstgebot weiterverkauft werden können.

Aber Achtung, die Spekulationsverhinderung geht langfristig nur dann, wenn auch das gesamte Projekt vor einem etwaigen Verkauf gesichert ist. Darauf ist bei der Auswahl der Rechtsform und der Ausgestaltung von Statuten und Satzungen zu achten.

Der Nachteil beim Gemeinschaftseigentum ist, dass Sie als Bewohner:in beim Auszug eben keinen finanziellen Gewinn machen können. Je nach Konstruktion und Vertrag bekommen Sie entweder gar nichts oder einen bestimmten Teil Ihrer Eigenmittel, entweder aufgezinst oder abgeschrieben oder auch eine Kombination daraus. Etwas mehr zu diesen unterschiedlichen Varianten erfahren Sie im »7. Kapitel Finanzen«.

6.1.3 Sowohl als auch

Sie werden sich vielleicht denken, wie soll das gehen, Gemeinschaftseigentum und Individualeigentum kombiniert? Rolf Novy-Huy spricht so eine Kombination in dem Interview am Kapitelende an. Und zwar das Grundstück im Erbbaurecht (in der Schweiz und Österreich Baurecht genannt) und die Wohnungen im Wohnungseigentum. Wobei die Baurechtsgeberin eine Sicherungsfunktion für die Gemeinschaftsziele übernehmen müsste, wie das bei der Stiftung trias der Fall ist. Mehr über Stiftungen, das (Erb-) Baurecht und das Modell trias erfahren Sie in Kürze.

6.1.4 Einzelmietvertrag

Wenn Sie die Wohneinheiten oder das gesamte Projekt von Dritten mieten, liegt das Eigentum bei diesen Dritten (Einzelperson, Institution, Kapitalgesellschaft etc.). Die Gemeinschaft hat da nur wenige bis gar keine Rechte. In manchen Projekten, die beispielsweise in Österreich mit gemeinnützigen Bauvereinigungen entwickelt und mit Einzelmietverträgen realisiert wurden, hat die Gruppe eine Art Vorschlagsrecht bei der Vergabe von Wohnungen. Ein Beispiel dafür ist das Projekt »Grüner Markt« beim neuen Hauptbahnhof in Wien. Den Weblink zu diesem interessanten Projekt finden Sie in QR-37 am Ende des des Kapitels »8. Das (Um-)Bauen«.

Der Vorteil bei dieser Variante ist der geringe Aufwand für die Gruppe und die fast völlige Risikofreiheit, was Geldbeschaffung, Haftung und Mietausfallsrisiko der Gruppe anbelangt.

Der Nachteil besteht darin, dass die Gruppe keinerlei Rechtsanspruch hat und auf das Wohlwollen der Vermieterin angewiesen ist. Auch kann die Gemeinschaft ihre Ziele und Ideale nicht dauerhaft rechtlich absichern, außer durch moralische Appelle.

6.1.5 Generalmietvertrag als Gruppe

Mehr Einfluss auf die Wohnungsvergabe hat die Gemeinschaft, wenn die Gruppe eine Rechtsperson gründet und diese einen Generalnutzungs- oder Generalmietvertrag mit der Eigentümerin aushandelt. Die Gruppe macht dann selbst (Unter-)Mietverträge mit ihren Mitgliedern. Der Vorteil liegt in ebendiesem Vergaberecht, womit die Gruppe ihre Vision eher über einen längeren Zeitraum absichern kann. Der Nachteil liegt beim Mietausfallsrisiko, das die Gruppe trägt. Wenn ein:e Bewohner:in die Miete nicht zahlt oder eine Wohnung leersteht, hat die Gruppe den finanziellen Ausfall zu tragen und sollte dafür in ihrer Kalkulation auch

Vorkehrungen treffen. Ein weiteres Risiko besteht darin, dass der Generalmietvertrag vermieterseitig gekündigt oder zum Nachteil der Gemeinschaft geändert werden könnte.

6.2 Gesellschaft bürgerlichen Rechts

Die Gesellschaft bürgerlichen Rechts (Deutschland GbR, Österreich GesbR) ist noch einfacher zu gründen als ein Verein. In der Schweiz entspricht das in etwa der einfachen Gesellschaft (eG). Theoretisch bedarf es dafür nicht einmal der Schriftform, sie könnten das auch mündlich vereinbaren. Selbstverständlich wäre das nicht ratsam, weil im Streitfall (fast) keine Beweismöglichkeit besteht. Die GbR könnte als Rechtsperson einen Generalmietvertrag abschließen, was in der Praxis auch vorkommt, allerdings eher bei kleineren Projekten oder Wohngemeinschaften. Der Vorteil ist die leichte und kostengünstige Gründung und der Nachteil ist die volle persönliche Haftung jedes Mitglieds. Entscheidungen können die Gesellschafter:innen in der Regel nur einstimmig treffen, was die GbR für größere Gruppen als Rechtsform ungeeignet macht. Jedes GbR-Mitglied haftet persönlich und unbeschränkt mit seinem Privatvermögen für die Verbindlichkeiten der GbR.

Bei Baugruppen wird die GbR oft als vorübergehende Rechtsform gewählt, die am Ende der Bauzeit in eine Wohnungseigentümergemeinschaft (WEG) übergeführt wird.

6.3 Verein

Der Verein wird in der Gemeinschaftsszene relativ häufig eingesetzt. Er ist leichter zu gründen als eine Kapitalgesellschaft (GmbH, AG) oder eine Genossenschaft. In Österreich wurde in den vergangenen drei bis vier Jahrzehnten die Mehrzahl der Projekte im Gemeinschaftsteigentum als Verein organisiert. Das beginnt sich gerade zu ändern, weil es endlich leichter wurde, in Österreich Genossenschaften zu gründen. In Deutschland und der Schweiz hatte der Verein nie so eine dominante Rolle, weil es dort schon früher vergleichsweise leichter war, das Genossenschaftsmodell umzusetzen. In der Schweiz ist der Verein als Gemeinschaftsbetreiberin wahrscheinlich deshalb so wenig vertreten, weil das Genossenschaftswesen so toll organisiert ist und es zahlreiche Unterstützungen für Gründer:innen gibt (siehe »7.8 Interview Werner Brühwiler«).

Die Vorteile des Vereins sind neben der einfachen Gründungsformalitäten auch der leichte Mitgliederwechsel.

Die Nachteile des Vereins sind zum einen, dass er, wie vorhin angesprochen, in Deutschland oft gar nicht Eigentümerin und Betreiberin eines Wohnprojektes sein kann, und von Geschäftspartnern, Banken und Behörden wird ein Verein in der gesamten DACH-Region (Deutschland, Österreich, Schweiz) meist weniger ernst genommen als beispielsweise eine Genossenschaft oder eine GmbH. Das kann ganz existenzielle Probleme bei der Grundstückssuche oder der Kreditaufnahme machen.

6.3.1 Gemeinnützigkeit

Ein kleiner Exkurs, bei dem es um die Gemeinnützigkeit im Sinne des Finanzamtes und nicht um die in Deutschland (leider) längst abgeschaffte Wohnungsgemeinnützigkeit geht. Ist also ein Verein (eine Stiftung oder eine GmbH, auch das ist mitunter möglich) als gemeinnützig anerkannt, gibt es eine Befreiung von Einkommens- und Ertragssteuern. In Deutschland können solche Vereine dann auch Spendenquittungen ausstellen, die den Spender:innen wiederum steuerliche Vorteile bringen. Das ist aber nicht so einfach zu bewerkstelligen, weil ein gemeinnütziger Verein in Deutschland praktisch nicht Eigentümerin und Betreiberin eines Wohnprojektes sein kann und in Österreich »eigentlich« auch nicht mehr. Daher machen Projekte in Deutschland oft eine Kombination, in der die gemeinnützigen Aktivitäten in einen separaten Verein ausgegliedert werden und für das Wohnprojekt wird eine Genossenschaft oder eine GmbH gegründet. In Österreich kann ein Verein zwar jederzeit Liegenschaften kaufen, aber nur die »alten« Gemeinschaftswohnprojekte haben noch die Gemeinnützigkeit von den Finanzämtern zugestanden bekommen. Seit etwa zehn Jahren vertritt das Finanzministerium hierzulande den Standpunkt: Ein gemeinschaftliches Wohnprojekt kann nicht gemeinnützig im Sinne der Bundesabgabenordnung sein, weil der begrenzte Wohnraum immer nur einer geringen Anzahl von Menschen zugutekommt und nicht der Allgemeinheit.

In der Praxis ist der Vorteil der Gemeinnützigkeit oft gar nicht so groß, weil Gemeinschaftsprojekte selten Gewinne erzielen, die dann versteuert werden müssten. Es kann aber »passieren«, dass aufgrund des Zusammenspieles von Abschreibungen und Rücklagen im einen oder anderen Jahr doch ein Gewinn zu verbuchen ist, der dann eben versteuert werden muss.

6.4 Genossenschaft

Unter den Anhänger:innen des Gemeinschaftseigentums ist die Genossenschaft die beliebteste Rechtsform und das aus gutem Grund. Ist die Genossenschaft doch die einzige Unternehmensform, die sozusagen den Gemeinwohlgedanken in ihren Genen hat. Das erklärt sich aus der Entstehungsgeschichte. Im deutschsprachigen Raum waren die Treiber des Genossenschaftsgedankens in erster Linie Friedrich Wilhelm Raiffeisen und Herrmann Schulze-Delitzsch. Der eine gilt als Gründer der Raiffeisen- und der andere der Volksbanken-Welt. Sie waren Zeitgenossen, aber nicht wirklich befreundet. Während Raiffeisen stark geprägt war von einer christlichen Haltung der Caritas und dem Gebot der Nächstenliebe, trieben Schulze-Delitzsch eher aufklärerische Gendanken der Solidarität. 150 Jahre später prägte der Schweizer Soziologe und ehemalige UNO-Sonderberichterstatter Jean Ziegler den Ausspruch: Solidarität ist säkularisierte Nächstenliebe. Weder Ziegler noch dessen Spruch konnten die beiden Genossenschaftspioniere damals vorausahnen und so blieben sie sich Zeit ihres Lebens eher fremd. Raiffeisen kümmerte sich um in Not geratene ländliche Bevölkerung und Kleinbauern und Schulze-Delitzsch um verarmte Handwerker und Kleingewerbetreibende in den Städten. Was die beiden damals taten, unternahm übrigens in ähnlicher Form zu unserer Zeit der bengalische Wirtschaftswissenschaftler Mohammad Yunus und bekam den Friedensnobelpreis dafür. Genau wie Yunus mit den Mikrokrediten der von ihm gegründeten Grameen-Bank den Ärmsten der Armen aus der Schuldenfalle hilft, so halfen auch Raiffeisen und Schulze-Delitzsch ihren verarmten Zeitgenoss:innen durch Hilfe zur Selbsthilfe. Wie im Bangladesch der Gegenwart war es einem armen Handwerker oder einer verarmten Kleinbäuerin in unseren Breiten vor 170 Jahren völlig unmöglich, einen Kredit bei einer Bank zu bekommen. Sie waren Zinswucherern ausgeliefert, die tunlichst darauf achteten, dass ihre Klientel ein Leben lang nicht aus der Zinsen- und Verschuldungsfalle herauskam.

In meiner Kindheit in Bregenz am Bodensee wuchs ich in der Franz-Michael-Felder-Straße auf. Der Namensgeber gilt als der Genossenschaftspionier des Bregenzerwaldes. Die Geschichten vom reichen und despotischen Käsehändler Gallus Moosbrugger vulgo Käsgraf, der alle Milchbauern des hinteren Bregenzerwaldes in seiner Gewalt hatte, weil sie ihren Käse nur an ihn verkaufen konnten und bei ihm verschuldet waren, sind bei uns noch immer Schulstoff. Franz Michael Felder, Halbwaise und selbst aus einem benachteiligten Haushalt, hat den Aufstand organisiert und die Gründung der ersten Käsereigenossenschaft vorangetrieben. Nun gab es, wie Sie sich denken können, heftigen Gegenwind von Seiten der Bessergestellten und höheren Stände gegen die damals noch junge Genossenschaftsbewegung. Wo kommen wir denn hin, wenn die Armen sich plötzlich ihre eigenen Handelsgesellschaften und Banken gründen? Da werden die womöglich noch selbstbewusst und lassen sich nicht mehr so gut ausbeuten. Und so wurde nicht wenig Einfluss aufgewendet, um den jungen Genossenschaften eine strenge staatliche Kontrollinstanz in den Weg zu stellen. Nicht zuletzt mit dem Hintergedanken, die Hinterwäldler und Armenhäusler weiterhin schön unter der Kandare zu halten, um sie weiterhin ausbeuten zu können. Die Genossenschaftspioniere stellten sich diesen Bemühungen wacker entgegen und schlugen eine selbstorganisierte Kontrollinstanz vor, die Genossenschaftsprüfverbände. Und so ist es heute noch. Liebe Leserin, lieber Leser, deshalb ist die Genossenschaft heute die einzige Unternehmensform, zu deren Gründung Sie einen Prüfverband benötigen, der Ihre Genossenschaft unter seine Fittiche nimmt, ansonsten können Sie nicht gründen.

Das Genossenschaftsprinzip beruht auf den berühmten drei S: Selbsthilfe, Selbstverantwortung und Solidarität. Im Grunde genommen ist eine Genossenschaft eine Art Verein mit strengeren gesetzlichen Regeln und dem erwähnten Zwang, einem Prüfverband beizutreten. Das ist Vor- und Nachteil zugleich. Bleiben wir kurz bei den Vorteilen: Die Genossenschaft ist per Gesetz nicht dazu da, irgendwelche Kapitalgeber:innen auf den Cayman Islands reicher zu machen, sondern der Zweck der Genossenschaft ist die Förderung der Genossenschafter:innen. Und der zweite große Vorteil besteht meines Erachtens im Stimmrecht. Nicht wie viel Geld Sie in die Genossenschaft einlegen (wie bei der GmbH oder der AG) oder wie viele Wohnquadratmeter Sie besitzen (wie bei der WEG) entscheiden über Ihr Stimmengewicht, sondern jede Person hat eine Stimme, one person one vote. Dazu kommen noch zwei weitere praktische Vorteile. Erstens können Genossenschafter:innen aufgenommen und wieder verabschiedet werden, ohne dass es dazu eines Notariatsakts oder einer Firmenbucheintragung bedarf, und zweitens ist die Genossenschaft (wegen der strengen Auflagen und des Prüfverbandes) für Lieferanten, Banken und Behörden eine attraktive und beliebte Partnerin. Ganz nebenbei bemerkt gibt der höhere Prüfaufwand den Genossenschafter:innen auch mehr Sicherheit, insbesondere wenn sie sich selbst nicht so sehr mit den Finanzen beschäftigen.

Gleichzeitig sind die Prüfverbandspflicht und der damit verbundene Mehraufwand die beiden Hauptnachteile einer Genossenschaft. Wie Rolf Nov-Huy im bereits erwähnten Interview sagt, macht es finanziell einfach keinen Sinn, eine Genossenschaft für nur sieben oder acht Wohneinheiten zu gründen. Das wäre einfach zu teuer. In Österreich hat sich die Situation in den vergangenen zehn Jahren deutlich gebessert und die Verbände haben teilweise endlich erkannt, dass gemeinschaftliche Wohnprojekte der genossenschaftlichen Ursprungsidee viel näher sind, als beispielsweise Wettgeschäfte an internationalen Waren- und Devisenterminmärkten. Und daher würde ich heute auch für ein Projekt mittlerer Größe (ab circa 25 Wohneinheiten) die Gründung einer Genossenschaft in Österreich durchaus in Erwägung ziehen. In Deutschland sowieso und in der Schweiz erst recht. Weshalb die Schweiz aus meiner Sicht das Schlaraffenland für Genossenschaftsgründer:innen ist, erfahren Sie im bereits erwähnten Interview mit Werner Brühwiler am Ende des Finanzkapitels. Aber vielleicht liegt es auch daran, dass die Kirschen in Nachbars Garten bekanntlich immer größer und schmackhafter erscheinen als die eigenen. Ein weiterer Nachteil bei der Genossenschaft als Rechtsform ist die genossenschaftliche Nachschusspflicht. Wenn die Genossenschaft in wirtschaftliche Nöte gerät, müssen die Genossenschafter:innen bis zur Höhe ihrer jeweiligen Genossenschaftseinlage nachschießen. Allerdings ist das aus einer übergeordneten Perspektive auch wiederum ein Vorteil, weil es die Genossenschaft finanziell sicherer und resilienter macht. In Österreich ist von Gesetz wegen diese »einfache Nachschusspflicht« zwingend. In Deutschland und in der Schweiz nicht, was bedeutet, dass dort in den allermeisten Genossenschaftssatzungen keine Nachschusspflicht vorgesehen ist.

6.5 Wohnungseigentumsgemeinschaft (WEG)

Für Projektgruppen, die sich für individuelles (Wohnungs-)Eigentum entschieden haben, ist die Wohnungseigentumsgemeinschaft die Lösung der Wahl. Die Vor- und Nachteile habe ich bereits unter der Überschrift »6.1.1 Individualeigentum« erläutert.

6.6 GmbH

Die Gesellschaft mit beschränkter Haftung oder GmbH ist die häufigste Kapitalgesellschaft im DACH-Raum. Sie ist relativ einfach zu gründen, die Mindestkapitaleinlage variiert zwischen den Ländern, sollte aber angesichts des Investitionsbedarfs bei einem Wohnprojekt keine große Hürde darstellen. Die Vorteile liegen also in der leichten Gründung, der hohen Bekanntheit und der guten Haftungsbeschränkung, was den Gesellschafter:innen Sicherheit bietet. Die Nachteile sind: Jeder Gesellschafterwechsel bedarf einer Firmenbucheintragung, die zum Teil notariell erfolgen muss, und zumindest in Österreich unterliegt die GmbH einer Mindestkörperschaftssteuer. Also egal ob ein Projekt als GmbH Gewinne verbucht oder nicht, muss eine Mindeststeuer bezahlt werden. Derzeit sind das in Österreich 1.750 Euro/Jahr.

Aus den genannten Gründen ist die GmbH in Gemeinschaftswohnprojekten meist nur in einer Kombination anzutreffen. Zum Beispiel als

GmbH & Co. KG (eher selten) oder in der Kombination mit einem Verein. Der GmbH gehören beispielsweise die Liegenschaften und Immobilien und (einziger) Gesellschafter in der GmbH ist der Verein, der wiederum aus den Bewohner:innen besteht. Eine sehr interessante Variante dessen stellt die rechtliche Konstruktion des Mietshäusersyndikats dar. Mehr dazu erfahren Sie hier in Kürze.

6.7 Aktiengesellschaft (AG)

Es gibt in Österreich einige gemeinnützige Bauvereinigungen, die AGs sind. Aber als Rechtsform für ein Gemeinschaftswohnprojekt ist mir im deutschsprachigen Europa kein Beispiel bekannt. Nachdem ich in meinem früheren Leben auch schon eine AG gegründet und geleitet habe, weiß ich, dass es ginge, sehe aber keine Vorteile darin und belasse es daher bei dieser Erwähnung.

6.8 Stiftungen

Stiftungen kommen zwar selten direkt als Betreiberinnen von gemeinschaftlichen Wohnprojekten vor, sehr wohl aber als Ermöglicherinnen. Von der Konstruktion her sind Stiftungen auch gar nicht dafür gedacht, einen wie auch immer gearteten Betrieb (Vermietung von Wohnungen) durchzuführen. Stiftungen sind vielmehr Gefäße, in denen Vermögenswerte (Liegenschaften, Firmenbeteiligungen, Geldvermögen etc.) aufbewahrt und auf Dauer (generationenübergreifend) gehalten werden. Stiftungen mit gemeinnütziger Ausrichtung können daher Gemeinschaftswohnprojekten, die mit ihrer Vision und ihren Zielen wiederum zum Zweck der Stiftung passen, unter die Arme greifen. Durch Geldgeschenke, günstige Darlehen oder den Kauf und die Zurverfügungstellung von Grundstücken und/oder Gebäuden. Grundstücke im Erbbaurecht (siehe gleichnamige Überschrift »6.10«) zur Verfügung zu stellen ist eine Spezialität der Stiftung trias (siehe auch »6.11 Interview Rolf Novy-Huy«). In der Schweiz gibt es noch die Stiftung Edith Maryon, und die Stiftung Habitat (nicht zu verwechseln mit der Österreichischen Version des Mietshäuser Syndikats), in Österreich hat sich 2019 die Munus Stiftung gegründet. Alle genannten Stiftungen haben eine Gemeinsamkeit, sie wollen Grund und Boden der Spekulation entziehen. In den USA gibt es den sogenannten »Community Land Trust« oder CLT. Diese Stiftungen kaufen ebenso Grundstücke, um sie dem Markt zu entziehen, und vergeben sie meist unter Anwendung sozialer Kriterien an gemeinnützige oder gemeinwohlorientierte Nutzer:innen mittels Pacht- oder Mietverträgen. In den vergangenen 40 Jahren sind in den USA circa 250 CLTs gegründet worden. In Berlin gründete sich 2019 der erste CLT in Deutschland, die Stadtbodenstiftung (Holm, et al., 2021, S. 144). Die Stiftung »Umverteilen! Stiftung für eine, solidarische Welt«, die 1986 von einem Erben eines Pharmaunternehmens gegründet wurde, vergibt unter anderem Darlehen an Hausprojekte. Auch die deutsche GLS-Bank hat eine eigene Stiftung, die unter bestimmten Voraussetzungen Eigenmittelersatzdarlehen vergibt.

QR 25

Sämtliche Links zu den genannten Stiftungen finden Sie in QR-25.

6.9 Mietshäuser Syndikat/Habitat

Das Mietshäuser Syndikat wurde vor gut 30 Jahren im deutschen Freiburg gegründet. Die Gründer:innen waren beseelt von der Idee, Wohnraum aus dem Spekulationskreislauf freizukaufen und einen Rückverkauf zu verhindern. Das Mietshäuser Syndikat ist einerseits eine kollektive Eigentumsform und gleichzeitig ein solidarisches Netzwerk von mittlerweile etwa 170 selbstorganisierten Hausprojekten. Der Fokus liegt in erster Linie auf leistbarem Wohnen in spekulationsfreien Häusern. Das gemeinschaftliche Wohnprojekt ist dabei eher das Nebenprodukt und wird auch unterschiedlich intensiv ausgelegt und gelebt. Die besondere Konstruktion dieser Rechtsform sehen Sie in der Abbildung 16. Dabei wird für jedes Hausprojekt eine eigene GmbH gegründet, die dann grundbücherliche Eigentümerin wird. Diese GmbH hat nur zwei Gesellschafter:innen: Den Verein, in dem alle Bewohner:innen des Hauses stimmberechtigt sind (Gesellschafter 1), und die Mietshäuser Syndikat GmbH (Gesellschafter 2), die wiederum nur einen Gesellschafter hat, den Mietshäuser Syndikat

Verein. In diesem Verein sind alle Hausprojekte als Mitglieder versammelt, was den Kreis des Syndikats schließt. Der Hausverein (Gesellschafter 1) macht mit seinen Mitgliedern Mietverträge und kümmert sich um alle Hausangelegenheiten. Der Gesellschafter 2 hat in erster Linie eine Kontrollfunktion mit einem Vetorecht beim Verkauf und etwaigen Satzungsänderungen.

Abbildung 16 Rechtsform Mietshäuser Syndikat

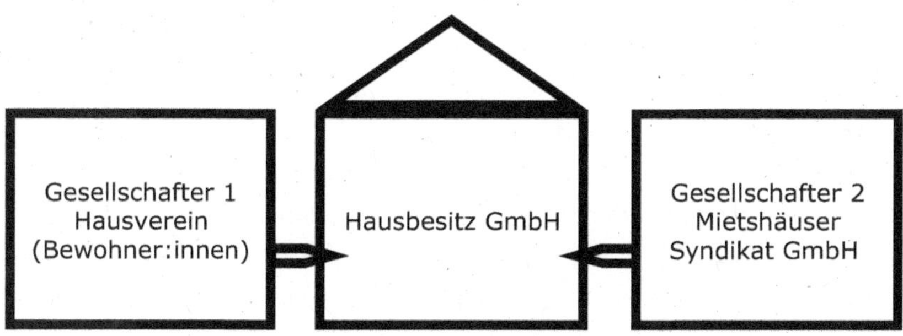

Ein weiterer Aspekt, der den Syndikatserfinder:innen wichtig war ist, dass auch Menschen ohne Ersparnisse und Eigenmittel in einem Syndikatsprojekt mitmachen und dort einziehen können. Das wird erreicht durch die kollektive Einwerbung von privaten Nachrangdarlehen. Es werden also Privatdarlehen als Eigenmittelersatz herangezogen. Das ist einerseits ein kontinuierlicher Aufwand, der auch nach Bezug weiterzuführen ist, weil für Darlehensgeber:innen, die ihr Geld wieder zurückhaben wollen, neue Einzahler:innen gefunden werden müssen. Andererseits hat die Projektgruppe dadurch die Möglichkeit, die Tilgung der privaten Darlehen in die Zukunft zu verschieben und vorerst nur die Zinsen zu bezahlen, die üblicherweise sehr niedrig vereinbart werden. Das hilft den Bewohner:innen, ihre Mieten von Anfang an recht niedrig zu halten. Im Gegenzug nehmen sie in Kauf, dass sie diese Mieten »immer« bezahlen werden, auch wenn das Haus irgendwann abbezahlt sein wird. Dann kommt nämlich ein größerer Teil des Geldes in einen Solidarkreislauf, mit dem in Zukunft neuen Projekte finanziell angeschoben werden können.

Die Vorteile des Mietshäuser Syndikats noch einmal zusammengefasst: Erprobtes und funktionierendes System, Unterstützung durch das bestehende Netzwerk, Menschen ohne Ersparnisse oder Eigenmittel können mitmachen, von Anfang an günstige Mieten.

Die Nachteile: Miete wird immer bezahlt (auch, wenn die Darlehen alle zurückgezahlt sind), keine Eigenmittel, die bei einem Auszug mitgenommen werden könnten (außer dem eventuell selbst einbezahlten Nachrangdarlehen, das herausgenommen werden kann), dauerhaftes Engagement bei der Einwerbung von privaten Darlehensgeber:innen erforderlich.

Im anschließenden Interview mit Elke Rauth erfahren Sie aus erster Hand, was bei der Gründung so eines Syndikatsprojektes zu beachten ist und wie es sich in so einem Haus lebt.

Gehört hatte ich schon früh von dem Konzept, aber richtig auseinandergesetzt habe ich mich zum ersten Mal damit, als sich 2014 in Wien und in Linz die ersten Menschen ernsthaft mit der Entwicklung eines österreichischen Ablegers beschäftigten. Bei einer der Gründungsvorbereitungsbesprechungen zum Habitat (der mittlerweile gegründeten und bereits erprobten Österreich-Variante) war ich dabei und kam für mich zu dem Schluss: Na ja, die bauen halt im Prinzip eine Genossenschaft nach, indem sie Vereine mit GmbHs kombinieren. Zur selben Zeit war ich bereits dabei, die WoGen Wohnprojekte-Genossenschaft mit einigen Mitstreiter:innen zu gründen und beschloss, mich darauf zu konzentrieren und mich nicht zu verzetteln. Heute weiß ich, dass der besondere Charme der Syndikatsvariante in ihrer Netzwerkstruktur liegt. Es gibt zwar einen regen Informations- und Know-how-Austausch und auch solidarische Darlehen zwischen den einzelnen Projekten. Aber jede einzelne Haus-GmbH ist letztendlich für sich selbst verantwortlich. Theoretisch und auch praktisch (wiewohl erst einmal bei 170 realisierten Projekten geschehen) kann ein Projekt auch scheitern und in Konkurs gehen. Das ist zwar schade für die Menschen des jeweiligen Projekts und besonders für die Nachrangdarlehensgeber:innen, aber die anderen Syndikatsprojekte sind dadurch nicht gefährdet. Aktuell ist so ein Notfall leider in der WoGen eingetreten. Beim zweiten WoGen-Projekt, dem Quartiershaus am Wiener Hauptbahnhof ist nach der Verkettung vieler kleiner Katastrophen (jahrelange Verspätung des Baubeginns durch zermürbende Bewilligungsverzögerungen, die Coronapandemie, exorbitante Baukostensteigerungen und der bauboombedingten Unmöglichkeit, überhaupt seriöse Angebote von Baufirmen zu bekommen, Absprung wichtiger Gewerbemieter, die nicht so lange warten konnten etc.) eine größere Katastrophe passiert: Die Bank hat die Finanzierung eingestellt. Während ich seit einem Jahr an diesem Buch arbeite, müssen meine ehemaligen Vorstandskolleg:innen das in Bau befindliche Projekt jetzt verkaufen, um das bereits fertiggestellte WoGen-Projekt (KooWo in der Steiermark) nicht zu gefährden. Wenn der Verkauf gelingt und dabei die bereits fix zugesagten Bewohner:innen gut unterkommen (was ein Ziel der Verhandlungen ist), muss zwar keine:r der Beteiligten einen finanziellen Schaden erleiden, aber der Schmerz ist dennoch groß. Immerhin hatten wir in der jungen Genossenschaft sehr viel Engagement und Herzblut für dieses ambitionierte Projekt investiert. In der Mietshäuser Syndikat- oder Habitatkonstruktion wäre das Risiko auf das eine Projekt beschränkt gewesen.

Links zum Mietshäuser Syndikat und Habitat finden Sie in QR-26

QR 26

6.9.1 Interview Elke Rauth

Elke Rauth (ER) ist Leiterin des urbanize! Festivals, Redakteurin des Stadtforschungs-Magazins *dérive* (Weblink in QR-27 am Ende des Interviews), sowie Teil des Wohnprojekts Bikes and Rails (Weblink in QR-27 am Ende des Interviews) in Wien und seit 2019 ebendort wohnhaft.

Heinz Feldmann (HF): Hier meine erste Frage, liebe Elke, was waren bei Euch als Gruppe die wichtigsten Gründe, Euch für die Habitatvariante zu entscheiden?

ER: Wir haben uns als Hausgemeinschaft für das Habitatmodell entschieden, weil wir kein Privateigentum begründen wollten. Es war uns einfach ganz wichtig, eine Rechtsform zu finden, die Gewinne mit Immobilien verunmöglicht. Das klingt jetzt total absurd für viele Leute, besonders für Vertreter:innen der Eigentumsidee. Aber es gab in der Gruppe Menschen, die aus ihrer Wohnung raus mussten, weil das Gebäude mit viel Gewinn an den Meistbietenden verkauft worden war. Diese persönliche Erfahrung, was das eigentlich für ein Einschnitt ist, wenn du dein Zuhause verlierst, weil irgendwer mehr zahlt, war auf alle Fälle mit entscheidend. Gleichzeitig waren viele politisch tätig, wohnpolitisch und grundsätzlich gesellschaftspolitisch. Christoph Laimer und ich haben innerhalb der Stadtforschung schon ganz lange zu diesen Themen gearbeitet und einfach gesehen, zu welchen gesellschaftlichen Verwerfungen es führt, wenn Immobilien zur Ware verkommen. Diese Warenförmigkeit von Immobilien wirklich ausschalten zu können, war daher ein wichtiger Beweggrund. Gleichzeitig wollten wir alle schauen, wie man ein Baugruppenprojekt umsetzen kann, ohne dass die einzelnen Mitglieder über Eigenkapital verfügen müssen. Wir wollten Teilhabe ermöglichen, ohne die üblichen 30 Prozent Eigenmittelanteil einbringen zu müssen. Viele in unserer Baugruppe hätten das tatsächlich auch nicht gekonnt. Einige hatten durchaus das Kapital, aber ein großer Teil hätte die Eigenmittel über die Bank finanzieren müssen, was den Mietkostenanteil am Haushaltsbudget ja massiv nach oben treibt. Das waren die zwei Hauptgründe: Zum einen Immobilienspekulation auszuschalten und zum anderen selbstverwaltetes, günstiges Wohnen zu ermöglichen und finanzielle Hürden möglichst abzubauen.

»Gleichzeitig wollten wir alle schauen, wie man ein Baugruppenprojekt umsetzen kann, ohne dass die einzelnen Mitglieder über Eigenkapital verfügen müssen.«

HF: Welche Alternativen habt ihr damals noch diskutiert?

ER: Das Habitatkonzept in Österreich folgt ja dem Mietshäuser Syndikat aus Deutschland und war erst knapp davor in Österreich gegründet und mit einem Projekt in Linz erstmals umgesetzt worden. Insofern war das gar nicht so bekannt. Es gab in der Baugruppe nur drei Leute, die das Modell gekannt und auch eingebracht haben. Insofern war es auch nicht selbstverständlich von Anfang an. Wir haben in der Gruppe ein Dreivierteljahr lang alle möglichen Optionen angeschaut und durchgerechnet, Vorteile und Nachteile analysiert: Die in Österreich sehr übliche Konstruktion, dass es einen Hausverein gibt, der Besitzer des Hauses ist und an die Baugruppenmitglieder vermietet, wie etwa das Wohnprojekt Wien und viele andere Baugruppenprojekte organisiert sind. Dann haben wir uns angeschaut, ob das Genossenschaftsmodell eine Möglichkeit wäre, hatten damals auch Kontakt mit der relativ neu gegründeten WoGen Wohnprojekte-Genossenschaft und überlegt, ob das für uns Sinn macht. Und das dritte Modell war eben das Habitatmodell. Schlussendlich hat sich für uns herauskristallisiert, dass die Habitatvariante dem, was wir wollten, am besten entsprach. Das Habitat sichert Immobilien gegen jegliche Verwertung ab und geht gleichzeitig mit einem solidarischen Direktfinanzierungsmodell einher. Das heißt, diese 30 Prozent Baukostenanteil werden nicht individuell von jedem Mitglied der Baugruppe erbracht, sondern kollektiv mittels einer Finanzierungskampagne von internen und externen Direktanleger:innen, also mittels Privatpersonen als Kreditgeber:innen. Hilfreich war natürlich, dass es damit einfach schon viel Erfahrung gab im Habitat und im Mietshäuser Syndikat. Das hat uns Mut gemacht.

HF: In welchem Stadium habt ihr die Entscheidung gefällt, war es noch vor der Wettbewerbsabgabe oder danach?

ER: Bikes and Rails hat eine längere Geschichte, das Projekt ist im Lauf der Entwicklung fast noch einmal wiedergeboren worden. Gegründet worden ist es von jungen, fahrrad-affinen Menschen, die auch das Radgeschäft »United in Cycling« betreiben, gemeinsam mit dem Architekturbüro Reinberg. Gemeinsam haben sie beschlossen, beim Baugruppenwettbewerb für das Sonnwendviertel (am neuen Wiener Hauptbahnhof, Anm.) teilzunehmen. Zusätzlich wurde dann auch die Familienwohnbau (ein gemeinnütziger österreichischer Bauträger, Anm.) und Wohnbund:-Consult als Projektbegleiter ins Boot geholt. Zu diesem Zeitpunkt war die Idee, dass die Familienwohnbau das Haus baut, der Hausverein es komplett vom Bauträger mietet und ganz normal Miete bezahlt, mit dem Vorteil, dass gemeinsam entwickelt wird und es viel Mitbestimmung durch die späteren Mieter:innen gibt. Das war zum Teil sicher der Tatsache geschuldet, dass die Gründer:innen junge Leute in ihren Zwanzigern waren, von denen niemand darüber nachgedacht hat oder sich vorstellen konnte, ein Haus um 5,5 Millionen Euro zu kaufen. Aus dieser ersten Baugruppe sind dann während des ersten Planungsjahres ein großer Teil der Leute wieder ausgestiegen, wie das in der Frühphase von Baugruppen oftmals der Fall ist.

HF: War das nach Abschluss des Wettbewerbs?

ER: Genau, der Wettbewerb war eigentlich gewonnen, es gab nur noch eine letzte Jurypräsentation, in der noch einige Konzept- und Architekturdetails präsentiert werden mussten. Teil des eingereichten Konzepts war einen Ort für klimafreundliche Mobilität fürs Viertel im Haus anzusiedeln. Darum auch der Name Bikes and Rails – Rails aufgrund der günstigen Lage am Hauptbahnhof und Bikes, weil das Radfahren zentraler Bestandteil des Projektes ist. Manuel Hanke von Wohnbund:Consult, und heute auch selbst Bewohner von Bikes and Rails, hat gemeinsam mit den drei verbliebenen Gründer:innen von »United in Cycling« angefangen, Informationsabende zu machen und auf diese Weise neue Interessent:innen zu finden. Das war der Zeitpunkt, an dem auch ich dazugekommen bin, wie auch viele andere, die bis heute im Haus sind, also den ganzen langen Weg mitgegangen sind. In dieser neu formierten Gruppe von rund 15 Leuten kam dann schnell die Idee auf, ein Modell zu finden, mit dem wir das Haus als Gemeinschaft kaufen können, wenn wir schon so viel Arbeit reinstecken. Aber wir wollten kein individuelles Eigentum begründen, dafür gab es eine breite Mehrheit.

»Wenn man das als Nachteil sehen will, bedeutet das Habitatmodell natürlich, dass neben der ganzen Planungsarbeit auch eine Finanzierungskampagne zu stemmen ist.«

HF: Welche Nachteile, würdest Du heute sagen, habt ihr dafür in Kauf genommen?

ER: Also grundsätzlich sehe ich auch mit den Erfahrungen der Umsetzung extrem viele Vorteile im Habitatmodell. Wenn man das als Nachteil sehen will, bedeutet das Habitatmodell natürlich, dass neben der ganzen Planungsarbeit auch eine Finanzierungskampagne zu stemmen ist. Das ist sicherlich mehr Arbeit und zu einem gewissen Zeitpunkt dominiert dieses Geldeinwerben auch sehr stark den ganzen Prozess in der Gruppe. Das ist vom Zeitlichen her natürlich was anderes, als wenn das Geld individuell von jedem eingebracht werden muss und es der Baugruppe als Gesamtes eigentlich egal sein kann, wie die Mittel zustande kommen. Der zeitliche Aufwand vergrößert sich damit ganz sicher. Das darf auch nicht unterschätzt werden. Das ist mindestens für ein Jahr, inklusive der Vorbereitung eher vielleicht sogar eineinhalb Jahre, schon sehr fordernd.

HF: Und was kannst Du uns über die Unterstützung seitens Habitat oder Mietshäuser Syndikat sagen, was war da für Euch sehr hilfreich?

ER: Ganz grundsätzlich versteht sich sowohl das Mietshäuser Syndikat als auch das Habitat als Solidarnetzwerk. Das bezieht sich sowohl auf die Wissensweitergabe, als auch auf die Finanzierung, wenn die Möglichkeit besteht. Für uns war das extrem wichtig. Es hat sich tatsächlich auch einfacher angefühlt, Teil eines Netzwerks zu sein und von den vielen Erfahrungen zu profitieren, als das ganz alleine zu stemmen. Vor uns war ja das erste Habitathaus in Linz realisiert worden, das Willy*Fred (Weblink in QR-27 am Ende des Interviews). Die Willy*Fred-Leute hatten nach vielen Beratungen mit dem deutschen Mietshäuser Syndikat (MHS) beschlossen, ein eigenes MHS, eben das Habitat, in Österreich zu gründen. Dazu wurde als erster Schritt ein ganz klassisches Crowdfunding gemacht. Damals waren das rund 12.000 Euro, die gebraucht worden sind, um das MHS-Vertragswerk von deutschem auf österreichisches Recht zu übertragen. Dafür hat es professionelle Steuer- und Rechtsberatung gebraucht. Dieses Geld kam innerhalb wirklich weniger Tage zusammen mit dem Aufruf, wir wollen ein MHS in Österreich gründen und diese Unterlagen müssen einmal ausgearbeitet werden, um danach allen zur Verfügung zu stehen, die ein Habitatprojekt starten wollen. Parallel haben die Betreiber:innen des Willy*Fred nach einer passenden Immobilie gesucht und relativ schnell tatsächlich ein Bestandshaus im Zentrum von Linz gefunden. Kurz nach dem Crowdfunding haben sie deshalb ihre Finanzierungskkampagne über rund 1 Million Euro gestartet. Innerhalb von wenigen Monaten hat Willy*Fred es geschafft, diese Million mittels privaten Direktkrediten aufzutreiben. Viele Willy*Fred-Leute kommen aus der linken und autonomen Kulturszene, und der Unterstützungsaufruf, um dieses Haus in Linz als erstes Syndikatsprojekt freizukaufen und als Freiraum zu sichern, hat großes Echo gefunden. Sie haben viele Workshops gemacht, Informationsbroschüren zusammengestellt und für viel Presse und Öffentlichkeit gesorgt. Dieses erfolgreiche erste Projekt war für uns und auch für alle anderen nachfolgenden Projekte natürlich enorm bedeutend. Solche Modellprojekte sind immer extrem wichtig, weil du siehst einfach, es kann gelingen, es ist möglich und traust dich dann selbst. Darüber hinaus verdanken wir Willy*Fred viel durch die Weitergabe ihrer gesammelten Erfahrungen. Wir haben die Verträge nutzen können, sie haben mit uns im Vorfeld Kampagnenworkshops gemacht und erzählt, wie sie es selber als Gruppe geschafft haben, mit anderen über Direktkredite zu reden. Über Geld zu sprechen ist eine große Hürde für die meisten Leute. Wir haben wirklich extrem viel Wissen von Willy*Fred bekommen und davon sehr profitiert. Die Willy*Freds wiederum waren vor ihrem eigenen Start ganz viel in Deutschland beim Mietshäuser Syndikat und haben vom Wissen dieser Projekte profitiert. Das gehört innerhalb der Mietshäuser-Syndikats-Netzwerke einfach dazu, egal in welchem Land. Wissen und Erfahrungen werden ehrenamtlich in Beratungen geteilt, weil alle wollen, dass die Netzwerke wachsen. Das ist Teil des größeren Solidargedankens und natürlich äußerst hilfreich.

»Solche Modellprojekte sind immer extrem wichtig, weil du siehst einfach, es kann gelingen, es ist möglich und traust dich dann selbst.«

QR 27

Im weiteren Verlauf des Interviews gibt Elke generelle Tipps für Gründer:innengruppen und spezielle Tipps für die, die mit Mietshäuser-Syndikats- oder Habitatlösung starten wollen und sie erzählt noch über die Vorteile dieser Varianten.

Das gesamte Interview finden Sie zum Download in QR-27.

6.10 (Erb-)Baurecht

Grund und Boden sind endliche Güter und können nicht vermehrt werden. Seit der letzten Finanzkrise und befeuert durch die Coronapandemie wollen immer mehr Menschen und Institutionen ihr Geld in Grundstücken und Immobilien anlegen. Das führt zu immer noch höheren Grundstückspreisen und Baukosten. Riesige Ländereien, die vor Jahrhunderten irgendeinem Vasallen für die Mitwirkung bei einem mehr oder weniger unnötigen Krieg geschenkt wurden, sind teilweise heute noch im Besitz der Nachfahren. Vor allem die Erben, die in gewisser Weise arbeitslos, also ohne jemals in ihrem Leben auch nur eine einzige sinnvolle Tätigkeit für die Gemeinschaft vollbringen zu müssen, zu absurdem Reichtum gelangten, sind oft sogar der Meinung, dass ihnen das zusteht. Das gilt in manchen Fällen auch für kirchliche Institutionen, die teilweise auf ähnliche Weise zu erheblichem Grundbesitz kamen. Selbst eine von Steuergeldern der Allgemeinheit geförderte Genossenschaftswohnung in Wien, die abhängig vom Fördermodell, nach zehn Jahren den Bewohner:innen zum Kauf angeboten werden muss (!), landet in vielen Fällen nach Ablauf der Förderung als hochpreisige Miet- oder Eigentumswohnung auf dem (spekulativen) Markt und ist für ewige Zeiten für die Versorgung der Bevölkerung mit günstigem Wohnraum verloren.

Eine Lösung für dieses Dilemma ist, dauerhaftes Eigentum an Grund und Boden zu verhindern und stattdessen der Allgemeinheit zu übertragen, Nutzungsrechte an Grundstücken nur noch auf (Lebens-)Zeit zu vergeben und nach dem Ableben wird neu gemischt und möglichst fair verteilt. Nachdem das nicht so einfach und höchstwahrscheinlich auch nicht ohne Blutvergießen zu haben sein wird, müssen wir uns alternative Strategien überlegen. Das vor ein paar Jahren gegründete »Netzwerk Immovielien« bietet Information und Vernetzungsmöglichkeit zu dem Thema. Den Link zur Hompepage finden Sie in QR-28.

QR 28

Ein bekannter Schritt in die richtige Richtung ist die Vergabe von Grundstücken der Kommunen mittels Erbbaurecht (so heißt es in Deutschland, in der Schweiz und in Österreich einfach Baurecht) an entsprechende Gruppen oder Institutionen, im Unterschied zum Verkauf an diese Gruppen. Weil bei einem Verkauf das Grundstück eben auf Dauer weg ist, auch wenn der darauf geschaffene Wohnraum nach ein paar Jahrzehnten wieder in die Spekulation abwandert. Bei der Vergabe im (Erb-)Baurecht wird das Grundstück sozusagen auf Zeit verkauft. De facto bekommt die (Erb-)Baurechtsnehmerin das grundbücherlich verbriefte Recht, auf einem Grundstück zu bauen und bezahlt dafür den (Erb-)Baurechtszins, eine Art Pacht, die meist an den Verbraucherpreisindex gebunden ist. Das geschieht auch seit über 100 Jahren schon in unterschiedlicher Intensität. Leider haben in den vergangenen zwei, drei Jahrzehnten die politischen Akteur:innen oft genau das Gegenteil gemacht und das Familiensilber von Bund und Ländern verhökert.

Glücklicherweise ist zumindest teilwiese wieder ein Umdenken in Gang: Das Land Berlin hat von Ende 2019 bis Ende 2021 über 20.000 ehemals privatisierte Sozialwohnungen für circa 3,5 Milliarden Euro von internationalen Immobilienkonzernen zurückgekauft. Diese Wohnungen waren zwei Jahrzehnte davor für einen Bruchteil des Preises verscherbelt worden. Aber zumindest bemüht sich das Land Berlin mit diesen Rückkäufen, Wohnraum wieder der Spekulation zu entziehen. In Österreich kommt bei traurigen Ausverkäufen des Gemeinschaftseigentums zu der grundsätzlichen Kurzsichtigkeit solchen Tuns oft noch eine ordentliche Portion Korruption, gewürzt mit krimineller Energie zur persönlichen Bereicherung dazu. Nicht genug damit, dass 60.000 Bundeswohnungen im Privatisierungswahn der ersten schwarz-blauen Regierung (schwarz = konservativ, blau = unsympathisch weit rechts) verhökert wurden und sich der österreichische Staat einen Rückkauf eher nie wieder wird leisten können. Und wenn es in der Zukunft tatsächlich – nach Berliner Vorbild – zu einem Rückkauf käme, dann sehr wahrscheinlich wieder nur mit obszönen Gewinnen für die Spekulanten. Beim unrühmlichen Ausverkauf stehen der damalige Finanzminister und eine Clique geldgieriger Freunde im Verdacht, obendrein illegal 10 Millionen Euro als Provision abgezweigt zu haben. Über Liechtenstein, falls das noch jemand interessiert. Eine Verurteilung in zweiter Instanz liegt nach gut 10-jährigem Gerichtsverfahren zwar vor, aber sie ist noch nicht rechtskräftig und daher bleibt mir nichts anderes übrig, als zu erwähnen, dass die Unschuldsvermutung gilt.

Aber zurück zum (Erb-)Baurecht. Wie schon erwähnt, hat auch die Stiftung trias mit dem Instrument in den vergangenen Jahren viel Gutes bewirkt. Aber dazu lassen wir im folgenden Interview besser gleich den Gründer und langjährigen Leiter direkt zu Wort kommen.

6.11 Interview Rolf Novy-Huy

Rolf Novy-Huy (RNH) ist gelernter Bankkaufmann und hat in seinem früheren Leben als Banker schon gemeinschaftliche Wohnprojekte finanziert und begleitet. 2006 verließ er den sicheren Job bei der Bank und gründete mit ein paar Gleichgesinnten die Stiftung trias, gemeinnützige Stiftung für Boden, Ökologie und Wohnen in Hattingen (Ruhr). Damals legten er und seine Freunde ein paar Zehntausend Euro als Startkapital zusammen und heute, nachdem Rolf die Stiftung all die Jahre leitet, verwaltet sie ein Vermögen von Grundstücken und Immobilien im Buchwert von ca. 35 Millionen Euro. Die Zielrichtung in der Vermögensverwaltung der Stiftung ist der Erwerb von Grundstücken, um sie gemeinschaftlichen Wohnprojekten im Wege des (Erb-)Baurechtes zur Verfügung zu stellen und mit den dafür gestalteten Verträgen die jeweiligen Grundstücke einerseits nachhaltig der Spekulation zu entziehen und anderseits die ideellen und gemeinschaftsförderlichen Ziele der Projektgründer:innen zu sichern.

Rolf lebt selbst in einem schönen Gemeinschaftswohnprojekt in Hattingen (Ruhr), veröffentlichte diverse Texte zum Thema, insbesondere zu Rechtsformen und Finanzierung. Durch seine Tätigkeiten hat er einen guten Ein- und Überblick in viele Projektaktivitäten in Deutschland und ist einer der profundesten Insider der Szene vom Bodensee bis zur Nordseeküste.

HF: Lieber Rolf, danke dass Du Dir die Zeit für dieses Interview genommen hast. Du hast in der Stiftung viel zu tun und obendrein bereitest Du jetzt, nach 20 erfolgreichen Jahren, auch die Amtsübergabe vor. Umso mehr freut es mich, dass Du die Leser:innen meines Buches auf diesem

Weg an Deinem Wissen teilhaben lässt. Daher gleich die erste Frage: Welche Projekte sind denn besonders geeignet für eine Kooperation mit der Stiftung trias?

RNH: Das sind schon die Projekte, die die Bodenfrage grundsätzlich stellen, also Boden als Gemeingut, als Commons sehen. Eigentlich immer Projekte, die einen sehr idealistischen Inhalt haben. Die Baugruppen als Wohnungseigentümergemeinschaft kommen praktisch überhaupt nicht auf uns zu. Woran man auch sieht, dass sie eine andere Denke haben. Die Idealistischen melden sich bei uns, weil gerade dieser Idealismus, der einfließt, gesichert werden soll. Das heißt, neben der Nicht-Spekulation mit Grund und Boden ist es die Projektsicherungsfunktion, die sie reizt. Den neutralen Dritten, der das auch durchsetzen kann. Denn eine Satzung kann man jeden Tag ändern, aber ein Erbbaurechtsvertrag, den ein Dritter mit mir als Projekt geschlossen hatte, kann ich eben nicht ändern. Und dann kommen natürlich noch die Projekte, die noch eine Aufwertung für ihre Konzeptausschreibung brauchen. Die sagen, ja, wir machen schon viel im Sozialen oder im Ökologischen und dann verbinden wir uns auch noch mit der Stiftung trias. Das ist aber nicht nur Berechnung, da spielen dann die Punkte, die ich vorhin genannt habe, durchaus mit hinein. Sonst würden sie auch nicht kommen, denn man zieht sich keine Jacke an, die einem nicht passt.

»Das heißt, neben der Nicht-Spekulation mit Grund und Boden ist es die Projektsicherungsfunktion, die sie reizt.«

HF: Welche Rechtsformen sind denn aus deiner Sicht für die Kooperation mit der trias besonders geeignet?

RNH: Wir sind da an sich ganz offen. Unser Spruch ist immer: Es gibt keine besonders geeignete Rechtsform, sondern die Rechtsform muss zu Euch passen. Kann ich noch mal das Bild des Mantels oder der Jacke bemühen? Also das muss einfach stimmen. Ich kann nicht für sieben oder acht Parteien eine Genossenschaft nehmen, das ist zu teuer. Wenn ich keine wirklich tiefgehenden gemeinnützigen Ziele habe, dann ist es auch

Quatsch, nur um Spendenquittungen ausstellen zu können, mit Gewalt einen gemeinnützigen Verein zu gründen. So, das heißt, zuerst sagen wir mal: Guckt, was für euch wirklich passt. Da können wir, nicht in allen Fällen, aber in denen, wo die Projekte mit uns zusammenarbeiten möchten, auch gerne Hilfestellung geben. Wir machen keinen Hehl daraus, dass die Genossenschaft uns besonders sympathisch ist. Und insofern würde ich sagen, die Genossenschaft und dann der Verein sind die häufigsten Rechtsformen. Aber wir haben überhaupt keine Schwelle, auch mit Mietshäuser-Syndikats-Projekten, obwohl diese die Projektsicherungsfunktion in der Konstruktion schon drin haben, zusammenzuarbeiten. Und wir würden mit einer idealistischen Wohnungseigentümergemeinschaft auch zusammenarbeiten, das fände ich sogar spannend. Warum soll nicht mal ein Haus sagen: Ja, wir haben unser Eigentum in der Wohnung. Ich kenne ein solches Projekt, allerdings ist das nicht mit der trias verbunden. Also wir haben unser Eigentum in der Wohnung und wir haben unseren Idealismus in der Frage des Bodens. Und wir wollen vielleicht im Erdgeschoss auch was Besonderes haben. Eine Kindertagesstätte, eine Demenz-WG, eine Altenpflege-WG oder Ähnliches. Dann würde das auch zur Stiftung passen. Also es ist wirklich eher eine Frage des Inhalts als der Rechtsform.

HF: Und worauf soll eine Gruppe achten, wenn sie ein Finanzierungskonzept machen für ihr neues Projekt?

RBH: Jede Rechnung fängt bei den Kosten an. Also solide Kostenermittlungen. Beim Grundstück und den paar Nebenkosten ist es leicht. Bei der Renovierung und beim Bau die Kosten festzustellen ist schon schwieriger. Ich stelle fest, dass oft die Nebenkosten vergessen werden, also zum Beispiel die Projektberatungshonorare, manchmal sogar Strom, Gas und Wasser während der Baustellenzeit oder bis zum Einzug. Und ich persönlich rate immer auch noch eine Reserve reinzunehmen, über die Reserve des Architekten hinaus. Der sagt mir zwar, ja, ich habe da noch eine Reserve drin. Es mag amüsieren, aber ich würde

»Und ich persönlich rate immer auch noch eine Reserve rein zu nehmen, über die Reserve des Architekten hinaus.«

dann noch eine hineinnehmen, die dem Architekten aber nicht erzählen, denn wenn er weiß, dass es die gibt, verbaut er sie auch noch. Es reicht dann schon, wenn er eines Tages händeringend ankommt und sagt, wir haben eine Baukostensteigerung über meine eigenen Reserven hinaus. Dann hat der Betriebswirt oder die Betriebswirtin, die das Projekt steuert, diese Reserven noch. Es lässt alle Beteiligten gut schlafen, wenn die Reserven hoch genug sind. Natürlich geht das konträr zu dem Bemühen, die Mieten möglichst niedrig zu halten. Aber das kann ich immer noch erreichen, wenn ich die Reserven nicht brauche. Wenn ich sie mit in der Finanzierung habe, dann muss ich eben mit der Bank absprechen, dass ein Darlehensanteil, der nicht benötigt wird, gestrichen werden kann. Alles kein Problem. Zweiter Tipp, würde ich sagen, ist eine gute Mischung. Ungut finde ich zum Beispiel, wenn ein Projektmitglied zu viel Geld hineingibt, das schafft Abhängigkeiten. Und mit Banken und Privatdarlehen ist sicher gut, wenn man verschiedene Fristigkeiten hat. Dann landet man nicht in einer schwierigen Zinssituation bei der Verlängerung, hat immer die Möglichkeit, wenn da Zinsbindungen auslaufen, umzuschulden oder zu tilgen. Und es macht flexibel. Je mehr ich mir natürlich Mühe gebe bei der Akquisition auch von fremden Mitteln im privaten Bereich, umso günstiger, glaube ich, kann ich finanzieren.

HF: Wie viel Eigenkapital empfiehlst Du den Gruppen, sollten sie selber aufbringen?

RNH: Also der Klassiker sind 20 bis 25 Prozent. Wenn ich natürlich ein altes Elektrizitätswerk oder eine Burg umbaue, um mal ganz schwierige Objekte zu nehmen, und dann vielleicht noch einen hohen Gewerbeanteil habe, dann kann ich sogar bis zu 40, 45 Prozent Eigenkapital benötigen. Es kommt so ein Stück auf das Gebäude an, die Lage. Wenn es ein normales Wohnhaus in der mittelgroßen bis großen Stadt ist, dann sind es die klassischen 25 Prozent.

HF: Welche Geldquellen sind in Deutschland sonst noch üblich? Also außer Bankenfinanzierungen, Eigenkapital und privaten Darlehen?

RNH: Was gibt es da noch? Also im Genossenschaftsbereich gibt es die Mitgliederdarlehen. Die sind in der Diskussion um das unerlaubte Bankgeschäft gerade für die Genossenschaften deutlich vereinfacht worden. Man kann bei Genossenschaften natürlich auch über sogenannte Förderanteile arbeiten, die oft von Freunden oder Verwandten gezeichnet werden.

Ansonsten, ob Darlehen von Unterstützern und Mitgliedern jetzt Privatdarlehen oder Direktdarlehen heißen, kommt aufs Gleiche raus. Hier muss man auf die Absicherung oder auf die Nachrangabrede achten, das ist klar. Du hast vorher nach dem Eigenkapital gefragt. Die Eigenleistung gehört auch dazu. Eigenleistung ist nicht nur die Schaufel und der Abbruchhammer, sondern Eigenleistung kann auch eine gute Mittelakquise sein. Ich empfehle in der Regel sämtliche Ministerien, die irgendwie infrage kommen, durchzusehen und Kontakte zu knüpfen. Manchmal entstehen dadurch Assoziationsketten. Eine Adresse gibt wieder den Tipp für die nächste Adresse. Das heißt klassisch das Bauministerium, das Sozialministerium, vielleicht auch das Landwirtschaftsministerium, weil es die Entwicklung im ländlichen Raum fördert. Wir hatten in meiner Bankerzeit eine Finanzierung, die von der landwirtschaftlichen Rentenbank mit einem sehr günstigen Kredit unterstützt wurde, weil Stroh als Sekundärbaustoff verwendet wurde. Dann gibt es noch einzelne Lotterien, zum Beispiel die Postcode Lotterie. Die scheint relativ unabhängig zu sein. Offensichtlich können solche Lotterieeinnahmen auch an nicht Gemeinnützige gegeben werden. Deswegen sind sie interessant. Stiftungen dagegen sind weitgehend uninteressant, weil die wenigsten Wohnprojekte gemeinnützig sind. Deswegen sind Stiftungen da bei Fördermitteln die Hände gebunden. Ausnahme siehe Modell trias, dass man über die Vermögensanlage mit der Stiftung zusammenarbeitet. Dabei könnte die Stiftung oder auch eine Pensionskasse das ganze Haus erstellen und vermietet es en bloc ans Projekt – als reine Vermögensanlage. Und da gibt es durchaus Adressen, die an sozialökologischen Vorhaben auch richtig Freude haben, diese sogar suchen. In der Schweiz ist es die Coopera oder die Stiftung Abendrot, beides Pensionskassen. In

»Eigenleistung ist nicht nur die Schaufel und der Abbruchhammer, sondern Eigenleistung kann auch eine gute Mittel-Akquise sein.«

Deutschland die Hannoverschen Kassen. Und bei den Stiftungen müsste man vielleicht gucken, ob man vor Ort jemanden hat oder ob das Thema des Hauses zu einer Stiftung passt. Allerdings ist das Engagement für oder die Kapitalanlage von Stiftungen in solche Immobilien noch sehr ungewohnt. Wir kooperieren dann schon mal mit anderen Stiftungen und sagen okay, ihr habt ja gar keine oder wenig Immobilienkenntnis. Komm, dann macht das mit uns zusammen. Wir wollten kürzlich ein größeres Grundstück in einem Konsortium gemeinsam mit verschiedenen tollen Stiftungen kaufen und dann im Erbbaurecht an Projekte geben. Das ist ein bislang sehr ungewöhnliches, aber funktionierendes Instrument.

Im weiteren Verlauf des Interviews spricht Rolf noch über Fördertöpfe, welche Fehler Gründer:innengruppen tunlichst vermeiden sollen, warum Gruppen Geld in die Hand nehmen und sich professionelle Unterstützung holen sollen und er hat noch einen wichtigen Tipp für die Gemeinschaftspflege.

Das gesamte Interview finden Sie zum Download in QR-29.

Rolf hat mir nach dem Interview noch einen weiteren interessanten Link für Gründer:innen aus Deutschland geschickt. Es handelt sich um das WIN, Wissen, Informationen, Netzwerke – für Gemeinschaftliches Wohnen des Forums Gemeinschaftliches Wohnen e. V. Zusätzlich habe ich noch den Link des Bundesverbands Baugemeinschaften e. V. angehängt. Die beiden Organisationen haben ähnlich klingende Namen und beide bieten weiterführende Informationen. Das alles und die Links zu den anderen Organisationen, die Rolf im Interview erwähnt, finden Sie in QR-29. Und den Link zur Stiftung trias finden Sie bereits weiter vorne im Buch in QR-25.

QR 29

7 Finanzen

Meins, meins, alles meins!
(Dagobert Duck)

Es gibt viel zu viel Geld auf der Welt. Manche mag das freuen, aber das birgt auch Gefahren. Alleine im Euroraum ist laut EZB (Europäische Zentralbank) die Geldmenge von 5,4 Billionen (= 5.400 Milliarden) Euro Ende 2001 auf 15,5 Billionen Ende 2021 angewachsen. Das bedeutet eine Verdreifachung der Geldmenge in den letzten 20 Jahren oder in Prozent ausgedrückt ein beachtliches Plus von 287 %. Die kumulierte Inflation (Veränderung des Verbraucherpreisindex) im selben Zeitraum macht dagegen nur circa 50 % aus. In der Schweiz ist laut SNB (Schweizer Nationalbank) die Geldmenge im selben Zeitraum immerhin auch um gut 230 % gewachsen, die Inflation allerding »nur« um knapp 8 %. Jetzt werden einige Leser:innen vielleicht denken, wo ist das Problem, wir sind halt reicher geworden? Das Problem entsteht dann, wenn mehr Geld da ist, als es Werte (Güter und Dienstleistungen) dafür gibt. Anhand eines simplen Beispiels wird das deutlicher. Angenommen, Sie planen das Eröffnungsfest für Ihr fertiggestelltes wunderbares Wohnprojekt und gemäß der Empfehlung aus Dragon Dreaming wollen Sie es ordentlich krachen lassen und organisieren ein rauschendes Fest. Sie laden alle Akteure ein, die einen Beitrag zum Gelingen geleistet hatten, dazu noch viele Freunde und Verwandte der Bewohner:innen und einige Menschen aus der neuen Nachbarschaft. Insgesamt 500 Gäste sind geladen und Sie drucken Gutscheine für gratis Essen und Getränke. 500 Gutscheine für Essen und 1.000 Getränkegutscheine. Am Tag des Festes werden aber nur 100 Essen zubereitet … was wird passieren …?

Und genau das droht, wenn zu viel Geld im Umlauf ist. Falls Sie sich jetzt fragen, was will der Feldmann mit seiner Volkswirtschaft für Anfänger uns sagen? Die gute Nachricht für alle, die ein Wohnprojekt im Gemeinschaftseigentum starten wollen und dazu fremdes Geld benötigen, ist: Es gibt mehr als genug Geld, auch für Ihr Projekt. Sofern Sie einen realistischen und nachvollziehbaren Plan vorweisen können, wie die Finanzierung insgesamt aussehen soll.

Erstauntes, ungläubige Grinsen ist die häufigste Reaktion, manchmal gepaart mit Kopfschütteln, wenn ich Gründer:innengruppen berate und ihnen erkläre, dass es genug Geld auf der Welt gibt, dass es geradezu auf der Straße liegt und sie sich nur zu bücken brauchen, um es aufzusammeln. Nachdem sich die erste Aufregung gelegt hat erkläre ich, was das »Bücken« bedeutet. Erstens brauchen Sie eine klare Vision, eine Gründer:innengruppe, die für diese Vision brennt, ein Grundstück oder Objekt und – last not least – einen realistischen Finanzplan.

Als Gruppe, die ein Wohnprojekt im Gemeinschaftseigentum plant, brauchen Sie zumindest vier unterschiedliche Kalkulationen, die natürlich alle auch zusammenhängen:

- Das Budget für die Gemeinschaftsbildung
- Die Baukalkulation samt Grundstückspreis und allen Baunebenkosten
- Die Finanzierung (Mix der Mittelaufbringung und deren etwaige Tilgung)
- Kalkulation der monatlichen Nutzungsentgelte oder Mieten samt Betriebs- und Nebenkosten

Wenn Sie Ihr Projekt im Individualeigentum planen, brauchen Sie die ersten zwei Kalkulationen und falls Sie von einem Dritten mieten wollen, benötigen Sie zumindest die erste Kalkulation, mit der es hier gleich weitergeht.

7.1 Budget für Gemeinschaftsbildung

Wie in »2.7.7.4 Das 20-Minuten-Budget« beschrieben, geht es dabei um alle Aufwendungen, die sich für die Gemeinschaftsentwicklung bis zum Einzug (abseits sämtlicher Baukosten) ergeben. Manche Berater:innen empfehlen, das einfach auch alles in die Baukosten hineinzurechnen. Ich bevorzuge die unterschiedliche Behandlung, weil es zu einer größeren Kostenwahrheit führt und auch für Laien transparenter und dadurch nachvollziehbarer ist. Dazu nehmen sie die Zahlen aus dem Dragon Dreaming-Workshop, wie in Abbildung 05 dargestellt und übertragen diese in eine Tabellenkalkulation (z. B. Excel). Falls Sie die Übung noch nicht gemacht haben, können Sie die einfach nachholen. Gehen Sie einfach so vor wie in dem erwähnten Kapitel beschrieben. Wenn Sie also budgetiert haben, was Sie als Gruppe insgesamt bis zum Einzug für die Gruppenbildung, Organisation und Partizipation, externe Berater:innen und Moderator:innen, Schulungen, Rechercheresien, Mieten für Besprechungs- und/oder Workshopräume, die Einrichtung und grafische Gestaltung der Homepage, etwaige Drucksorten, Kosten für die Finanzierung (sofern diese nicht zu den Baukosten gehören), Aufwendungen für das Internethosting oder die Entlohnung der externen Kinderbetreuung bei den Gruppentreffen, Gebühren und Abgaben, Notar- und Anwaltskosten, Honorare für Steuerberatung, diverse Feste, insbesondere das Einzugsfest, investieren werden, wissen Sie auch wie viel Geld (und idealerweise auch wie viele ehrenamtliche Arbeitsstunden) dafür benötigt werden. In Abbildung 17 sehen Sie dazu noch einmal die Zahlen aus dem 20-Minuten-Budget (Abb. 05) übertragen.

Abbildung 17

Übertrag 20 Minuten Budget	**Euro**			**Stunden**		
	von	**bis**	**D-Schnitt**	**von**	**bis**	**D-Schnitt**
Visionsworkshop	1.500	3.000	2.250	300	600	450
Website erstellen, inkl. Hosting für 4 Jahre	600	2.000	1.300	200	400	300
Flyer gestalten und Drucken	400	800	600	50	100	75
Anwalts/Notarkosten Gründung + Beratung	2.000	8.000	5.000	100	300	200
Finanzierungskosten (Nachrangdarlehen)	1.000	4.000	2.500	200	500	350
Anwaltskosten Nutzungsverträge	1.000	4.000	2.500	100	200	150
Grundstück-/Objektsuche	1.000	4.000	2.500	300	500	400
Mitgliederaufnahmeprozess	0	2.000	1.000	40	400	220
Gemeinschaftsbildung	10.000	25.000	17.500	1.500	2.000	1.750
Organisation	10.000	25.000	17.500	1.500	2.000	1.750
Raumkosten	0	20.000	10.000			0
IT- und Kommunikationsaufwand	800	4.000	2.400	400	800	600
Steuerberatung und ext. Buchhaltung	4.000	15.000	9.500	600	1.000	800
Rechercheresien	1.000	5.000	3.000	1.000	2.000	1.500
Diverses	500	5.000	2.750	1.000	2.000	1.500
Feiern	10.000	30.000	20.000	0	8.000	4.000
Summen		**Euro/Franken**	**100.300**		**Stunden**	**14.045**
Summen inklusive 50 % Aufschlag		**Euro/Franken**	**150.450**		**Stunden**	**21.068**

Und als zweiten Schritt überlegen Sie, wie das Geld hereinkommt und wie viele Arbeitsstunden jede:r leisten sollte, damit sich das ausgeht. Eine bewährte Variante sieht in etwa so aus:

Jede:r erwachsene:r Bewohner:in zahlt ein Einstiegsgeld in der Höhe von 1.000 bis 2.000 Euro oder Franken und einen monatlichen Mitgliedsbeitrag zwischen 10 und 50 Euro oder Franken. Wenn Sie das zusammenrechnen, werden Sie bemerken, dass so nicht genug Geld hereinkommt, um die oben genannten Kosten zu stemmen. Was also tun? Sie könnten zwar das Einstiegsgeld und/oder den monatlichen Mitgliedsbeitrag erhöhen und zwar soweit, bis die budgetierten Ausgaben abgedeckt sind.

Meine Empfehlung ist eine andere. Lassen Sie die später dazustoßenden Bewohner:innen mehr bezahlen. Und zwar genau in dem Umfang, in dem die Gründer:innen schon für das Projekt gearbeitet haben, bevor die neu einsteigende Person aufgenommen wird. Das hat einen psychologischen und einen pragmatischen Grund. Der psychologische Grund, der auch gruppendynamisch hilft, ist folgender: Die später Einsteigenden kommen dadurch nicht in die Situation, dass sie den Gründer:innen ewig dankbar sein müssen, weil diese ja schon so viel für das Projekt geleistet haben und die Neuen sich – im Extremfall, bei einem Einstieg nach Fertigstellung – nur ins gemachte Nest setzen. Im Gegenteil, durch die Nachzahlung der Stunden seit Projektbeginn steigen die Neueinsteiger:innen auf Augenhöhe ein und es gibt kein Zweiklassenprojekt, das aus den Gründer:innen und den Nachzügler:innen besteht. Bei solchen Projekten, und da gibt es einige, sind oft noch nach Jahren Störungen und schwelende Konflikte in der Gruppe, weil entweder die Gründer:innen sich nicht genug für ihre Pionierarbeit wertgeschätzt fühlen oder die Nachgezogenen ewig das Gefühl haben, sie müssen sich mit der eigenen Meinung oder Forderungen gegenüber den Gründer:innen zurückhalten, weil die ja so viel mehr bei der Planung und dem Bau geleistet haben.

Hier finden Sie eine Beispielrechnung dazu und zwar mit folgenden Annahmen: In dem Projekt werden 50 Erwachsene plus Kinder wohnen, die Zeit vom Visionsworkshop (angenommener Gründungszeitpunkt) bis zum Einzug wird vier Jahre betragen und pro Monat verpflichtet sich jedes Mitglied, 10 Stunden Eigenleistung für das Projekt zu erbringen. Das

Einstiegsgeld wurde mit 1.500 festgelegt und inklusive der nachbezahlten Stunden nach oben mit 4.000 gedeckelt (ohne Deckelung würde das Einstiegsgeld plus nachbezahlter Stunden sich zum Einzugstermin und danach auf 7.741 summieren). Der monatliche Mitgliedsbeitrag beträgt 12. Nehmen wir an, Sie haben einen internen Verrechnungssatz von 13 Euro/ Franken pro Stunde vereinbart. Die Gründer:innengruppe besteht aus 12 Erwachsenen, nach einem Jahr werden 18 weitere aufgenommen, nach 2 Jahren 10 und ein Jahr vor Einzug noch einmal 10.

Abbildung 18

Budget Projekt- und Gemeinschaftsbildung bis zum Einzug

		Jahr 1	**Jahr 2**	**Jahr 3**	**Jahr 4**
Einstiegsgeld pro Erwachsene:r	1.500	18.000	55.080	40.000	40.000
Monatlicher Mitgliedsbeitrag	12	1.728	4.320	5.760	7.200
Anzahl der Jahre bis zum Einzug	4				
Ehrenamtsstunden pro Monat	10				
Interner Verrechnungssatz / h	13				
	Summen	**19.728**	**59.400**	**45.760**	**47.200**
	Einnahmen Gesamt in 4 Jahren	**172.088**			

In der Abbildung 18 sehen Sie wie auf diese Weise rund 170.000 Euro oder Franken eingespielt werden. Damit lassen sich die anfallenden Kosten aus dem Beispielbudget der Abbildung 17 (20-Minuten-Budget) inklusive dem 50-prozentigen Aufschlag gut abdecken und Sie haben noch eine Reserve von 22.000 oder knapp 15 Prozent. Planen Sie bei den Ausgaben »immer« eine Reserve ein (siehe auch die Interviews mit Benedikt Altrogge, Rolf Novy-Huy und Werner Brühwiler). Diese Beispielkalkulation finden Sie auch als Download in QR-30. In dieser Excel-Tabelle befindet sich auch ein eigenes Tabellenblatt mit den Ausgaben aus der Abbildung 17 und ein weiteres Tabellenblatt für die Stundeneinnahmen. In dieser Kalkulation sind die laut Vereinbarung von den Mitgliedern zu leistenden Stunden (10 pro Monat) summiert. Sie sehen, dass die zu erwartenden Stunden Einnahmen (wenn die Mitglieder zu den angenommenen Terminen aufgenommen werden) in Summe nur knapp 16.000 ausmachen. Der im 20 Minuten-Budget angenommene Zeitaufwand von insgesamt circa 14.000 Stunden in 4 Jahren geht sich damit zwar gut aus, aber ohne den 50-prozentigen Aufschlag. Das ist aus Projektsicht nicht weiter schlimm, weil es in der Praxis einfach bedeutet, dass das Projekt dann vorübergehend bei seinen Mitgliedern mit ein paar Tausend Stunden »verschuldet« ist. Das gleicht sich in den Jahren nach dem Einzug normalerweise wieder aus. Wichtig ist in dem Zusammenhang die ganz klare Vereinbarung, dass nachgekaufte und/oder erbrachte Stunden bei einem Ausstieg aus dem Projekt in keinem Fall rückvergütet oder ausbezahlt werden. Falls Sie mit einer Komplementärwährung auf Stundenbasis arbeiten, ist es weiters wichtig, schriftlich zu vereinbaren, dass das Projekt (der Verein, die GmbH, die Genossenschaft die WEG) niemals Stunden gegen Geld tauscht, sondern auf den Stundenkonten nur die ehrenamtlichen Leistungen der Mitglieder abgebildet sind. Alles andere würde die Gruppe steuertechnisch in Teufels Küche bringen.

7.2 Baukalkulation

Für die Baukalkulation gibt es Profis. Falls Sie die Architekt:innen auch damit beauftragen wollen, stellen Sie sicher, dass die das auch können und für ähnliche Projekte schon gemacht haben. Wenn es dazu Zweifel gibt, fragen Sie nach Referenzprojekten und erkundigen Sie sich dort. Es gibt Architekt:innen, die das gerne machen und auch gut die gesamte Projektsteuerung übernehmen. Andere konzentrieren sich lieber auf die Architektur, dann ist es besser, die Gruppe beauftragt eine separate Projektsteuerung.

Egal, wer letzten Endes die Baukalkulation macht, stellen Sie sicher, dass alle mit dem Grundstücks- oder Projekterwerb und dem gesamten Bau anfallenden Kosten in dieser Aufstellung berücksichtigt werden. In den drei Ländern, Deutschland, Schweiz und Österreich gibt es »ähnliche« Gliederungen der Kostenbereiche mit denen die Profis üblicherweise arbeiten.

In Deutschland (DIN 276 – Kosten im Bauwesen, Dezember 2018)

- 100 – Kostengruppe Grundstück
- 200 – Kostengruppe Vorbereitende Maßnahmen (früher: Herrichten und Erschließen)
- 300 – Kostengruppe Bauwerk – Baukonstruktionen

- 400 – Kostengruppe Bauwerk – Technische Anlagen
- 500 – Kostengruppe Außenanlagen und Freiflächen (früher: Außenanlagen)
- 600 – Kostengruppe Ausstattung und Kunstwerke
- 700 – Kostengruppe Baunebenkosten
- 800 – Kostengruppe Finanzierung

In Österreich (Gliederung nach ÖNORM B 1801-1)

- 0: Grund
- 1: Aufschließung
- 2: Bauwerk – Rohbau
- 3: Bauwerk – Technik
- 4: Bauwerk – Ausbau
- 5: Einrichtung
- 6: Außenanlagen
- 7: Honorare
- 8: Nebenkosten
- 9: Reserven

In der Schweiz gibt es bei der Schweizerischen Zentralstelle für Baurationalisierung CRB die Norm SN 506 500 Baukostenplan BKP (siehe Links in QR-30)

QR 30

Egal in welchem der drei Länder Sie Ihr Projekt realisieren, fragen Sie bei den Expert:innen aber sicherheitshalber nach, ob folgende Kosten in Ihrer Kalkulation auch wirklich enthalten sind:

- Grundstückskosten inklusive Aufschließung und Baufertigmachung
- Sämtliche Planungshonorare (Architekt:innen und Fachplaner:innen)
- Kosten für etwaige Ausschreibungen
- Kosten für Projektsteuerung und örtliche Bauaufsicht
- Etwaige Zusatzhonorare der Architekt:innen für die partizipative Planung (könnte auch im Budget für Gemeinschaftsbildung enthalten sein, sollte aber klar vereinbart werden)
- Etwaige Anschlusskosten (Wasser, Strom, Gas, Fernwärme, Kanalisation etc., sofern nicht in den Aufschließungskosten enthalten)

- Kosten für die Baustelleneinrichtung und Versorgung (etwa Strom und Wasser während der Bauzeit)
- Versicherung (für die Baustelle, falls nicht von einem Generalunternehmer abgedeckt)
- Baukosten (sämtliche Gewerke beziehungsweise Generalunternehmer)
- Kosten für etwaige Gutachten
- Kosten für etwaige Zertifizierungen (ökologische Bauweise o. Ä.)
- Kosten für die Freiraumgestaltung mit allen Außenanlagen
- Einrichtung und Ausstattung der Gemeinschaftsräume
- Eventuell Finanzierungskosten während der Bauzeit (siehe »7.3.5.1 Finanzierung während der Bauzeit«)
- Reserve (3 bis 10 Prozent der gesamten Baukosten)

Auch die beste Kostenschätzung ist erst dann relativ zuverlässig, wenn sämtliche Gewerke ausgeschrieben und die Aufträge zu Fixpreisen vergeben wurden. Für den Anfang und die ersten groben Schätzungen ist es okay, einfach einen Betrag pro fertiggestelltem Quadratmeter Wohnfläche zu nehmen und den mit den geplanten Quadratmetern zu multiplizieren. Diesen Wert bekommen Sie von den Profis, die dann auch die genaueren Schätzungen vornehmen. Alternativ können Sie auch bei einem ähnlichen, jüngst fertiggestellten Bauvorhaben erfragen, was dort die Kosten waren. Fragen Sie auch, welche der in obiger Liste aufgeführten Kostenarten in dem Quadratmeterwert enthalten sind. Meist werden die Grundstückskosten samt dazugehöriger Nebenkosten separat gerechnet, was durchaus sinnvoll ist, weil Sie meist schon wissen, was Ihr Grundstück kosten wird.

Bei sehr großen Bauprojekten ist es durchaus üblich, für die Kostenschätzungen externe Spezialist:innen zu engagieren. In den Experteninterviews zu diesem Thema im Buch (Benedikt Altrogge, Rolf Novy-Huy und Werner Brühwiler) raten die Profis zu sehr gut durchdachten Kalkulationen und Rolf Novy-Huy rät, zusätzlich zu der Kostenreserve der Planer:innen noch eine separate Reserve einzubauen und vor den Architekt:innen und/oder der Projektsteuerung geheim zu halten – nur für den Notfall, der leider immer wieder einmal eintritt. Werner Brühwiler empfiehlt in dem Zusammenhang, bei der Auftragsvergabe bestimmte nicht existentielle »Aus- und Einbauaufträge« zurückzuhalten, für den Fall, dass es am Ende eng wird. Das bedeutet, dass Sie solche Positionen (Einrichtung bestimmter Gemeinschaftsräume, Sonnenschutz an nicht kritischen Stellen o. Ä.) zwar ausschreiben und einen fixen Preis verhandeln, aber bei der Auftragsvergabe damit vorerst warten. Diese Dinge gar nicht auszuschreiben wäre gefährlich und mitunter sehr teuer, weil im Nachhinein die Professionisten mit solchen Positionen auf Grund der Pfadabhängigkeiten gerne zusätzliche Gewinne lukrieren (möchten).

7.3 Finanzierung

Die hier beschriebenen Ansätze richten sich an Gruppen, die Gemeinschaftseigentum anstreben. Vieles davon stimmt zwar in gewissem Sinn auch für die Finanzierung einer privaten Eigentumswohnung, ist aber eben nur teilweise dafür anwendbar.

Nachdem Sie wissen, was Ihr Projekt kosten wird, geht es jetzt darum, woher die Mittel kommen sollen und wie diese zurückgezahlt werden oder auch nicht. In Deutschland, der Schweiz und Österreich gibt es teilweise unterschiedliche Begriffe in diesem Bereich und daher schlage ich der Einfachheit halber für das Buch folgende Definitionen vor:

- *Eigenmittel* = Gelder, die Einzelpersonen oder eine gesamte Gruppe in das Projekt einbringen
- *Eigenmittelähnliche Mittel* = Gelder die von Dritten (z. B. als Nachrangdarlehen) kommen und von der finanzierenden Bank als Eigenmittel akzeptiert werden
- *Fremdmittel* = (Bank-)Darlehen, private Darlehen (sofern sie nicht als eigenmittelähnliche Mittel eingesetzt werden), Förderungen et cetera
- *Kredit- oder Darlehenssumme* = der Gesamtbetrag, der von einer Institution (Bank oder anderen Darlehensgeber:innen) oder einer Person (bei privaten Darlehen) ausgeliehen wird
- *Tilgung* = (teilweise) Rückzahlung von Darlehen
- *Zinsen* = regelmäßige (monatliche, quartalsmäßige oder jährliche) Zinszahlungen für Kredit/Darlehen, meist als Prozentsatz der Darlehenssumme

- *Annuität* = Die Summe aus Tilgungs- und Zinszahlungen in einem bestimmten Zeitraum (Monat, Quartal, Jahr)
- *Endfällig* = ein Darlehen, das nicht laufend (monatlich, jährlich) getilgt wird, sondern die ganze Summe am Ende der vereinbarten Laufzeit (10, 20, 30 Jahre)
- *Wertsicherung/Inflationsausgleich* = Die Geldentwertung, die am Ende der Darlehenslaufzeit (meist gemeinsam mit der kompletten Tilgung) einmalig ausgezahlt wird. Das kommt vor allem bei dem Modell »Vermögenspool« vor, kann aber auch für andere Privatdarlehen vereinbart werden.
- *Finanzierungskosten* = Zinsen plus sämtliche Aufwendungen, die im Rahmen der Finanzierung zusätzlich anfallen (Spesen und Gebühren der Bank, Kosten für etwaige Wertgutachten, Kosten der Verträge für Besicherungen wie Notar und Grundbucheintragung etc.)

Die erste Überlegung für die Finanzierungsgestaltung sollte die Zielsetzung sein. Was wollen Sie mit der Finanzierung erreichen? Na was wohl, werden manche jetzt sagen, das Projekt als solches möglichst günstig finanzieren. Das ist sicher das Hauptziel. Dazu gehören aber noch weitere Überlegungen:

- Eigenmittel (Wie viel davon brauchen wir und wollen wir einsetzen?)
- Förderungen (Welche gibt es und welche können wir bekommen?)
- Tilgungsgeschwindigkeit (Wie schnell oder langsam wollen wir als Gruppe die Fremdmittel, oder Teile davon, zurückzahlen?)
- Finanzierungsrisiken (Welche gibt es und wie wollen wir damit umgehen?)
- Bankdarlehen (Welche Darlehen wollen wir bei welcher Bank aufnehmen?)
- Privatdarlehen (Wollen wir private Nachrangdarlehen einwerben und wenn ja, in welchem Umfang?)
- Vermögenspool (Wollen wir einen Vermögenspool anlegen und wenn ja in welchem Umfang?)
- Mieten (Wie wollen wir die Nutzungsgelder oder Mieten der Bewohner:innen gestalten?)

Nähere Informationen und Praxistipps zu den obigen Punkten finden Sie unter den gleichlautenden Überschriften

7.3.1 Eigenmittel

Gehen Sie von der gesamt für das (Bau-)Projekt benötigten Summe inklusive Reserven aus, außer den Kosten für die Gemeinschaftsbildung im vorher beschriebenen »7.1 Budget für Gemeinschaftsbildung«. Und von dieser Summe sollten die Eigenmittel mindestens 20 bis 30 Prozent ausmachen. Das entspricht dem Anteil, den die meisten Banken erwarten, damit sie ein Darlehen gewähren. Und als Gruppe können Sie entscheiden, ob alle Bewohner:innen gleich viel Eigenmittel (gemessen an den individuellen Wohnquadratmetern oder einfach pro Person) einbringen sollen oder ob unterschiedlich viel einbezahlt werden kann. Falls Sie unterschiedlich hohe, also *variable Eigenmittel* ermöglichen, könnten Sie die Höhe der Mieten oder Nutzungsentgelte daran knüpfen (je mehr Eigenmittel, desto weniger Miete). Das hat – wie alles im Leben – Vor- und Nachteile.

Die Vorteile variabler Eigenmittel sind:

- Menschen am Ende des Erwerbslebens mit Ersparnissen können durch höhere Eigenmittel die Miete für die Zeit in der Pension (Rente) reduzieren.
- Menschen mit weniger oder gar keinen Ersparnissen können trotzdem mitmachen (zahlen aber eine höhere Miete).

Die Nachteile variabler Eigenmittel:

- Komplexer in der Administration
- Bei Bewohner:innenwechsel muss wieder eine passende Nachfolge gefunden werden.
- Nachteilig für Menschen ohne Ersparnisse und mit geringem Einkommen, weil bei weniger Eigenmitteln die Miete höher ist (im Vergleich zu Vermögenspool- oder Mietshäuser-Syndikats-Projekten).

7.3.2 Förderungen

Dazu gibt es nicht nur Unterschiede innerhalb der DACH-Region, sondern auch in den Bundesländern, Kantonen, oft sogar in den Städten und

Gemeinden. Daher kann ich hier nicht näher darauf eingehen, ich kann nur auf die Experteninterviews verweisen und Ihnen dringend empfehlen, alle möglichen Stellen, Ministerien, Landesbehörden und so weiter bereits sehr früh im Projektverlauf abzuklappern. Und beachten Sie, dass es neben den reinen Wohnbauförderungen auch Förderprogramme für bestimmte Themen, wie ökologische und nachhaltige Bauweise, Verwendung von regenerativen Energiequellen et cetera geben kann. Daher rechnet sich ein gewisser Rechercheaufwand in diesem Bereich.

7.3.3 Tilgungsgeschwindigkeit

Beim privaten Kauf einer Eigentumswohnung mit (teilweiser) Fremdfinanzierung wollen die Käufer:innen die Schulden in den meisten Fällen möglichst rasch zurückzahlen. Bei einem Wohnprojekt im Gemeinschaftseigentum ist das nicht notwendigerweise der Fall. Wenn Sie als Gruppe (neue) Wohnbauten errichten, dann haben diese bei vorausschauender Planung, nachhaltiger Bauweise, guter Instandhaltung und klugen Sanierungen eine Lebensdauer von 60, 80 oder 100 Jahren, in manchen Fällen auch mehr. Im Sinne eines Lastenausgleichs zwischen den Generationen ist es durchaus legitim, die Bürde der Errichtungskosten nicht nur auf die Schultern der Gründer:innen zu laden, sondern auf beispielsweise zwei Generationen aufzuteilen. Das kann in der Praxis bedeuten, dass eben nicht alle Kredite innerhalb der üblichen Laufzeit von 30 bis 35 Jahren abbezahlt werden, sondern nur ein Teil davon. Sie könnten als Gründer:innen zum Beispiel beschließen, nur die Hälfte der Fremdmittel in 35 Jahren zu tilgen und die zweite Hälfte erst danach. Das reduziert die monatliche Belastung (Miete oder Nutzungsentgelt) am Anfang. In Deutschland und Österreich gab es bis vor kurzem keine Banken, die solche Varianten anboten. Das scheint sich derzeit zu ändern. In der Schweiz hingegen ist es völlig üblich, bei Immobilienfinanzierungen nur einen Teil der Darlehenssumme zu tilgen und den Rest einfach langfristig stehen zu lassen und dann viele Jahre und Jahrzehnte nur die Zinsen zu zahlen (siehe auch »7.8 Interview Werner Brühwiler«).

Wenn Sie lange nicht tilgen, zahlen Sie als Gruppe über die Jahre natürlich viel mehr Zinsen, nicht in Prozent aber in Summe. Allerdings hilft

Ihnen da die Inflation. Nach 30 oder 40 Jahren sind die Beträge, um die es geht, einfach viel, viel weniger wert.

Mit den Alternativen zu Bankdarlehen, beispielsweise dem Vermögenspool oder Nachrangdarlehen wie im Mietshäuser Syndikat beziehungsweise Habitat können Sie die Tilgung ebenfalls gut hinauszögern oder, wie das Beispiel im Interview mit Teresa Distelberger zeigt, einen Teil auf Dauer ungetilgt im Pool »ruhen« lassen.

7.3.4 Finanzierungsrisiken

Eines der größten Risiken bei der Finanzierung besteht darin, die benötigten Fremdmittel, wie zum Beispiel Bankkredite oder Privatdarlehen, gar nicht erst im erforderlichen Umfang zu bekommen. Daran scheitern wesentlich mehr Projektideen als den meisten bewusst ist. Später, nach erfolgter Finanzierung, wenn das Projekt bezogen ist, gibt es das Risiko steigender Zinsen. Manche Gruppen unterschätzen das. Speziell in den Jahren extrem niedriger Zinsen wird gerne vernachlässigt, was bereits eine vermeintlich »kleine« Zinssatzsteigerung von ein bis zwei Prozent ausmachen kann. Vielen ist der Hebel nicht bewusst. Je nach Fremdmittelanteil kann eine zweiprozentige Zinssatzerhöhung bedeuten, dass sich die Miete oder das monatliche Nutzungsentgelt der Bewohner:innen um 30 Prozent erhöht. Wenn Sie als Bewohner:in an eine monatliche Belastung für das Wohnen von beispielsweise 1.000 Euro oder Franken gewöhnt sind und das erhöht sich plötzlich auf 1.300, kann das echte Probleme bereiten. Das Zinsrisiko lässt sich durch Fixzinsvereinbarungen etwas eindämmen. Damit wird allerdings der Zinssatz von Anfang an etwas höher sein als bei variablen Zinsen, die üblicherweise an einen Index (z. B. Euribor) gebunden sind.

Oftmals wählen die Gruppen daher eine Mischung. Dabei wird ein Teil der Darlehen zu einem Fixzinsatz und ein anderer Teil zu variablen Zinsen vereinbart. Wir hatten im Wohnprojekt Wien einige Leute in der Finanzgruppe, die anfangs, als wir die Bankdarlehen verhandelten, durchaus ein höheres Risiko favorisierten. Prinzipiell gehörte ich auch zu der Fraktion. Aber weil wir die Verantwortung für die ganze Gruppe trugen, entschieden wir uns für einen Split zwei zu eins. Wir finanzierten also zwei Drittel der Bankdarlehen mit Fixzinsen und ein Drittel variabel. Im Nachhinein, zumindest im ersten Jahrzehnt, wäre es aber billiger gewesen, mehr oder gar alles variabel zu verzinsen. Im Nachhinein ist man erstens immer klüger und zweitens ist es durchaus möglich und aus heutiger Sicht sogar wahrscheinlich, dass im zweiten Jahrzehnt die Zinsen generell wieder steigen werden.

Bei den Nachrangdarlehen à la Mietshäuser Syndikat und Habitat, genauso wie beim Vermögenspool, gibt es das Risiko, dass aufgrund irgendwelcher Vorkommnisse plötzlich viele Einzahler:innen gleichzeitig ihr Geld rausnehmen wollen. Mehr dazu lesen Sie bei der Beschreibung der beiden Instrumente und in den Expertinneninterviews mit Elke Rauth und Teresa Distelberger.

7.3.5 Bankdarlehen

Wenn Sie als Gruppe entschieden haben, einen Teil Ihres Projektes auch mit Bankdarlehen zu finanzieren, dann geht es um die Frage: Welche Bank passt zu Ihrer Gruppe? Oftmals haben einzelne Gruppenmitglieder schon sehr gute und langjährige Kontakte zu der einen oder anderen Bank und es ist sicher gut, dort auch anzuklopfen. Es kann aber sein, dass Ihre Hausbank zwar viele Häuslebauer in der Umgebung finanziert, aber keine Erfahrung mit gemeinschaftlichen Wohnprojekten hat. Das kann zu Frustrationen auf beiden Seiten führen. Fragen Sie daher einfach nach, ob die Bank so etwas schon einmal gemacht hat und welche Erfahrungen die dabei hatten. Im Zweifel suchen und finden Sie Banken, die Erfahrung mit der Finanzierung von Gemeinschaftswohnprojekten haben. Banken bewusst in der Mehrzahl genannt. Die Empfehlung lautet: Verhandeln Sie gleichzeitig mit zwei, besser drei Banken und wählen dann das für Ihre Gruppe beste Gesamtpaket. Es ist ein beliebter und weit verbreiteter Fehler, zuerst nur mit einer Bank zu verhandeln, weil das weniger Arbeit macht, weil wir uns bei dieser einen Bank ohnedies schon so gut verstanden fühlen et cetera. Dann kommt am Schluss vielleicht die böse Überraschung: Entweder sind die endgültigen Konditionen dann doch schlechter als angenommen oder Ihr:e Gesprächspartner:in hat bankintern weniger zu sagen, als sie oder er vorgab und es gibt doch keine Finanzierungszusage oder nur mit zusätzlichen Hürden und Auflagen, die Sie aber nicht akzeptieren wollen oder können. Lange Rede kurzer Sinn: Verhandeln Sie parallel mit drei Banken und machen das ganz transparent und erklären Sie den Gesprächspartner:innen auch offen, wie und nach welchen Kriterien Sie letztlich als Gruppe entscheiden werden. Das ist durchaus professionell und legitim. Falls Sie sich vor solchen Verhandlungen unwohl fühlen oder einfach noch wenig Erfahrung damit haben, üben Sie das einfach vorher in der Gruppe. Achten Sie auf eine gute Balance im Selbstverständnis des Verhandlungsteams Ihres Projekts. Es sollten immer mindestens zwei aus der entsprechenden Gruppe bei wichtigen Bankgesprächen dabei sein. Kommen Sie auf keinen Fall als Bittsteller:innen, die einen Kreditwunsch haben. Treten Sie aber auch nicht arrogant auf. Treffen Sie sich nicht mit der »Bankerin« oder dem »Banker«, sondern begegnen Sie dem Menschen und das tunlichst auf Augenhöhe. Interessieren Sie sich für die Person, die Ihnen da gegenübersitzt, erzählen Sie von Ihrem Projekt, von der Vision und achten darauf, was das bei Ihrem Vis-à-Vis für Resonanzen auslöst. Versuchen Sie einen sympathischen, ja vielleicht liebenswerten Aspekt bei Ihrem Gegenüber zu entdecken. Das wird jetzt komisch klingen, aber falls es Ihnen gar nicht gelingt und Sie einen massiven Sympathiefehler mit dem oder der Repräsentant:in einer Bank haben, dann lassen Sie die Finger davon. Das meine ich durchaus im Ernst. Ich habe sehr gute Erfahrungen gemacht, seit ich beschloss, nur noch Geschäfte mit Menschen zu machen, die ich irgendwie mögen kann.

Investieren Sie Zeit und Geld in die Unterlagen, die Sie bei Bankgesprächen überreichen. Ihre Projektidee, die Vision, die Beschreibung der Gruppe, die Kalkulationen, das alles sollte in einer ansprechenden, professionellen Form präsentiert und auch übergeben werden. Wenn Sie noch nicht wissen, ob die betreffende Bank Erfahrungen mit Gemeinschaftswohnprojekten hat, dann nehmen Sie Unterlagen und ansprechend gemachte Broschüren von bereits realisierten Vorbildprojekten mit. Das gilt im Übrigen auch für Gespräche mit Fördergeber:innen, Bürgermeister:innen et cetera. Erzählen Sie denen, weshalb Ihr Projekt ein Segen für die Stadt, die Gemeinde, die Region ist und dass auch etwas von dem zukünftigen Glanz dieses Projektes auf Ihr Gegenüber strahlen wird, wenn – ja, wenn er oder sie jetzt das Potenzial erkennt und Ihnen das Gewünschte (Darlehen, Grundstück, Förderung) zusagt.

Aber Achtung: Gerade wenn Sie sehr detailliert informieren und Ihre Unterlagen aus vielen Seiten mit Informationen, Kalkulationen und Beschreibungen bestehen, machen Sie am Anfang eine Executive Summary, eine übersichtliche Zusammenfassung auf einer Seite. Das ist wichtig, weil Ihre Gesprächspartner:innen in der Bank oder der Förderstelle, der Baubehörde nur in Ausnahmefällen alleine entscheiden. Das heißt, die geben Ihre Informationen weiter und diese (Mit-)Entscheider:innen werden keine 30 Seiten lesen. Bringen Sie daher in der Zusammenfassung am Anfang alles Wesentliche kurz und knackig auf den Punkt: Projektidee, Auszug aus der Vision, das Besondere an Ihrem Projekt, die Menschen dahinter, Gesamtinvestition und die geplante Mittelaufbringung, also zum Beispiel:

Gesamtinvestition:	15 Millionen
Eigenmittel:	4 Millionen
Vermögenspool:	5 Millionen
Bankdarlehen:	6 Millionen mit 30 Jahren Laufzeit

Schreiben Sie auch dazu, wie die Nutzungsentgelte oder Mieten gestaltet sein werden (siehe auch »7.4 Mietenkalkulation«).

7.3.5.1 Finanzierung während der Bauzeit

Die vorhin erwähnten Finanzierungen funktionieren in vielen Fällen erst ab dem Übergabezeitpunkt der fertig gebauten oder renovierten Immobilien. Daher benötigen Sie als Gruppe, wenn Sie nicht fertige Objekte bei einem Bauträger oder Generalunternehmer kaufen, eine Finanzierung für die Bauphase. Sinnvollerweise verhandeln Sie das mit derselben Bank, bei der Sie auch die anderen Bankdarlehen aufnehmen.

Damit Sie noch besser verstehen, wie Banken Ihr Projekt beurteilen und worauf die schauen, habe ich für Sie den Akteur interviewt, der wahrscheinlich im deutschsprachigen Europa mehr Gemeinschaftswohnprojekte im Gemeinschaftseigentum finanziert hat, als jede:r andere Banker:in, Benedikt Altrogge von der GLS Bank in Deutschland. Aber auch hier gilt ein kleiner Vorbehalt: Möglicherweise tickt Ihre (Haus-)Bank etwas anders, gerade weil sie nicht so viel Erfahrungen in dem Bereich hat. Das soll keine Werbung für eine bestimmte Bank sein, aber es ist gut, wenn Sie als Leser:in einen Einblick in die Mechanismen dahinter bekommen. Das Interview finden Sie gleich hier.

7.3.6 Interview Benedikt Altrogge

Benedikt Altrogge (BA) arbeitet in der GLS Bank in Bochum als Branchenkoordinator Wohnen, Firmenkunden und gemeinnützige Einrichtungen. Er und sein Team verfügen über viele Jahre Erfahrung in der Finanzierung von Gemeinschaftswohnprojekten.

Heinz Feldmann (HF): Meine erste Frage: Nach welchen Kriterien entscheidest Du und entscheidet die Bank, ob ein Projekt finanziert wird?

BA: Als wichtigster Punkt für uns steht im Bereich Wohnen der bezahlbare Wohnraum im Vordergrund. Also wenn wir Projekte begleiten, wollen wir damit erreichen, dass die Leute langfristig bezahlbaren Wohnraum bekommen. Das heißt, wenn wir neue Projekte angehen, schauen wir uns die Miethöhen an, die da vereinbart werden. Die Konzeption natürlich auch. In den meisten Projekten, die wir begleiten, sind es gemeinschaftliche Wohnprojekte, die entweder als Genossenschaft oder andere juristische Rechtsformen stattfinden, wo dann über die Nutzungsverträge den Menschen auch langfristig und teilweise auch lebenslang der Wohnraum gesichert wird. Und das sind die wichtigsten Punkte für uns, wenn wir Projekte begleiten wollen, dass erstens keine Spekulation mit Grund und Boden stattfindet, zweitens, dass wir bezahlbaren Wohnraum herstellen und drittens natürlich, dass möglichst ökologisch gebaut wird.

»Als wichtigster Punkt für uns steht im Bereich Wohnen der bezahlbare Wohnraum im Vordergrund.«

HF: Welche Rechtsformen kommen in Deutschland theoretisch infrage und welche sind praktisch aus eurer Sicht vorzuziehen?

BA: Da sind wir eigentlich komplett frei, weil wir gehen bei der Projektfinanzierung immer von der objektbezogenen Kapitaldienstrechnung aus. Das heißt, aus den laufenden Mieten muss sichergestellt sein, dass sich die Immobilie trägt. Wichtig ist aber natürlich das Eigenkapital und deswegen sind wir da nicht ganz frei von der Rechtsform. Wir haben bisher vieles finanziert. Wir haben Vereine finanziert, wir haben Genossenschaften finanziert, wir haben Mietshäuser Syndikate, wir haben GmbH & Co. KGs finanziert, weil jede Rechtsform natürlich für sich wieder Vor- und Nachteile mit sich bringt, die die Gruppe für sich entscheiden muss. Und natürlich muss man neben den menschlichen Themen, die da reinspielen, auch die Kapitalthemen berücksichtigen und die sind in den einzelnen Rechtsformen teilweise unterschiedlich ausgeprägt. Für uns als GLS-Bank ist natürlich die Genossenschaft eine der liebsten Rechtsformen, weil die unseren Zielen am nächsten kommt und des Weiteren das Stimmrecht auch vom Kapital gelöst ist, sodass wir da auch eine breitere Mitbestimmung auch für Kapitalschwächere haben. Aber besonders wichtig ist natürlich, bei den Rechtsformen zu schauen, wie bringe ich das erforderliche Eigenkapital ins Projekt ein? Bei der Genossenschaft geht es relativ gut über die Genossenschaftsanteile, bei den anderen Rechtsformen, also bei Kapitalgesellschaften, geht es natürlich auch über Anteile. Beim Verein wird es schon wieder etwas schwieriger. Und beim Mietshäuser Syndikat ist es vom Konstrukt her generell so vorgesehen, dass die ja fast kein Eigenkapital einbringen, sondern alles über Direktkredite aus dem Umfeld als Eigenkapitalersatzmittel mit einbringen.

HF: Die Ihr dann auch anerkennt?

BA: Genau. Wir müssen bloß beim Mietshäuser Syndikat sicherlich aufpassen. Das ist eigenkapitalähnlich, nicht 100 Prozent Eigenkapital, sodass wir da auch mit einer Mindestverzinsung und damit auch Mindesttilgung rechnen müssen, um zu sehen, wie sich das in der Kapitaldienstrechnung auswirkt.

HF: Was sind so die Fallen, in die viele Gruppen reintappen?

BA: Also der erste Punkt ist sicherlich, dass man sagen muss, gerade beim Neubau ist das gemeinschaftliche Wohnen über eine Rechtsform im ersten Moment nicht wirtschaftlich günstiger, sondern meistens sogar etwas teurer. Weil ich zum einen in den meisten Fällen mit ortsüblichen Mieten starten muss, weil die Baukosten und Grundstückspreise so hoch sind wie sie sind und auf der anderen Seite ich aber zusätzlich noch Eigenkapital einbringen muss. Im Schnitt liegen die Eigenkapitalanforderungen ungefähr zwischen 25 und 35 Prozent der gesamten Investitionssumme. Und da ist, glaube ich, in vielen neu gegründeten Projekten am Anfang so ein bisschen die Illusion da, dass man da billiger wohnt und günstiger wohnt. Das klappt aber leider nicht immer. Und deswegen sollte man relativ früh eine grobe Betrachtung machen, wie so eine Wirtschaftlichkeitsberechnung aussieht. Das heißt, wir gehen eigentlich auch im ersten Kundengespräch sofort mit den Kunden dahin, dass man sagt, okay, wie viel Fläche wollt ihr bauen? Was wären ungefähr die ortsüblichen Mieten in eurem Bereich und über diese Rechnung kann man dann relativ schnell ausrechnen, wie hoch kann die Kreditsumme sein, die man über die Mieten bereitstellen kann? Und aus der Differenz zwischen Baukosten und möglicher Finanzierung ergibt sich dann natürlich automatisch der Eigenkapitalanteil.

»Gerade beim Neubau ist das gemeinschaftliche Wohnen über eine Rechtsform im ersten Moment nicht wirtschaftlich günstiger, sondern meistens sogar etwas teurer.«

HF: Und wenn der zu groß wäre, dann wäre es wahrscheinlich sowieso schwer darzustellen, wenn jetzt jeder 100.000 Euro einbringen muss oder so.

BA: Genau. Wobei, da muss man sagen ist die Bandbreite, die wir so erleben, ziemlich groß. Also es gibt Menschen, die sagen okay, wir sind jetzt im letzten Lebensabschnitt, wir verkaufen unser Einfamilienhaus, wir bringen das Geld da rein, dann spielt der Eigenkapitalanteil auch nicht die Rolle. Auf der anderen Seite sind natürlich auch die Wünsche und Bedürfnisse unterschiedlich in den Projekten. Je höher ich den Anspruch an die Qualität der Immobilie habe oder an Ausstattungsmöglichkeiten, desto höher sind natürlich die Investitionskosten. Da gibt es sehr unterschiedliche Varianten und die spiegeln sich natürlich auch in der Gesamtfinanzierung wieder.

HF: Du hast schon das Eigenkapital angesprochen. Also wenn ich Dich richtig verstanden habe, dann sind aus eurer Sicht so 25 bis 35 Prozent erforderlich?

BA: Ja, und die müssen aber nicht praktisch wirklich als Ersparnisse aufgebracht werden. Auch bei Nicht-Syndikatsprojekten (siehe »6.9 Mietshäuser Syndikat …«) können Leute das mit Direktdarlehen aufstocken, wenn die Gruppe zum Beispiel nur 20 Prozent bringt oder so.

Also da gibt es sicherlich mehrere Ersatzfinanzierungsmöglichkeiten, wenn die Eigenkapitaldecke knapp ist. Wichtig ist nur immer, also ich gehe da gleich noch mal drauf ein, welche einzelnen Möglichkeiten da sind. Aber wichtig ist natürlich die Gesamtkapitalrechnung und da ist der große Unterschied zwischen richtig festem Eigenkapital und eigenkapitalähnlichen Mitteln. Bei richtigem Eigenkapital habe ich den Vorteil, dass das natürlich keinen Kapitaldienst verursacht, also kostenloses Kapital ist. Und das ist der große Unterschied zu den Eigenkapitalersatzmitteln. Also man kann mit Eigenkapitalersatzmitteln nicht jedes Eigenkapital ersetzen. Weil wenn ich nur einen gewissen Liquiditätsfluss zu Verfügung habe, helfen mir bei der Ausnutzung der Kapitaldienstmöglichkeiten natürlich die Ersatzmittel nichts, sondern die Ersatzmittel helfen dann, wenn wir Probleme haben in der Besicherung. Das kann zum Beispiel vorkommen bei Erbbaurechten. Die sind generell etwas schwieriger in der Bewertung, weil erstens natürlich das Grundstück einem nicht gehört, sondern das Eigentum eines anderen, des Erbrechtsgebers, ist. Dafür zahle ich einen Erbbauzins, das führt aber auch dazu, dass generell, sage ich mal, in den Bilanzrichtlinien das Baurecht ungefähr mit fünf bis zehn Prozent Abschlag gehandelt wird oder auch bewertet wird und dadurch entstehen dann sogenannte höhere Blankoanteile. Das ist der Anteil, der aus unserer Sicht als Bank nicht mit werthaltigen Sicherheiten besichert ist. Und dafür kann man dann natürlich Ersatzmittel reinnehmen, wie zum Beispiel in der Vorfinanzierung von noch einzuzahlenden Eigenmitteln. Das haben wir ja jetzt in Österreich auch immer wieder, weil die Bedingungen rechtlich da anders sind, dass man nämlich das Eigenkapital nicht am Anfang zur Gänze einbringen darf oder aber auch, dass Leute bereit sind, nachrangige Darlehen bereitzustellen, um das Projekt zu stützen und die Bankrisiken zu minimieren. Die werden dann in den meisten Fällen entweder nach zehn Jahren aus Eigenmitteln abgelöst oder eben dann auch wieder durch die Bank finanziert.

HF: Welche Geldquellen sind denn in Deutschland sonst noch üblich? Also Förderungen, Stiftungen et cetera?

BA: Also in Deutschland haben wir sicherlich zum einen den geförderten Wohnungsbau, der ist in jedem Bundesland separat geregelt. Also da gibt es unterschiedlichste Förderbanken hier in Nordrhein-Westfalen zum Beispiel die NRW Bank, die stellt Mittel bereit. Die L-Bank und wie sie alle heißen auch, die sind dann immer gekoppelt an gewisse Vorgaben. Das heißt, die Mieten sind begrenzt. Dadurch ist natürlich auch mein Einkommen in dem Projekt etwas geringer, aber dafür stellen die dann günstige Finanzierung bereit. Die sind teilweise zinslos oder mit Zinsen von einem halben Prozent ausgestattet. Auch in der Rückführung mit relativ geringer Tilgung, teilweise nur einem Prozent. Die sind in der Startphase sehr hilfreich. Aber haben auch ein Risiko, die sind meistens auf 25 bis 30 Jahre Laufzeit ausgelegt, aber in der Zeit sind die nicht getilgt. Dann heißt es, am langen Ende bringen die noch ein kleines Risiko mit, weil generell Bankfinanzierungen ja eher auf 30 Jahre ausgelegt sind. Das heißt, wenn man dann wieder investieren muss in Instandhaltung oder Umbau oder Sanierung und andere Themen, dann ist meistens auch genug Spielraum wieder vorhanden. Aber das ist bei den Fördermitteln ein bisschen schwieriger, die sich auf den geförderten Wohnraum beziehen. Daneben gibt es noch bei uns in Deutschland die KfW Kreditanstalt für Wiederaufbau. Die machen diverse Programme für energetisches Bauen und energetische Sanierung, altersgerechtes Bauen. Da bekommt man günstige Darlehen, die werden über uns als Bank abgerufen. Gleichzeitig bekommt man zurzeit Zuschüsse. Die reduzieren dann natürlich direkt die Darlehenssummen und wir haften aber als Bank für die KfW. Gegenüber der KfW sind das zinsverbilligte Kredite, die aber nur über eine Bank abgewickelt werden können und wo auch eine Bank, sag ich mal, die Risiken trägt und die natürlich auch wieder von ihren Kunden abgedeckt haben möchte. Das ist der andere Punkt und daneben haben wir natürlich ein großes Feld von alternativen Finanzierungsformen.

Da sind zum einen, wie beim Mietshäuser Syndikat, die nachrangigen Darlehen, die eingesammelt werden können. Da muss man ein bisschen aufpassen. In Deutschland gibt es das Kleinanlegerschutzgesetz. Da sind viele Vorschriften einzuhalten, damit man da nicht Gefahr läuft, gegen geltende Gesetze zu verstoßen. Daneben haben wir ein neues Produkt entwickelt, das sind sogenannte Treuhanddarlehen. Da haben wir also soziale Investoren, die direkt in Projekte investieren möchten, wo wir aber dann als Bank die ganze Abwicklung machen. Wir stellen die Kreditverträge und stellen das Geld dann über den Kunden bereit. Aber der Kunde trifft für sich selbst eine Kreditentscheidung. Damit haben wir auch schon einige Projekte begleiten können. Dann gibt es sicherlich unterschiedliche Stiftungen, die sich auch im Finanzierungsbereich beteiligen. Da gibt es auch unsere Stiftung, die GLS Treuhand zum Beispiel. Die beteiligt sich auch hin und wieder an Finanzierungen, aber auch andere Stiftungen. Und daneben gibt sicherlich noch das große Feld der Erbbaurechte, die ja auch ein Finanzierungsbaustein sein können. Da gibt es zum Beispiel die Stiftung trias in Deutschland, die Stiftung in Edith Maryon, die aus der Schweiz kommt und auch in Deutschland Projekte umsetzt. Die unterstützen, indem sie die Grundstücke dann im Eigentum behalten und als Erbbaurecht rausgeben und damit auch einen Finanzierungsbaustein bereitstellen. Und dann gibt es noch bei den Genossenschaften die Besonderheit, dass es neben den wohnenden Mitgliedern auch investierende Mitglieder gibt. Die können also in Projekte Geld bereitstellen mit einer kleinen Verzinsung oder langfristig mit dem Ziel, in die Genossenschaft selber einzuzie-

»Und im deutschen Genossenschaftsrecht gibt es dann zusätzlich noch die Möglichkeit der Mitgliederdarlehen. Diese sind aber auf 25.000 Euro pro Kopf begrenzt.«

hen. Und im deutschen Genossenschaftsrecht gibt es dann zusätzlich noch die Möglichkeit der Mitgliederdarlehen. Diese sind aber auf 25.000 Euro pro Kopf begrenzt.

QR 31

Im weiteren Verlauf des Interviews spricht Benedikt noch über das Genossenschaftswesen in Deutschland, die häufigsten Fehler von Gründer:innen bei der Finanzierung und was bei Finanzierungen außerhalb Deutschlands aus GLS-Sicht zu beachten ist.

Das gesamte Interview zum Download, sowie die Weblinks zu den erwähnten Instituten finden Sie in QR-31.

7.3.7 Privatdarlehen

Eine interessante Alternative oder auch Ergänzung zu Bankdarlehen sind Darlehen, die Sie als Gruppe bei Privatpersonen aufnehmen. Das hat den Charme, dass die Bank als Vermittlerin ausgeschaltet wird, was gleichzeitig auch Gefahren mit sich bringt. Um die Bevölkerung vor betrügerischen Geschäftemacher:innen zu schützen, gibt es gesetzliche Einschränkungen, die verhindern, dass Sie mit Ihrem Wohnprojekt ohne größere Schutzmechanismen Bankgeschäfte machen. Erkundigen Sie sich auf jeden Fall zuerst, wie die aktuellen Regelungen diesbezüglich in Ihrem Land sind. Die entsprechenden Links für die DACH-Länder finden sie in QR-31.

In Deutschland und Österreich sind sogenannte Nachrangdarlehen weit verbreitet. Auch das Mietshäuser Syndikat oder Habitat arbeitet damit. Das bedeutet, wie der Name schon verrät, dass die Darlehensgeber:innen im Notfall (wenn das Projekt beziehungsweise die Projektgruppe zahlungsunfähig wird oder in Konkurs geht) erst als allerletzte ihr Geld bekommen, was in den meisten Fällen einen Totalverlust bedeutet. Daher sollten Sie als Gruppe, wenn Sie solche Darlehen einwerben, die Einzahler:innen immer dahingehend beraten, Ihnen niemals die gesamten Ersparnisse anzuvertrauen, sondern nur einen Teil davon und den Rest anders zu veranlagen.

In der Schweiz, mit ihren zahlreichen Unterstützungen für (neue) Genossenschaften, bieten sich die Instrumente aus diesem Sektor an. Lesen Sie mehr darüber in »7.8 Interview Werner Brühwiler«.

7.3.8 Vermögenspool

Der Vermögenspool ist die Erfindung des österreichischen Anwalts und Gemeinschaftsaktivisten Markus Distelberger. Nachdem seine Tochter Teresa den derzeit wahrscheinlich größten Vermögenspool dieser Art für das von ihr mitgegründete Gemeinschaftswohnprojekt Auenweide im Nordwesten von Wien wesentlich (mit-)gestaltet hat, bat ich sie um ein Interview. Darin beschreibt sie gleich selbst wie das funktioniert und worauf es besonders ankommt. Daher beschränke ich mich hier auf eine ganz kurze Erklärung anhand der Abbildung 19.

Abbildung 19 Vermögenspool

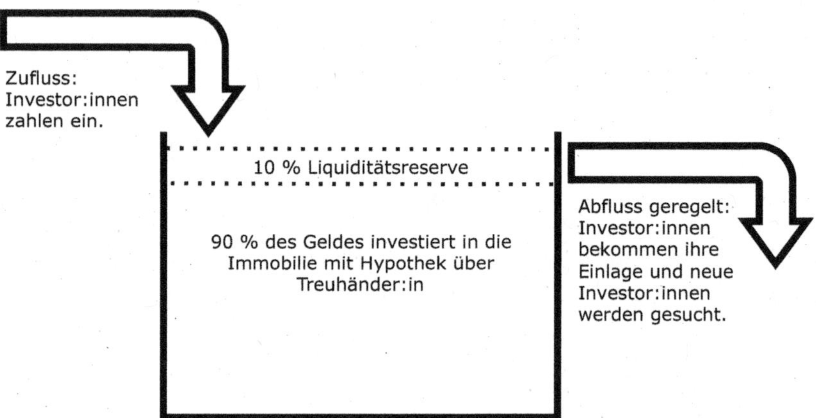

Die Idee ist, dass Menschen Geld, das sie im Moment nicht benötigen, in den Vermögenspool einzahlen, statt es auf der Bank liegen zu lassen. Mit diesem Geld finanziert die Gemeinschaft einen Teil ihrer Investitionen und hält 10 Prozent davon als Liquiditätsreserve, also flüssig, um aussteigenden Investor:innen ihr Geld möglichst rasch wieder auszahlen zu können. Wie Teresa im Interview erklärt, ist der Vermögenspool ein Kreislaufsystem und kein Abzahlungssystem (wie ein Bankkredit). Das bedeutet, dass für aussteigende Investor:innen einfach neue gesucht werden und zwar ad infinitum, also theoretisch auf ewig, praktisch auf die (Lebens-)Dauer der Immobilie, die natürlich durch kluge Sanierungen sehr lange sein kann. Die Einleger:innen bekommen keine Zinsen, dafür aber den Wertverlust, die Inflation (gemessen am jeweiligen Verbraucherpreisindex) erstattet. Nach dem Motto, wenn ich als Ihr Nachbar mir von Ihnen ein Kilo Mehl ausleihe, wollen Sie später auch nicht ein Kilo und 12 Gramm zurück. Sie wollen aber auch kein vergammeltes oder schlechtes Mehl zurück.

Das Geld vergammelt aber im übertragenen Sinn. Nicht weil die Scheine schmuddelig werden, die tauscht Ihre Nationalbank gratis gegen neue. Aber das Geld verliert in der Regel an Kaufkraft, es verliert seinen Wert. Und diesen Verlust bekommen die Einzahler:innen vergütet. Die Bewohner:innen müssen auch nur diesen Verlust plus die Abschreibung und eventuelle Reparaturrücklagen plus die Kosten für die Administration des Vermögenspools dafür aufbringen, was die Mieten oder Nutzungsentgelte niedrig hält. Als Absicherung für die Einleger:innen dient eine Hypothek im Grundbuch (Grundpfandrecht als Kreditsicherheit) die von einem oder einer Treuhänder:in für die Gruppe der Einzahler:innen gehalten wird. Im Extremfall, wenn also die Projektgruppe sich auflöst und keine Nutzungsentgelte mehr bezahlt werden, kann und muss die oder der Treuhänder:in die Hypothek einklagen und lässt notfalls auch die Liegenschaften versteigern, damit die Investor:innen wieder an ihr Geld kommen.

Vorteile des Vermögenspools:

- Ausschalten der Bank als Zwischenhändler
- Günstige Finanzierung (solange die Inflation nicht aus dem Ruder läuft)
- Flexibilität in der Annuität (die Gruppe kann tilgen, muss aber nicht – solange für aussteigende Investor:innen Nachfolger:innen gefunden werden)
- Eine sinnvolle Möglichkeit, einen Teil der eigenen Ersparnisse wertgesichert zu lagern

Nachteile des Vermögenspools:

- Die Hypothek im Grundbuch und die Treuhandschaft verteuern das Instrument im Vergleich zu Nachrangdarlehen à la Mietshäuser Syndikat oder Habitat (dafür ist es für Einleger:innen sicherer).

- Braucht ständige Betreuung (um aussteigende Investor:innen zu ersetzten, was ebenso für Mietshäuser Syndikat oder Habitat gilt, aber nicht für ein Bankdarlehen)
- Kann bei hoher Inflation teuer werden
- Die Flexibilität nach oben ist mit der Hypothek im Grundbuch limitiert.

7.3.9 Interview Teresa Distelberger

Teresa Distelberger (TD), Filmemacherin, Moderatorin, Vermögenspool-Expertin, ist Mitgründerin des Wohnprojekts Auenweide in Sankt Andrä-Wördern in der Nähe von Wien (Weblink in QR-32 am Ende des Interviews) und Quelle des dort installierten Vermögenspools, wahrscheinlich des größten bisher in einem Gemeinschaftswohnprojekt.

HF: Die erste Frage lautet, liebe Teresa, kannst Du uns bitte ein paar Eckdaten zu Eurem Projekt verraten?

TD: Also die Auenweide ist ein gemeinschaftliches Wohnprojekt in Sankt Andrä Wördern, nordwestlich von Wien. Wir bauen dort (das Interview fand circa zwei Monate vor dem Einzug im Frühjahr 2022 statt, Anm.) eine Siedlung mit insgesamt 2.500 Quadratmetern für 25 Wohneinheiten und ein Gemeinschaftshaus mit einer Küche und Kinder- und Jugendräumen und einem Gruppenraum, der auch für Veranstaltungen genutzt werden kann. Vom Investitionsvolumen her sind es knapp 10 Millionen Euro, was dieses Projekt kostet, also die Grundstückskosten plus die Baukosten. Wir haben uns als Projekt schon sehr früh organisiert und auch sehr früh schon die Entscheidung getroffen, dass wir eine Mischfinanzierung machen wollen mit Vermögenspool und Bankkredit in Kombination.

HF: Und wie sieht die Mischung höchstwahrscheinlich aus? Also wenn es dann fertig ist?

TD: Ursprünglich war eigentlich unser Ziel, dass wir halbe-halbe machen. Und jetzt haben wir aber beim Vermögenspool mit 5,7 Millionen in Kombination mit Nachrangdarlehen von 600.000 Euro schon mehr als die

Hälfte eben quasi ohne Bank finanziert. Und wir werden daher nicht die gesamte Höhe von dem ausverhandelten Bankkredit abrufen.

HF: Was waren für Dich und für Euch als Gruppe die größten Vorteile des Vermögenspools?

TD: Also erst mal vielleicht ganz kurz zum Vermögenspool selbst. Der größte Unterschied zu einem Bankkredit ist einfach, dass der Vermögenspool ein Kreislaufsystem ist und kein Abzahlungssystem. Das heißt, wir haben Anleger und Anlegerinnen, die bei uns im Projekt investieren, und wir zahlen dieses Geld nie komplett zurück, außer das Projekt wird aufgelöst. Also es ist nicht darauf aufgebaut, dass wir, also diejenigen Menschen, die darin leben, durch ihre Erwerbsarbeit so viel erwirtschaften müssen, um das alles irgendwann selbst im eigenen Besitz zu haben, sondern es ist so angelegt, dass eben in der Höhe des Volumens des Vermögenspools dauerhaft Kapital von anderen Menschen darin ruhen kann. Und dadurch ist es einfach möglich, die Mieten viel, viel leistbarer zu gestalten als sie wären, wenn wir es rein mit Banken finanzieren würden.

»Der größte Unterschied zu einem Bankkredit ist einfach, dass der Vermögenspool ein Kreislaufsystem ist und kein Abzahlungssystem.«

Aber wenn ich sage, wir zahlen das nicht zurück an die Anleger, dann ist es trotzdem sehr wohl so, dass die einzelnen Anleger oder Anlegerinnen ihr Geld auch zurückhaben können, wenn sie es eben brauchen. Durch die 10 Prozent Liquiditätsreserve, die wir auf einem Treuhandkonto für diesen Zweck halten, damit eben das Aussteigen auch gut möglich ist. Aber der Pool ist nicht darauf angelegt, als Ganzes zurückbezahlt zu werden, sondern das Projekt soll auch längerfristig die Möglichkeit für andere Menschen bieten, dass sie ihr Geld in einem realen Wert, in einem Grundstück und in den Immobilien und in einer Gemeinschaft anlegen können und dabei sogar auch im Grundbuch über unsere Treuhänderin abgesichert sind.

Wir haben durch den Vermögenspool auch die Möglichkeit, dass wir Menschen mit sehr unterschiedlichen Vermögensverhältnissen im Projekt mitmachen lassen können. Damit ist es viel leichter, ein Solidaritätsmodell aufzubauen, als jetzt so klassisch wie es sonst oft üblich ist, wo man, um mitmachen zu können, schon mal einen fünfstelligen Betrag aufbringen und als Eigenmittel einbringen muss, damit das Projekt überhaupt mit Bankkredit finanziert werden kann. Das heißt, man muss eine Bank finden, die eben das Vermögenspool-Kapital auch als Eigenkapital anerkennt. Das machen nicht alle Banken, aber es gibt welche, die auf der Basis dann eben auch einen Kredit geben.

HF: Und die Einleger:innen im Vermögenspool sind, wie Du sagst, einerseits abgesichert über die Treuhänderin, die eine Hypothek im Grundbuch hält, und bekommen die von euch Zinsen dafür, oder eine Wertsicherung?

TD: Die bekommen inflationsbereinigt ihre eigene Einlage wieder zurück. Das wird eben nach dem Verbraucherpreisindex berechnet, damit man quasi den Wert wieder zurückbekommt, den man reingegeben hat. Und das heißt, man kann sich danach wieder genauso viel kaufen, wie man sich damit kaufen konnte, als man es reingelegt hat, und ist aber jetzt nicht an irgendwelchen Spekulationsgewinnen oder so irgendwas beteiligt. Es ist wirklich eine Anlageform für Menschen, denen es wichtig ist, ihr Geld an einem sinnvollen Ort zu haben, mit einem realen Gegenwert als Sicherheit, aber die nicht jetzt mit Risiko, Rendite, Spekulationsgewinnen oder so etwas als Motivation auf uns zukommen.

HF: Gibt es Nachteile für Euch als Gruppe aus dem Vermögenspool?

TD: Also eine Konsequenz daraus ist, ich weiß noch nicht, ob man es jetzt unbedingt als Nachteil bezeichnen muss, das ist eben Betrachtungssache: Man hat als Gruppe ein Thema, um das man sich gemeinsam kümmern muss. Also dass der Vermögenspool erst einmal gefüllt wird, von Anfang an, und dass auch danach immer wieder neue Anleger und Anlegerinnen gefunden werden oder davon erfahren, dass sie da auch ihr Geld anlegen können – das ist etwas, das

»Es braucht das Überwinden von dem Tabu, überhaupt über Geld zu sprechen.«

in der Verantwortung der Gruppe liegt. Und um das auch gut zu machen, braucht es eine gewisse Beschäftigung mit dem Thema Geld. Es braucht das Überwinden von dem Tabu, überhaupt über Geld zu sprechen, einfach die Fähigkeit zu entwickeln, auf einen anderen zuzugehen und zu sagen: Sag mal, hast du Geld, das du selber gar nicht brauchst? Möchtest du vielleicht bei uns anlegen? Also diese Fähigkeiten zu entwickeln und auch ein Grundverständnis vom Vermögenspool zu entwickeln, um das jemand anderem erklären zu können. Das sind Dinge, die kommen auf Menschen zu, die sich für das entscheiden. Und ich sehe es ein bisschen so, es gibt Gemeinschaften, die nehmen sich verschiedene Themen vor, wo sie jetzt in Ökologie oder in zwischenmenschlichen Beziehungen oder so quasi irgendwie auch eine Art von Kulturarbeit machen und das irgendwie auch gleichzeitig ein Teil von ihrer Gemeinschaftsbildung ist, sich mit dem Thema zu beschäftigen. Und ein Vermögenspool-Projekt hat zwangsläufig eine gewisse Beschäftigung mit dem Thema Geld. Wer hat wie viel? Wie geht es uns damit, das hier reinzugeben? Wie geht es uns vielleicht auch damit, wenn jemand mehr rein gibt und wer andere weniger? Na und auch das Überwinden von dem, was bei vielen Leuten eingespeichert ist, dass man nicht so gerne um Geld fragt. Und da gibt es aber einen Paradigmenwechsel, der da auch stattfinden kann und der sehr, sehr spannend ist, wenn man erkennt, dass man ja jemand anders nicht um eine Spende bittet, sondern dass man jemandem eine Möglichkeit gibt, die auch sehr attraktiv für die andere Person sein kann. Das Geld eben statt auf der Bank liegen zu haben, da anzulegen, weil man sogar auch mehr dafür bekommt. Also rein finanziell gesehen, mit den momentanen Negativzinsen auf der Bank, ist es sogar finanziell interessant für Leute, das zu machen. Und das geht alles aber trotzdem nicht ohne eine gewisse Beschäftigung in der Gruppe. Und man hat dann als Projekt einfach auch eine Verantwortung gegenüber den Anlegern und Anlegerinnen, weil man einen, ja einen Vermögenswert verwaltet und in gewisser Weise

»Und man hat dann als Projekt einfach auch eine Verantwortung gegenüber den Anlegern und Anlegerinnen, weil man einen, ja einen Vermögenswert verwaltet und in gewisser Weise dafür zu sorgen hat, dass der Wert aufrechterhalten bleibt.«

dafür zu sorgen hat, dass der Wert aufrechterhalten bleibt. Immer wieder zu schauen, wie die Wertentwicklung der Immobilien sich in der eigenen Gegend verhält, um nötigenfalls gegensteuern zu können. Oder ob man wieder neues Kapital braucht im Vermögenspool. Also es braucht dann in gewisser Weise ein bisschen ein Kümmern. Sobald man den Pool befüllt hat, ist der Aufwand wirklich überschaubar. Man kann es vergleichen mit dem Moment, wenn man einen Gartenteich anlegt und dann ist er erst einmal leer. Wenn man den jetzt mit Kübeln füllen möchte, weil man keinen Gartenschlauch hätte, ja dann muss man sehr oft mit dem Kübel gehen, um das Wasser reinzubringen. Ab dem Punkt, wo das dann mal voll ist, gibt es so eine gewisse Verdunstung und ein gewisses Ausmaß, das durch den Regen wieder nachkommt und wo man vielleicht dann manchmal checken muss. Ah, sollte man wieder mal mit dem Kübel gehen. Aber je nachdem wie der Vermögenspool aufgesetzt ist, macht das eben vielleicht auch Freude. Wir haben unsere Kommunikation sehr professionell aufgebaut und das macht sich jetzt auch sehr bezahlt, weil momentan tun wir gar nichts mehr dafür und wir kriegen regelmäßig E-Mails, wo Leute uns einfach schreiben: Sie haben von uns gehört, ob sie bitte bei uns Geld anlegen dürfen (lacht).

HF: Wie siehst Du den Unterschied zum Mietshäuser Syndikat und dem Habitatmodell? Und habt ihr Euch bei der Gründung mit der Variante damals auch auseinandergesetzt?

TD: Also ein Unterschied zum Habitatmodell ist einfach auch, dass bei dem Modell einfach die Mieterinnen und Mieter das Haus ganz fertig abbezahlen und damit quasi das Haus freikaufen. Mit Vermögenspool ist es hingegen so, dass einfach die Mieterinnen und Mieter eine Abschreibung bezahlen, also das Abwohnen ihrer Wohnung bezahlen, plus Steuern und Betriebskosten wie üblich. Aber dadurch kommt eine geringere Miete heraus. Und das, was die Bewohner:innen darüber hinaus einlegen und auch das, was wir in unserem Fall bei der Bank zurückzahlen, ist etwas, das sie sich selber auch wieder mitnehmen können, wenn sie ausziehen. Und ich finde das schon ein sehr attraktives Modell, einfach im

Hinblick darauf, dass sich im Leben auch immer wieder was ändern kann. Und ich finde das Mietshäuser Syndikat auch toll auf seine eigene Art und Weise. Und wir haben uns das eigentlich nicht überlegt, sondern es war dann auch sehr früh eigentlich klar, dass wir in diese Richtung gehen.

Markus Spitzer ist der Gründer von unserem Projekt, ein sehr guter Freund von mir, hat mich schon früh gefragt, ob ich Teil der Gruppe sein möchte. Und ich kannte den Vermögenspool bereits aus dem Garten der Generationen (ein Gemeinschaftswohnprojekt, an dessen Gründung sowohl Teresa Distelberger als auch ihr Vater Markus Distelberger, der Erfinder des Vermögenspools, mitwirkten, Anm., Weblink in QR-32 am Ende des Interviews), von dem Projekt, wo der Vermögenspool zum ersten Mal angewendet wurde, und es ist eben zufällig mein Vater gewesen, der das erfunden hat (lacht), und ich war schon sehr überzeugt davon und wollte das auch gerne ausprobieren, selber in so einem durch Vermögenspool finanzierten Ort zu leben. Auch weil ich das als eine Möglichkeit sehe, als jemand, die selbst kein Vermögen besitzt, dadurch die Chance zu haben, mal sozusagen im eigenen Haus zu leben oder in einer Wohnung zu leben, die irgendwie auch mir gehört. Und ich als Künstlerin hätte kaum Chancen auf einen Kredit bei einer Bank für eine Eigentumswohnung. Also es war irgendwie so meine eigene Lebensperspektive. Ich bin dazu verdammt, mein Leben lang in Miete zu leben und andere Leute damit reicher zu machen. Und das hat mich ziemlich geärgert. Und dann habe ich mir gedacht: Ja, wenn schon nicht im Eigentum, dann lieber in einem Vermögenspool-Projekt, weil ich da ja auch die Möglichkeit habe, mir während dem Wohnen was anzusparen. Und das ist glaube ich nicht schlecht. Damit kann man auch immer was anfangen.

»Also es war irgendwie so meine eigene Lebensperspektive. Ich bin dazu verdammt, mein Leben lang in Miete zu leben und andere Leute damit reicher zu machen. Und das hat mich ziemlich geärgert.«

Im weiteren Verlauf des Interviews spricht Teresa über die Wichtigkeit professioneller Unterlagen und guter Öffentlichkeitsarbeit, darüber in welchen konzentrischen Kreisen das Einwerben von Geldern erfolgen soll,

QR 32

ob sich der Vermögenspool auch in Deutschland und der Schweiz realisieren lässt und welche Tipps sie für Gründer:innen noch hat.

Das gesamte Interview, sowie die Weblinks zum Vermögenspool, den Projekten Auenweide und Garten der Generationen finden Sie zum Download in QR-32.

7.4 Mietenkalkulation

Der Einfachheit halber spreche ich in diesem Abschnitt ab jetzt nur von Mieten und meine damit die regelmäßigen, normalerweise monatlichen Zahlungen, welche die Bewohner:innen als Anteil zur Finanzierung und zur Bildung von etwaigen Rücklagen (Reparatur und Instandhaltung) leisten. Bei der Berechnung der laufenden (monatlichen) Miete gilt zumeist die Anzahl der individuellen Wohnquadratmeter als Dreh- und Angelpunkt. Teilen Sie dazu die Kosten für die geplante Tilgung und die Zinsen des Gesamtprojekts durch die Anzahl der (individuellen) Wohnquadratmeter. Bauen Sie auch da eine Reserve von drei bis zehn Prozent für Mietausfälle und Leerstände ein. Bei dieser Herangehensweise sind die Gemeinschaftsräume automatisch mit der Miete für die eigene Wohneinheit mitfinanziert. Sie sind also »inklusive«. Natürlich könnten Sie auch die Mieten günstiger machen und im Gegenzug für die Benützung der Gemeinschaftsräume extra etwas verrechnen. Das ist aber erstens kompliziert und läuft der Idee der Gemeinschaft zuwider, weil die Bewohner:innen sich dann möglicherweise nicht einfach zwanglos in der Gemeinschaftsküche treffen oder in der Werkstatt beim Reparieren miteinander plaudern. Weil das ja extra etwas kostet, überlegen Sie sich die Nutzung vermutlich zweimal. Praktikabler und leichter machbar ist die Verrechnung von Entgelten, bei fallweiser Vermietung ausgesuchter Gemeinschaftsräume an Externe, sofern das mit der Projektvision und dem Lebensalltag der Bewohner:innen vereinbar ist. Das kann auch gemacht werden, wenn Bewohner:innen solche Räume für kommerzielle Zwecke nutzen.

Beispielsweise vermieten wir im Wohnprojekt Wien unsere »Flexräume« (weil für flexible Nutzungen geplant) auch an Externe als Veranstaltungsräume und halten so die Betriebskosten für die Bewohner:innen auf einem erträglichen Niveau. Ebenso vermieten wir unsere Gästeappartements gegen Entgelt. Bewohner:innen und deren Gästen zahlen sehr wenig, externe Gäste etwas mehr. Die Regeln und Konditionen verändern sich im Lauf der Jahre, aber derzeit ist es beispielsweise so, dass ich als Bewohner die Flexräume gratis nutzen und dort auch Feiern oder Ähnliches veranstalten kann. Wenn ich dort aber einen Workshop mit zahlenden Kunden abhalte, dann bezahle ich dafür eine Miete an unser Projekt, die für mich als Bewohner günstiger ist als für externe Organisationen. Zusätzlich haben wir beschlossen, manchen zivilgesellschaftlichen (Hilfs-) Organisationen, wie dem Integrationshaus in unserer Nachbarschaft die Veranstaltungsräume für eine bestimmte Anzahl von Veranstaltungen pro Jahr gratis zu Verfügung zu stellen, das gilt auch für Bürger:innenveranstaltungen in unserem Bezirk.

Das ist einer der vielen Vorteile von Gemeinschaftseigentum. Die Gruppe entscheidet über die Nutzungen, die Spielregeln und die Konditionen.

Zurück zu den Mieten für die Wohneinheiten. Falls Sie unterschiedlich hohe Eigenmitteleinzahlungen mit entsprechend korrespondierenden Mieten vereinbart haben, gilt es, das in der Kalkulation ebenfalls zu berücksichtigen.

In Abbildung 20 sehen Sie als Beispiel die Mietenkalkulation, die wir beim Einzug in das Wohnprojekt Wien errechnet hatten. Die Excel-Tabelle mit den Formeln finden Sie als Download in QR-33. Das ist nur als Anregung gedacht, Sie werden diese Kalkulation nicht so für Ihr Projekt übernehmen können, einerseits weil Ihr Projekt nicht identisch aufgestellt sein wird und andererseits, weil in Deutschland und der Schweiz andere gesetzliche Rahmenbedingungen und Umsatzsteuerregelungen bestehen. So gilt beispielsweise in der Schweiz für gemeinnützige Genossenschaften die Vorgabe der sogenannten Kostenmiete. Schweizer Leser:innen finden dazu den Link zu einem sechsseitigen *Handbuch Kostenmiete* auf der Website der Schweizer Genossenschaft Gesewo in QR-33.

QR 33

Abbildung 20

Kalkulation monatliche Miete / Nutzungsentgelt

Gestehungskosten	Kauf kompl. inkl. Nebenkosten	9.854.309,07
	durch Quadratmeter	3.488,00
Gestehungskosten/m²		2.825,20
davon 1 % jährliche Verwohnung (100 Jahre)		28,25
ergibt Verwohnung/mtl./m²*		**2,3543**

mtl. Nutzungsentgelt/m²	**netto**	**brutto**	
Betriebskosten Akonto	1,50	1,6500	inkl. 10 USt
Risikovorsorge	0,75	0,8250	inkl. 10 USt
USt Verwohnung*		0,2354	10 USt*
Finanzierungskosten**	6,98	6,9770	ohne USt
Summe inkl. Betriebskosten + USt		**9,6874**	

Finanzierungskosten**		
Inflationsabgeltung Vermögenspool	0,1433	2 % geschätzt
Tilgungsansparer Vermögenspool	0,1577	2,20 %
Annuität Darlehen Fixzins	3,4022	
Annuität Darlehen variabel	2,7353	
Tilgung Landesdarlehen	0,0000	
Zinsen Landesdarlehen	0,5384	
Finanzierungskosten ges./m²/Monat	6,9770	

Ein paar Anmerkungen zu der Kalkulation im Abbildung 20:

Der oberste von den drei Bereichen ist weniger wichtig, hier haben wir nur die rechnerische Verwohnung für die Umsatzsteuer kalkuliert. Weil wir die eingelegten Eigenmittel jährlich um 1 Prozent des gesamten (rechnerischen Wohnungswertes) abschreiben, müssen wir nach geltenden österreichischen Umsatzsteuergesetzen dafür Umsatzsteuer verrechnen.

Am interessantesten erscheint mir der mittlere Bereich. Da sehen Sie, wie sich die Miete zusammensetzt. Die Betriebskosten hatten wir leider von Anfang an zu niedrig geschätzt, da hätten wir gleich mit 2 Euro beginnen sollen. Die Risikovorsorge ist für Erhaltungs- und Verbesserungsausgaben und Reparaturen. Die Umsatzsteuer aus der Verwohnung ergibt sich aus dem beschriebenen obersten Bereich und die Finanzierungskosten finden Sie im dritten Bereich aufgeschlüsselt. Dort sehen Sie, dass wir auch einen (kleinen) Vermögenspool betreiben. Im Unterschied zum Ansatz in der Auenweide haben wir aber einen Tilgungsansparer von 2,2 Prozent eingerechnet. Das bedeutet, dass wir den Pool »kalkulatorisch« in circa 45 Jahren trockenlegen. Weiter unten sehen Sie die Position Landesdarlehen. Wir hatten für das Projekt eine Wohnbauförderung des Landes Wien erhalten. Das ist kein geschenktes Geld, sondern ein zinsgünstiges (1 Prozent fix) langfristiges Darlehen mit zwei Vorteilen: 1. Die Banken betrachten das als gewisse Sicherheit, insbesondere weil das Land den Banken im Grundbuch den Vortritt in den ersten Rang lässt und zweitens beginnt die Tilgung erst, wenn die Bankdarlehen abbezahlt sind. Zweiteres hilft, um die Mieten von Anfang an niedrig zu halten (siehe auch »7.3.3 Tilgungsgeschwindigkeit«).

Die Miete war mit knapp 10 Euro pro Quadratmeter für Wiener Verhältnisse von Anfang an nicht wirklich »billig«. Schauen wir aber nicht auf den Quadratmeterpreis, sondern darauf, was das gute Leben kostet, so lebe ich hier extrem günstig und das in einem wunderschönen, selbst mitgeplanten Haus mit vielen Extras. Zwar zahle ich für meine kleine Wohneinheit mit 42 Quadratmetern samt Heizung, Warmwasser, Rundfunkgebühren und Internet knapp 500 Euro im Monat. Aber dafür habe ich zu dem hohen und sehr ökologischen Baustandard eine große Gemeinschaftsküche, in der ich mit 20 und mehr Freund:innen kochen und feiern kann, meine Gäste kann ich super günstig in schönen Gästezimmern im gleichen Haus auf der Dachterrasse unterbringen. Die Kinder meiner Besucher:innen können sich im großen Spielraum austoben. Ich kann meine Möbel oder andere Projekte in der großen Werkstatt bauen, Bücher aus der Bibliothek ausleihen, ebendort oder im Ruheraum neben der Sauna meine Männergruppentreffen abhalten, meine Wäsche im Waschsalon waschen und beste regionale Lebensmittel aus der Foodcoop im Keller oder dem Salon im Erdgeschoss beziehen. Wie gesagt, Sie können sich den Heinz Feldmann als glücklichen Menschen denken.

Der Vorteil bei der Mietentwicklung von Wohnprojekten im Gemeinschaftseigentum besteht ja bekanntlich darin, dass es keine Renditeinteressen am Projekt gibt, welche die Miete in die Höhe treiben. So haben sich in unserem Beispiel in den sieben Jahren vom Einzug in 2013 bis 2020 nur die Betriebskosten (da lagen wir mit der Schätzung von netto 1,50 leider von Anfang an viel zu tief) und die Risikovorsorge erhöht. Und obwohl das bei den Betriebskosten satte 60 Prozent waren (von brutto 1,65 auf 2,60) und wir vor 3 Jahren die Risikovorsorge um 10 Prozent erhöhten (im gesamten Gebäude ist ein mehrere hunderttausende Euro teurer Malereischaden aufgetreten), ist die Bruttomiete inklusive Betriebskosten in Summe um nur rund 13 Prozent gestiegen, während in Wien im selben Zeitraum alle anderen Mieten um durchschnittlich 24 Prozent teurer wurden. Und diese Schere wird in den kommenden Jahren und Jahrzehnten immer weiter auseinanderklaffen. Sie sehen, das Leben in einem Wohnprojekt im Gemeinschaftseigentum macht auch rechnerisch Sinn und wird mit zunehmendem Alter immer günstiger. Was leider auch einen ökologischen Nachteil hat. So kommt es nicht selten vor, dass selbst umweltsensible Zeitgenoss:innen nach vielen Jahren, nachdem die Kinder und vielleicht auch der oder die Ehepartner:in ausgezogen sind, in viel zu großen Wohnungen sitzen und wenig motiviert sind, das zu ändern, weil es ja mittlerweile so billig ist. Das Problem lässt sich in Österreich und auch in Deutschland mit dem sehr starken gesetzlichen Mieterschutz nicht wirklich vernünftig in den Griff kriegen. In der Schweiz geht das besser, wie Sie im Interview mit Werner Brühwiler lesen können.

Bis jetzt sind wir in den Überlegungen davon ausgegangen, dass alle Wohnquadratmeter gleichwertig und daher auch gleichpreisig sind. In der Tat haben wir im Wohnprojekt Wien nicht wenig Aufwand betrieben, damit alle Wohnungen möglichst gleichwertig sind. Das hatten wir als fix und erstrebenswert vorausgesetzt und nie wirklich hinterfragt. Wir hatten auch die gleiche Eigenmittelhöhe pro Wohnquadratmeter für alle festgelegt. Bei uns waren das 572 Euro. Wer mehr hatte, der oder dem empfahlen wir, entweder Nachbar:innen mit weniger Ersparnissen ein Privatdarlehen zu geben, für das wir als Projekt eine Sicherungsfunktion übernahmen, oder das Geld in unseren Vermögenspool einzulegen. Heute sehe ich das differenzierter. Mir gefällt beispielsweise der Ansatz des Projekts Kalkbreite in Zürich (Link in QR-04). Dort hat die Gruppe sich ganz bewusst für unterschiedliche Miethöhen entschieden. Attraktivere Lagen wurden extra verteuert, damit andere im Gegenzug günstiger gemacht werden konnten. Die ebenso schlichte wie bestechend pragmatische Begründung lautet: Dadurch können wir eine bessere Durchmischung der Bewohner:innenschaft erreichen und Menschen mit weniger Geld können auch bei uns wohnen.

Bei der Kalkulation der Betriebskosten ist es üblicherweise so, dass in den ersten Jahren ein konservativ (also mit ausreichend Reserven) geschätzter Betrag monatlich als Akonto (Vorauszahlung) zusätzlich zur Miete vorgeschrieben wird. Wie erwähnt, ist das bei uns im Wohnprojekt Wien danebengegangen. Im Nachhinein wird dann pro Jahr (Kalenderjahr oder Geschäftsjahr des Projekts) eine Abrechnung mit den tatsächlich angefallenen Kosten erstellt und eine etwaige Differenz entweder nachgefordert oder zurückbezahlt. Dafür gibt es klare gesetzliche Vorgaben, die in den einzelnen DACH-Ländern unterschiedlich sind. Falls Sie die Hausverwaltung als Gruppe selbst machen (was Kosten sparen hilft, solange das mit ehrenamtlichen Stunden der Bewohner:innen bewerkstelligt werden kann), erkundigen Sie sich über die aktuellen gesetzlichen Vorschriften. Ähnliches gilt für Heizwärme und Energie, falls Sie diese als Gruppe auch selbst produzieren und zur Verfügung stellen oder im Großen einkaufen und an die Bewohner:innen weiterverrechnen.

Natürlich gibt es auch noch andere Zugänge als die Berechnung der Miete über die Wohnquadratmeter. Hauptsächlich bei Projekten mit gemeinsamer Ökonomie und/oder gemeinsam unterhaltenen Wirtschaftsbetrieben werden mitunter keine Mieten verrechnet, sondern die Wohnkosten von den gemeinsamen Einnahmen bestritten.

7.5 Eigenleistung

Bei dem Begriff denken die meisten Menschen an die Baustelle selbst, an Schubkarren, Schaufeln, Hämmer und Akkuschrauber (siehe auch gleichnamige Überschrift in »8.5.2«). Dabei wird oft übersehen, dass das gemeinsame Träumen, Visionieren, Planen und Umsetzen in der Gruppe auch zu den Eigenleistungen zu zählen ist. Wenn Sie in Ihrer Arbeitsgruppe ein Kommunikationskonzept für Ihr Projekt machen, einen Mitgliederaufnahmeprozess aufsetzen, Grundstücke und Objekte suchen und besichtigen, Finanzierungsvarianten rechnen, mit Banken reden, Einzahler:innen für Ihren Vermögenspool werben, die Kinderbetreuung für ein Großgruppentreffen organisieren, sind all diese Aktivitäten Eigenleistungen für das gemeinsame Projekt. Erinnern Sie sich an die Beispielkalkulation in der Abbildung 17? Dort ergeben die benötigten ehrenamtlichen Stunden aller Bewohner:innen in der Planungs- und Bauphase circa 14.000 Stunden (mit 50-prozentigem Aufschlag sogar gut 21.000 Stunden) und wenn Sie diese 14.000 mit einem rechnerischen externen Stundensatz von 35 Euro oder Franken multiplizieren, kommen Sie auf eine Eigenleistung im Wert von einer halben Million. Das ist ein beachtlicher Beitrag, ohne den das Gemeinschaftswohnprojekt entweder nie gebaut würde oder nicht lange funktionieren könnte.

7.5.1 Komplementärwährung

Eine Möglichkeit zur Dokumentation aller ehrenamtlichen Beiträge der Bewohner:innen ist die Installation einer Komplementärwährung auf Zeitbasis, eines Tauschkreises also. Wir hatten das beim Wohnprojekt Wien auch und hielten das während der gesamten viereinhalb Jahre Planungs- und Bauzeit und noch ein paar Jahre darüber hinaus durch. Nicht zuletzt deshalb, weil ein kleines eingeschworenes Team die Verbuchungen gemacht hat und die Komplementärwährung am Leben hielt. Die Idee ist bestechend einfach und genial gleichermaßen. Jede:r Bewohner:in bekommt ein Stundenkonto, ähnlich einem Bankkonto, und das »Projekt« hat auch ein Konto. Einmal im Monat (oder, wenn das semidigital geht wie bei uns vor zehn Jahren, einmal im Quartal) werden die »Mitgliedsbeiträge«, also die (monatliche) Stundenverpflichtung pro Erwachsenem, jedem und jeder Bewohner:in auf dem persönlichen Konto als Ausgang (minus) gebucht und im Gegenzug auf dem Projektkonto als Eingang (plus). Und sämtliche erledigte Arbeiten hat das jeweilige Mitglied wieder gutgebucht bekommen und wurden dementsprechend auf dem Projektkonto gegengebucht, soweit so trivial. Bis hierher ist das ja nur eine Arbeitszeiterfassung mit doppelter Buchhaltung. Interessant wird es mit dem Komplementärwährungsansatz. Dadurch werden die Stunden plötzlich zu einem Zahlungsmittel, mit dem die Bewohner:innen tauschen können: Babysitten, Fahrradreparatur, Computerunterstützung, Coaching, Massagen, Lebensmittel, eben alles, was die Bewohner:innen so anzubieten haben, mitunter auch Euros oder Franken. Dadurch kann ein Mitglied mit gefragten Talenten mehr im Projekt arbeiten und andere, die gerade eine arbeitsintensive Phase im Erwerbsleben haben, tauschen ihr Geld gegen Stunden ein. Solange das im Umfang von Nachbarschaftshilfe und privatem Tausch passiert, ist das steuerlich wenig problematisch. Einzig das Projekt sollte keine Stunden für Geld kaufen oder verkaufen, dann wird es schwierig. Wir hatten im Wohnprojekt dafür eigene Überweisungsformulare mit je zwei Durchschlägen entworfen (einen für die Buchhaltung und je einen für Abgeber:in und Empfänger:in – siehe Abbildung 21).

Abbildung 21 Überweisungsformular Zeitwährung

NordbahnhoferInnen Arbeitsschweiss-Übertragung

Name (Stunden-)AbgeberIn

Unterschrift

überträgt von ihrem/seinem Konto so viele hart erarbeitete (ersessene, eingetauschte oder gekaufte) Stunden

Datum

WPh:

Stundenteile bitte in Dezimalen angeben (15 Min = 0,25 WPh)

auf das Konto von dem/der Glücklichen...

Name (Stunden-)EmpfängerIn

nur, wenn es nicht peinlich ist und/oder Ihr das zur Erinnerung braucht

Verwendungszweck

wohnprojekt wien

Freiraum für unsere wunderbaren Cont(e)abile

Nr:

Das Original für die fleißigen BuchhalterInnen (Cont(e)abile) und je ein Durchschlag für AbgeberIn und EmpfängerIn. www.wohnprojekt-wien.at

Es gibt Menschen, denen ist dieser Zugang viel zu merkantil, und auch wir im Wohnprojekt Wien haben Fans und andere Menschen, denen diese Bucherei weniger liegt. Falls Ihnen die Idee gefällt, werden Sie sich vielleicht fragen, wo ist der Pferdefuß? Oder Sie wissen es ohnehin bereits. Tauschkreise brauchen Vielfalt, und die entsteht durch eine kritische Menge von Mitmacher:innen. Ob es mindestens 500, 1.000 oder mehr Aktive braucht, hängt von deren Angeboten und Bedarfen ab und den Tauschmöglichkeiten, die sie dazu vorfinden. Aber auf jeden Fall ist die Anzahl von Menschen in einem einzelnen Wohnprojekt viel zu klein und die Tauscherei verläuft sich in absehbarer Zeit. Falls Sie so etwas für Ihr Projekt planen, machen Sie das gleich am Beginn in Kooperation mit einem größeren Tauschkreisverbund. Die gibt es fast überall und idealerweise sind die auch vernetzt. Die meisten nützen eine Open-Source-Software namens Lycos. Wenn Sie in einen größeren Tauschkreis in Ihrer Region einsteigen können, gibt es sofort viele Tauschmöglichkeiten. Plötzlich kann Ihre Nachbarin die Bioeier aus der Gegend mit Stunden bezahlen, als Projekt können Sie Ihr Gästezimmer oder Ihren Seminarraum gegen Tauschkreiswährung vermieten und so werden alternative Wirtschaftskreisläufe und Regionalität gestärkt. Die nächste Wirtschafts- und Finanzkrise kommt so sicher wie das sprichwörtliche Amen im Gebet. Die einzigen offenen Fragen sind: Wann und wie heftig? Als Gruppe können Sie durch solche alternativen Zahlungsmittel Resilienzen aufbauen und vorsorgen.

Mir wurde erst vor ein paar Jahren bewusst, dass wir einen viel größeren Pool benötigen, um aus unserer Stundenbuchhaltung auch wirklich eine funktionierende Komplementärwährung zu machen. So begann ich zu recherchieren. Und siehe da, etwa zur selben Zeit hatten sich mehrere Tauschkreisgruppen im Osten Österreichs zu einem durchgängigen Verbund zusammengeschlossen. Ich verhandelte mit den Akteur:innen und die hätten unsere gesamten Konten mit allen Salden übernommen und das zu sehr günstigen Konditionen. Damit wäre genau der Durchbruch möglich geworden, den ich etwas weiter oben als erstrebenswert beschreibe. Zu meinem Verdruss bin ich wohnprojektintern bereits in der eigenen Arbeitsgruppe (Finanzen und Recht) am Unverständnis einiger

Mitglieder gescheitert. Selbst meine sonst oft gerühmte Überzeugungskraft hat daran leider nichts geändert und mir war klar: Wenn ich nicht einmal die Mitglieder in der Finanzgruppe überzeugen kann, dann brauche ich es in der Großgruppe gar nicht erst probieren.

Komplementärwährungen entwickeln sich erfahrungsgemäß antizyklisch zur Realwirtschaft. Wenn es den Menschen schlechter geht, boomen alternative Währungen. Das zeigt auch die bald hundertjährige Erfahrung der WIR-Bank in der Schweiz. Das ist ein erfolgreiches Komplementärwährungssystem für Unternehmer:innen, allerdings nicht zeit-, sondern frankenbasiert. Deren Entwicklung zeigt ebenfalls die größten Zuwächse in Krisenzeiten.

Den Link zur WIR Bank finden Sie in QR-34.

Weshalb ich eine Bindung an die Leitwährung für grundfalsch halte und was es über Komplementärwährungen noch alles zu sagen gäbe, würde den Rahmen hier völlig sprengen. Falls Sie das Thema aber interessiert, möchte ich Ihnen den Film *Das Wunder von Wörgl* aus dem Jahr 2018 empfehlen (Link in QR-34). Der Spielfilm erzählt die wahre Geschichte einer sehr erfolgreichen Komplementärwährung in der Tiroler Gemeinde Wörgl zur Zeit der Weltwirtschaftskrise am Vorabend des Zweiten Weltkriegs.

QR 34

7.5.2 Ablöse

Bewohner:innen, die in ihrer Wohneinheit zusätzliche Investitionen tätigen (besondere Böden, Fliesen, Küchen und sonstige Einbauten), möchten oft beim Auszug einen Teil der Investitionen von den Nachnutzer:innen ersetzt bekommen. Das kann zu Unstimmigkeiten führen. Und wenn, wie in Projekten mit Gemeinschaftseigentum üblich, die Gemeinschaft die Nachnutzer:innen auswählt und nicht die ausziehenden Bewohner:innen, so haben ebendiese eine nachteilige Verhandlungsposition. Versuchen Sie das als Gruppe möglichst eindeutig zu regeln, im Zweifel mit leichter Bevorzugung der Nachnutzer:innen. Am wenigsten Ärger gibt es natürlich, wenn die Nutzer:innen die Wohnung so zurückgeben müssen, wie sie übernommen wurde, sofern das gesetzlich möglich ist und im Kontext Ihres Projektes auch Sinn macht.

7.6 Rückzahlung Eigenmittel

Bei Gemeinschaftswohnprojekten mit Eigenmitteln, die von den Bewohner:innen für ihre jeweilige Wohnung (meist ein Betrag pro Quadratmeter Wohnfläche) eingezahlt werden, gibt es anfangs immer lange Diskussionen, wie viel davon bei einem etwaigen Auszug zurückbezahlt wird. Der Anspruch ist nachvollziehbar und es ist gut, wenn Sie dafür eine eindeutige, gut verständliche Regelung finden, bei der es keinen Interpretationsspielraum gibt. Weil ebendieser Spielraum, und sei er noch so klein, zu unendlichen Diskussionen und zu jahrelangen Streitigkeiten führen kann, die im schlimmsten Fall vor Gericht ausgetragen werden.

Eindeutig einfacher haben es da die Projekte im Mietshäuser Syndikat und Habitat. Da wissen alle Akteur:innen, dass sie beim Auszug einzig ein etwaig einbezahltes Nachrangdarlehen zurückbekommen.

7.7 Solidaritätsfonds

Viele gemeinschaftliche Wohnprojekte haben – wie in der Einleitung dieses Buches bereits angesprochen – einen weltverbesserischen Anspruch. Das äußert sich auch durch den Wunsch, solidarisch zu handeln. Im Finanzbereich geht das zum Beispiel durch die Einrichtung eines Solidaritätsfonds. Mich haben bei der Recherche zur Gründung des Wohnprojekt Wien meine Gespräche mit einem anderen Gemeinschaftspionier sehr beeindruckt. Helmuth Schattovits war bereits in den 1980er-Jahren einer der Mitgründer des Wohnprojektes BROT in Hernals (17. Wiener Bezirk), und er hat danach in seiner Freizeit drei weitere wunderschöne BROT-Projekte fast im Alleingang initiiert (Links in QR-34).

In der ursprünglichen Version stand BROT für Beten, Reden, offen Sein und Teilen. Mit meiner frühkindlichen Sozialisierung in einer christlich-fundamentalistischen Sekte war der Name allein für mich schon ein rotes Tuch und Grund, dort sicher nicht anzuklopfen. Aber ich lernte Helmuth auf einer Wohnprojekteveranstaltung kennen und kam mit ihm ins Gespräch. Er entsprach so überhaupt nicht meinen Vorurteilen eines erzkatholischen Kerzerlschluckers. Im Gegenteil, Helmuth war ein charismatischer Typ, sah aus wie der reife Sean Connery, ein toller Mann Ende Sechzig, blitzgescheit, großzügig und äußerst hilfsbereit. Er erzählte mir damals von dem Solidaritätsfonds, den sein Wohnprojekt (BROT Hernals) eingerichtet hatte, und wie sie gemeinsam während der Jugoslawienkriege gleich mehrere Flüchtlinge aufnahmen, beherbergten und jahrelang unterstützen, die Kinder in der Schule und bei der Ausbildung förderten und den Eltern zu Jobs und Deutschkenntnissen verhalfen. Das hinterließ bei mir einen tiefen Eindruck.

Und so haben wir im Wohnprojekt Wien während der ersten dreieinhalb Jahre Planungs- und Bauzeit ausführlich diskutiert, ob und wie wir einen eigenen Solidaritätsfonds einrichten wollen. Die Bandbreite der diskutierten Varianten ging vom einen Extrem ins andere. Von einer 10-prozentigen Zwangsbesteuerung aller (dem biblischen Zehent) bis zu »völlig anonym und freiwillig«. Letztlich endeten wir genau dort: bei völlig anonym und freiwillig. Es gibt Vertrauenspersonen in der UG (Untergruppe) Solidarität, und nur denen gegenüber muss sich jede:r deklarieren und gibt an, wie viel Geld sie oder er im kommenden Jahr in den Solidaritätstopf einzahlt. Das kann nichts sein, oder fünf Euro oder hundert im Monat. Die Höhe ist völlig frei wählbar, nur muss das betreffende Mitglied das jeweils für mindestens ein Jahr durchhalten, danach kann der Betrag wieder geändert werden. Diese Mindestverbindlichkeit brauchen wir, damit die UG Solidarität budgetieren kann. Obwohl nur circa ein Drittel der Bewohner:innen regelmäßig einzahlt, kommen im Jahr etwa 7.500 Euro zusammen, und die sind für interne und externe Solidaritätsaktionen. Damit konnten und können wir zwei kleine Wohnungen so weit sponsern, dass sich armutsgefährdete Menschen mit Mindestsicherung (vergleichbar mit Hartz IV) eine Wohnung bei uns leisten können. Das Geld aus dem Fonds wird auch dann eingesetzt, wenn Bewohner:innen in eine Notsituation kommen und sich beispielsweise die Miete für die Wohnung vorübergehend nicht leisten können, oder wenn jemand aus finanziellen Gründen nicht am jährlichen Gemeinschaftswochenende, das mit Reise- und Hotelkosten verbunden ist, teilnehmen könnte.

Bei der großen Flüchtlingswelle im Herbst 2015 haben wir als Gruppe beschlossen, unser Dogma »Es gibt kein dauerhaftes Wohnen auf der

Dachterrasse« auszusetzen und eine Flüchtlingsfamilie aus Aleppo (Syrien) aufzunehmen. Sie konnten in das größere der drei Gästeappartements einziehen. Solidarische Initiativen wie diese sind von einer Gemeinschaft viel leichter zu stemmen, als von einer Familie oder Einzelpersonen. Als Gruppe kann die solidarische Bürde auf viele Schultern verteilt werden: Jemand kennt eine Geburtshelferin für die hochschwangere Frau, ein anderer vermittelt eine Therapeutin für den schwer traumatisierten Jungen, die nächste geht mit zu Behörden, vermittelt erste Deutschkenntnisse et cetera. Leider hat die Familie bis heute (sechs Jahre später!) noch immer keinen positiven Asylbescheid. Aber dieser für ganz Österreich höchst beschämende Umstand ist eine andere Geschichte. Vor wenigen Monaten konnten wir der Familie sogar eine schöne, wesentlich passendere Wohnung im Haus vermitteln und während ich diese Zeilen schreibe, wird das Gästeappartement, in dem die vier so lange auf kleinstem Raum ausgeharrt hatten, hergerichtet: Für ukrainische Flüchtlinge, die der russische Despot dieser Tage (während ich diese Zeilen schreibe) aus ihren Häusern bomben lässt. Auch das ist eine andere Geschichte, und berufenere als ich werden darüber Bücher schreiben. Nur soviel: ich wünsche ihm dasselbe glorreiche Ende wie Stalin, und seine Fans können ihn dann gerne auch ausstopfen und einbalsamiert in einem Mausoleum ausstellen.

7.8 Interview Werner Brühwiler

Werner Brühwiler, ehemaliger Präsident der Genossenschaft mehr als wohnen und Delegierter der Sektion Zürich bei Wohnbaugenossenschaften Schweiz. Werner lebt auch selbst mit seiner Frau im Gemeinschaftswohnprojekt mehr als wohnen (Link in QR-35).

Heinz Feldmann (HF): Lieber Werner, welche Rechtsformen für gemeinschaftliche Wohnprojekte sind in der Schweiz üblich?

Werner Brühwiler (WB): Die gemeinnützige Mietergenossenschaft, bei der die künftigen Bewohnenden ein Projekt realisieren oder übernehmen und dann ist das im genossenschaftlichen Gemeinschaftseigentum der Nutzer:innen. Es gibt natürlich auch abgewandelte Genossenschaftsformen, zum Beispiel die Handwerkergenossenschaft. Das sind Bauprojekte, die entstehen, weil Handwerker ihre Bücher füllen möchten, weil sie bauen wollen. Diese Genossenschaften erstellen die Liegenschaft und betreiben sie selber. Das ist nicht primär eine gemeinnützige Sache, sondern eher eine Immobiliengesellschaft, die sich aber meistens doch noch unterscheidet von der ausschließlich renditeorientierten Immobilien AG. Und es gibt noch Immobilien, die einer gemeinnützigen Aktiengesellschaft gehören. Die sind aber ganz selten, da kenne ich nur Einzelfälle. Derzeit beobachte ich einen neuen Trend bei großen Generalunternehmern. Um an Grundstücke für den gemeinnützigen Wohnungsbau heranzukommen, beginnen die jetzt, ähnlich wie die vorher erwähnten Handwerkergenossenschaften, selbst Projekte zu entwickeln, aber mit dem Ziel, nach Fertigstellung die Genossenschaft den künftigen Mietern zu übergeben. Das ist durchaus interessant, weil die Generalunternehmer übernehmen vorab die Risiken der Finanzierung der Bauphase usw. Auf der anderen Seite ist es aber auch heikel, weil die künftigen Eigentümer kaum oder nur sehr beschränkt die Qualität des Projekts beeinflussen können.

»Es gibt natürlich auch abgewandelte Genossenschaftsformen, zum Beispiel die Handwerkergenossenschaft. Das sind Bauprojekte, die entstehen, weil Handwerker ihre Bücher füllen möchten, weil sie bauen wollen.«

Meistens wollen die künftigen Bewohner:innen eines neuen Gemeinschaftswohnprojektes bei der Planung mitreden und daher von Anfang an dabei sein. Andererseits muss man sagen, dass die meisten Bewohner:innen von klassischen Genossenschaftswohnungen auch nicht von Anfang an dabei waren, als ihre jeweilige Wohnung geplant und gebaut wurde.

HF: Nur zur Klärung für nicht Schweizer Leser:innen. Die Mietergenossenschaft ist eine Genossenschaft, die die zukünftigen Nutzer gemeinsam gründen, um dann selber ihren Wohnraum von der eigenen Genossenschaft anzumieten, ist das richtig?

WB: Das ist richtig. Wobei es auch da wieder viele Spielarten gibt. Große etablierte Genossenschaften bauen neue Projekte und dann erst werden die künftigen Bewohner:innen Mitglieder der Genossenschaft.

HF: Und würden an einem Neubauprojekt Interessierte sich dann eine bestehende Genossenschaft suchen oder selber eine neu gründen, was ist der übliche Weg?

WB: Also die Gruppen, die eine eigene Vision umsetzen möchten, versuchen es meistens alleine, allenfalls mit Unterstützung. In der Praxis ist es aber so, dass bei den heutigen Bodenpreisen fast nur noch etablierte Genossenschaften das Risiko tragen und Bauland erwerben können. Bauland ist mittlerweile so teuer, dass neustartende Genossenschaften an den Kostenlimiten für den Boden scheitern könnten. Vielleicht sage ich noch was zu den Kostenlimiten (Anm.: In der Schweiz wird für Kostengrenze im Bauwesen der Begriff Limite verwendet und im Plural Limiten).

HF: Na dann kommen wir gleich darauf zu sprechen. Worauf soll eine Gruppe achten, wenn sie ein Finanzierungskonzept für ein neues Projekt macht?

WB: Ich glaube, sie sollten sich sehr, sehr früh, bevor sie irgendwelche Pflichtenhefte schreiben, bevor sie das Bauprogramm definieren, wirklich schlau machen, wie so eine Projektfinanzierung funktioniert. Ich rate dringend zum Beitritt in einen Genossenschafts-Dachverband. Dort gibt es zur Finanzierungsberatung auch Gründungs- und Rechtsberatung, viele Informationen wie Musterstatuten. Viele Infos dazugibt es auch auf der Homepage des Dachverbands. Bei der Finanzierung speziell kann man dort auch in Erfahrung bringen, wie es aktuell aussieht mit den jeweiligen Kostenlimiten, welche Eigenschaften eines Projekts eventuell die Finanzierung sogar vereinfachten. Wenn ich beispielsweise nachhaltig

»Ich rate dringend zum Beitritt in einen Genossenschafts-Dachverband. Dort gibt es zur Finanzierungsberatung auch Gründungs- und Rechtsberatung, viele Informationen wie Musterstatuten.«

baue, kann ich meist zusätzliche Finanzierungsinstrumente nützen. Diese Informationen müssen aktuell sein, weil sich die Förderungsmittel und Bedingungen immer wieder ändern. Auch gibt es oft Unterschiede von Kanton zu Kanton oder sogar auf Gemeindeebene. Das muss ich wissen, bevor ich mich an eine Projektumsetzung wage.

HF: Wenn Du sagst Dachverband, gibt es in der Schweiz mehrere Dachverbände, die zur Auswahl stehen?

WB: Für mich gibt es einen (lacht). Nein, es gibt zwei. Es gibt einen liberalen Genossenschaftsverband, der vor allem in der Innerschweiz präsent ist, das ist so das Vehikel von der freisinnigen Richtung, und dann gibt es den großen Genossenschaftsverband, der ursprünglich von der sozialdemokratischen Seite kommt. Ich kenne vor allem die Wohnbaugenossenschaften Schweiz. Ich sage, es ist an sich eine sehr liberale Idee und bei der Wohnbaugenossenschaften Schweiz steht halt der Mieter- und Gemeinnutzen sehr im Vordergrund, vielleicht mehr noch als beim liberalen Genossenschaftsverband Wohnen Schweiz. Dort sind zum Beispiel auch eher Projekte, bei denen es um eigentumsähnliche Bauformen geht. Aber das ist keine strenge Trennung, das ist auch ein bisschen Geschmackssache und man muss sich überlegen, wo man sich wohler fühlt. Die Gruppe soll sich auf jeden Fall beide Verbände anschauen. Beide Verbände arbeiten aber auch in vielen Bereichen zusammen, zum Beispiel bei den Finanzierungsinstrumenten, die sie gemeinsam bewirtschaften.

HF: Danke, das heißt, dass die Genossenschafts-Dachverbände auch helfen bei der Finanzierungsgestaltung?

WB: Richtig, also das ist ganz wichtig. Wenn wir uns die Finanzierung im Detail ansehen, gibt es am Anfang oft eine Finanzierungslücke von 10 bis 15 Prozent, die ich nicht von der Bank bekomme und auch selber nicht aufbringen kann. Und diese Lücke lässt sich füllen mit Finanzierungsinstrumenten, die den Genossenschafts-Dachverbänden selber gehören oder von Ihnen verwaltet werden. Also das sind gemeinnützige Instrumente, wie beispielsweise ein Solidaritätsfonds der von allen Genossenschaften gemeinsam gedeckt wird und wiederum allen zur Verfügung steht.

HF: Das passt super zu meiner nächsten Frage, nämlich wie viel Eigenkapital soll die Gruppe aufbringen? Habe ich Dich richtig verstanden, dass es theoretisch sogar die Möglichkeit gibt, fehlendes Eigenkapital durch diese zusätzlichen Solidartöpfe oder Finanzierungsinstrumente vom Dachverband auszugleichen.

WB: Das ist bei uns ganz, ganz wichtig ja. Man bekommt etwa 80 Prozent vor der Bank, sogar bis zu 90 Prozent, wenn Bürgschaftsinstrumente eingesetzt werden, diese gibt es wieder von der genossenschaftlichen Seite. Auf der anderen Seite gibt es die Erfahrung, dass man das Eigenkapital, das durch Anteilscheine der Nutzer:innen einbezahlt wird, nicht so hoch treiben kann, weil man sonst zu viele ausschließt. Also eine 4-Zimmer-Wohnung zu erstellen kostet heute in der Schweiz circa 600.000 Franken. Stell Dir vor, wenn Du jetzt 10 Prozent einzahlen musst, dann sind das 60.000 Franken. Das ist für viele Menschen, die auf günstige Wohnungen angewiesen sind, einfach nicht machbar.

»Das Schweizer Rentensystem, also die zweite Säule unserer Altersvorsorge, kann ich dazu belehnen. Ich kann also solche Anteilsscheine mit angespartem Rentenkapital bezahlen.«

Wie gesagt sind die zur Verfügung stehenden Instrumente von Kanton zu Kanton und von Gemeinde zu Gemeinde verschieden. In der Stadt Zürich beispielsweise kommt man mit sechs Prozent echtem Eigenkapital durch. Also bei dem Beispiel mit der 4-Zimmer-Wohnung um 600.000 Franken, muss man bei sechs Prozent nur 36.000 Franken als Bewohner:in selber bringen. Das ist immer noch viel Geld, und auch da gibt es für die Mieter:innen noch eine Möglichkeit. Das Schweizer Rentensystem, also die zweite Säule unserer Altersvorsorge, kann ich dazu belehnen. Ich kann also solche Anteilsscheine mit angespartem Rentenkapital bezahlen. Diese Anteilscheine sind dann gesperrt. Also wenn die Anteile zurückbezahlt werden, geht das Geld nicht an die Personen, sondern fließt direkt in die Pensionskasse zurück.

Wenn wir jetzt die sechs Prozent nehmen, die von den Bewohner:innen selbst aufzubringen sind, und die rund 80 Prozent, die über die normale Bank als Projektfinanzierung gehen, hat es dazwischen noch 14 Prozent. Das nennen wir Restfinanzierung. Da kommen jetzt die Förderprogramme vom Bund, vom Kanton und vom Genossenschaftsverband zum Tragen.

Weitere Instrumente, die infrage kommen, sind zum Beispiel private Stiftungen, wo vor allem reiche Familien und so weiter Geld sinnvoll anlegen wollen. Wenn man die entsprechende Beziehung hat oder sich schlau macht, kann man dort auch Geld bekommen.

Große Genossenschaften können auch direkt am Geldmarkt zum Beispiel eine nachhaltige Anleihe auflegen. So hat die ABZ aus Zürich, eine der größten Genossenschaften, ein Riesending platziert und sich damit sehr günstig mit frischem Geld versorgt. Die haben ein Vehikel gemacht, bei dem die Investor:innen einerseits die Sicherheit einer Immobilie haben, aber andererseits kein Durchgriff auf die Genossenschaft möglich ist. Die Sicherheit bezieht sich nur auf das Grundstück.

Dann gibt es noch die Möglichkeit, dass die Genossenschaft ihren Mitgliedern ein sogenanntes Depositenkonto anbieten kann. Das ist eine Art Sparkonto, bei dem die Genossenschaft ihren ansparenden Genosssenschafter:innen einen minimalen Zins bezahlt, der etwas höher ist, als was die Sparer:innen auf dem Sparbuch bei der Bank bekämen, und gleichzeitig ist es für die Genossenschaft noch immer günstiger als die meisten Bankdarlehen.

Es gibt auch zinsgünstige Darlehen vor der Stadt Zürich und vom Kanton. Da gibt es sogar ein Gründerdarlehen in der Höhe von 50.000 Franken für die Gründung von Genossenschaften. Also es empfiehlt sich auf jeden Fall, bei der eigenen Gemeinde und im Kanton nachzufragen, was es für Unterstützungen gibt.

Was ich vorher noch erwähnen wollte, sind Bürgschaftsgenossenschaften. Es gibt Genossenschaften der Genossenschaften, die sich

»Es gibt Genossenschaften der Genossenschaften, die sich gegenseitige Bürgschaft leisten. Als einzelne Genossenschaft übernehme ich natürlich ein gewisses Risiko für die anderen, wenn ich da mitmache, aber ich bin dadurch auch abgedeckt.«

gegenseitige Bürgschaft leisten. Als einzelne Genossenschaft übernehme ich natürlich ein gewisses Risiko für die anderen, wenn ich da mitmache, aber ich bin dadurch auch abgedeckt. Und mit der Bürgschaft kann ich sogar zum Teil bis zu 90 Prozent vom Objekt finanzieren. Das hatte ich vorher angesprochen und ist auch in der Praxis schon gemacht worden. Das ist jetzt nicht der Weg, den ich persönlich bevorzugen würde, aber es ist möglich.

Ein weiteres interessantes Instrument ist von der Emissionszentrale für gemeinnützige Wohnbauträger (EGW). Die ist auch genossenschaftlich organisiert. Und zwar nimmt die EGW Darlehen am Markt auf mit einer Garantie vom Bund, darum sind die Darlehen extrem günstig. Also dieses Jahr (2021) sind zweimal zwanzigjährige Festgelder aufgenommen worden mit dem Zinssatz von 0,161 Prozent. Und das, wie gesagt, auf 20 Jahre fix – das ist derzeit ein sehr attraktives Instrument und ist meistens ein bis zwei Prozent günstiger als eine Hypothek. Damit bekommt man bis zu 20 Prozent der Finanzierung für ein Projekt zusammen. Das hängt einerseits von der Attraktivität des Projekts ab und andererseits bekommen die großen Genossenschaften etwas weniger und die kleinen etwas mehr. Die Regelungen sind sehr komplex, aber die Dachverbände bieten da gute Beratung an. Aber auch hier ist ganz wichtig, dass man ganz am Anfang, noch bevor man irgendeinen Plan fertig hat, den Erstkontakt mit den entsprechenden Stellen aufnimmt, damit man eben das richtige Projekt am richtigen Ort einreicht.

»Und dann gibt es den ›Fonds de roulement‹, den rollierenden Fonds. Von ihm nehmen die Genossenschaften Geld auf und amortisieren (tilgen) die Schuld dann laufend. Und das Geld, das zurückfließt, kann gleich von der nächsten Genossenschaft verwendet werden.«

Und dann gibt es den »Fonds de roulement«, den rollierenden Fonds. Von ihm nehmen die Genossenschaften Geld auf und amortisieren (tilgen) die Schuld dann laufend. Und das Geld, das zurückfließt, kann gleich von der nächsten Genossenschaft verwendet werden. Das ist auch ein großer Topf, der vorhanden ist. Dann gibt es noch einen Solidaritätsfonds. Das ist eine Stiftung von den Genossenschaften, mit dem wird geholfen, wo es wirklich schwierig ist: mit zinsgünstigen Darlehen oder sogar mit einem gewissen

Betrag »à fonds perdu« (nicht rückzahlbar). Speziell unterstützt werden besonders interessante Projekte, entweder besonders soziale oder besonders nachhaltige. Die Summen sind nicht riesengroß, aber es könnte quasi den Topf noch füllen.

Dann gibt es noch die Stiftung Solinvest, auch von den Genossenschaften, welche das Eigenkapital für junge Genossenschaften ergänzt. Also wenn eine Genossenschaft am Anfang noch zu wenig Mitglieder hat, dann kann man sogar Kapital für die Anteilsscheine bekommen.

HD: So quasi als Überbrückung, bis dann genug Mitglieder da sind?

WB: Genau, Du hast gemerkt, ich habe jetzt sehr viel aufgezählt. Das sind alles Instrumente von den Genossenschaften. Um sich da schlau zu machen unbedingt auf die Website von Wohnungsbaugenossenschaften Schweiz schauen (Link in QR-35), dort ist das alles aufgelistet. Sich in die Merkblätter vertiefen lohnt sich! Und dann auch ein Beratungsgespräch vereinbaren, weil die Insider immer noch Tricks und Möglichkeiten kennen, welche nicht offensichtlich sind.

HF: Vielen Dank, das klingt sehr spannend. Aber eine Frage noch in dem Zusammenhang. Ich habe gelernt, dass es in der Schweiz üblich ist, dass die Banken bei Immobilieninvestments, aber auch generell bei langfristigen Investments, Darlehen vergeben, die nur zu einem Teil getilgt werden, bis zum bestimmten Prozentsatz. Und dann lässt man quasi die Restschuld stehen und zahlt nunmehr die Zinsen. Ist das richtig?

WB: Richtig. Wir sprechen von der ersten Hypothek bis 65 Prozent von der investierten Summe, die man eigentlich stehen lassen kann und als Genossenschaft durchaus auch wirklich stehen lässt. Dann die zweite Hypothek, mit der man bis 80 Prozent aufstockt, die muss dann zwingend mit einer Laufzeit von 20 bis 25 Jahren total amortisiert (getilgt beziehungsweise rückgezahlt) werden. Das muss dann bei der Berechnung des laufenden Betriebs genau berücksichtigt werden. Wie viel muss ich amortisieren (tilgen)? Wie belastet mich das?

HF: Nur zum besseren Verständnis, dass ich das auch richtig weitergebe. 65 Prozent des aufgenommenen Kapitals lasse ich theoretisch auf ewig stehen und zahle dafür nur die Zinsen ebenso auf ewig. Und nur die restlichen Darlehen tilge ich auf 20 bis 25 Jahre?

»65 Prozent des aufgenommenen Kapitals lasse ich theoretisch auf ewig stehen und zahle dafür nur die Zinsen ebenso auf ewig. Und nur die restlichen Darlehen tilge ich auf 20 bis 25 Jahre?«

WB: Genau, das stammt natürlich aus der Überlegung, dass bisher Wohneigentum oder überhaupt Immobilien immer teurer wurden und irgendwann repräsentieren diese 65 Prozent von damals nur mehr beispielsweise 20 Prozent vom aktuellen Wert. Das beinhaltet natürlich ein gewisses Risiko. Denn wenn der Immobilienwert nicht steigt, sondern sinkt, weil ich es nicht gut unterhalte oder weil nebenan eine Autobahn gebaut wird oder Ähnliches, dann kommt meine Bank und schätzt den aktuellen Wert neu und dadurch sinkt dann auch der Betrag, den ich nicht tilgen muss. Was dann eine höhere Tilgung, sprich Rückzahlung, der Darlehen bedeutet. Mir ist kein solcher Fall in der Praxis bekannt, aber ich bin überzeugt, dass es solche Fälle auch gibt, daher muss man das auch bedenken.

Im weiteren Verlauf des Interviews berichtet Werner noch über weitere Finanzierungsmöglichkeiten, über die Gefahr von Kostenüberschreitungen in Bezug auf die Limiten, welchen Kalkulationstipp er dafür noch hat, den Umgang mit der genossenschaftliche Nachschusspflicht in der Schweiz, seine Erfahrungen mit Clusterwohnungen und wie Bewohner:innen von zu großen Wohnungen zum Tauschen animiert werden können.

QR 35

Das gesamte Interview und die erwähnten Links (inkl. Schweizerischer Verband Liberaler Baugenossenschaften) finden Sie zum Download in QR-35.

8 Das (Um-)Bauen

Klar ist, dass es natürlich letzten Endes auch darum geht gute Wohnungen zu schaffen. Aber das ist überhaupt nicht der Fokus. Das eigentliche Ziel ist die Überwindung der Wohnung und ein gemeinschaftliches Lebensmodell aufzubauen.
(Markus Zilker, aus dem Interview am Kapitelende)

Bauen ist eine hochkomplexe, hochdifferenzierte und spezialisierte Angelegenheit. Egal, ob Sie selber mit Strohballen aus der Region, mondgeschlägertem Holz und Lehm aus einem nahegelegenen Aushub bauen oder ein modernes Öko-Hightech-Haus errichten lassen, Sie werden gute Expert:innen dazu brauchen. Manche Gründer:innengruppen sind in der glücklichen Lage, bereits einige dieser Fachleute in den eigenen Reihen zu haben. Dieses »Glück« hat auch eine Kehrseite. Die projekteigenen Expert:innen sind doppelt gefordert, weil sie einerseits ständig auf saubere Rollentrennung achten müssen (spreche ich jetzt als Bewohner:in oder als Architekt:in?), und andererseits gelten die sprichwörtlichen Prophet:innen im eigenen Land oft nicht so viel.

Ob es interne oder externe Fachleute sind, wählen Sie diese sorgfältig aus (wer für welche genau definierte Rolle), behandeln Sie diese gut und bezahlen Sie sie anständig. In der Gemeinsam-Bauen-und-Wohnen-Szene hat sich bei manchen Gruppen eine Art Schnorrermentalität eingeschlichen, so nach dem Motto: Wir machen mit unserem Projekt eine tolle Sache für die Welt und arbeiten alle ehrenamtlich und daher solltest Du uns auch gratis unterstützen. Das halte ich für eine verzerrte Sichtweise und letztlich auch ein wenig, ja, respektlos. Viele Gründer:innen, Gruppen und Einzelpersonen wenden sich an Menschen wie mich und wollen einmal schnell diese Frage beantwortet haben oder zu jenem Thema einen Tipp und so weiter. Das geht sich leider nicht alles aus, da unsereins auch im eigenen Wohnprojekt viele Stunden ehrenamtlich leistet und halt auch für den eigenen Lebensunterhalt sorgen muss.

8.1 Grundstück/Objekt

Ein Hauptgrund von dreien, weshalb so viele Gemeinschaftswohnprojekt-Ideen bereits vor der Realisierung scheitern, ist die Grundstücks- oder Gebäudesuche. Die anderen beiden sind: keine klare Vision und keine (passende) Finanzierung. Ich kenne einige Gruppen, die jahrelang vergeblich nach dem richtigen Grundstück oder Objekt suchen, dann brechen die ersten Gründer:innen wieder weg und letztlich zerbröselt dann Schritt für Schritt das ganze Projekt. Andere finden endlich einen geeigneten Ort, sind dann aber nicht schnell oder entschlossen genug, um zuzugreifen. Entweder weil es gruppenintern zu Unstimmigkeiten über die Entscheidung kommt, einige finden das Objekt sehr passend, andere dagegen gar nicht. Oder die Gruppe wäre sich zwar im Prinzip einig, nur sind sie (noch) nicht in der Lage, einen Kaufvertrag zu unterschreiben, weil die Rechtsform noch nicht gegründet ist und/oder das Finanzierungskonzept noch fehlt. All das kann letztlich das Aus für diese Gruppe mit ihrer Projektidee bedeuten und kommt in den soeben beschriebenen Varianten leider häufig vor.

Damit Ihnen das nicht passiert, finden Sie im zweiten Kapitel alles Wissenswerte über die Visionsfindung, im sechsten über die Wahl der für Sie passenden Rechtsform und im siebenten erfahren Sie, wie Sie ein stimmiges und umsetzbares Finanzierungskonzept aufstellen. Damit sind die Chancen für die Realisierung Ihrer Projektidee von anfänglich knapp unter 10 Prozent auf weit über die Hälfte gestiegen. Und wenn Sie jetzt noch das richtige Grundstück oder Objekt finden, steigen die Erfolgschancen sogar auf über 90 Prozent.

Was ist dabei zu beachten? Die Vision, die Rechtsform und das Finanzierungskonzept müssen fertig sein und die Mitglieder das vereinbarte Eintrittsgeld einbezahlt haben. Beschreiben Sie (idealerweise schon beim Visionsworkshop) den idealen Ort. Beachten Sie dazu die folgenden Punkte:

- Klare geografisch Aussagen (z. B. in Stuttgart inklusive Umgebung, sofern mit der S-Bahn in 30 Minuten erreichbar)
- Wie viele Menschen sollen dort leben und wie viel Wohnraum bedeutet das?
- Welche Qualitäten sind ein Muss – must have (z. B.: mindestens X m^2 Freiraum mit Platz zum Spielen und Gärtnern, zu Fuß in 10 Minuten zur nächsten Haltestelle etc.)?
- Was wäre zusätzlich wünschenswert – nice to have (z. B. Naherholungsraum in X Metern Entfernung, Lebensmittelnahversorgung zu Fuß oder mit Fahrrad in X Minuten erreichbar)?
- Anfragen bei der Stadtverwaltung und/oder Briefe an die infrage kommenden Gemeinden (eventuell auch nachtelefonieren)
- Anfragen bei (Groß-)Grundbesitzer:innen (Diözesen, Pfarreien, andere Institutionen)
- (Erb-)Baurecht in Betracht ziehen (und das gegebenenfalls auch kommunizieren)
- Kontakt zu lokalen Medien
- Objektsuche kommunizieren (Freunde und Bekannte, Social Media und die eigene Homepage)
- Immobilienmakler:innen kontaktieren und eventuell beauftragen

Oftmals ist es erfolgsrelevant, dass Sie schnell entscheiden, sobald ein Objekt oder Grundstück auftaucht, das Ihre Kriterien erfüllt, damit Ihnen das Grundstück oder Objekt nicht von einem Investor vor der Nase weggekauft wird. Berufen Sie in so einem Fall sofort ein außerordentliches Treffen aller stimmberechtigen Mitglieder ein (notfalls nachts und via Webkonferenz) und moderieren dort einen Konsent zum Kauf oder Nichtkauf. Das Besondere an der Konsentmoderation in diesem Anwendungsfall ist, dass ein schwerwiegender Einwand, welcher nicht mit der Vision begründbar ist, sondern die persönlichen Präferenzen des einwendenden Mitglieds betrifft, die Entscheidung nicht aufhält. Jedoch bedeutet es ziemlich sicher, dass das betreffende Mitglied dort nicht mit einziehen wird. In so einem Fall ist es wichtig und fair, diesem Mitglied das Eintrittsgeld zurückzuzahlen.

Entweder legen Sie nach dem Konsent gleich ein verbindliches Kaufangebot oder Sie verhandeln eine Kaufoption für eine bestimmte Zeit (mehrere Monate bis zu einem Jahr), sofern die Verkäuferseite darauf einsteigt und Sie das noch brauchen, um das Finanzierungskonzept auch tatsächlich umzusetzen. Wenn das alles gelungen ist, sollten Sie es krachen lassen und diesen riesigen Meilenstein ordentlich feiern.

8.1.1 Neubau oder Umbau

> »Österreich ist Europameister im Bodenverbrauch« stand in einem Artikel auf noe.ORF.at und weiter im Text heißt es: »Wenn die Bodenversiegelung in Österreich nicht rasch gestoppt oder zumindest deutlich verlangsamt werde, dann sei Österreich in 200 Jahren zubetoniert, warnt die Hagelversicherung.« (ORF, 2021)

In der Schweiz und in Deutschland ist die Lage ähnlich, vielleicht nicht ganz so dramatisch. Jedenfalls ist mittlerweile jedem nachhaltig denkenden Menschen klar: Wir sollten tunlichst keine weiteren wertvollen Ackerflächen mehr für Wohnzwecke versiegeln. Daher sind Grundstücke und Objekte zu bevorzugen, die entweder für die Lebensmittelproduktion ungeeignet sind und/oder auf denen bereits Gebäude stehen oder standen. In dem Zusammenhang ist es auch wichtig, darauf zu achten, dass für die Erschließung kein zusätzlicher Boden versiegelt werden muss (z. B. für Zufahrtstraßen und Parkplätze). Aus diesen Gründen suchen viele Initiator:innen von Gemeinschaftswohnprojekten nach bestehenden Objekten, die adaptiert und/oder umgebaut werden können. In großen Städten geht es oft auch um das Thema der Nachverdichtung, also auf bereits versiegelten Flächen (zusätzlichen) Wohnraum zu schaffen. Da gibt es in Berlin, Hamburg, München und Wien schöne Beispiele, aber die schon mehrfach in diesem Buch erwähnte Kalkbreite in Zürich ist einfach auch in dem Zusammenhang ein geniales Vorbild (Link in QR-04). Dort wurde hochwertiger Wohnraum auf einem Tramdepot (Straßenbahnremise) errichtet. Und zwar nicht auf einer stillgelegten Remise, nein, das Tramdepot ist nach wie vor in Betrieb und darüber wohnen und arbeiten die Menschen.

Unabhängig davon, welches Objekt Sie als Gründer:innen in Betracht ziehen. Holen Sie sich auch dazu den Rat von Expert:innen ein, insbesondere zu den Fragen der Bebaubarkeit, den Kosten für etwaige Bauvorbereitungen, mögliche zusätzliche Hürden, die durch ein Bestandsgebäude entstehen können (z.B. Denkmalschutz) und den einschlägigen örtlichen Vorschriften. Ein Gespräch mit der Gemeinde oder dem zuständigen Stadtbauamt ist auch immer eine gute Idee.

8.2 Architektur

Die Architekt:innen eines partizipativ geplanten gemeinschaftlichen Wohnprojektes tragen eine große Verantwortung. Sie übernehmen eine Hauptrolle bei der Übersetzung der Gruppenvision in erlebbare und bewohnbare Räume. Die gebaute Struktur wird viele Jahrzehnte die Menschen beeinflussen und prägen, die dort leben werden. Kinder, die dort heranwachsen und in den ersten Lebensjahren überwiegend nur diese eine Welt kennen. Die Innen- und Außenräume, in denen sie ihre ersten Schritte unternehmen, der Boden, der sie auffängt, wenn sie dabei immer wieder hinfallen. Die Räume, in denen sie erste Erfahrungen sammeln, mit sich selbst, mit den Familienmitgliedern und den anderen großen und kleinen Menschen im Wohnprojekt. Ob und wie die Räumlichkeiten im ganz normalen Alltag die Bewohner:innen dabei unterstützen, ein gutes Leben in Gemeinschaft zu führen, all das wird von der Architektur wesentlich beeinflusst. Damit die Architekt:innen Ihres Projektes diese immens wichtige Aufgabe gut erfüllen können, müssen sie bereit sein, Teile ihrer gelernten und eingespielten Routinen zu verlassen und sich auf das Abenteuer der Partizipation einlassen. Dabei müssen die Planer:innen manche Abläufe auf den Kopf stellen. Üblicherweise werden größere Wohnbauten von Fachleuten konzipiert und gebaut und kurz vor der Fertigstellung kommen die Bewohner:innen ins Spiel. Die können dann vielleicht noch die eine oder anderer Steckdose versetzen lassen und sich eine Küche aussuchen. Wenn aber schon bei Planungsbeginn die (Gründer:innen-)Gruppe da ist und somit die Menschen, die dort leben werden, mitreden und mitentscheiden wollen, ergeben sich völlig andere Herausforderungen und auch Möglichkeiten. Am Ende dieses Kapitels erfahren Sie wichtige Aspekte dazu direkt von den Profis von einszueins architektur. Daher halte ich mich hier kurz und möchte nur zwei wichtige Themen dazu hervorheben: Die Auswahl der Architekt:innen und den partizipativen Prozess in der Planung.

8.2.1 Wahl der Architekt:innen

Die Wahl der zu Ihrer Gruppe und Ihrer Vision passenden Architekt:innen ist mindestens ebenso wichtig, wie die richtige Rechtsform und die passende Finanzierung. Daher ist auch hier ein gewisser Rechercheaufwand legitim. Achten Sie dabei auf drei Bereiche: die fachliche Expertise, die Erfahrung mit partizipativer Planung und die zwischenmenschliche Chemie.

8.2.1.1 Fachliche Expertise

Dabei geht es darum, ob die zukünftigen Architekt:innen Ihres Projektes schon ähnliche Wohnbauten oder Umbauten erfolgreich umgesetzt haben. Umgesetzt bedeutet, dass diese Häuser tatsächlich gebaut wurden und besichtigt werden können. Eine reine Studie oder ein Planungsentwurf, auch wenn es dazu die schönsten Computerrenderings gibt, sagen wenig darüber aus, ob und wie das hätte gebaut werden können. Lassen Sie mich dazu Molière zitieren, der gesagt haben soll:

> »Die Menschen gleichen sich in den Worten, aber an den Taten kann man sie unterscheiden.«

Falls Sie als Gruppe besondere Vorstellungen bezüglich ökologischer und klimaschonender Bauweise oder sonstiger Spezialthemen haben, sollten die Architekt:innen Ihrer Wahl auch in diesen Bereichen einschlägige Erfahrungen vorweisen können. Katharina Bayer vom einszueins architektur sagt in dem Interview am Kapitelende, dass die Erfahrung zwar wichtig ist, aber die Haltung findet sie noch wichtiger, also die Frage, ob die Architekt:innen wirklich an diesen speziellen Themen interessiert sind oder sie »nur« einen weiteren Planungsauftrag wollen. Das ist in manchen Fällen gar nicht leicht zu unterscheiden. Fragen Sie daher bei den Vorgesprächen nach, wie die Architekt:innen die speziellen Themen angehen würden, wo und wie sie noch fehlendes Know-how aufbauen werden, wie genau sie sich die einzelnen Schritte vorstellen.

8.2.1.2 Planungspartizipation

Die Mitbestimmung der Gruppe im Planungsprozess ist keine leichte Übung. Und auch hier gilt, dass die Architekt:innen dazu entweder Erfahrung haben und positives Feedback von ehemaligen Kund:innen umgesetzter Projekte vorweisen können oder zumindest glaubhaftes Interesse an der »Planungspartizipation« und eine positive Einstellung dazu haben sollten. Der zeitliche Mehraufwand, der für die Architekt:innen dadurch entsteht, sollte unbedingt vor Auftragsvergabe angesprochen und einkalkuliert werden. Speziell wenn die Architekt:innen das zwar ungemein interessiert, sie aber noch keine echte Praxiserfahrung damit gemacht haben. Es bringt beiden Parteien nichts, wenn die Architekt:innen aus Unerfahrenheit zu billig kalkulieren und dann später mit Nachforderungen kommen, weil sie den Aufwand unterschätzt haben. Entweder bekommt die Gruppe dann ein Problem mit der eigenen Kalkulation oder die Architekt:innen fühlen sich ausgenutzt. Beides ist nicht gut für das langfristige Ergebnis.

In der Umsetzung hat es sich in vielen Gemeinschaftsprojekten bewährt, die Partizipation in Form von verschiedenen Workshops und Besprechungen zu organisieren (siehe dazu auch »8.4 Prozessbegleitung«). Die Reihenfolge, in welcher die Workshopthemen abgearbeitet werden, ist ebenso wichtig, wie die jeweilige inhaltliche Vorbereitung. Achten Sie insbesondere darauf, dass die Gemeinschaftsräume unbedingt vor den individuellen Wohnungen besprochen und bearbeitet werden. Wie die Profis im erwähnten Interview am Kapitelende erklären, verändern sich mitunter die Anforderungen an die eigene Wohneinheit, wenn klar ist, was alles von den individuellen (Wohn-)Bedarfen durch die Gemeinschaftsräume abgedeckt wird. Und ganz generell beginnen partizipationserfahrene Architekt:innen überhaupt erst mit den Planungsworkshops, wenn das Objekt oder Grundstück feststeht. Denken Sie bei der Partizipation auch an die zusätzlichen Fachplaner:innen. Besonders die Freiraumplanung braucht ebenso gute Abstimmung mit der Gruppe.

Mögliche Workshopthemen für die Planungspartizipation, die je nach verfügbaren Zeitblöcken sinnvoll ausgewählt und kombiniert werden können:

- Architektonische Vision
- Grundstück/Objekt kennenlernen
- Städtebau und Bautypologie
- (Ökologische) Baumaterialien
- Gemeinschaftsräume
- Freiraum
- Wohntypologie
- Wohnungsvergabe
- Ausstattung (Elektro, Sanitär)
- Oberflächen (Böden, Wände, Fliesen)

8.2.1.3 Zwischenmenschliche Chemie

Zu guter Letzt sind es immer Menschen, die mit anderen Menschen etwas unternehmen. Menschen mit ihren Stärken und Schwächen, mit ihren Ambitionen und Ängsten, mit ihren ganz persönlichen Prägungen, mit ihren Wahrnehmungsfiltern und Kommunikationsmustern und mit ihrem Wunsch nach Teilhabe und Anerkennung. Je besser diese Menschen miteinander »können«, desto besser ist meist auch das Ergebnis. Insbesondere, wenn die vorher beschriebenen anderen Voraussetzungen erfüllt sind. Ganz konkret würde ich daher sagen, wenn Sie als Gruppe bei den Akteur:innen eines bestimmten Architekturbüros kein gutes »Gefühl« haben, wählen Sie ein anderes oder suchen Sie weiter. Und wenn Sie nach der Suche zwei oder drei verschiedene Architekturanbieter:innen in der engsten Auswahl haben, die alle Ihre Auswahlkriterien erfüllen, dann bietet sich eine Entscheidung mittels Systemischem Konsensieren an (siehe »5.4.3.1 Systemisches Konsensieren«).

8.3 Fachplaner:innen

Abhängig von der Projektbeschaffenheit brauchen Sie noch zusätzliche Fachleute beispielsweise für die Statik, die (ökologische) Haustechnik, den Freiraum und so weiter. Das Thema ist ein weites Feld und würde hier den Rahmen sprengen, wenn ich auch nur ansatzweise einzusteigen versuchte. Daher lasse ich es bei der Erwähnung. Fragen Sie am besten die Architekt:innen Ihrer Wahl, welche zusätzlichen Planer:innen diese vorschlagen. Erfahrene Bauprofis achten ohnehin darauf, dass die Fachplaner:innen zu den Architekt:innen passen und umgekehrt. Daher können Sie es im Zweifel einfach über die Architekt:innen spielen.

8.4 Prozessbegleitung

Partizipationserfahrene Architekt:innen bieten manchmal selbst auch den Prozess für die Mitsprache der Wohnprojektgruppe an. Wenn sie das nachweislich gut können, spricht nichts dagegen, die Prozessbegleitung auch dort zu beauftragen. Klären Sie vorher ab, was das alles beinhaltet, welche Person oder Personen das konkret machen werden, und definieren Sie die Nahtstellen und Übergänge, beispielsweise von der Planung zur Bauphase. Das ist auch eine gute Gelegenheit, um andere Beratungen und Begleitungen damit abzustimmen. Dabei geht es um die in vorigen Kapiteln bereits beschriebenen Themen wie:

- Visionsfindung
- Gruppen- und Gemeinschaftsbildung
- Organisationsstruktur und Entscheidungsfindung
- Rechtsform
- Finanzierung
- Gruppenerweiterung und Mitgliederaufnahmeprozess

Es gibt, wie auch Eva Stützel in ihrem Interview sagt, wenige Berater:innen, die alle diese Themen gut abdecken können. Obwohl ich mich mit meinem ausgeprägten Ego für so jemanden halte, nehme auch ich bei Planungs- und Bauthemen nur eine moderierende Rolle ein und bereite gemeinsam mit den Fachexpert:innen die entsprechenden Workshops vor. Und bei wirklich festgefahrenen Konflikten innerhalb der Gruppe engagiere ich zusätzlich eine:n Profimediator:in. Je nach der Zusammensetzung der (Gründer:innen-)Gruppe gibt es oft Themen, die von eigenen Mitgliedern übernommen werden können. Dabei ist, wie bereits am Kapitelanfang angesprochen, eine klare Rollentrennung bei jeder Besprechung, jedem Workshop und jeder Entscheidung sehr wichtig. Im Zweifel lieber einmal zuviel erwähnen: »Jetzt spreche ich als zukünftige Bewohner:in oder jetzt spreche ich als Moderator:in, Begleiter:in oder Expert:in für dieses und jenes Thema.« Mitglieder, die solche Funktionen übernehmen, sind dadurch automatisch stärker belastet als andere, die sich auf ihre Themen konzentrieren können und keine Mehrfachrollen auseinanderhalten müssen. Das sollten die anderen Gruppenmitglieder beachten.

8.4.1 Partizipations-Ampel

Die Mehrzahl der Wohnprojektmitglieder sind keine Bauprofis, sie sind nicht vom Fach. Sie verstehen weder das Fachvokabular noch die üblichen Abläufe beim Planen und Bauen. Daher kommt sowohl den Architekt:innen als auch den Prozessbegleiter:innen eine wichtige Übersetzungsrolle zu. Auch wissen die Gemeinschaftsmitglieder nicht, welche Entscheidungen spätestens bis wann getroffen werden müssen, damit die Planungs- und/oder Baustellenlogistik nicht ins Stottern gerät und unnötige Mehrkosten deswegen anfallen. Zu diesem Zweck haben die Profis von Raum & Kommunikation und von einszueins architektur ein simples Planungs- und Vermittlungsinstrument entwickelt. Die aktuelle Variante dieser Partizipations-Ampel haben mir die einszueins Architekt:innen für dieses Buch freundlicherweise zur Verfügung gestellt (Ausschnitt siehe Abbildung 22).

Die Abbildung zeigt nur beispielhaft einen Ausschnitt der Partizipations-Ampel. Nachdem dieses Buch aus ökologischen Überlegungen nur in Schwarzweiß gedruckt wird, erkennen sie die Ampelfarben darauf auch nicht. Gleichzeitig ist das Prinzip leicht zu erfassen: Die Zeitachse verläuft horizontal und ist in dem Beispiel grob in Phasen gegliedert (Vorentwurf, Entwurf, Einreichung etc.). Das könnte auch ein Kalender sein, was die Sache aber bei Terminverzögerungen aufwendig macht. Vertikal sind die Themen in Gruppen gegliedert und einzeln aufgelistet. Im gezeigten Ausschnitt geht es um den Themenbereich Typologie, Lageplan, Grundkonzeption.

Abbildung 22 Partizipations-Ampel Ausschnitt

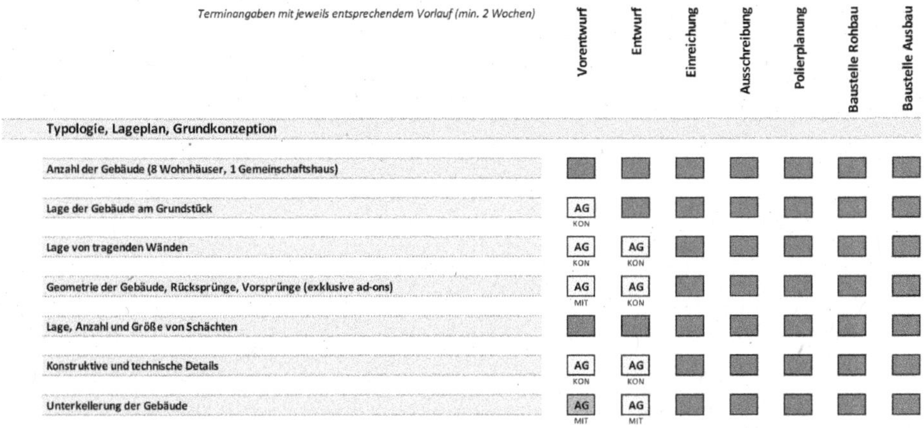

Terminangaben mit jeweils entsprechendem Vorlauf (min. 2 Wochen)	Vorentwurf	Entwurf	Einreichung	Ausschreibung	Polierplanung	Baustelle Rohbau	Baustelle Ausbau
Typologie, Lageplan, Grundkonzeption							
Anzahl der Gebäude (8 Wohnhäuser, 1 Gemeinschaftshaus)							
Lage der Gebäude am Grundstück	AG KON						
Lage von tragenden Wänden	AG KON	AG KON					
Geometrie der Gebäude, Rücksprünge, Vorsprünge (exklusive ad-ons)	AG MIT	AG KON					
Lage, Anzahl und Größe von Schächten							
Konstruktive und technische Details	AG KON	AG KON					
Unterkellerung der Gebäude	AG MIT	AG MIT					

Die Partizipations-Ampel komplett und in Farbe finden Sie als Dokument zum Download in QR-36. Die Legende mit den Bedeutungen der Kürzel und der Farben ist dort aufgeführt. In der Praxis wird nicht vor jeder Besprechung mit der Gruppe die Ampel aktualisiert, das wäre viel zu aufwendig. Aber am Anfang des Prozesses wird das Instrument gemeinsam erarbeitet und später, bei auftretenden Fragen, kann darin nachgesehen werden und es können etwaige Korrekturen und Änderungen eingearbeitet werden. Es gibt zwei Varianten der Farbzuordnung:
Variante A:

- grün = Partizipation (noch) möglich
- gelb = Partizipation nur (noch) mit Mehraufwand möglich
- rot = keine Partizipation (mehr) möglich

Variante B (detaillierter, wie im Download):

- weiß = keine Partizipation in dieser Phase vorgesehen
- hellgrün = Partizipation nur in Form von Information
- grün = Partizipation in dieser Phase
- gelb = Partizipation nur noch eingeschränkt möglich (Mehraufwand, Mehrkosten)
- rot = keine Partizipation mehr möglich

8.5 Der Bau

Robert Korab, Bauprofi, Mitgründer der Sargfabrik in Wien (siehe QR-36), Gründer und Inhaber der Firma Raum & Kommunikation, Mitgründer und langjähriger Vorstandskollege von mir in der WoGen Wohnprojekte-Genossenschaft sagt: »Wenn die Baustelle einmal eingerichtet ist und der Aushub beginnt, dann kann nicht mehr so viel schiefgehen.« Das setzt natürlich voraus, dass die Entscheidungen und Arbeitsschritte davor professionell und sorgfältig abgearbeitet wurden. Aber es stimmt schon, wenn alles gut vorbereitet und fair ausverhandelt ist, dann kann sich die Gruppe – zwar nicht zurücklehnen, aber doch – freuen und sollte das auf jeden Fall entsprechend feiern und zelebrieren. Gute Gelegenheiten dazu sind der Spatenstich und die Grundsteinlegung. Denken Sie als Gruppe, neben all den angesehenen Honoratioren, den Bürgermeister:innen, Journalist:innen, Bänker:innen, Darlehensgeber:innen, Planer:innen und den Führungskräften der Lieferanten, auch an die Bauarbeiter:innen, die einfachen Arbeiter:innen auf der Baustelle. Viele Gruppen machen sich die Mühe, sämtliche Hilfs-, Fach- und Vorarbeiter:innen hochleben zu lassen und überlegen sich, mit welchen Geschenken sie diesen Menschen eine Freude machen können. Das war früher beim Häuserbauen selbstverständlich, ist nur in den letzten Jahrzehnten hier und da verloren gegangen. Abgesehen davon, dass das eine stimmige und wertschätzende Geste ist, macht sich das durchaus bezahlt. Arbeiter:innen am Bau empfinden Wertschätzung und Anerkennung genauso motivierend wie Arbeiter:innen und Angestellte in allen anderen Branchen.

QR 36

8.5.1 Ökologie

Das Thema Nachhaltigkeit und Ökologie ist in der Baubranche längst angekommen. Zurecht, die Tageszeitung *Die Presse* titelte am 17.12.2020 einen Bericht des UN-Umweltprogramms mit »CO_2-Ausstoß im Gebäude- und Bausektor auf Höchstniveau«. Weiter im Text heißt es dann: »Die Bau- und Gebäudewirtschaft liegt laut einem Bericht des UN-Umweltprogramms (UNEP) beim Treibhausgasausstoß auf Rekordniveau und hinkt damit den im Pariser Klimaschutzabkommen festgelegten Zielen hinterher. Der Sektor macht mittlerweile 38 Prozent der globalen CO_2-Emissionen aus.« (APA/dpa, 2020)

Es ist daher dringend geboten, bei (Neu-)Bauprojekten den Themen Ökologie, Nachhaltigkeit und Klimaschutz besondere Aufmerksamkeit zu widmen. Das betrifft grob gesprochen drei Bereiche:

1. Den Neu- oder Umbau (Wie viel graue Energie fließt in die Baustellen, welche CO_2-Rucksäcke bringen die diversen Materialien mit, wie lange kann das Gebäude benützt werden und wie gut können die Materialien am Ende seines Lebenszyklus wiederverwendet werden?)
2. Beim Wohnen (Wie viel und welche Energie wird für den Wohnbetrieb benötigt und wieviel CO_2 wird dadurch ausgestoßen, vor allem für Heizung und Warmwasser, heute zunehmend auch für Kühlung?)
3. Die Mobilität (Wie können und werden die Bewohner:innen ihre alltäglichen und besonderen Mobilitätsbedürfnisse im Kontext des Projektes leben und welchen CO_2-Ausstoß verursacht das?)

Der dritte Punkt ist übrigens in den 38 Prozent des in der »Presse« zitierten UN-Berichts gar nicht enthalten. Die Mobilität ist aber eng mit dem Wohnen verbunden und muss meines Erachtens mitgedacht und miteinkalkuliert werden. Wer in den Speckgürtel einer Stadt oder in die Einöde aufs Land fern aller öffentlichen Verkehrsmittel zieht, weil dort die Grundstücke etwas billiger sind, und dafür dann ein Auto für den Arbeitsweg braucht, tut weder sich noch der Umwelt einen Gefallen. Gleichzeitig kenne ich einige bekennende Ökos, die super achtsam mit dem Fahrrad und den Öffentlichen fahren und dann jedes Jahr mindestens einmal zu ihrem Guru nach Indien fliegen. Die brauchen auf die SUV-Fahrer in der Scheibchenvilla mit Plastikpool auf dem Land nicht mit dem Finger zeigen. Die CO_2-Bilanzen sehen wahrscheinlich ähnlich (schlecht) aus.

8.5.2 Eigenleistung

Mein Vater war der prädestinierte Häuslebauer. Unter vier Brüdern in einer der ärmsten Familien in einem Dorf am Bodensee aufgewachsen, mit einem gewalttätigen Alkoholiker als Stiefvater und einer Mutter, die sich aus der Überforderung in die Religiosität flüchtete. Er wollte aber etwas aus sich machen, wollte es im Leben zu was bringen. So bot er am Ende der Pflichtschule, mit 15 Jahren, einen ziemlichen Kraftakt auf, um nicht in die Fabrik gehen zu müssen wie seine Brüder und wie es auch von ihm erwartet wurde, damit auch er endlich Geld nach Hause bringe. Stattdessen setzte er seinen Willen durch und machte eine Doppellehre als Tischler und Zimmermann. Nach der Kindheit im Krieg und der Aufbruchs- und Wirtschaftswunderstimmung in den 1950er- und 1960er-Jahren war er mit dieser Ausbildung und seinem Drang nach einem besseren Leben gut gerüstet. Als Grenzgänger verdiente er in der Schweiz fast das Doppelte seiner Kollegen in Österreich, und nach Feierabend und an vielen Wochenenden baute er Dachstühle für andere private Häuslebauer. Die wenigen Fotos von meinem Vater aus dieser Zeit zeigen in Schwarzweiß einen selbstbewussten, durchtrainierten James Dean, der mit nacktem Oberkörper auf dem Dach eines Rohbaus in schwindelnden Höhen über ein schmales Brett stolziert und auf der Schulter einen riesigen Holzbalken balanciert. So war das Geld für den eigenen Bauplatz in wenigen Jahren zusammengespart, und das erste eigene Haus hat er natürlich eigenhändig und fast im Alleingang gebaut.

Solche oder so ähnliche Bilder schwirren heute noch oft in den Köpfen von Wohnprojektgründer:innen herum. Und bei den ersten Besprechungen funkeln bei einigen die Augen vor Begeisterung, wenn es um das Thema Eigenleistung in der Bauphase geht. Aber in der heutigen Lebenspraxis ist das nicht mehr so einfach. Speziell Eltern mit Kind:ern und anspruchsvollen Berufen haben Mühe, überhaupt an allen wichtigen Gruppentreffen und Besprechungen teilzunehmen, geschweige denn, noch Hunderte Stunden Eigenleistung am Bau zu erbringen, da geht es dann schnurstracks in die Überforderung. Mein Vater hat zwar 60 bis 70 Stunden in der Woche gearbeitet, aber im Haushalt keinen Finger gerührt. Er war der Pascha und hat sich von seiner liebenden Frau für seine Heldentaten bewundern und rundum umsorgen und bedienen lassen. Wir Kinder mussten wie dressierte Affen still am Tisch sitzen, weil Papa nach langer, harter Arbeit keine Nerven mehr hatte für die quengelnde Brut. Die Lebenswelt von heutigen Wohnprojektgründer:innen sieht völlig anders aus. Meist teilen sich beide Eltern die Kinderbetreuung und Hausarbeit irgendwie auf und oft sind beide berufstätig. Und die meisten Wohnprojektgründer:innen haben keine handwerkliche Ausbildung, sie sind Kopfarbeiter. Selbst wenn Sie gerne basteln und heimwerken überschätzen doch die meisten, was sie auf einer Baustelle mit einem Akkuschrauber so alles zu Wege bringen.

Das heißt nicht, dass ich Ihnen davon abrate, auf der Baustelle mit anzupacken. Ich will nur die Erwartung herunterschrauben, was erstens zeitlich geht und was zweitens die meisten dann physisch weiterbringen. Gemeinsames werken ist ein wunderbarer Gemeinschaftskitt (morgen werde ich eine Schreibpause einlegen, denn bei uns ist wieder Minga und ich freue mich auf das gemeinsame Reparieren und Putzen im Wohnprojekt Wien).

Und wenn Sie dann wirklich auf der Baustelle Hand anlegen, achten Sie darauf, dass die Arbeiten gut mit den beteiligten Professionisten abgestimmt sind, und definieren Sie genaue Schnitt- beziehungsweise Nahtstellen, damit ebendiese Professionisten durch die erbrachten Eigenleistungen keine Ausreden aus der Gewährleistungsverantwortung für ihre Gewerke haben.

8.6 Interview einszueins architektur

Interview mit Katharina Bayer (KB) und Markus Zilker (MZ), Gründer:innen des Büros einszueins architektur. Zum Hintergrund: 2009 ist Markus Zilker mit seiner Frau der Gründer:innengruppe des Wohnprojekt Wien beigetreten (als zukünftige Bewohner:innen), und beim Dragon Dreaming-Workshop für das Wohnprojekt Anfang 2010 ist auch Katharina Bayer, zuerst als Planerin und später auch als Bewohnerin, zur Gruppe gestoßen. Die beiden hatten schon davor gute Erfahrungen im und mit Wohnbau und spezialisierten sich fortan in dem Bereich partizipativer Planung für und mit Gruppen, die ein Gemeinschaftswohnprojekt realisieren wollen. Markus lebt heute mit seiner Familie im Wohnprojekt Wien und Katharina mit ihrer Familie im Wohnprojekt Grüner Markt ebenfalls in Wien (Weblinks in QR-37 am Ende des Interviews).

Heinz Feldmann (HF): Was ist aus planerischer Sicht anders bei einem Gemeinschaftswohnprojekt gegenüber einem »normalen« guten Wohnbau?

KB: Wesentlich anders ist natürlich der Planungsprozess. Sagen wir so, ein Gemeinschaftswohnprojekt ist ja noch nicht automatisch partizipativ, aber aus unserer Sicht ist es wichtig, diese Projekte gemeinsam mit den Bewohner:innen zu entwickeln. Das heißt, dass sie auch selber mitgestalten und mitbestimmen können, schon bei der Planung. Und insofern ist natürlich der gesamte Planungsprozess anders aufgebaut als bei einem herkömmlichen Wohnbau. Weil eben sehr spezifisch auf die Bedürfnisse und Wünsche der Nutzer:innen eingegangen wird. Dazu haben wir seit dem Wohnprojekt Wien auch eine Methode aufgebaut, wie wir an diese Projekte herangehen, damit das möglich ist – also viele an der Planung zu beteiligen, wobei das auch in einem vertretbaren Rahmen bleibt. Einerseits vom Zeitaufwand, aber dass es andererseits auch zu einem Ergebnis führt, das allen Ansprüchen gerecht wird, sowohl der Architektur als auch der Individualisierung und den spezifischen Bedürfnissen.

»Und insofern ist natürlich der gesamte Planungsprozess anders aufgebaut als bei einem herkömmlichen Wohnbau. Weil eben sehr spezifisch auf die Bedürfnisse und Wünsche der Nutzer:innen eingegangen wird.«

MZ: Ich würde gerne noch ergänzend einen anderen Aspekt einbringen: Neulich habe ich eine Formulierung gehört, die mir sehr gut gefallen hat, dass es nämlich in Gemeinschaftswohnprojekten um die »Überwindung der Wohnung« geht. Das finde ich sehr schön auf den Punkt gebracht und das deckt sich mit meiner Haltung in solchen Planungsprozessen. Klar ist, dass es natürlich letzten Endes auch darum geht, gute Wohnungen zu schaffen. Aber das ist überhaupt nicht der Fokus. Das eigentliche Ziel ist die Überwindung der Wohnung und ein gemeinschaftliches Lebensmodell aufzubauen. Im Fokus steht dabei, das gemeinsame Lebensumfeld co-kreativ zu erschaffen. Und das individuelle Wohnen ist, könnte man überspitzt sagen, ein notwendiger Bestandteil oder ein Anhängsel. Und insofern gefällt mir dieser Ausdruck, dass es eben im Kern um die Überwindung der Wohnung geht, sehr gut.

KB: So kann man sagen, dass wir auch in diesem Planungsablauf uns immer zuerst auf die gemeinschaftlichen Räume konzentrieren, bevor wir die individuellen Wohnungen zu planen beginnen. Damit zuerst das im Fokus ist, was man außerhalb der Wohnung teilen möchte und auch darüber hinaus an Möglichkeiten hat, um dann den individuellen Wohnraum auch in diesem Kontext zu planen und nicht so, wie wir es gewohnt sind: die Wohnung als isolierte Zelle, die alles können muss und die dann auch alle Wünsche erfüllen muss. Also das ist auch ein großer Unterschied bei diesen Gemeinschaftswohnprojekten, dass man nicht Wohnungen plant, keine Einzelzellen, sondern ein Haus, dessen Elemente miteinander in Verbindung stehen, sodass all diese Räume zum Wohnraum werden, also das gesamte Haus und nicht die Wohnung allein als Wohnraum definiert werden kann.

MZ: Der Architekt und Städtebauer Erich Raith hat einmal gesagt, es geht darum, »Ganze Häuser« zu bauen. Und ich finde, das ist auch ein schöner Begriff, und er ist vielleicht verständlicher. In der Moderne haben wir Funktionen voneinander separiert und haben Wohnen, Arbeiten, Verkehr et cetera getrennt voneinander geplant und gebaut. Diese funktionale Trennung zieht sich durch unsere Städte und Gebäude und bewirkt auch soziale Trennung. Wir müssen also aufhören, monofunktionale Gebäude zu errichten, und wieder dazu zurückkehren, ganze Häuser zu denken, zu planen und zu bauen. Ganze Häuser, in denen 24 Stunden am Tag und 7 Tage in der Woche irgendetwas stattfindet.

»Diese funktionale Trennung zieht sich durch unsere Städte und Gebäude und bewirkt auch soziale Trennung. Wir müssen also aufhören, monofunktionale Gebäude zu errichten, und wieder dazu zurückkehren, ganze Häuser zu denken.«

HF: Welche Fehler sind dabei gefährlich?

MZ: Mir fällt sofort ein gefährlicher Fallstrick ein, nämlich mit der Planung der Architektur zu beginnen und diesen Entwurf als fix zu betrachten, bevor die Menschen kommen und ihre Visionen, Wünsche und Bedürfnisse formulieren. Dass ist der erste große Fallstrick.

KB: Ich glaube, der zweite Fallstrick ist, dass man als Architekt:in die Autorenschaft aufgibt. Genau das ist ja auch die Angst vieler Architekt:innen, dass ihnen die Gestaltungfreiheit genommen wird. Wir versuchen hier eben diese gute Balance zu finden zwischen individueller Mitbestimmung und einer architektonischen Planung, die sehr wohl Vorgaben macht und auf das Gesamte schaut und sich nicht im Individuellen verliert, im Einzelnen. Man sagt ja beim Kochen: Zu viele Köche verderben den Brei, und sicher ist es auch so, dass zu viele Architekt:innen, wenn sich alle so sehen, kein Haus planen können. Wir verstehen uns als Expert:innen, die diese Expertise einbringen, und wir verstehen die Bewohner:innen als Expert:innen ihrer Bedürfnisse und Wünsche, und wir versuchen dann, das bestmöglich in Verbindung zu bringen.

HF: Und was ist aus Deiner Sicht noch so ein gefährlicher Fehler?

KB: Das gestapelte Einfamilienhaus. Es gab da ja radikale Versuche, zum Beispiel Frei Otto mit der Ökosiedlung Berlin, wo man versucht hat, die maximale Individualisierung in der Architektur zu ermöglichen. Ich glaube, das ist weder für die Kosten noch für das Ergebnis gut. Das ist das eine Extrem, das mir einfällt, und das andere Extrem, so wie Markus sagt: »Da ist die Architektur und da müssen sich die Bewohner:innen reinfinden.« Die gute Balance, denke ich, ist die Kunst der Partizipation.

MZ: Ein Fallstrick, den ich mir selbst einmal gespannt habe, war zu glauben, dass ein Planungsprozess, der einmal funktioniert hat, im nächsten Projekt unverändert wieder funktionieren muss. Jede Gruppe und jedes Projekt sind anders.

HF: Schade (Gelächter).

MZ: Ja, eigentlich schade, aber so ist es.

HF: Das bringt mich gleich zur nächsten Frage. Worauf soll eine Gruppe achten, wenn sie Architekt:innen aussucht für ihr Gemeinschaftswohnprojekt?

KB: Dass sie zu ihrer Vision passen. Wenn man von der inhaltlichen Ausrichtung nicht zusammenpasst, dann wird es auch in so einem Projekt nicht funktionieren. Das heißt es ist ein sehr persönliches Zusammenarbeiten, anders als bei einem anonymen Wohnbau, wo man das sehr professionell abwickelt, ist es auch eine sehr persönliche Beziehung zwischen Architekt:innen und Auftraggeber:innen. Die Chemie muss stimmen. Und es braucht natürlich die Offenheit und positive Einstellung gegenüber Mitbestimmung und Partizipation. Und Erfahrung ist sicher auch nicht schlecht, aber wir haben ja bei unserem ersten Projekt auch keine Erfahrung gehabt. Also ich würde sagen, Erfahrung ist nicht die wichtigste Grundvoraussetzung. Ich würde mir eher die Haltung anschauen.

»Wenn man von der inhaltlichen Ausrichtung nicht zusammenpasst, dann wird es auch in so einem Projekt nicht funktionieren.«

MZ: Ich würde noch ergänzen, dass es wichtig ist, auf eine Balance aus zwei Eigenschaften zu achten: Die Architekt:innen sollten gut zuhören, aber auch Führung übernehmen können. Ich glaube, es braucht beides in so einem komplexen Prozess. Zuhören zu können ist essenziell, aber das alleine reicht nicht. Nach einer Zeit des empathischen Zuhörens muss man dann auch wieder themenbezogen Führung übernehmen können: Das Gehörte zusammenführen und es in die Sprache der Architektur übersetzen.

»Die Architekt:innen sollten gut zuhören, aber auch Führung übernehmen können. Ich glaube, es braucht beides in so einem komplexen Prozess.«

Im weiteren Verlauf des Interviews erklären Katharina und Markus noch worauf Architekt:innen achten sollen, bevor sie einen Auftrag zur partizi-

QR 37

pativen Planung annehmen, sie geben persönliche Praxistipps für das Leben im Gemeinschaftswohnprojekt nach dem Einzug und erzählen aus ihrer Sicht, weshalb eine gute Vision so wichtig ist.

Das gesamte Interview und die erwähnten Links finden Sie zum Download in QR-37.

9 Nach dem Einzug

Und wenn du einmal müde bist, dann schiebe ich Dich.
*(Valentin, 6 Jahre, zu Nachbar Heinz, 50 Jahre,
der sich beim Einzug die Bandscheibe eingeklemmt
hatte und vorübergehend im Rollstuhl fuhr.)*

Der Schmerz schlug unvermittelt und mit voller Wucht zu. Als hätte mir ein lautloser Angreifer von hinten eine schwere Eisenstange ins Kreuz geprügelt. Ich krümmte mich am Boden und rang nach Luft. Robert, der junge Tischlermeister mit den starken Händen und den sanften Augen, sah erschrocken zu mir herüber. Was war geschehen? Ich hatte mich übernommen. Die letzten Wochen und Monate vor dem Einzug waren extrem herausfordernd. Zuerst war da Anfang Sommer die größte Unternehmenspleite in Österreichs Wirtschaftsgeschichte der Nachkriegszeit. Einer der größten Baukonzerne, die Alpine, war in den Konkurs geschlittert. Die kerngesunde Tochterfirma Universale Bau wurde von der Konzernmutter gleich mit ins Verderben gerissen. Leider war das auch »unsere« Baufirma. Die Baustelle unseres wunderbaren Wohnprojekts, gestern noch ein Bienenstock mit fast hundert Arbeiter:innen, die sich mitten in einer mehrwöchigen Fertigstellungsrallye befanden, heute, nach dem Paukenschlag – rien ne va plus. Totenstille, Securitymitarbeiter sichern den Bauzaun, niemand darf mehr hinein und nichts darf mehr herausgeholt werden. Nach diesem Schock und der Sorge um das gesamte Projekt und die viele Arbeit von viereinhalb Jahren wenige Wochen später die frohe Botschaft: Es geht weiter, eine andere Firma übernimmt die Baustelle und bringt sie zu einem Abschluss, aber erst drei Monate später. Also kein Einzug im September, wie seit Jahren angepeilt, sondern zu Weihnachten. Okay, da sind wir mit einem blauen Auge davongekommen. Einige von der Gruppe müssen Übergangsquartiere finden, weil die Wohnungen schon verkauft, gekündigt oder versprochen sind. Egal, Hauptsache es klappt überhaupt und ohne riesige Mehrkosten. Dann der Krimi mit dem Kaufvertrag, der nicht und nicht fertig wurde, die Bankenfinanzierung, die in allerallerletzter Minute doch noch geklappt hat, der Spezialbote, der abends direkt nach dem Notartermin mit allen Dokumenten losfuhr, um diese am nächsten Morgen pünktlich bei der 800 Kilometer entfernten Bankzentrale abzugeben. Parallel dazu baute ich in der Tischlerei von Robert mehrere Wochen an der Wohnungseinrichtung für Christine und mich. Meine Frau hasst Übersiedeln und ich wollte es für sie so angenehm wie möglich machen. »Du brauchst nur Deine Sachen in Kartons verpacken und in der fixfertigen neuen Wohnung wieder auszupacken, alles andere übernehme ich.« Das war mein vollmundiges Versprechen, das nicht hielt. So war ich zum Jahreswechsel 2013/2014, kurz nach der Schlüsselübernahme, bereits mit Robert dabei, die von mir entworfenen und selbst gebauten Möbel einzubauen. Und beim Ausrichten einer der schweren Holzplatten auf dem Podest für den Arbeitsplatz von Christine ist es passiert. Wie jede Orthopädin, wie jeder Physiotherapeut weiß, ist die Kombination von schwerer Last in gebückter Haltung kombiniert mit einer Drehbewegung so ziemlich das Schlechteste für die Wirbelsäule. Mittlerweile weiß ich das auch. Danach war ich für gut zwei Wochen an einen Rollstuhl gebunden. Glücklicherweise konnte ich mir den von einer Nachbarin ausleihen (Mobilitysharing) und lernte eine neue Perspektive auf das Leben. Plötzlich werden Gehsteigkanten, an die ich jahrzehntelang keinerlei Gedanken verschwendete, zu schier unüberwindlichen Hindernissen. Nach ein paar Tagen hatte ich schon etwas Routine und war mit dem Flitzer in Grünmetallic flott unterwegs. Und als ich gerade versuchte, im Rollstuhl sitzend die Türe zur Gemeinschaftsküche zu öffnen, kam der kleine Valentin, hielt mir ebendiese Türe auf und sprach die eingangs zitierten Worte, die mich tief berührten. Auch heute noch denke ich oft daran, wenn ich den mittlerweile großgewachsenen Teenager Valentin am Morgen vor der Türe meiner direkten Wohnungsnachbarn sehe, wenn er – wie fast jeden Morgen – auf seinen Freund wartend mit dem Smartphone spielend dasitzt. Und ich den immer gleichen Scherz machend frage, ob heute ausnahmsweise einmal er warten müsse. Er schaut dann kurz vom Bildschirm auf und wir lächeln uns an – wunderbares Wohnprojekt.

In diese kurze Anekdote aus meinem so reichen und privilegierten Leben ist die wichtigste Empfehlung für die Zeit nach dem Einzug schon eingewoben: Lassen Sie sich Zeit. Es muss nicht alles gleich vom ersten Tag an perfekt sein. Es ist nicht so wichtig, ob die Sauna schon kurz nach der Übersiedelung fertig ist oder erst nächsten Winter, ob die (soziokratische) Organisationsstruktur bereits beim nächsten Treffen die neue Realität abbildet (früher Baugruppe, jetzt Wohngruppe), ob die Gemeinschaftsküche schon eingerichtet und alles eingeräumt ist. Sie werden möglicherweise viele Jahre dort leben und, so wie ich, viele Hundert Male in die schöne Gemeinschaftsküche gehen, die Sauna genießen et cetera. Also lassen Sie sich Zeit und kommen Sie in Ruhe in der neuen Welt an, feiern Sie mit allen Mitbewohner:innen ein rauschendes Fest und freuen Sie sich über das gemeinsam Erreichte.

Darüber, dass Sie sich mit Gleichgesinnten allen Unkenrufen zum Trotz Ihren Wunschtraum, Ihre gemeinsame Vision von einem besseren Leben in Gemeinschaft erfüllt haben, dass Sie durchgehalten haben bei all den langen Abenden und Besprechungen, dass Sie nicht den Mut verloren haben, als die ersten echten Hindernisse und Prüfungen auf Sie zugekommen sind, dass Sie nicht das Handtuch geworfen haben, als andere das taten, sondern weiterhin an die Realisierung des gemeinsamen Traums geglaubt haben, und jetzt dürfen, jetzt müssen Sie das feiern und genießen.

9.1 Alles selber machen oder outsourcen?

Die Hausverwaltung samt Betriebskostenabrechnung und Mietvorschreibungen, die Vermietung und Verrechnung der Veranstaltungsräume und der Gästeappartements und die Buchhaltungsvorbereitung machen im Wohnprojekt Wien die Bewohner:innen seit dem Einzug 2013 selbst. Allerdings hatten wir von Anfang an eine Nachbarin für wenige Wochenstunden angestellt, weil sich die ganze Verwaltungsarbeit mit den Ehrenamtsstunden nicht ausgegangen ist. Ende 2021 wurden einige Aufgaben an eine externe Hausverwaltung vergeben.

Viele der Instandhaltungs- und Wartungsarbeiten machen die Bewohner:innen ebenso selbst, nur für den Lift gibt es einen Wartungsvertrag mit einer Firma. Beim Putzen hatten wir uns schon vor dem Umzug für drei Versuchsperioden entschieden:

Im ersten Vierteljahr putzten wir sämtliche Gemeinschaftsflächen und das ganze Haus eigenhändig. Nicht weil wir ernsthaft annahmen, das länger als drei Monate durchzuhalten, sondern als Übung und zum Kennenlernen des neuen Zuhauses. Und auch weil jemand, der schon einmal die große Bodenfläche im Foyer eigenhändig aufgewischt hat, in Zukunft wohl kaum mit völlig verdreckten Schuhsolen achtlos über eine frisch geputzte Fläche latscht, also auch eine Art von Achtsamkeitsübung.

Im zweiten Quartal waren wir so fertig von der ganzen Schufterei, dass wir alles extern putzen ließen, und im dritten probierten wir eine Kombination. Wir putzten nur noch die Stiegenhausflächen, stockwerkweise selbstorganisiert, und engagierten für die Gemeinschaftsflächen einen Putzmann. Der Putzmann ist immer noch bei uns angestellt, weil wir bei der Kombinationslösung geblieben sind. Ganz bewusst hatten wir keine von den vielen Reinigungsfirmen beauftragt und stattdessen einen Arbeitsplatz geschaffen. So können wir sicherstellen, dass der Mensch, der unseren Dreck wegräumt, fair behandelt und anständig bezahlt wird. Dafür nehmen wir in Kauf, dass wir uns um eine Vertretung im Urlaubs- und Krankheitsfall kümmern müssen. Eine Sorge, die sonst von der Reinigungsfirma mit übernommen wird.

Das soll aber keine Empfehlung sein, möglichst viel selbst zu machen. Es gibt da keine »ideale« Lösung, die generell für alle Projekte stimmt. Vielmehr hängt das vom jeweiligen Projekt und den dort lebenden Menschen ab.

Miteinander Arbeiten ist zwar ein guter Gemeinschaftskitt, daher bin ich auch so ein Fan unserer Mingas (gemeinsame Großputz- und Reparaturtage mit anschließendem Essen und Feier). Wenn aber den Bewohner:innen die Arbeit im Projekt bereits über den Kopf wächst, funktioniert das nicht (mehr). Dann ist es besser, Sie beauftragen zuverlässige Firmen oder stellen selbst Menschen an, um gewissen Arbeiten zu erledigen, und fahren mit allen Nachbar:innen gemeinsam an einen anderen schönen Ort zu einem Gemeinschaftswochenende oder einem Gemeinschaftsausflug und pflegen den Gemeinschaftsgeist mit Genuss und Spiel. So fördern

Sie nicht nur das Miteinander, auf diese Weise können auch (fast) leere »Batterien« wieder aufgeladen werden.

9.2 Ressourcen teilen

Einer der Hauptvorteile für viele Gemeinschaftswohnprojekte-Fans ist, neben den sozialen und zwischenmenschlichen Vorzügen, das Teilen von Ressourcen. Über die räumlichen Ressourcen habe ich hier schon viel geschrieben und will mich nicht allzu sehr wiederholen. Abgesehen von den tollen Möglichkeiten mit und in den Gemeinschaftsräumen und deren Ausstattung (Bücher in der Bibliothek, Spielsachen im Spielraum, Profiwerkzeug in der Werkstatt) gibt es auch noch andere Ressourcen, die geteilt und dadurch vielfach genützt werden können. Ich bin immer wieder aufs Neue überrascht, was es in einer Gruppe von 70 Erwachsenen und 35 Kindern alles an Ressourcen gibt: Klavier- und Gesangsunterricht, Babysitter:innen, Leihomas und -opas, allerlei Handwerksfertigkeiten, Schneider:innen-Know-how samt Nähmaschinen, Köch:innen, Coaches, Physiotherpaie, Ernährungsberatung, Fachwissen in unterschiedlichsten Bereichen. Das ist nur eine unvollständige Aufzählung. Gerade dieser Tage hatte ich wieder so ein Aha-Erlebnis. Ich mache bei einer Projektgruppe im Haus mit, die sich um die Aufnahme von Kriegsflüchtlingen aus der Ukraine kümmert, und dachte mir, dass es gut wäre, wenn jemand im Haus Russisch könnte. Und siehe da, die als Kind noch zu DDR-Zeiten im Osten Deutschlands aufgewachsene Nadine kann sogar Russisch und meinte ganz trocken: »Ach ja, das Kyrillisch kann ich noch ganz gut lesen, nur bei der Aussprache hapert es ein wenig«.

Sorgen Sie als Gruppe für gute und klar kommunizierte Spielregeln zu Nutzung und Pflege der Gemeinschaftsräume und verabschieden Sie sich besser früher als später von zu hohen Perfektionsansprüchen, das macht unglücklich, garantiert. Und ja, es kommt vor, dass manche Bewohner:innen sich nicht an die Regeln halten. Finden Sie auch dafür gute Wege, einerseits als Gruppe, wie Sie die Einhaltung der Spielregeln auch einfordern können. Und andererseits, um als Individuum damit umzugehen und nicht dadurch in eine andauernde Ärgerschleife zu geraten. Wenn

Sie morgens in den Veranstaltungsraum kommen, weil sie den für einen Workshop vorbereiten wollen, und Sie sehen, dass ein paar Teenager noch völlig besoffen darin rumliegen, wenn Sie Ihr Altpapier in den Müllraum bringen und der Container ist schon wieder voll mit nur vier leeren Kartons, wenn Sie in die Werkstatt gehen und dort unaufgeräumtes Werkzeug herumliegt. Dann versuchen Sie, sich nicht über diese drei Sachen zu ärgern, sondern denken an die 97 Sachen, die gut funktionieren und derentwegen Sie sich für dieses Leben entschieden haben. Das braucht etwas Übung und ich habe da auch immer wieder meine Rückfälle, aber die Anstrengung lohnt sich auf jeden Fall.

9.3 Gemeinschaftspflege

Nachdem die Bewohner:innen (endlich) in das erträumte Gemeinschaftswohnprojekt eingezogen sind, ist die Gemeinschaftsbildung natürlich nicht abgeschlossen. Wie jede Beziehung braucht die Gemeinschaft auch (Beziehungs-)Pflege. Manches wird leichter, weil jetzt alle hier wohnen und leben. Sie müssen keine langen Anreisen zu den Gruppentreffen mehr in Kauf nehmen wie während der Planungs- und Bauzeit, sondern können in Hausschuhen und mit dem Lieblingsgetränk im Lieblingstrinkgefäß gemütlich zu den Treffen schlurfen.

Gerade diese leichtere Verfügbarkeit und der reduzierte Abstand und Aufwand bergen auch Gefahren. Die Gefahr zu glauben: Jetzt brauchen wir nicht mehr zu einem Gemeinschaftswochenende fahren, wir wohnen eh alle zusammen. Eine andere Gefahr kommt von zu hohen oder falschen Erwartungshaltungen (siehe auch »9.2 Ressourcen teilen«). Aber Sie wissen es vielleicht schon: Jede Enttäuschung hat auch eine gute Seite, die Täuschung hat ein Ende.

An der Stelle möchte ich noch einmal auf das Kapitel Gemeinschaftsbildung verweisen und ebendort auf die beiden Überschriften: »4.1 Gemeinsame (freudvolle) Aktivitäten« und »4.2 Rituale«.

Vorher aber noch ein besonderer Leckerbissen – den ich extra für den Schluss aufgehoben habe. Das Interview mit einer faszinierenden Persönlichkeit, die wahrscheinlich mehr Menschen und Gruppen zum Thema

Leben in Gemeinschaft inspiriert hat als jede:r andere. Ihren schelmischen Witz und ihren klugen Humor habe ich versucht, beim Übersetzen vom Englischen ins Deutsche herüberzuretten. Ob das gelungen ist, müssen Sie, liebe Leser:innen, entscheiden.

10 Interview Diana Leafe Christian

Diana Leafe Christian (DLC) ist möglicherweise eine der weltweit bekanntesten Expertinnen für Ökodörfer und intentionale Gemeinschaften mit tiefem Insider- und Fachwissen. Sie schrieb den Bestseller der Community-Bewegung *Creating a Life Together*, der in sechs Sprachen übersetzt wurde (Christian, 2003). Diana lebt in einem Ökodorf namens Earthaven in North Carolina, USA, (QR-38) und hat die Welt bereist, um Gemeinschaften zu besuchen, zu erforschen und zu beraten. Sie hält auch Soziokratiekurse ab und hat mir dankenswerterweise das folgende ausführliche Interview gegeben.

HF: Diana, was hat sich seit dem Erscheinen Deines Buches verändert? Was ist jetzt anders für Gruppen, die ein Gemeinschaftswohnprojekt gründen wollen, im Vergleich zu 1998 bis 2002, als Du das Buch geschrieben hast?

DLC: In den USA und Kanada hat sich viel geändert. Einiges zum Besseren und einiges zum Schlechteren, womit soll ich anfangen?

HF: Vielleicht fangen wir mit dem weniger Guten an – damit wir mit den ermutigenden Sachen enden können?

DLC: Was schwieriger wurde, sind im Wesentlichen zwei Probleme. Erstens können es sich weniger Menschen leisten, eine Gemeinschaft zu gründen oder ihr beizutreten, und zweitens ist Land knapper und teurer geworden.

Früher konnten Menschen jeden Alters einer Gemeinschaft beitreten, weil sie es sich leisten konnten. Heutzutage sieht es so aus, dass Gemeinschaftswohnprojekte hauptsächlich ältere und/oder wohlhabende Mitglieder haben und/oder, wenn es sich um jüngere Menschen handelt, sind bei Paaren beide voll berufstätig, damit sie sich heutzutage das Leben in Gemeinschaft noch leisten können. Ältere Menschen, weil sie ihr Haus (das im Laufe der Jahre eine Wertsteigerung hatte) verkaufen, um ihre Wohneinheit in der Gemeinschaft zu kaufen, und/oder weil sie Ersparnisse und eine Pension haben. Aber viele normal arbeitende Menschen mit regulären Jobs im Vergleich zu hochbezahlten professionellen Jobs können es sich normalerweise heutzutage nicht mehr leisten, sich in Gemeinschaften einzukaufen.

»Aber viele normal arbeitende Menschen mit regulären Jobs im Vergleich zu hochbezahlten professionellen Jobs können es sich normalerweise heutzutage nicht mehr leisten, sich in Gemeinschaften einzukaufen.«

Und Grund und Boden, städtisch bis vorstädtisch, halb ländlich bis ländlich, ist heute überall viel teurer als früher, sowohl in Bezug auf den tatsächlichen Preis als auch in Bezug auf das Verhältnis der höheren Bodenpreise zur abnehmenden Kaufkraft des Dollars, in beiden Ländern (USA und Kanada). Das heißt abgesehen von reichen Menschen, die immer reicher werden, werden die obere Mittelschicht, die Mittelschicht und die Arbeiterklasse immer ärmer in Bezug auf die Kaufkraft. Darüber hinaus scheint es weniger Immobilien zu geben, die ideal für intentionale Gemeinschaften sind, in ländlichen und städtischen Gebieten und dazwischen.

HF: Danke, diese Punkte gelten leider auch für das deutschsprachige Europa, insbesondere für Städte und deren Umgebung. Was hat sich denn zum Besseren geändert?

DLC: Nun, Cohousing ist viel bekannter und wird von Stadt-, von Bezirksbehörden sowie von Banken, die ihnen Geld leihen könnten viel eher akzeptiert. Immer mehr Banken sind bereit, gemeinschaftlichen Wohnprojekten Geld zu leihen, und/oder, genauer gesagt, ihren Bauträgerpartnern Geld zu leihen. Oder ihnen Geld zu leihen, wenn sie einen Bauträgerberater haben, den die Bank bereits kennt.

Intentionale Gemeinschaften scheinen bekannter zu sein und werden von weniger Menschen als »Hippie-Sekte« wahrgenommen als in früheren Jahren. Es gibt mehr davon, und die boomende Cohousing-Bewegung hat dabei sehr geholfen. Medienartikel und Videos über Gemeinschaften sind informativer und interessierter, verglichen mit früher, als diese eher reißerisch, alarmistisch über Gemeinschaftswohnprojekte als Hippies!, Sekten! berichteten.

Und nicht zuletzt beginnen immer mehr Gemeinschaften mit Soziokratie statt Konsens. Die meisten verwenden immer noch Konsens, aber die Vorteile der Soziokratie sprechen sich herum, speziell unter Neugründer:innen.

HF: Welche Unterschiede und Gemeinsamkeiten siehst Du zwischen Ökodörfern und eher urbanen Projekten in kleineren oder größeren Städten?

DLC: Nun, ich möchte Deine Frage ändern und fragen, was ist der Unterschied zwischen städtischen und ländlichen Gemeinschaften? Und was ist der Unterschied zwischen Ökodörfern und anderen Arten von Gemeinschaften? Und was ist der Unterschied zwischen ländlichen und städtischen Ökodörfern? Weil es in den USA auch städtische Ökodörfer gibt – Enright Ridge Urban Ecovillage in Cincinnati, Ohio; ein sehr berühmtes in Los Angeles, LA Eco-Village; und eines in Portland, Oregon, Columbia Ecovillage, das auch eine Cohousing-Gemeinschaft ist.

»In einer ländlichen Gemeinschaft musst Du Deinen Lebensunterhalt bestreiten, wenn Du nicht reich bist oder von einer Pension lebst.«

O.K., was sind die Unterschiede zwischen ländlichen und städtischen Gemeinschaften? In einer ländlichen Gemeinschaft musst Du Deinen Lebensunterhalt bestreiten, wenn Du nicht reich bist oder von einer Pension lebst. Manche leben von Ersparnissen oder von Kapitaleinkommen. Es gibt relativ wenige andere Möglichkeiten, in einer ländlichen Gemeinschaft seinen Lebensunterhalt zu verdienen, da die meisten lokalen Arbeitsplätze bereits von den dort lebenden Menschen besetzt sind. In einer ländlichen Gemeinschaft muss Dein Einkommen also von irgendwo herkommen. Du könntest beispielsweise einen Homeofficejob haben und etwas tun, was Du online tun kannst. Ich verdiene meinen Lebensunterhalt zum Beispiel mit Onlinekursen. Früher bin ich für Workshops gereist, aber jetzt mache ich nur noch Onlinekurse. Oder vielleicht stellst Du ein Produkt her und verkaufst es im Versandhandel. Das bedeutet, Du brauchst zusätzlich einen guten Abholservice für Pakete. Dafür braucht es wiederum gute Straßen. Das kann auf dem Land ein echtes Problem sein, wenn es darum geht, dass Menschen ihren Lebensunterhalt bestreiten können, die nicht reich sind oder keine Ersparnisse oder Investitionserträge zum Leben haben.

Ein weiterer Unterschied zwischen ländlichen und städtischen Gemeinschaften besteht darin, wie einfach es ist, mit Nachbarn zu interagieren, wenn die ländlichen Nachbarn ein bisschen anders sind als Ihr. In einer Stadt sind die Nachbarn viel weniger beunruhigt, wenn Ihr nebenan wohnt. Sie können sehen, wie Ihr in Eurem Gebäude ein- und ausgeht, während Ihr zur Arbeit geht, und wen interessiert das? In Großstädten, mittelgroßen Städten oder Kleinstädten machen die Leute sich weniger Gedanken darüber, wer Ihr seid und was Ihr so treibt. Ihr seht nicht anders aus als alle anderen, die in der Nachbarschaft leben.

Aber wenn das, was Ihr tut, von außen irgendwie ungewöhnlich aussieht, in ländlichen Gebieten, ob Ihr ein Ökodorf seid oder nicht, könnten Eure Nachbarn Euch für eine Art »Hippie-Kommune« halten, weil sie es nicht verstehen, warum Ihr alle dort zusammenleben wollt. Wer glaubt Ihr, dass Ihr seid, hier einfach alle zusammenzuleben? So leben wir hier in diesem Teil des Landes nicht. Wer ist Euer Anführer? Seid Ihr eine Kommune? Glaubt Ihr an Gott? Wen oder was betet Ihr an?

Mein ländliches Ökodorf liegt in den Bergen der südlichen Appalachen. Und die Kultur hier stammt von schottisch-irischen Siedlern ab, die im 17. Jahrhundert herüberkamen – wilde, kriegerische Menschen aus den Grenzgebieten Englands und Schottlands und aus Irland. Ihre Kultur war kämpferisch und misstrauisch gegenüber Fremden und ist es heute immer noch ein wenig. Und weil es in all den Jahren nur wenige Möglichkeiten gab, in diesen Bergen seinen Lebensunterhalt zu bestreiten, verdienten viele Menschen hier illegal ihren Lebensunterhalt, indem sie Mais zu Whisky verarbeiteten, bekannt als »Mondschein«. Andere schauten auf sie herab und nannten sie »Hillbillies«. Ihre heutigen Nachkommen, unsere Nachbarn, sind in der Regel fundamentalistische Christen ohne Hochschulbildung, normalerweise südliche Baptisten, und ziemlich konservativ.

So langsam im Laufe der Zeit, jetzt nach 27 Jahren, haben sich unsere Nachbarn und Servicetechniker und Leute, die Dinge liefern, etwas an uns gewöhnt. Die meisten unserer Nachbarn denken, dass wir O. K. sind. Weißt Du, wir zahlen unsere Steuern, wir halten uns an die Regeln und tun, was erwartet wird. Wir stoßen die Nachbarn nicht vor den Kopf, dort wo sie uns sehen können zumindest. Der Punkt ist, dass ländliche Gemeinschaften, ob Ökodörfer oder nicht, wirklich gut darin sein müssen, tragfähige, vertrauensvolle Beziehungen zu ihren Nachbarn aufzubauen. Und sie müssen ihren Lebensunterhalt bestreiten. Ganz anders als in einer städtischen Gemeinschaft. Und in ländlichen Gemeinden müssen die Mitglieder neuen Leuten, die zu ihnen ziehen, die normalerweise aus einer Stadt kommen, Dinge beibringen, die diese noch nicht wissen. So verwendet man eine Komposttoilette. Lass Dich nicht von Insekten in Deinem Haus beunruhigen. So unterscheidest Du giftige Schlangen von ungiftigen. So hältst Du Bären von Deinem Müll fern (lacht). Über solche Dinge müssen die Menschen in den Städten doch nie nachdenken, oder?

»Der Punkt ist, dass ländliche Gemeinschaften, ob Ökodörfer oder nicht, wirklich gut darin sein müssen, tragfähige, vertrauensvolle Beziehungen zu ihren Nachbarn aufzubauen.«

Und noch ein Unterschied. So wie ich es sehe, besteht der Unterschied zwischen Ökodörfern, ländlichen oder städtischen, und anderen Arten von Gemeinschaften darin, dass Ökodörfer nicht nur ein großartiges Leben für sich selbst anstreben, sondern zusätzlich noch einen Bildungsauftrag verfolgen. Wir haben natürlich auch ein großartiges Leben. Ein Ökodorf ist in erster Linie eine Bildungsorganisation, die versucht herauszufinden, wie man verschiedene Dinge tut, die ökologisch und sozial gut funktionieren, und auf dem Land muss es obendrein noch wirtschaftlich nachhaltig sein. Und herauszufinden, wie wir durch Kurse, Workshops und Führungen mit anderen teilen können, nicht nur, was gut funktioniert hat, sondern auch, was nicht gut funktioniert hat und wie wir es gelöst haben, wenn wir konnten. Dies gilt auch für jedes städtische Ökodorf wie Enright Ridge in Cincinnati und LA Eco-Village in Los Angeles und Columbia Ecovillage in Portland. Sie versuchen auch, die Menschen zu ermutigen, in ihrem täglichen Leben etwas ökologischer zu werden und vielleicht nachhaltiger mit anderen zu leben, vielleicht ein eigenes Ökodorf zu gründen. Wir sind also nicht nur für uns da. Wir sind auch für die Öffentlichkeit da. Und das ist der Unterschied zwischen Ökodörfern und Cohousing-Gemeinschaften, die den Zweck haben, großartige Nachbarschaften zu schaffen und ein gutes Zusammenleben zu führen. Und während einige Cohousing-Gemeinschaften in den USA ländlich sind, sind doch die meisten städtisch. Der Bildungsauftrag von Ökodörfern unterscheidet sie auch von anderen Arten von intentionalen Gemeinschaften, wie städtische oder ländliche Wohngemeinschaften, Künstlerkollektive, spirituelle Gemeinschaften, religiöse Gemeinschaften und so weiter.

HF: Über den Arbeitszeitbeitrag der Menschen in ihren Gemeinschaften. Bei Earthaven (das Ökodorf in dem Diana lebt, Anm.) hattet Ihr vor langer Zeit entschieden, dass es in den ersten zehn Jahren 1.500 Stunden sein sollen. Wie funktioniert das heute mit dem Arbeitszeitbeitrag?

DLC: Ich denke, eine Antwort auf diese Frage hat verschiedene Dimensionen und Ebenen. Es gibt wahrscheinlich eine mathematische Formelmetapher, um herauszufinden: Wie viele Arbeitsstunden pro Woche oder Monat oder Jahr eine Gemeinschaft von ihren Mitgliedern verlangen soll. Das hängt davon ab, wie groß die Gemeinschaft ist, was die Gruppe erreichen will und in welchem Zeitrahmen will sie das erreichen und wie viele Gemeinschaftsmitglieder sind bereit zu arbeiten, und wie hart werden sie arbeiten und wie lange? Und wie viel beißen sich mehr ab, als Sie kauen können. Das heißt, manche planen und beabsichtigen und nehmen sich vor, mehr zu tun und es schneller zu tun, als sie es tatsächlich tun können, weil sie nicht wirklich genug Zeit oder Leute haben. Und wie viel beabsichtigte Arbeit »beißt« eine städtische Gemeinschaft im Vergleich zu einem städtischen Ökodorf oder einem ländlichen Ökodorf ab? Eine städtische Gemeinschaft könnte folgende Aufgaben vorhaben: Wir warten unser Gebäude. Wir reparieren Dinge, die in unserem Gebäude repariert werden müssen. Wir machen all die angenehmen Gemeinschaftsaktivitäten, die wir gerne machen: unsere gemeinsamen Mahlzeiten oder gesellschaftlichen Veranstaltungen, wir orientieren potenzielle neue Mitglieder und lehren sie unsere Gemeinschaftskultur, halten unsere Website am Laufen, halten Gemeinschaftsbesprechungen ab, um Dinge zu entscheiden.

Ein Ökodorf auf dem Land hat das alles auch zu tun und noch mehr. Sie müssen einen viel größeren Happen abbeißen von mehr Dingen, mit denen Sie fertig werden müssen. Wartung und Reparatur eines viel größeren Grundstücks, das vielleicht Straßen, Brücken und Fußwege umfasst. Earthaven musste beispielsweise drei Brücken bauen. Ein ländliches Ökodorf muss auch an alle Sicherheitsfragen denken. Schlangen, Zecken, Feuer, Holzofenbrände in den Häusern der Menschen. Jetzt natürlich auch die Pandemie. Verkehrssicherheit bezogen auf Menschen, die durch unser Grundstück fahren. Ich bin hier in unserem Sicherheitsausschuss, also denke ich über solche Dinge nach. Eine ländliche Gemeinschaft muss auch darüber nachdenken, wie ihre Mitglieder unterstützt werden können, die versuchen, ihren Lebensunterhalt vor Ort zu verdienen. Wie man eine dörfliche Wirtschaft ankurbelt, indem man alle Mitglieder und auch die neu hinzukommenden trainiert, zuerst die Waren und Dienstleistungen der Mitglieder zu beziehen, bevor sie dasselbe in der Stadt kaufen, auch wenn es dort billiger ist. Hier kosten Eier acht Dollar pro Dutzend von unserem hauseigenen Betrieb, den eines unserer Mitglieder betreibt. Warum sollte ich keine Eier für vier Dollar das Dutzend in der Stadt kaufen? Weil diese Eier weit weg von hier produziert wurden und Du dann keinen lokalen Bauern unterstützen würdest. Die im Laden gekauften Eier mögen Bio sein, aber wir wissen, dass die Eier von unserem Hof vor Ort biologisch sind: Wir kennen den Bauern, wir kennen das Hühnerfutter und wir kennen die Hühner (lacht).

Es gibt einfach so viele Dinge, die man in einem ländlichen Ökodorf organisieren und entscheiden muss – also die Anzahl und der Umfang der Arbeitsaufgaben, die man plant, die man meint, »abbeißen« zu können. Wir organisieren Kurse, Workshops und Touren, weil wir uns das in unseren Gemeinschaftsvisionsdokumenten versprochen haben. Und so empfangen wir immer Besucher. Wir müssen sicherstellen, dass wir gute Gastgeber:innen sind, dass unsere Besucher sicher sind und dass wir rechtlich abgesichert sind und niemand versucht, uns zu verklagen. Die meisten Gemeinschaften »beißen mehr ab, als sie kauen können«, weil die meisten Gemeinschaftsgründer:innen, ob städtisch oder ländlich, Ökodorf oder nicht, im Voraus nicht wissen, wie viel Arbeit die Schaffung und Verwaltung einer Gemeinschaft sein wird. Wie ist also das Verhältnis der Anzahl der Menschen in der Gemeinschaft zu der Menge der zu verrichtenden Arbeit, im Verhältnis zu der Menge an Arbeit, für die du dich entschieden hast? Oder leben wir nur hier? Wir warten also nur unsere Gebäude, essen ein paar gemeinsame Mahlzeiten, und das war's?

Eine andere Ebene oder eine andere Dimension davon ist die Frage, haben wir überhaupt das Recht, von den Menschen zu verlangen, dass sie arbeiten? Wir bei Earthaven haben das aufgrund der Rechtsform, die wir verwenden, um unser Eigentum zu besitzen. Aber mit der Rechtsform, die die meisten Cohousing-Gemeinschaften in den USA und in Kanada verwenden, können die ihre Bewohner:innen gar nicht zur Mitarbeit auffordern, da es keine rechtlichen Konsequenzen gibt, wenn Menschen sich weigern, ihr Arbeitspensum für die Gemeinschaft zu erbringen. Aufgrund der Rechtsform, die sie verwenden, können diese Gemeinschaften keine Mitglieder wegen Nichtarbeit rauswerfen, es sei denn, sie verwenden eine Wohnungsgenossenschaft als ihre Rechtsform. Das Ecovillage in Ithaca im Bundesstaat New York ist eine Wohnungsgenossenschaft. Das liegt daran, dass der Staat New York wirklich gute, klare Gesetze für Wohnungsgenossenschaften hat. Meine Gemeinschaft hatte versucht, hier in North Carolina Anwälte zu finden, die das Genossenschaftsrecht als auf das Wohnungswesen angewandtes Recht verstanden – das Wohnungsgenossenschaftsrecht –, weil kaum jemand zuvor in North Carolina eine Wohnungsgenossenschaft gegründet hatte.

Und die Anwälte sagten: Nun, die Gründung einer Wohnungsgenossenschaft in North Carolina hängt davon ab, wie Sie das Gesetz auslegen. Wir sagen: Okay, schaffen wir einen Präzedenzfall, schaffen wir Rechtsprechung. Oh Mann, wir mussten echt kämpfen. Wir mussten die Anwälte praktisch dazu zwingen, für uns zu arbeiten und uns dann zu helfen, unsere Wohngenossenschaften zu gründen. Aber irgendwann hat es funktioniert. Ich lebe jetzt in der Persimmon Grove

»Wir mussten die Anwälte praktisch dazu zwingen, für uns zu arbeiten und uns dann zu helfen, unsere Wohngenossenschaften zu gründen.«

Neighborhood Housing Coop, einer von mehreren Wohnungsgenossenschaften in Earthaven, und zusammen besitzen wir alle das gemeinsame Land zwischen unseren Nachbarschaften. Und meinen Mitgenossenschafter:innen gehört mein Haus und mir gehört ihres, und wir besitzen alle einen Anteil an unserer Genossenschaft und ein Dokument, das uns das Recht gibt, in »unserer« Wohneinheit zu leben und alles gemeinsam zu verwalten. So ähnlich wie Dein Projekt in Wien. Gott sei Dank gibt es die Wohnungsgenossenschaften.

Im weiteren Verlauf des Interviews berichtet Diana weshalb es in der Praxis so wichtig ist, auf die Einhaltung der ehrenamtlichen Arbeitszeitverpflichtung zu pochen und Stundenaufzeichnungen zu machen, was sie diesbezüglich in ihrem Beratungsalltag oft erlebt, sie zählt die aus ihrer Sicht wichtigsten Top-Prioritäten für Gründer:innen auf und sie erklärt ihre sieben Vorteile vom Leben in Gemeinschaft.

QR 38

Das gesamte Interview und die Links finden Sie zum Download in QR-38.

Liebe Leserin, lieber Leser, nachdem Diana das erste und letzte Wort in diesem Buch bekommen hat, möchte ich nur noch meine abschließende Hoffnung ausdrücken, nämlich, dass dieses Buch Ihre Erwartungen erfüllen und Ihnen praktische Hilfestellung leisten wird. Mein Ziel war und ist es nicht, möglichst viele Menschen für das Leben in einem gemeinschaftlichen Wohnprojekt zu begeistern, weil ich weiß, dass das nicht für jedermensch in jeder Lebensphase das Richtige ist. Vielmehr wollte und will ich diejenigen, die sich nach einem Leben in Gemeinschaft sehnen, einerseits vor überzogenen und überhöhten Erwartungen bewahren und andererseits ermutigen und aufzeigen, wie es gelingen kann.

Schreiben Sie mir gerne über Ihre Erfahrungen und geben mir Feedback zum Buch. In QR-39 finden Sie den entsprechenden Link zur Website des Buches, dort erfahren Sie auch, welche Veranstaltungen, Workshops, Seminare oder sonstige Hilfestellungen zum Leben in Gemeinschaft aktuell zur Verfügung stehen.

QR 39

Literaturverzeichnis

Ökodorf Sieben Linden. 2015. http://siebenlinden.org. [Online] 30. 06 2015. http://siebenlinden.org/wp-content/uploads/2016/07/Grundsatzpapier2015.pdf.

APA/dpa. 2020. CO_2-Ausstoß im Gebäude- und Bausektor auf Höchstniveau. *Die Presse.* 2020, 17.12.2020.

Blankenbyl, Valerie. 2021. *The Bubble.* Catpics, Golden Girls Film, 2021.

Chirstian, Diana Leafe. 2007. *Finding Community.* Gabriola Island: New Society Publishers, 2007.

Christian, Diane Leafe. 2003. *Creating a Life Together.* Gabriola Island: New Society Publishers, 2003.

Dittmar, Vivian. 2021. *Echter Wohlstand.* München: Kailash, 2021.

Feldmann, Heinz. 2007. *Ruhejahr.* Wien: Cernin Verlag, 2007.

—. 2004. *Trotz Fehler in den Verkaufsolymp.* Wien, Seedorf: Signum, 2004.

Fessler, Jakob. 2021. GEDANKEN Valerie Blankenbyl – Dokumentarfilmerin. *Oe1.orf.at.* [Online] ORF, 10. Oktober 2021. https://oe1.orf.at/programm/20211010/655125/Valerie-Blankenbyl-Dokumentarfilmerin.

Hüther, Gerald. 2013. *Kommunale Intelligenz.* Hamburg: edition Körber-Stiftung, 2013.

Hippie-Business. Fazekas, Agnes. 2019. Heft 08, Hamburg: brandeins Medien AG, 2019, Bd. 21. Jahrgang.

Holm, Andrej und Laimer, Christioph. 2021. *Gemeinschaftliches Wohnen und selbstorganisiertes Bauen.* Wien: Academic Press. TU Wien, 2021.

Joubert, Kosha Anja und Dregger, Liela. 2015. *Ökodörfer Weltweit.* Saarbrücken: Neue Erde, 2015.

König, Peter. 2021. Pioneers of Change. [Online] 14. 10 2021. https://pioneersofchange.org/quellenkraft.

Koglin, Ilona. 2012. *Dragon Dreaming Projekt-Management für Kollektive Kreativität und nachhaltigen Erfolg.* [Hrsg.] Für eine bessere Welt. Hamburg: s. n., 2012.

Koglin, Ilona; Blake, Catriona; Croft, John; Mandakini Dasi (Monica Prado). 2013. *Dragon Dreaming Project Design.* WWW: http://dragondreaming.org, 2013.

Krämer, Christine; Höning, Markus und van der Meche, Pieter. Soziokratisch Arbeiten. *https://thesociocracygroup.ch.* [Online] [Zitat vom: 23. Nov 2021.] https://thesociocracygroup.ch/wp-content/uploads/2021/06/Soziokratisch-Arbeiten-%E2%80%93-Der-TSG-Reader.pdf.

Leutgöb, Johanna. 2020. Masterarbeit. *Organisationsmodelle in gemeinschaftlichen Wohnprojekten.* Wien: Fakultät für Psychologie der Sigmund Freud Privatuniversität, 2020.

Manitonquat, Medicine Story. 2000. *Der Weg des Kreises.* Extertal: Biber-Verlag, 2000.

Nothegger, Barbara. 2017. *Sieben Stock Dorf.* Salzburg – Wien: Residenz Verlag, 2017.

Novy-Huy, Rolf und Nolte, Beatrice. 2019. *Rechtsformen für Wohnprojekte.* Hattingen: Stiftung trias, 2019.

ORF. 2021. https://noe.orf.at/. [Online] ORF, 7. August 2021. [Zitat vom: 13. März 2022.] https://noe.orf.at/stories/3115797/.

Peck, M. Scott. 2014. *Gemeinschaftsbildung. Der Weg zu authentischer Gemeinschaft.* Oberbrunn: Schoß Oberbrunn GmbH & Co KG, 2014.

Rüther, Christian. 2019. *Soziokratie Light Mit dem KonsenT agil in die Zukunft. Weniger ist mehr!* www.soziokratie.org. [Online] 2019. https://www.soziokratie.org/wp-content/uploads/2021/08/soziokratie-light1.1.pdf.

—. 2018. *Soziokratie, S3, Holakratie, Frederic Laloux' »Reinventing Organizations« und »New Work«.* Norderstedt: BoD – Books on Demand, 2018.

Ramos, Julia und Gallego, Beatriz. 2018. *Dragon Dreaming in Action.* http://dragondreaming.org, 2018.

Rosenberg, Marshall B. 2016. *Gewaltfreie Kommunikation.* Paderborn: Junfermann, 2016.

Schäfer, Reinhold Herrmann. 2004. *Männer Quest: Die Reise ins Herz des Mannes.* Uhlstädt-Kirchhasel: Arun-Verlag, 2004.

Schindler, Andrej; Novy-Huy, Rolf und Mathée, David. 2019. Ein Wohnprojekt starten. s.l.: Stiftung trias, 2019.

Schmid, Susanne. 2019. *Eine Geschichte des gemeinschaftlichen Wohnens.* Basel: Birkhäuser, 2019.

Schrotta, Siegfried. 2011. *WIE WIR KLÜGER ENTSCHEIDEN.* Graz: Styria Printshop Druck GmbH, 2011.

Strauch, Barbara; Reijmer, Annewiek. 2016. *Soziokratie. Kreisstrukturen als Organisationsprinzip zur Stärkung der Mitverantwortung des Einzelnen.* Norderstedt: BOD, 2016.

Stützel, Eva. 2021. *Der Gemeinschaftskompass.* München: Oekom, 2021.

Strigel, Claus. 2004. *Die Siedler am Arsch der Welt.* DENKmal-Film, 2004.

2020. tagesschau.de. [Online] 12. Nov 2020. https://www.tagesschau.de/inland/single-statistik-101.html.

Wohnprojekt Wien. 2021. www.wohnprojekt.wien. [Online] 14. 10. 2021. https://www.wohnprojekt.wien/projekt.

Index

I

J

K

L

M

N

O

P

Q

R

S

T

U

V

W

Z

QR-Codes und Links

Jeder QR-Code entspricht einem Link auf die Website des Buches: leben-in-gemeinschaft.com – gefolgt von einem Schrägstrich und der zweistelligen Nummer des QR-Codes. Für das Kästchen 03 ergibt das beispielsweise den Link: leben-in-gemeinschaft.com/03

Hier finden Sie noch einmal alle 39 QR-Codes übersichtlich zum scannen abgedruckt:

Dank

Ein herzliches Dankeschön, an Sie, liebe Leserin, lieber Leser, dass Sie das Buch bis hierher lesen.

Und besonderen Dank an alle, die mich bei der Arbeit zu diesem Buch unterstützt haben, bei der Recherche, beim Entwurf und beim Schreiben. Stellvertretend auch für die Menschen, die mich auf meinem eigenen Weg zum Leben in Gemeinschaft unterstützt haben finden Sie hier die Namen (in alphabetischer Reihenfolge der Nachnamen):

Benedikt Altrogge, Christian Ambos, Michael Amon, Christine Amon-Feldmann, Ralf Aydt, Christian Bartl, Katharina Bayer, Michael Bednar, Tobias Behrens, Andreas Billeter, Valerie Blankenbyl, Markus Bröderer, Arnold Brückner, Werner Brühwiler, Verena Burger, Edina Camus, Thomas Cook, Viviana Costabile, John Croft, Thomas Diener, Markus Distelberger, Teresa Distelberger, Erna Dittelbach, Jürgen Donau-Sornig, Helmut Dornmayer, Martina Drescher, Alexander Dumreicher-Ivanceanu, Petra Egger, Christian Falkner-Merl, Christian Felber, Ute Fragner, Harald Friedl, Helmut Friedl, Calle Fuhr, Simone Fürnschuß-Hofer, Ernst Gruber, Susanne Grundmann, Marianne Gugler, Aleksandra Gustin, Raimund Gutmann, Eva Maria Haas, Petra Haas, Manuel Hanke, Eveline Hendekli, Petra Hendrich, Clemens Herrmann, Jan Hilmar, Nadine Hilmar, Renate Hinteregger, Ina Ivanceanu, Dennis Kacetl, Ueli Keller, Joka Kircher, Martin Kirchner, Ilona Koglin, Katharina Kolaritsch, Martin Kolaritsch, Gustav Kolbe, Erich Kolenaty, Robert Korab, Ivana Kralj, Eva Krall Cook, Tobias Kritzer, Veronika Kritzer, Diana Leafe Christian, Johanna Leutgöb, Katharina Liebenberger, Mariella Luger, Manuela Maurer-Kollenz, Markus Miller, Ursula Molitschnig, Michaela Moser, Angelika Müller-Reim, Silke Münkenwarf, Klaus Neundlinger, Senka Nikolic, Rolf Novy-Huy, Michaela Offenbeck, Rosemarie Oltmann,

Edith Ornig, Reinhard Pacejka, Gudrun Peller, Markus Pendelmayr, Josef Perndl, Andrea Pesendorfer, Christoph Platzer, Tobias Plettenbacher, Barbara Pogacar, Micha Poszvek, Roberta Rastl-Kircher, Elke Rauth, Clara Recheis, Steffen Reim, Stefanie Reinberg, Cornelia Riemer, Christian Rüther, Hanna Satlow, Katharina Satlow, Reinhold H. Schäfer, Helmuth Schattovits, Gerhard Scherbaum, Matthias Schlögl, Annika Schönfeld, Martin Schwanda, Werner Schwarz, Markus Spitzer, Christian Steiner, Barbara Strauch, Eva Stützel, Robert Temel, Rene Tichy, Gian Trachsler, Gernot Tscherteu, Michaela Urabl, Pieter van der Meche, Constance Weiser, Jochen Würth, Ronald Wytek, Barbara Zilker, Markus Zilker.